SCHINGIS CHANS

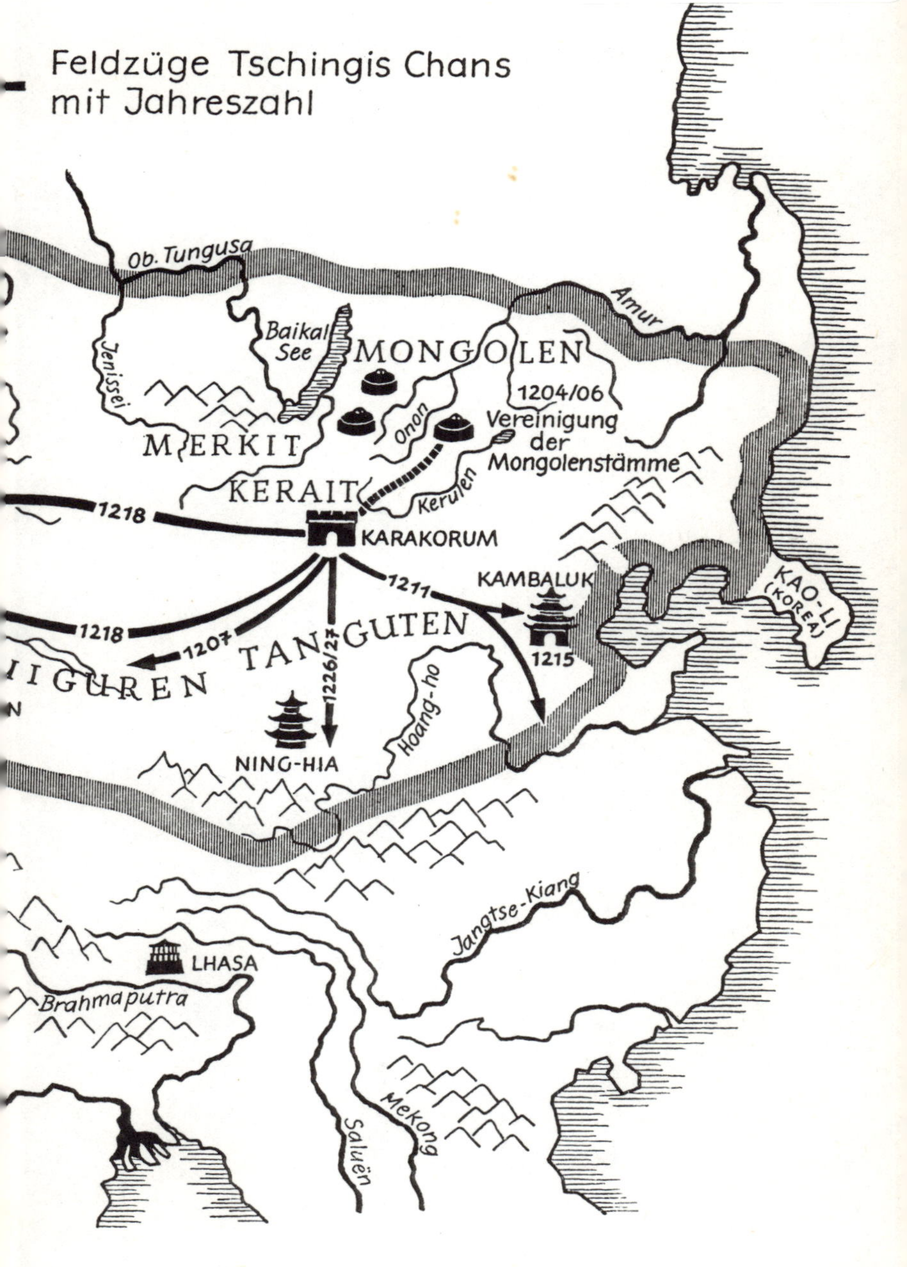
Feldzüge Tschingis Chans
mit Jahreszahl
Ob. Tungusa
Baikal See
Jenissei
MONGOLEN
Amur
1204/06
Vereinigung der Mongolenstämme
Onon
MERKIT
KERAIT
Kerulen
1218
KARAKORUM
1211
KAMBALUK
1215
KAO-LI (KOREA)
1218
1207
TANGUTEN
1226/27
IIGUREN
Hoang-ho
NING-HIA
Jangtse-Kiang
LHASA
Brahmaputra
Mekong
Saluën

ERICH SCHÖNEBECK

TSCHINGIS CHAN
HERRSCHER DER WELT

BOJE-VERLAG STUTTGART

Für die Jugend bearbeitete Ausgabe

Vierte Auflage 1975 beim Boje Verlag, Stuttgart
Lizenzausgabe des Prisma-Verlages Zenner & Gürchott, Leipzig
Druck: Gutmann + Co, Heilbronn
Schutzumschlag: Erich Hölle · Innenbilder: Heinz Völkel
Printed in Germany · ISBN: 3414110407

I

DER YAK

Über Asiens endlose Steppen heult der Sturm.

Die Dämonen und bösen Geister, die auf den Gipfeln der Gebirge hausen, wirbeln den Sand der Gobi zu wolkenhohen Tromben und peitschen ihn durch die Mongolei. Wehe dem, der nicht rechtzeitig Schutz sucht! Nur seine gebleichten Knochen gibt der Wüstensand her.

Die Dämonen pfeifen und wimmern, kreischen und brausen um die Filzzelte. Vor den bösen Mächten haben sich die Menschen verkrochen und hocken angstvoll um die flackernden Herdfeuer.

Aus einer Jurte, die ansehnlicher als die übrigen aufgerichtet ist, ertönen hohe, scharfe Schreie und mischen sich mit dem schaurigen Jaulen der Geister.

Auf weichen Luchs- und Zobelfellen krampft sich die schöne Yülun in Kindeswehen zusammen. Ihr Gesicht gleicht der Farbe des milden, chinesischen Karawanentees von Moyune, und ihre schrägen Augen flattern hilfesuchend hin und her.

Am rauchenden Feuer, das aus getrocknetem Mist und Dorngestrüpp prasselt, hockt der Schamane in schauriger Maske und beschwört die unholden Geister, der Gebärenden gnädig zu sein. Mit aufpeitschender Eintönigkeit rührt er die über menschliche Schädelschalen gespannte Handtrommel, während seine Stimme bald wimmernd, bald gellend Zauberformeln singt. Er neigt sich vor, wirft sich zurück, schwingt nach rechts, ruckt nach links. Schneller zucken seine Bewegungen und immer schneller. Stoßweise röchelt sein Atem und hechelt wie Hundejappen, und die Hunde draußen in der von Brausen erfüllten Oktobernacht heulen mit.

Angstvoll umstehen die Frauen das Lager. Chan Jesukai ist nicht hier, er ist auf Kriegsfahrt gegen den Häuptling Temudschin Eisenschwert. Wehe, wenn in seiner Abwesenheit seiner schönen Gattin ein Unglück zustößt! Den Weibern wird er unnachsichtig die Schuld aufbürden. Sie halten die Hände der Gebärenden und wischen ihr den Schweiß von der Stirn. Sie beten zu den Göttern und hängen vor die Eingangsklappe des Zeltes Tücher mit heiligen Abwehrzeichen, die den Dämonen der Krankheit und des Todes den Zutritt verwehren sollen.

Mit einemmal heult der Schamane schrill auf und wälzt sich in Zuckungen.

Markerschütternd klingt sein Gekreisch, gellt der Gebärenden Wehschrei ... und das Kind ist geboren ...

Der Schamane rollt sich in eine Ecke, wirft die Zaubermaske ab und streckt sich schweißgebadet. Sein Gesicht glüht, seine Augen starren weit aufgerissen und verdreht, von seinen Lippen tropft grünlicher Schaum.

Yülun streckt sich gleichfalls mit einem erlösten Seufzer, beseligt lächelnd. Tiefe Blässe fällt auf ihr Gesicht, ihre Augen schließen sich ermattet, ihr Mund öffnet sich leicht.

Des Schamanen Erregung ebbt ab. Sein Blick kehrt zurück, wird bestimmter, bis er seine Umgebung wahrnimmt. Schwerfällig erhebt er sich, tappt schwankend auf das Lager der jungen Mutter zu, streckt heischend die Hände aus.

Man reicht ihm das Neugeborene. Er sieht es forschend an. Es ist ein Knabe. Chan Jesukai hat einen Sohn, den Erstgeborenen. Des Kindes Haut ist auffallend hell. Seine winzigen Händchen sind voll Blut.

Yülun öffnet die Augen, dreht den Kopf zum Schamanen, sieht ihn fragend und ein wenig ängstlich an.

„Was ist mit meinem Kind?"

Der Zauberpriester betrachtet lange das kleine Wesen. Unentwegt und wie gebannt schaut er auf die blutigen Händchen. Dann blickt er nach oben, wo der Rauch aus der Luftklappe der Jurte vom Sturm in wilden Wirbeln herausgerissen wird. Langsam schließen sich seine Augen. Seine Arme heben sich wie von selbst seitwärts und bilden das Zeichen der Waage, des Sternbildes, unter dem das Kind soeben zur Welt gekommen ist. Seine Lippen formen undeutliche Worte. Er weiß, was er der Erstgeburt des Häuptlings schuldig ist. Gespannt lauscht Yülin und sucht sie zu verstehen.

„Da ... die Hände ... In Blut getaucht ... oft ... immer ... Nie trocken ... immer rot ... Waage ist Gerechtigkeit ... In Blut wird er die Hände baden ... im Blut seiner Feinde ... Gerechtigkeit wird er bringen den Gehorsamen, den Unterworfenen ... aber die Bösen strafen ... Mit Blut wird er zusammenleimen die Mongolen ... die Völker ... die Welt ..."

Eine Weile verharrt der Schamane mit geschlossenen Augen, – sein Gesicht ist wie erloschen. Dann gibt er das Kind in die Arme der Mutter und verläßt die Jurte.

Yülun richtet sich ein wenig auf und beugt sich über ihren kleinen Sohn. Angstvoll forscht sie in seinen runzligen Zügen. Wohl ist das Leben eines Mongolen Krieg. Aber soviel Blut, soviel Blut ...

Da schlägt das Kind die Augen auf. Das sind nicht ihre Augen, auch nicht Jesukais!

Wessen Augen hat das Kind?

Ihr Kind ist es, Jesukais und ihr Sohn. Und doch ist ihr, als habe eine unbekannte Macht teil an diesem Kinde. An Geister glaubt sie und an herumirrende Seelen. Hat sich bei der Geburt der Geist eines Verstorbenen des Säuglings bemächtigt?

Sie sinkt voll Angst und Sorge zurück. Schattenhaft huscht vor ihren Augen die Erinnerung an jenen Tag vor neun Monaten vorüber: Einem Chan vom Stamme der Merkit war sie anverlobt und ritt zur Hochzeit nach seinem Ordu. Da begegnete ihr Jesukai mit seinen Brüdern, die im Schnee die Spuren eines weißen Hasen verfolgten. Vom Anblick ihrer sanften Schönheit wurde er so verzaubert, daß er sie raubte und gleich mit sich nahm. Hat der Merkit-Chan sich gerächt, ist der Geist eines seiner Ahnen in den Säugling gefahren und schaut sie nun aus seinen Augen an?

Gleichviel! Es ist ihr Sohn! Liebevoll legt sie ihn an ihre Brust und beleckt zärtlich sein kleines, runzliges Gesicht.

Das winzige Kind krümmt sein blutiges Händchen zu einer Faust.

Droht es Asien?

Droht es der Welt?

Temudschin Eisenschwert

Die Steppe dröhnt.

Tausende kleiner, rauher Pferde klopfen die Erde in rasendem Galopp. Weithin bis an den verschwimmenden Horizont, den Schneeberge grenzen, wogt ein Meer von Pferden. Braune, rote, gelbe, schwarze Tierleiber heben und senken sich wie Wellen, und die Schimmel glänzen wie Schaumkronen.

Sie fluten heran. Beute hängt von den Hälsen der Pferde herab, Beute fließt von ihren Kruppen: bunte Teppiche und seidene Tücher, weiche Felle und Antilopenhäute, krumme Säbel und gertige Schwerter, Pfeile und Speere, Mädchen und junge Frauen.

Kurz vor dem Jurtenhof gleiten die gedrungenen Gestalten von ihren Tieren. Im nächsten Augenblick stehen die Pferde wie angepflockt. Hurtig schleppen die Männer die Beute in ihre Filzzelte. Gleichmütig und ein wenig neugierig folgen die gefangenen Frauen. Ein leichter Schlag mit der flachen Hand auf die Kruppe der ledigen Gäule, und sie traben von selbst zum Weideplatz.

Jesukai, der Chan der Mongolen, die sich selbst stolz „Bide", „Wir" nennen, ist vom Kriegszug heimgekehrt. Seinen Feind Temudschin, das „Eisenschwert", hat er besiegt. Reitende Boten haben ihm unterwegs Kunde von der Erstgeburt gebracht. Da gab es kein Halten mehr. Drei Tage und drei Nächte sind sie ohne Pause geritten, haben nicht gerastet, nicht geschlafen, nur die Pferde gewechselt, indem sie sich wie Wildkatzen auf die ledig nebenher galoppierenden Ersatzgäule schwangen, haben im Sattel das rohe Fleisch hinuntergeschlungen.

Der Zeltvorhang Yüluns fliegt auf. Dampfend steht Jesukai im Eingang.

Er schaut stumm und reglos auf die Frau. Sie ruht auf ihrem Felllager, an ihrer Brust liegt das Kind.

Er hat einen Sohn! Die Kette hat ein neues Glied!

Jesukai geht in den Hintergrund der Jurte und deckt von einer
Nische den Filzvorhang ab. Das Bild des Gottes Natigai, den sie
auch Itoga nennen, schaut ihn an.

Der Chan holt aus dem Kochtopf über dem Herd ein besonders
fettes Stück Fleisch. Damit fährt er nach altem Stammesbrauch dem
Gott über den Mund – einmal, zweimal, dreimal. Dann bestreicht er
auch die Lippen der Gattin des Gottes, die zur Linken ihres schiel-
äugigen, hauerzähnigen Gemahls ihren Platz hat, und zuletzt die
Münder der Kinder des Götterpaares. Möge Natigai, der die irdischen Angelegenheiten schützt und fördert, sein Opfer annehmen
und dem neugeborenen Kinde gnädig sein!

Behutsam schleicht der Chan zum Wochenbett. Mit einer zarten
Bewegung hebt er den Säugling auf seine gewaltigen Arme.

Still wiegt er das Zwerglein hin und her, summt leise wie der
Steppenwind in den Gräsern ... laila ... laila ...

Yülun sieht staunend auf den Mann. Der wendet keinen Blick von
seinem Kinde, öffnet das kräftige Gebiß und beleckt wie ein Tier das
kleine Gesicht mit Zärtlichkeit.

„Mein Sohn! ... Mein kleiner Chan! ... Temudschin, das Eisenschwert, ist tot ... gefallen von meiner Hand ... Er war stark und
kühn ... Sein Säbel sei deine Waffe ... sein Name der deine! Du
sollst Temudschin heißen."

Das erste Opfer

Das Kind Eisenschwert wächst heran.

Es ist ein Knabe, der sich von den andern nicht wesentlich unterscheidet. Er spielt und rauft und ringt mit ihnen nach Knabenart.
Ringkämpfe sind sehr beliebt; zeitig üben sich die Knaben darin.

Temudschin ist dünn wie eine Schwertklinge und ebenso hart und
stählern. Früh lernt er, wie viele Mongolenkinder, auf einem Schaf
reiten. Das aufgescheuchte Tier sprengt angstvoll davon. Temudschin
krallt sich in die Wolle. Er schwankt und rutscht, aber er hält fest.
Eher reißt er dem Schaf das Fell aus, als daß er losläßt. So willens-
stark wünschen sich die Männer ihre Söhne.

Mit fünf Jahren sitzt Temudschin wie ein Erwachsener auf dem

Pferderücken. Mit neun Jahren gilt er als einer der kühnsten und ge-
wandtesten jugendlichen Reiter des Stammes. Für die mongolischen
Reiternomaden ist Reiten geradezu eine Leidenschaft, selbst kurze
Strecken legen sie lieber zu Pferde zurück, als daß sie laufen. Wett-
reiten gehört zu ihren größten Vergnügungen.

Die Knaben tummeln sich zu einem Wettritt: Hinein in die Steppe,
weit, bis zum fernen Höhenzug und zurück!

Ein alter Nojan gibt das Zeichen. Los stiebt die Knabenhorde.

Es wird Abend, da kehren die ersten heim, an der Spitze der
kleine, flinke Ayur und gleich hinter ihm Temudschin. Ayur ist
völlig erschöpft und fällt wie ein Lederschlauch herab. Zehn Stunden waren sie im Sattel, ohne Nahrung. Aber sein ausdauerndes
Pferdchen hat ihn zum Sieg getragen.

Temudschin ist zweiter. Er ist noch leidlich frisch, und behende
gleitet er zu Boden. Finster blickt er sein Tier an, das röchelnd zusammenbricht. Er nimmt einen Lasso und wirft dem pfeifenden
Pferd die Schlinge um den Hals. Mit einem Ruck erdrosselt er es.

Dann schlendert er zur Jurte seiner Mutter und holt jenen Säbel
des toten Temudschin, das Geburtsgeschenk seines Vaters. Ayur
reibt sein dampfendes Pferdchen unter lobenden Worten mit trockenem Gras ab. Bedächtig nähert sich Temudschin dem Halbbruder,
doch plötzlich schneidet er dem siegreichen Pferd mit einem schnellen
Hieb die Kehle durch.

14

Das Tier sackt zusammen. Temudschin wirft sich auf den warmen Pferdeleib und saugt in langen Zügen das rauchende Pferdeblut ... Ausdauer und Schnelligkeit trinkt er in sich hinein, die im Blute des Pferdes kreisen.

Ayur schreit, weint. Sein liebes, kleines Pferd, sein Windpferdchen, sein Wolkenpferdchen!

Er läuft zu seinem Vater Jesukai und beklagt sich bitter.

Der Häuptling hört den Sohn der Nebenfrau schweigend an.

Dann sagt er: „Ehre das Tun des künftigen Chans!"

Ayur trollt sich schluchzend.

Aber Tag und Nacht sinnt er auf Vergeltung.

Brudermord

Es ist bitterkalt.

Die Eisdämonen haben die Steppe hartgeblasen und mit einem dicken, weißen Schneefell zugedeckt. Kein Gras für die Herden. Das gespeicherte Heu und das wenige Stroh müssen gespart werden. Dürr sind die Kamele und Pferde, die Rinder und Schafe. Kamel- und Pferdestuten und Kühe geben kaum Milch. Karg ist die Nahrung, nie wird der Magen richtig voll und satt.

In den Filzjurten qualmen die Mistfeuer. Die Luftklappen sind geschlossen, der Rauch beizt Nase und Augen. Um die Steine des Herdes hocken Männer und Weiber in Fellröcken und Filzstiefeln. Auf dem eisernen Dreifuß kochen im Kessel Kräuter, wilder Knoblauch und Brennessel, dazu ein Stückchen vom mageren Fleisch eines krepierten Hundes oder eines Murmeltieres. Die Männer schärfen die Waffen zur Jagd, die Weiber schieben und drücken die ausgefallenen Haare ihrer Haustiere zu Filz zusammen und nähen sich hemdartige Oberröcke und spitze Pelzmützen. Die Kinder lungern herum, wo Platz ist.

Den Knaben Temudschin beißt der Hunger. Er hat einen Wolfsmagen und kann nie genug verschlingen. Zuerst stärken sich die Männer des Stammes, die Krieger und Jäger. Für Weiber und Kinder bleibt kein Fleisch, und Kraut gibt keine Kraft. Nach der Mahlzeit kreisen die Lederschläuche mit Kumysch, und die angenehm säuerliche, gegorene Stutenmilch berauscht. Die Knaben passen auf wie die Luchse, ob sie einen Schluck erhaschen können.

Der Tag ist lang, wenn der Hunger quält. Die Knaben stülpen sich die Schaffellkittel über und laufen hinaus, um sich Nahrung zu suchen. Vergebens schwingen sie Knüppel und kurze Speere. Kein Tier ist zu finden, nicht einmal eine Ratte oder Maus raschelt im Mist. Auf zum Fluß! Die Wasser des Onon zappeln nicht mehr, sie sind erstarrt. Die Dämonen haben sie verzaubert. Die Knaben schlagen ein großes Loch ins Eis. Dann stehen sie wartend und spähen hinunter, in der verklammten Faust den kleinen, dreispitzigen Speer.

Stundenlang lauern sie so. Kein Fisch! Müde, hungrig, vom Eissturm durchgeblasen, schleichen sie zur Jurte zurück und kriechen zähneklappernd ans Feuer.

Doch Temudschin harrt aus. Sein Wille bannt ihn, und er wird die Fische zwingen. Reglos wie ein vereister Pfahl steht er da, nur seine schrägen Augen bewegen sich und spähen unverwandt.

Nichts zu entdecken! Der Knabe ist von Eiskristallen überflimmert. Seine Glieder sind erstarrt, aber sein Wille läßt ihn nicht los.

Da! Ganz leise bewegt sich das Wasser. Dicht unter der grünen Oberfläche steht ein Fisch. Mit großer Anstrengung hebt Temudschin den frostgelähmten Arm, und schon hat er, wild von Gier, den Fisch gespießt. Der Fisch zappelt heftig, aber Temudschin beißt ihm den Kopf ab. Er schlingt den ganzen Fisch hinunter, zermahlt ihn knackend. Nichts läßt er übrig, keine Gräte, keine Schuppe, keine Flosse, nicht den Schwanz.

Vom Erfolge ermutigt und vom Essen ein wenig aufgewärmt, wartet er weiter. Er weiß, die Fische haben jetzt das Luftloch entdeckt. Und bald kann er noch einen zweiten, dritten und vierten harpunieren.

Für heute hat er genug. Er rennt zur väterlichen Jurte, hockt sich zum Feuer und röstet sich zwei Fische in der offenen Flamme. Den letzten spart er sich für morgen auf.

Die Halbbrüder wittern gierig den Duft. Aber ihre Mienen sind gleichgültig, und sie tun, als beachteten sie den behaglich kauenden Temudschin nicht. Doch ihre Ohren folgen lüstern dem schmatzenden Geräusch der mahlenden Zähne, und Ayur beobachtet den Halbbruder seitwärts aus den geschlitzten Augen.

Am nächsten Morgen will Temudschin sich den aufgehobenen Fisch zum Frühstück holen. Aber das Versteck ist leer, der Fisch ist verschwunden!

Böse zucken die Flügel von Temudschins breiter Nase. Er wittert

Tschingis Chan

Eine Schlachtszene

und sucht. Geschmeidig durchschleicht er die Häuptlingsjurte und die Zelte der Nebenfrauen seines Vaters, bespäht seine Halbbrüder. Er findet keine Spur des geraubten Fisches.

Von einer Jurte führen frische Tapfen zum Onon. Vorsichtig folgt er ihnen. Um ein neues Eisloch stehen mehrere seiner Halbbrüder, die ihr Heil heute abermals versuchen wollen.

Da entdeckt er hinter einem Strauch am Uferrand Ayur. Warum versteckt sich der Knabe, warum späht er nicht nach Fischen? Temudschin schleicht ihn an. Wie sich Ayur entdeckt sieht, blinzelt er halb furchtsam, halb tückisch.

Temudschin stellt sich wortlos vor ihn und sucht mit den Augen Ayurs Felljumper ab. Keine Spur eines verzehrten Fisches! Dann ziehen Temudschins Wolfslichter Kreise um den Bruder, erst enge, dann in weiterem Bogen. Ein paar Fuß entfernt, trifft er auf ein kleines Schneeloch. Temudschin springt hinzu, wühlt den Schnee auf, greift zu und hebt etwas hoch: einen Fischkopf!

„Dieb!" schreit er voller Wut.

Ayur springt jäh auf. „Du hast mein Pferdchen erschlagen! Dies ist bloß ein Fisch!"

Weiter kommt er nicht. Im Jähzorn reißt Temudschin den kleinen, dreispitzigen Speer hoch. Um Hilfe schreiend, rennt Ayur zu den Brüdern aufs Eis. Temudschin jagt hinter ihm her und stößt ihm von hinten den Speer in den Hals.

Ayur stürzt röchelnd nieder. Temudschin steht dabei und sieht zu, wie der Knabe verblutet, und er ist ein wenig erschrocken, aber auch ein wenig neugierig.

Zum ersten Male hat er einen Menschen getötet, einen Knaben ... seinen Bruder. –

Die Halbbrüder sind, vor Entsetzen schreiend, davongelaufen. Temudschin schaut sich um, dann schleppt er den toten Ayur zum Eisloch und läßt ihn ins Wasser gleiten. Die Fische werden ihn fressen.

Gelassen schlendert er heim.

In der Häuptlingsjurte auf weißem Fell, gegenüber dem Eingang, sitzt mit gekreuzten Beinen Jesukai, der Chan. Vor ihm liegt Ayurs Mutter Begum auf dem Bauche, jammert und weint. Sie klagt Temudschin des Mordes an und fleht heulend um Rache. Mit aufgerissenen Augen starrt Yülun auf ihren ältesten Sohn.

Der Chan winkt Temudschin vor sich, sieht ihn lange finster an.
„Warum?" fragt er nach einer Weile.

Temudschin schaut gleichgültig und furchtlos in des Vaters Augen.

„Die Ratte stiehlt ... Sie taugt nicht für uns ... Wir schlagen sie tot ... Wozu soll ein schädliches Wesen leben?"

Der Chan blickt vor sich nieder und schweigt.

Begums Augen hängen voller Spannung an seinem Gesicht. Yülun wartet voll Angst auf den Spruch des Chans.

Da richtet sich Jesukai kurz auf.

„Ich richte, nicht du!" sagt er scharf zu Temudschin. – Dann fügt er ruhig und bestimmt hinzu: „Aber du hast recht gerichtet!"

Damit verläßt er die Jurte. –

Begum weint laut auf. Langsam geht Yülun zu ihr, streichelt sie sanft und tröstet sie. Ihrem Sohn Temudschin aber gönnt sie keinen Blick.

Sie denkt an Temudschins Geburt und an seine blutigen Händchen. Sie sieht den Schamanen an ihrem Gebärlager stehen und hört seine Worte: „Nie werden sie trocken werden... immer rot ... Waage ist Gerechtigkeit ... Er wird die Bösen strafen ..."

Hat Temudschin gemordet? Oder hat er gestraft? Sie versteht ihren Erstgeborenen nicht. Er ist noch ein Knabe ... und ist schon ihrem mütterlichen Einfluß entwachsen.

Temudschin begreift die Aufregung nicht. Soviel Wesen um einen Dieb! ... Was schädlich ist, tötet man. So hat er es von den Erwachsenen gelernt. Sie vernichten die Ratte und den Luchs, den Wolf wie den Tataren, der dem Mongolen die Weide neidet ... Ayur war eine Ratte, ein feindlicher Tatar, – nein, schlimmer! Er hat seinen eigenen Stammesgenossen bestohlen! ... Der Starke vergilt, – nur der Schwächling verzeiht. So lehren die Alten.

Und seelenruhig geht Temudschin hinaus und übt sich im Bogenschießen.

Der alte Sänger

Auf weißem Fell thront im großen Zelt Chan Jesukai, der Führer der Eidgenossenschaft. Er hat die Häuptlinge der Unterstämme und Banner eingeladen und seinen Gästen zu Ehren den von seiner Gattin bestickten Terlik angelegt. Bewundernd schauen die Frauen auf diesen mit Wildleder überzogenen, langen Kittelrock, mit dem die

Terliks der anderen Männer nicht wetteifern können. Um den stolzen Hals hängt ihm eine Knochenkette, im Gürtel steckt das Messer ...

Auch die Unterhäuptlinge und die Bannerführer haben ihre beste Tracht angelegt, und neben dem Terlik sieht man weiße und gelbe Schafpelze. Die Beine stecken in weiten Pelzhosen, und an den Füßen tragen Männer und Weiber Gutuls, breitschäftige Filzstiefel, deren Spitzen stark nach oben gebogen sind.

Sie hocken im Kreise auf Teppichen und Filzmatten und essen begeistert Tsamba, die Nationalspeise aus geröstetem Mehl, Butter, Käse und saurer Milch. Dazu geht der Lederschlauch mit Kumysch von Hand zu Hand und von Mund zu Mund.

Im Kreise hinter den Männern sitzen die Frauen. Auch sie haben heute ihre beste Kleidung angelegt. Ihr seidengegürteter Chalat, das lange, breite Hemd, bis an die Knie geschlitzt, leuchtet in grellen Farben, und die glatt-schwarzen, gesalbten Haare sind mit Nadeln und silbernen Anhängern geschmückt. Ketten aus Jadeperlen zieren den Hals, und zur Feier des Tages haben sie weiße und rote Schminke aufgelegt. Schmuck, Schminke und Seide haben sie von den chinesischen Karawanenhändlern erstanden, von denen sie auch die Modeberichte aus Peking erhalten. Denn die vornehmen Damen des fernen Reiches der Mitte sind dafür tonangebend.

Im Hintergrund des großen Zeltes und zwischen den Erwachsenen kriechen und spielen die Kinder, und wenn das eine oder andere zu laut oder störend wird, pfeift plötzlich ein Lederriemen durch die Luft, und nach schmerzhaftem Aufschrei gibt es eine Weile Ruhe.

Temudschin spielt nicht mit den anderen Knaben. Ernst und selbstbewußt sitzt er mit gekreuzten Beinen nicht weit hinter dem Vater. Er ist stolz, der Sohn des Chans zu sein, und verachtet Kinderspiele. Aufmerksam lauscht er und sucht zu begreifen, was er hört.

Denn auf der Filzmatte unmittelbar neben dem Herdfeuer, dem Ehrenplatz, hockt der Hauptgast des Chans, der alte Sänger.

Gegerbt von den Stürmen, gebrannt von der Wüstensonne, das olivfarbene Gesicht von tausend Falten zerknittert, die breiten Nasenflügel gebläht, kündet er sein Wort. Um seinen zahnlückigen Mund schüttert ein dünner Bart. Seine schmalen, schrägen Augen blicken erfahren und klug. Wie alt mag er sein? Siebzig Jahre? Neunzig Jahre? Hundertzwanzig Jahre? Er weiß es nicht. Niemand weiß es. Uralt ist er wie die Wüste, wissend wie sie.

Er hat keine Heimat. Von Ordu zu Ordu zieht er mit seinem Streichbrett, belehrt und begeistert die Männer, rührt die Frauen. Was man von der Vergangenheit der Mongolen und von ihren großen Taten, von den Ereignissen der Völker und den Geschehnissen der Gegenwart weiß, hat man von ihm erfahren. Er ist ihr Bewußtsein, ihr Gedächtnis und ihre Geschichte. Er ist der Träger ihres Geistes.

Die Stimme des Alten ist noch immer kräftig; stark strömen seine Worte. Einförmig spricht er seinen Sang, singt er seinen Spruch. Sein Lied ist ein schwebendes Sprechen.

Die Tonlage seines Redesanges, die Pausen und den Rhythmus bestimmt er durch kurze oder lange Striche mit dem Roßhaarstrang seines Bogens über die beiden Saiten aus Tierdarm, die er über ein längliches, flaches Holzkästchen gespannt hat und die er mit den Fingern verkürzt und verlängert.

Schweigen gebietet Jesukai, und der alte Sänger hebt sein Lied an:

„Weit, endlos weit dehnt sich die Steppe.
Deine Augen können sie nicht durchspähen, deine Füße sie nicht durcheilen.

Tausend, tausend Pfeilschüsse messen sie nicht aus.

Gras und Sand bedecken ihren Boden, und am Horizont ragen die gewaltigen, hohen Schneeberge.

Das ist der Mongolen Land. Sanftmütig herrschte der Ur-Chan, und einträchtig lebten seine beiden Söhne Mongol, der Trotzige, und Tatar, sein Bruder. Sie starben. Zwietracht entbrannte zwischen den Enkeln. Der Vater bekämpfte den Sohn, und der Sohn besiegte seinen Vater.

Fliehen mußte der Vater und starb.

Der Sohn ward alt, ihm nahte der Tod. Einen Bogen von Gold und goldene Pfeile teilte er unter seine sechs Söhne. Dem einen reichte er den goldenen Bogen der Herrschaft, den übrigen gab er die goldenen Pfeile des Dienens.

Zwietracht entbrannte wiederum. Mongols Urenkel mußte reiten zum Kampf gegen Tatars Urenkel.

Mongol und Tatar liebten sich – aber ihre Urenkel haßten sich.

Gegeneinander stoben die Pferde, stießen die Speere, hieben die Keulen, schlugen die Schwerter, flogen die Pfeile.

Tapfer kämpften die Mongolen, aber die Tataren sind zahlreich wie Wüstensand. Sie siegen."

Des Sängers Stimme klingt gedämpft, dumpf trauern seine Worte:

„Erschlagen liegen die gefallenen Mongolen wie die Haufen der Tiere nach blutiger Jagd ..."

Der Alte hält ein, streicht voll Jammer über die Sehne. Klagende Töne zittern durch das weiße Zelt.

Die Männer lassen die Köpfe sinken. Leise schluchzen die Frauen. Temudschin ballt die Fäuste vor Schmerz und Wut.

Die Augen voll Tränen blickt Yülun auf ihren ältesten Sohn. Des Stammes Schicksal ergreift den Knaben mit seltsamer Gewalt, in Temudschin lebt Mongols Seele. Der alte Sänger hat den Knaben in seinen Urahn verwandelt, hat sie alle, Männer und Frauen, verzaubert.

Ein schweres Seufzen weht durch das Zelt.

Neu beginnt der Sänger, seine Stimme schwillt verheißend auf:

„Ein Häuptlingssohn der Mongolen ist nicht gefallen. Die Überlebenden fliehen mit ihm ins Gebirge Erkene Kun, verbergen sich mit den Weibern in Höhlen und Schluchten. Die Tataren finden sie nicht.

In fremder Steppe sprießt Gras, wachsen Bäume.

Wie Gras und Bäume blüht der kleine Mongolenstamm, sprießt und wächst. Immer mehr Männer, immer mehr Weiber, immer mehr Kinder, immer mehr Pferde, immer mehr Vieh.

Groß und stark wird der neue Stamm. Er wandert durch die Steppen, übersteigt das Gebirge, jagt hinab in die Ebene zwischen den Flüssen Onon und Kerülen, in die alte Mongolenheimat. Tausende, Tausende, Tausende tapferer Mongolensöhne.

Die Tataren fliehen – die Mongolen rächen die alte Schmach, erschlagen die Feinde, die bösen Räuber!

Frei ist das Land zwischen Onon und Kerülen!

In Mongols, des Trotzigen, Heimat wohnt wieder sein Same, herrscht weise und tapfer Jesukai Bagatur aus der Bordschigen, der Grauäugigen, Geschlecht.

Heil Jesukai, dem Chan! Heil Mongols Ururenkeln!

Heil den Mongolen, unserm Volk ‚Bide‘!“

Schweißtropfen glänzen wie Fettperlen auf des Uralten Stirn. Leidenschaftlich reißt sein Bogen aufreizende und jubelnde Töne aus dem Sehnenkästchen.

Die Männer springen auf, klatschen auf ihre Schenkel und stampfen jauchzend den Boden: „In Mongols, des Trotzigen, Heimat herrschen wieder Mongolen!“ Und die Weiber schlagen dazu die Hände im Takt und stoßen schrille Schreie aus.

Jesukais Augen leuchten stolz. Er reicht dem Uralten einen prallen Lederschlauch mit Kumysch, und der Sänger trinkt, nachdem er in die vier Windrichtungen einige Tropfen geopfert hat, die berauschende, säuerliche Stutenmilch, ohne abzusetzen, bis zur Neige. Dann taumelt er in die Ecke der Jurte und fällt trunken auf ein Fellager. Sorgfältig decken die Frauen den Alten zu und lassen ihn schnarchen.

Temudschin schleicht aus der Jurte. Draußen steht er umbraust vom Sturm, und auch in seinem Herzen stürmt seine Sehnsucht nach Kampf, Ruhm und Ehre. Nach Knabenart spinnt er ehrgeizige Zukunftspläne. Heiß pocht sein Blut, er möchte auf sein Pferd springen und durch die Steppe jagen, den Säbel schwingen gegen die Tataren, die Räuber und Feinde. Tapfer will er kämpfen wie sein Ahn, der

Häuptlingssohn der Mongolen, und unterjochen die Tataren, den feindlichen Bruderstamm, ihn zwingen zu Gehorsam und Frieden!

Die Sänger sollen den fernen Geschlechtern dereinst größeren Ruhm von Temudschin künden, als der Uralte heute von Temudschins Ahnen gesungen hat. Wenn er nur erst erwachsen, erst Chan wäre!

Mühsam verschließt er das heiße Drängen in seiner Knabenbrust und geht zurück ins Zelt. Die Stutenmilch schäumt in die Kehlen der schreienden Männer und Frauen, die Kinder kreischen ungestraft aus Leibeskräften dazwischen, wild tobt die Freude. Selten sind die Feste in der Steppenwüste, um so inbrünstiger werden sie gefeiert.

Niemand hat Temudschins Abwesenheit bemerkt – nur Yülun. Sein Gesicht ist wieder gleichmütig, aber in seinen Augen glüht das Ahnen großer Taten. Sanft streicht die Mutter über ihres Ältesten straffes, braunrötliches Haar.

Da wird Temudschin von dem starken Gefühl fast überwältigt. Er möchte sich der Mutter in die Arme werfen, aber er schämt sich der unmännlichen Regung. Unwirsch entzieht er den Kopf der Mutterhand und verkriecht sich in die Ecke der Jurte zum schnarchenden Sänger, den er voll scheuer Ehrfurcht betrachtet.

Seine Augen gleiten über das flache, längliche Holzkästchen, in dem der Ruhm der Ahnen eingeschlossen ist.

Ob auch sein Ruhm schon darinnen wartet?

Zögernd faßt er nach dem Bogen und streicht ihn unbeholfen über die Sehne.

Es tönt nicht, nur ein schwaches, leises Zirpen surrt.

Sein Ruhm ist also noch nicht im Kästchen. Aber vielleicht muß er erst große Taten getan haben?

Nachdenklich hält er den Bogen in den Händen. Der Sänger hat ihn über die Sehne gestrichen. Doch ein Bogen dient vor allem zum Schießen. Er wird versuchen, ihn zu spannen.

Temudschin biegt den Bogen mit aller Kraft, immer weiter, bis sich die beiden Enden schwirrend stauchen.

Da knackt das Holz, der Bogen zerspringt.

Erschrocken und auch ein wenig verächtlich hält der Knabe die Stücke in seinen Händen.

Wenn das der Vater erfährt!

Aber dann beruhigt er sich schnell. Ein Bogen, der zerbricht, taugt nichts, deswegen wird ihn der Vater nicht strafen. –

Wenn aber doch?

Warum sollte denn gerade er den Bogen zerbrochen haben? Er drückt die beiden Stücke fest gegeneinander und schiebt sie dem Sänger vorsichtig unter das Gesäß. Wenn der Alte sich im Schlafe darauf herumwälzt und den Bogen zerbricht – was kann Temudschin dafür?

Vorsichtig sieht er sich um. Im Festtrubel und Lärm hat niemand bemerkt, was er getan hat.

Schnell und heimlich gleitet der Knabe zur gegenüberliegenden Seite hinüber, wühlt sich in die Felle, rollt sich zusammen wie ein Igel und rettet sich in den beschützenden Schlaf, während das Schreien und Lärmen der Männer und Weiber sich aus seinem Bewußtsein immer weiter und weiter entfernt und schließlich leise verklingt ...

Burtai

Jesukai reitet mit großem Gefolge und reichen Geschenken gen Südwesten ins Land der Kerait zu Togrul, dem Ong Chan, dem mächtigsten unter den Fürsten der Gobi, um neue Abmachungen über die gegenseitige Stammeshilfe und den beiderseitigen Warenaustausch abzuschließen. Der dreizehnjährige Temudschin, bald schon ein Jüngling, darf den Vater begleiten und trabt stolz und reiselustig neben ihm.

Frühsommer ist es, die Steppe blüht, und von den hohen, weißen Bergen weht ein erfrischender, schneegekühlter Wind in die flimmernde Hitze der Hochebene.

Viele Tage sind sie unterwegs durch niedriges, hartes Gras. An kleinen Algentümpeln leuchten gelbe, wilde Rosen und blaue Schwertlilien. Pappeln ragen auf, Weiden neigen sich zu einsamen Flüssen, deren träger Lauf plötzlich und übergangslos in öden Sandflächen versickert. Unzählige Möwen fliegen auf und umkreisen schreiend die Karawane. Dürres Schilf flirrt um vertrocknete Salzmulden. Dann wieder geht es über schwarzgraue Schotterflächen oder granitene Hochebenen, aus denen vereinzelt zähe Tamariskensträucher sich erheben.

Endlich nähern sie sich Karakorum, der Schwarzen Hauptstadt der Kerait.

Temudschin ist sehr gespannt. Bisher kennt er nur das Ordu, das Zeltlager der Nomaden; noch nie hat er eine „Stadt" gesehen.

In der Ferne tauchen hohe, dunkle Erdwälle auf, die sich in gewaltiger Ausdehnung ins Geviert ziehen.

Die Gras- und Sandsteppe geht über in sorgfältig und regelmäßig bestellte Felder, die der staunende Knabe zum ersten Male sieht. Daheim gibt es nur Weideplätze, und die Hirsehalme wachsen wahllos zwischen Gräsern und Kräutern.

Als die Vorposten der Kerait die Reisekarawane erspähen, alarmieren sie die Stadtwache, und gleich darauf sprengt eine schwer bewaffnete Reiterschar den Ankömmlingen entgegen. Jesukais Trupp wird umringt. Man erkennt den Mongolenchan und geleitet ihn höflich nach Karakorum, während Meldereiter vorausjagen, um Chan Togrul von der Ankunft der Gäste zu benachrichtigen.

Man reitet durch ein großes Tor. Die Stadt öffnet sich, und staunend sieht Temudschin ein wirres Netz von „Straßen", die kreuz und quer laufen. In buntem Durcheinander wechseln Jurten, deren goldgelber Zeltstoff in der Sonne leuchtet, mit festen Häusern ab, die aus Holz und Lehm erbaut sind. Einige stattlichere Gebäude erheben sich dazwischen, und sie kommen dem nur an niedrige Zelte gewöhnten Temudschin riesenhoch vor. Jesukai zeigt im Vorbeireiten dem Sohne erklärend die Speicher, in denen Nahrungsmittel für Mensch und Vieh über Winter aufbewahrt werden, die Arsenale für Waffen, die Tempel der Lamas, die arabesken Moscheen der Mohammedaner und die schlichten Holzkirchen der Nestorianerchristen, die drei Götter anbeten: den Gott-Vater, den gekreuzigten Sohn und den heiligen Geist-Dämon.

In den engen Gassen wimmelt es von gaffenden Männern, Frauen und spielenden Kindern, und die Reiter kommen nur langsam vorwärts.

Temudschin fühlt sich etwas beengt in der „Stadt"; dem Steppensohn fehlt die Weite. Und doch gefällt ihm Karakorum. Die Schwarze Stadt scheint so fest und geordnet, das Leben ist stark und nahe. Hier möchte er später gern wohnen.

Sie kommen auf einen großen, geräumigen Platz, der von einem nicht sehr hohen, aber langgestreckten Hause aus Holz und Lehm abgeschlossen wird. Es ist der „Palast" des Ong Chans Togrul, hier residiert er, der christliche Priesterkönig mit dem biblischen Beinamen Johannes.

Die Mongolen sitzen ab und werden unter großer Höflichkeit in den Palast geleitet. Jesukais Leute tragen die Geschenke: Felle und Pelze, Säbel und Schwerter, Bogen und Speere und für die Frauen Teppiche und chinesischen Schmuck.

Gegenüber dem Eingang im großen, weiten Herdraum empfängt der Ong Chan seine Gäste mit milder Würde und jener freundlichen Herablassung, die sich zwischen Christen und Heiden und dem mächtigsten Stammesführer der Gobi zu einem kleineren, wenn auch blutsbefreundeten und einflußreichen Chan geziemt. Auch Togruls Gattin, eine kleine, fette Dame, und seine Tochter Burtai haben sich zum Empfang eingefunden.

Temudschin ist ein wenig enttäuscht vom Oberherrscher der Kerait, den er sich strenger und tatkräftiger gedacht hat. Wahrscheinlich rührt seine milde Art von dem Glauben an den sanften Gottessohn her, von dem die Mutter seltsame Geschichten erzählt hat. Besser, viel besser gefällt ihm die schlanke Burtai, deren graue Augen ihn aus einem blassen Gesicht mustern, wobei sich ihre Augenbrauen in leichtem Erstaunen wölben.

Nach reichlicher Bewirtung zieht sich der Priesterkönig mit Jesukai zu vertraulichem Gespräch zurück, während Burtai den Auftrag erhält, Temudschin zu unterhalten, dessen kühnes Knabengesicht das Wohlgefallen des Chans Togrul erregt hat.

Stumm folgt Temudschin dem Mädchen, das größer ist als er.

Sie zeigt ihm den Palast, die bunten Teppiche aus Samarkand und die kostbaren Waffen aus Damaskus, die roten und gelben Lederarbeiten aus Bagdad und die hauchfeinen Porzellane aus China. An den Wänden hängen chinesische Malereien auf Seide.

Temudschin staunt über die Pracht und den Reichtum. Armselig kommt ihm die väterliche Häuptlingsjurte vor, die ihm bisher der Inbegriff der Herrlichkeit war. Aufgeregt starrt er auf ein großes Gemälde:

„Da! Der Tiger! Wenn der Zauber ihn losläßt, wird er uns anfallen!" Und er lockert das scharfe Messer im Gürtel.

Burtai lacht. „Du bist sehr dumm. Er ist doch nur gemalt."

Sie fährt mit den Fingern über das Tier und läßt ihre schmale Mädchenhand ein wenig auf dem wild aufgerissenen Rachen ruhen.

Bewundernd sieht Temudschin zu. „Kannst du zaubern?" fragt er scheu.

Sie schüttelt den Kopf. „Es gibt keinen Zauber, sagt der Vater.

Nur Christus hat Wunder getan, und Heilige können noch heute durch ihn Wunder tun."

„War er so mächtig?"

„Er ist Gottes Sohn!"

„Warum hat er dann nicht alle Länder der Welt unterworfen?" Burtai sieht ihn verwundert an. „Man muß die Menschen lieben und seinen Feinden verzeihen."

„Eh!" ruft Temudschin verächtlich. „Er ist davongelaufen!" Burtai schüttelt den Kopf. „Nein, er ist geblieben und hat sich ohne Kampf fangen lassen. Er hat sich nicht gewehrt, und sie haben ihn ans Kreuz geschlagen." Sie hat Tränen in den Augen.

Temudschin öffnet den Mund und spuckt auf den Teppich: „Der allmächtige Sohn des Himmelschans läßt sich fangen und töten wie ein Knecht! Nie, nie würde ich das tun! Kämpfen bis zum Tod!"

„Du darfst nicht auf den Teppich spucken! Wenn das die Mutter sieht!" verweist ihn Burtai.

„Die Leute hier haben seltsame Sitten", denkt der Knabe, „man darf nicht einmal auf den Boden spucken." Aber dann bückt er sich doch und wischt mit der Hand den Spritzer weg.

„Hast du dein Wischtuch vergessen?" fragt Burtai und zieht das ihrige aus dem Gürtel. „Die Karawanenleute sagen, in China tragen alle Männer und Frauen im Gürtel ein seidenes Wischtuch, und die vornehmen Leute bei uns tragen es auch."

Temudschin fühlt sich dem Mädchen gegenüber nun doch ein wenig befangen. Alles, was er tut, ist hier falsch. Die Mutter hätte ihm auch ein solches Tuch mitgeben können! Er ärgert sich über das Mädchen, das zudem noch größer ist als er, und beschließt, ihr zu zeigen, was er kann.

„Wollen wir ausreiten?" fragt er. „Aber nicht auf einem Yak", fügt er höhnisch hinzu.

Burtai erwidert gleichmütig: „Ich reite auf Pferden, aber ich verachte das treue Rind nicht."

Während sie zu den Pferden gehen, sagt Temudschin, um sie zu ärgern: „Ich weiß, der treue Yak zieht den Zeltwagen, trägt die Frauen und Kinder geduldig, gibt Milch, Butter und Käse, und wenn er stirbt, schenkt er noch sein Fleisch, sein Horn und sein Fell. Ein rührendes Tier!"

Burtai beachtet seine Worte nicht, und er kommt sich albern vor. Ihre Art ist ihm ungewohnt. Zu Hause hätte kein Mädchen es wagen dürfen, ihn, den Sohn des Chans, so zu behandeln, Aber sie ist eine Prinzessin, die Tochter des mächtigen Priesterkönigs, und spielt sich auf. Jetzt, beim Reiten wird er ihr zeigen, wer er ist und was er kann. Sie soll sehen, wo sie bleibt!

Sie sind bei den grasenden Pferden angelangt. Burtai stößt einen lockenden Ruf aus. Ein Rappe mit weißem Maul trabt gehorsam herbei und reibt zärtlich seinen Kopf an ihren schmalen Schultern. Mit einem geschmeidigen Satz sitzt sie auf und jagt in die Steppe hinaus.

Zorn kocht in ihm auf. Sie läßt ihn stehen wie einen Knecht, hat ihn nicht einmal aufgefordert, ihr zu folgen. Dabei ist sie nur ein schwaches Mädchen!

Er springt auf das erste beste Pferd und schlägt ihm die Hacken voll wilder Wut in die Flanken, daß das Tier sich aufbäumt und in rasendem Galopp dahinstürmt.

Heftig preßt er das Tier mit harten Schenkeln vorwärts – er kann Burtai nicht einholen. In der Ferne sieht er sie mit anmutiger Leichtigkeit auf und nieder wiegen, aber er kommt ihr nicht näher. Sie reitet ein vorzügliches Tier, und sie reitet gut. Er hat sich schon als glänzender Reiter bewiesen, wenn er sie nicht ganz und gar aus den Augen verliert.

Ein Fluß glitzert, wild rauschen seine Bergwasser. Am Uferrand hält Burtai und gleitet zu Boden. Aufatmend setzt sie sich ins Steppengras. „Das war für den ‚treuen Yak'“, denkt sie befriedigt und wirft keinen Blick zurück, ob ihr der Knabe gefolgt ist, hört sie doch aus der Ferne seinen wilden Galopp.

Temudschin ist angelangt und springt vom zitternden Tier. Schweigend, aber dunkelrot vor Empörung wirft er sich ins Gras und starrt in den Fluß.

Burtai schnellt einen Blick auf das Pferd. Es ist über und über mit Schaum bedeckt, seine Lunge pfeift. Temudschin muß es furchtbar zugeritten haben.

Sie erhebt sich, reißt einen Grasbüschel aus und beginnt, das Tier trocken zu reiben. Böse schaut Temudschin zu, aber er hilft ihr nicht.

Verstohlen blickt Burtai zu ihm hinüber. Er ist noch ein richtiges Kind, wenn auch sein Mund schon fest und kühn geformt ist. Er tut ihr leid in seinem gekränkten Ehrgeiz.

„Du hast kein gutes Pferd gegriffen, sonst hättest du mich sicher eingeholt.“

Mürrisch erwidert Temudschin: „Nun ja, ein Yak läuft beinahe schneller."

„Du darfst auf meinem Pferd zurückreiten."

Temudschin sieht sie nun doch an, was er bisher vermieden hat. Die Menschen sind hier anders als daheim. Zu Hause hätte jeder, und besonders die Mädchen, den Sieg ausgekostet und ihn womöglich noch vergrößert. Burtai verzichtet auf ihren Triumph, obwohl sie ganz und gar nicht unterwürfig ist. Sein Stolz verbietet ihm aber, ihr Angebot anzunehmen. „Nein, behalte nur dein Pferd."

Das Mädchen setzt sich zu ihm. „Wenn du das aus Trotz gesagt hast, wohnt der böse Geist in dir. Wenn du aber deinen Willen gebändigt hast, ist es der gute."

Burtai wird dem Knaben immer rätselhafter. Daheim am gelben Onon lehren sie, den eigenen Willen wie ein Schwert zu schwingen. Hier am grünen Orchon preisen sie es, den eigenen Willen zu fesseln.

„Lehrt der Priesterkönig so schwächliche Lehre?"

Das Mädchen hebt den Zeigefinger: „Es ist viel schwerer, dem guten Geist zu gehorchen als dem bösen!"

Sie springt auf und geht zu den Pferden. „Es ist Zeit, heimzureiten."

Bevor sie aufsitzt, wendet sie sich noch einmal zu Temudschin: „Nun also, wie ist es? Nimmst du mein Pferd?"

„Nein!" sagt er böse. „Ich will nicht... Ich bekomme es schon noch – später, wenn ich ... dich zu meiner Frau nehme und in Karakorum mit dir wohne."

Das Mädchen lacht verlegen: „Karakorum gehört meinem Vater und dann meinen Brüdern. Da kannst du nicht wohnen – selbst wenn du mich heiratest."

Temudschin funkelt sie mit seinen braungrünen Augen an. Was er damals bei dem Heldenlied des alten Sängers dunkel gefühlt hat, quillt nun wie ein Rausch empor.

„Ich werde sie alle unterwerfen, alle ... die Kerait, die Tataren, die Taidschigut, die Merkit, die Naiman, die Uiguren, das Reich der Mitte, das Reich Châresm, die Karakitai ... immer weiter, bis dahin, wo die Sonne auf- und untergeht.

Groß-Chan der Welt will ich werden ... Die Sänger sollen mich preisen, wie sie noch nie einen Herrscher gepriesen haben ... und du wirst meine Kaiserin sein!"

Burtai erschrickt vor dem Ausbruch des Knaben, der wie ein Besessener vor ihr steht und seiner Sinne nicht mächtig zu sein scheint. Es ist, als rede ein Dämon aus ihm, und sie weiß nicht, ist es ein guter oder böser Geist.

Verwirrt über des Knaben seltsames Gebaren, sitzt sie auf. Schweigend und befangen reiten beide heim.

Burtai zügelt ihr Pferd, daß es in leichtem Trab geht. Temudschin reitet neben ihr, hält aber sein Pferd immer einen Schritt zurück, daß er ihr Gesicht betrachten kann, das von der sinkenden Sonne mattrosa überhaucht ist.

Kurz bevor sie am Palast angelangt sind, greift er in ihren Zügel und hält ihr Pferd an.

„Sind wir nun verlobt oder nicht?" fragt er und schluckt heftig.

„Ich glaube: ja", sagt Burtai zögernd. „Einmal muß ich doch heiraten, und wenn du ein so großer Chan werden willst, kann ich ja deine Frau sein. – Aber du mußt mir versprechen, wenn du Groß-Chan bist, meinem Vater und meinen Brüdern nichts zu tun – und den Kerait auch nicht."

Temudschin nickt heftig. „Ich werde die Kerait schonen und wie Stammesbrüder behandeln, wenn sie sich fügen! – Jetzt bist du meine Braut, und ich muß dir ein Geschenk geben", und er holt aus seinem Kittelrock eine tote Eidechse, die er unterwegs gefunden hat. Er trennt sich schwer von ihr. Aber was tut man nicht für seine Braut!

„Pfui! Das garstige Ding!" schreit Burtai. „Hast du nichts Besseres?"

Enttäuscht über die Ablehnung und zugleich erleichtert, daß er seine Eidechse behalten darf, kramt er eifrig in dem Lederbeutel, der an seinem Gürtel hängt, bis er sich schließlich für einen kleinen, silbernen Anhänger entscheidet, wie ihn sich die Männer und Frauen in ihre Zöpfe flechten.

„Den werde ich nun immer tragen", sagt Burtai leise und reicht ihm ihr Wischtuch. „Damit du nicht mehr auf den Teppich spuckst!"

Temudschin schneidet eine Grimasse.

So hat sich Temudschin, der Sohn des Chans der Mongolen, mit Burtai, der Tochter des großen Chans der Kerait, im Alter von dreizehn Jahren verlobt.

Im großen Herdraum essen der Priesterkönig und seine Gäste zu Abend, als Temudschin mit Burtai eintritt.

„Nun", fragt Togrul den Knaben freundlich, „hat Burtai dich gut unterhalten?"

Temudschin reckt sich hoch und blickt mit seinen braungrünen Augen den Chan offen an.

„Sie ist ein kluges und schönes Mädchen und gefällt mir sehr gut", sagt er, als habe der Priesterkönig mit dieser Tochter ein gutes Werk vollbracht und ihm, Temudschin, eine besondere Freude bereitet. „Ich habe mich mit ihr verlobt."

Obwohl es durchaus der Sitte entspricht, daß Kinder einander anverlobt werden, ist der Priesterkönig doch überrascht.

„Sie ist noch sehr jung", sagt er und fügt, aus Höflichkeit ihren Wert verkleinernd, hinzu: „Sie ist auch ein sehr geringes Mädchen."

„Oh", tröstet der Knabe den bescheidenen Vater, „sie wird schon noch werden."

Jesukai weist ihn zurecht: „Es ist Recht und Brauch, daß die Eltern des Bräutigams als Brautwerber auftreten und mit den Eltern der Braut verhandeln. Sieh die Worte Temudschins als einen – leider unziemlichen – Scherz an. Wir wollen kein Wort weiter darüber verlieren!"

Damit setzt er das unterbrochene Gespräch mit seinem Gast- und Blutsfreund Togrul fort. Der Knabe schleicht beschämt hinaus.

Temudschin liegt auf seinem Nachtlager und findet keinen Schlaf. Unruhig wirft er sich auf den weichen Fellen hin und her und denkt an seine ihm schon wieder genommene Braut. Er sieht sie vor sich, das schlanke, große Mädchen mit den grauen Augen im blassen Gesicht und den wie im Staunen emporgezogenen Brauen. So leicht verzichtet er nicht auf sie. Noch gilt für ihn die Lehre vom Ononfluß, und er zäumt seinen Willen auf wie ein mutiges Pferd. Entschlossen richtet er sich hoch und starrt in die Dunkelheit.

So findet ihn der Vater, als er mit einem Öllämpchen, wie es die Kerait nach chinesischem Vorbild gebrauchen, eintritt.

„Du schläfst noch nicht?"

„Ich will Burtai zur Frau haben. Erlaube es, Vater, und sei mein Brautwerber."

Jesukai streckt sich auf sein Lager, das neben dem des Sohnes bereitet ist, und löscht das Flämmchen. Während die Zeit eintönig in die Dunkelheit tropft, überlegt er die Vorteile einer Versippung mit dem mächtigen Chan der Kerait. Togrul ist sein Blutsfreund und wird ihm die Werbung wohl nicht abschlagen. Ungeachtet seines milden Glaubens hat Togrul mehrere Verwandte grausam umgebracht und ist deshalb vom Throne gestoßen worden. Da hat er, Jesukai, ihm geholfen, die Herrschaft wiederzuerlangen. Seitdem verbindet sie beide Blutsfreundschaft. Trotzdem weiß Jesukai nicht, ob er der Treue des Priesterkönigs voll und ganz vertrauen darf. Eine Versippung würde jedenfalls das Band fester knüpfen.

Des Vaters Antwort läßt lange auf sich warten. Temudschin glaubt, der Vater wolle seine Bitte durch Schweigen erledigen. Da hört er ihn endlich sagen:

„Zwar bist du noch recht jung, mein Sohn..."

Die Andeutung genügt. Darüber geht Jesukai nicht hinaus. Er will sich nicht binden; denn ein Chan hält sein Wort auch einem Knaben.

Temudschin fühlt, daß seine Aussichten günstig stehen, und müßte sich eigentlich damit begnügen; denn die Ehrfurcht vor dem Chan gebietet, ihn nicht zu drängen und sich mit dem zu bescheiden, was er zu sagen gewillt ist.

Aber diesmal versagen Selbstbeherrschung und Gehorsam. Im Dunkeln sucht er des Vaters Hand: „Man kann sie mir versprechen, bis ich groß bin! Sonst holt sie ein anderer!"

Jesukai zieht drohend die Augenbrauen zusammen. Gut, daß der Knabe es in der Dunkelheit nicht bemerkt. Der Bursche nimmt sich heraus, den Chan und Vater zu drängen, mehr zu sagen, als ihm beliebt! Der Junge neigt zur Eigenmächtigkeit. Man hätte ihm Ayurs Tötung nicht durchgehen lassen dürfen, und die selbständige Verlobung heute mit Burtai verrät dieselbe Anmaßung!

Zornig tastet er nach dem Ledergürtel.

Aber da taucht Yüluns sanftgelbes Gesicht vor ihm auf, und er denkt daran, wie ihre Schönheit ihn so machtvoll angerührt hat, daß er sie vom Brautritt wegraubte. Sein heißes, empfängliches Blut pocht im Sohn.

Sein Zorn ebbt ab. Er versteht des Jungen Not.

„Ich will es beschlafen", entscheidet er und ist bald in Schlummer gesunken.

Am nächsten Vormittag bleibt Temudschin sich selbst überlassen.

Ogotai Chan

Ein Mongole auf der Jagd, der Schule des Krieges

Burtai bekommt er nicht zu Gesicht. Mißmutig schlendert er durch Karakorum und besieht sich die Stadt. Bald wird seine Neugierde erregt. Was es hier alles zu sehen gibt! Er wandelt durch die Sarazenenstraße, wo die mohammedanischen Kaufleute wohnen. Bazar liegt neben Bazar, mit allen Schätzen der Welt vollgestopft. Aus einer Moschee erschallt eintönig-langgezogener Gesang: „Lâ ilâha 'llâhu, wa Muhammadan rasûlu 'llâhi . . ." Wer ist dieser Allah, außer dem es keinen Gott gibt, und was hat dieser Mohammed, sein Prophet, Großes getan, daß man seinen Namen lobpreist? – Temudschin strolcht durch die Chinesengasse, wo die geschickten Handwerker aus dem Reiche Chin hausen und unermüdlich von früh bis in die Nacht hinein ihre kunstvollen Arbeiten ausführen. Da sitzt ein Waffenschmied in runder Kappe, unter der sein Zopf herabbaumelt, und ziseliert den Silbergriff eines blitzenden Dolches. Der Knabe kann sich von dem Anblick nicht trennen. Schließlich erhebt der Chinese die schmalen Augen: ob er den Dolch erwerben wolle? Gute Arbeit und billig!

Temudschin schüttelt betrübt den Kopf. Was soll er dem Mann zum Tausch geben? Er hat nichts als die tote Eidechse, und die wagt er nach den gestrigen Erfahrungen mit Burtai nicht anzubieten. In Gedanken geht er weiter. Wie bunt die Welt ist! Es gibt also Länder, in denen die Menschen viel mehr können und verstehen als bei ihm daheim. Vielleicht sind andere Völker klüger und erfinderischer als seine Stammesbrüder? Um so kunstvolle Dinge anzufertigen, muß man viele Tage und Wochen stillsitzen und emsig arbeiten. Die Mongolen ziehen hin und her. Wie sollten sie Zeit zum Nachdenken, Versuchen und Arbeiten finden? Er wird sie seßhaft machen, wenn er in Karakorum wohnt.

Aber wenn sie seßhaft sind, verlernen sie, zu reiten und zu kämpfen! – Nein, sie sollen das freie Volk der Steppe bleiben und die andern für sich arbeiten lassen!

Auf dem Heimweg zum Lehmpalast bleibt er vor einer chinesischen Stickerin stehen. In blauem, langem Kittel, braunen Hosen und roten Schuhen sitzt sie vor einem Bambusgestell, über das sie rote Seide gespannt hat. Geschickt fährt ihre Nadel über den Stoff und zaubert mit bunten Fäden Blumen und Tiere auf das Gewebe. So also entstehen die zauberhaften Gemälde, wie der böse Tiger an der Wand. Was die Frau wohl als Gegengabe für ihre Stickerei fordern würde? Das wäre ein schönes Geschenk für Burtai.

Burtai. – Ob der Vater die Werbung vorgebracht und ob Togrul eingewilligt hat?

Unruhig eilt er zurück. Die Erwachsenen nehmen schon das Mittagsmahl ein. Tsamba und gekochtes Hammelfleisch, dazu trinken sie aus Holzschalen heißen Ziegeltee mit gesalzener Butter. Temudschin erhält seinen Anteil, sonst beachten ihn die Männer kaum. Gleichmütig kauen und erzählen sie. Die Frauen sind nicht erschienen.

Nach der Mahlzeit rüstet man sich zur Abreise. Geschenke des Priesterkönigs werden auf die Pferde geladen. Dann verabschiedet sich Jesukai vom Ong Chan und sitzt mit dem zahlreichen Gefolge auf. Temudschin steht neben seinem Pferde und weiß nun, daß der Vater seinen Wunsch nicht erfüllt hat. Man spricht nicht von dem, was erledigt ist. So wird er Burtai nicht wiedersehen, ein anderer wird sie in seine Jurte führen.

Da legt der Priesterkönig ihm die Hand auf die Schulter – zum Scheidegruß. Die Höflichkeit verlangt, daß der Knabe wartet, bis der Chan ihn freigibt.

Jesukai beugt sich vom Pferde, streicht ihm über die Haare, die in mehreren kurzen Zöpfen auf die Schulter hängen, und ruft ihm ein herzliches Abschiedswort zu. Dann reiten die Mongolen fort.

Temudschin starrt der Karawane nach, die im Gewühl der Straßen und Gassen verschwindet. Ratlos blickt er den Priesterkönig an. Was hat man über ihn beschlossen?

Togrul führt ihn mit milder Freundlichkeit ins Haus zurück.

„Du bleibst einige Zeit bei mir – als mein Gast und Pflegesohn, damit du andere Sitten und Gebräuche und neues Wissen in dich aufnimmst ... ja, und damit du deine Braut besser kennenlernst und sie dich."

Jesukais Tod

Am Rande eines großen, wogenden Hirsefeldes, nicht weit vor den Toren von Karakorum, sitzen Temudschin und Burtai unter den mannshohen Stauden, die im Sommerwind hin- und herschaukeln. Der Knabe hält einen Strohhalm zwischen den Fingern und verfolgt gespannt den wütenden Kampf zweier Bockkäfer. Wenn der Besiegte die Flucht ergreift, lenkt der Knabe ihn jedesmal gewaltsam zurück und erzwingt einen neuen Kampf. Seine breiten Nasenflügel beben vor Lust.

Eine Weile schaut Burtai ihm zu. Dann fragt sie: „Warum tust du das?"

In sein Spiel vertieft, ruft er begeistert: „Da – der dicke Bock – das ist der böse Tatar ... Der andere – sieh, wie tapfer er angreift ... das ist der kühne Mongole." Und wieder zwingt er den Ausreißer, sich seinem wütenden Gegner zu stellen.

Da nimmt ihm Burtai den Strohhalm aus der Hand.

Temudschin weiß nicht, weshalb sie sein Kriegsspiel stört. Er fährt unwillig auf, funkelt sie an. Als er ihr verschlossenes Gesicht sieht, lacht er auf und wendet sich von ihr ab. Plötzlich fällt er böse über den „Tataren" her und zerdrückt ihn mit dem Daumen, daß es knackt.

Burtai hat vor Empörung Tränen in den Augen. Sie sagt kein Wort, aber ihr Verhalten richtet ihn. Sie gräbt ein kleines Loch und bettet den zerquetschten Käfer hinein. Dann scharrt sie Sand und Gras darüber, pflückt einige Feldblumen und steckt sie auf das Grab.

Temudschin will sich über ihre Feierlichkeit lustig machen, aber dann schweigt er. Bei aller Sanftmut ist das Mädchen so sicher und überlegen.

Alles, was sie sagt und tut, ist einfach und klar, und doch dünkt sie ihn sehr geheimnisvoll. Sie sind einander für die Zukunft anverlobt, trotzdem fühlt sich Temudschin in ihrer Gegenwart meist befangen.

Was mag sie jetzt von ihm denken? Sicher nichts Gutes. – Warum hat er den Käfer getötet? – Aber ist ein Käfer so wichtig, um sich Gedanken darüber zu machen?

Unmutig wirft er sich ins Gras und schaut in den Himmel. Die Luft flimmert vor Hitze, und das Getreide verströmt seinen starken Geruch. Neben ihm sitzt still das Mädchen. Lange Zeit vergeht so. Der Sommer umspinnt sie ...

Ganz, ganz oben bemerkt er einen kleinen, kreisenden Punkt. Seine Augen ziehen sich zusammen und spähen angestrengt empor. Dann richtet er sich rasch auf und faßt nach Burtais Arm.

„Da! Hoch am Himmel! Siehst du ihn? Ein Adler!"

Temudschin muß scharfe Augen haben; sie kann nichts entdecken.

Der Adler zieht seine Kreise in großen Spiralen tiefer und tiefer. Jetzt entdeckt ihn auch Burtai.

„Er fliegt zu hoch", sagt Temudschin. „Selbst mein Bruder Chassar könnte ihn nicht treffen, und er ist unser bester Bogenschütze. Nach oben kann man schlecht schießen."

Widerwillig sagt Burtai: „Mußt du immer an Schießen und Kämpfen und Töten denken?"

Temudschin versteht sie nicht, er fühlt nur, daß ihr etwas an ihm mißfällt. Trotzig fragt er:

„Und woran denkst du, wenn du nach dem Adler schaust?"

Sehnsüchtig blickt das Mädchen nach oben: „Ich möchte fliegen können."

„Ja", ruft er begeistert aus, „das wäre herrlich! Da würde man die Feinde windschnell einholen und von oben auf sie hinabstoßen – wie der Adler auf die Feldhasen."

Burtai hört kaum auf ihn. Versunken starrt sie in die blaue Unendlichkeit. „Immer höher würde ich fliegen ... bis in den Himmel."

Temudschin ist überrascht. „Und dort?"

„Da sitzt der liebe Gott auf einem goldenen Fell und der Herr Christus zu seiner Rechten auch auf einem goldenen Fell, und rings um sie schweben weiße Engel mit silbernen Flügeln und sehen Gott und seinen Sohn an und singen und lobpreisen beide."

„Ist das so schön?"

„Wunderschön! Es ist die ewige Seligkeit ..."

„Und was tun sie noch – oben in der ewigen Seligkeit?"

Burtai sieht ihn erstaunt an: „Ist das nicht genug, Gott und den Heiland anzuschauen und zu singen und zu lobpreisen?"

„Nein", sagt er bestimmt, „das ist langweilig."

„Wie muß es denn sein, damit es dir nicht langweilig wird?" fragt sie von oben herab.

„Es muß eine weite Steppe sein und frischer Wind, am Rande hohe, weiße Berge – da möchte ich reiten ... in die Ferne ... immer weiter ... dahin, wo die Sonne aufgeht, und dahin, wo sie untergeht ..."

„Nur reiten? Und dann? Was noch?"

„Alle besiegen und unterwerfen und herrschen. Ist das nicht genug?"

„Nein", sagt sie spöttisch, „das ist bestimmt noch langweiliger!"

Schweigen. Temudschin ist ratlos und grübelt. Sie denken hier ganz anders als bei ihm daheim am Onon. Ob das mit dem Gekreuzigten zusammenhängt, der im Palast wie ein unsichtbarer Chan

herrscht? Er hat das Gefühl, Burtai lebe wie in einer Jurte eingeschlossen und ziehe sich von der Welt zurück.

Nach einer Weile, während der auch Burtai über Temudschin
nachgedacht hat, fragt sie: „Warum möchtest du von Sonnenaufgang bis -untergang reiten? Am Orchon und Onon, bei den Kara-
kitai und Taidschiguten, im Reich der Mitte und in Châresm – es ist
überall dasselbe.“

„Nein, überall ist es ganz anders!“

„Ja, andere Stämme und Völker, aber immer Menschen“, sagt
sie; denn so lehrt ihr christlicher Glaube.

„Der Weißfuchs und der Blaufuchs fallen einander an, und der
Wolf und der Hund beißen sich zu Tode! Der andere ist immer der
Feind!“

Das Mädchen lacht: „Mein Stamm gehört zu den Türkvölkern, du
bist Mongole – und doch willst du mich heiraten.“

„Dein Vater und mein Vater sind Blutsfreunde, sonst würden sich
Mongolen und Kerait bekämpfen. Du aber bist eine Frau. Frauen
gehören zu gar keinem Volk. Frauen gehören zum Manne!“

„Du bist ein Heide“, sagt Burtai, „und weißt nicht, daß alle Menschen Gottes Kinder sind.“

„Niemals!“ schreit Temudschin voll Wut. „Die bösen Tataren...“

„... sind euer Bruderstamm“, unterbricht ihn Burtai.

„... sind niemals Gottes Kinder, und die frechen Taidschiguten
auch nicht. Räuber sind sie, man muß sie unterjochen!“

Burtai schüttelt den Kopf. Es wird sehr schwer sein, ihn zu bekehren und zu besänftigen. Er ist der spätere Chan und ihr künftiger Gemahl, und sie hofft, die Fremdheit zwischen ihnen werde schwinden, wenn sie erst in seiner Jurte wohnt.

Auch Temudschin empfindet, daß sie anders ist, und hat sich, obwohl er nun schon längere Zeit beim Priesterkönig wohnt, noch nicht an das christliche Denken gewöhnen können. Dennoch ist er gerne mit Burtai zusammen. Er freut sich über ihre Schönheit und liebt es, mit ihr zu sprechen, weil ihm ihre Gedanken und Einfälle immer eigenartig vorkommen, ihn staunen machen oder auch reizen. Er hat die hohe Achtung, die der Mongole vor der Familienmutter empfindet; ist sie doch der Mittelpunkt des häuslichen Lebens und die Herrin der Jurte. Burtais feinere Sitten gefallen ihm, wenn er auch nicht die Absicht hat, sie sich anzueignen.

Temudschin fährt aus seinen Gedanken auf. Ein mongolischer Kurier kommt aus dem Lehmpalast herübergelaufen und ruft schon von weitem des Knaben Namen.

Beunruhigt rennt ihm Temudschin entgegen. Der Bote keucht: „Chan Jesukai liegt im Sterben! Er wünscht seinen ältesten Sohn noch einmal zu sehen. Eile, so schnell du kannst!"

Sie stürmen zum Palast, wo schon der Chan Togrul alles für Temudschins Abreise hat fertigmachen lassen. Das Pferd, mit des Knaben wenigen Habseligkeiten und Proviant bepackt, wird vorgeführt.

Kurz ist der Abschied. Togrul legt ihm die Hand auf die Schulter. „Ich achte die Blutsfreundschaft. Du bist daher auch mein Sohn. Brauchst du Rat oder Hilfe, so wende dich an mich. In des Gekreuzigten Namen – du wirst nicht vergeblich anklopfen."

Burtai schenkt ihm von ihrem Hals eine Kette aus Jadeperlen, an der zwei gekreuzte Silberstäbchen hängen.

Temudschin weiß nicht, was der Schmuck bedeutet, aber es ist wohl ihr Amulett, das ihm den Zauber ihres Gottessohnes verschafft. Hastig legt er sich die Kette um. Auf der Brust des heidnischen Mongolen schaukelt das Kreuz.

Tag und Nacht jagt Temudschin mit dem Kurier durch die Steppe.

Unterwegs erzählt der Bote dem Knaben von des Vaters Krankheit: Bei dem Häuptling Tengrai habe er auf einer Reise übernachtet.

Ahnungsvoll stößt der Knabe einen wilden Fluch aus.

„Am nächsten Tage", berichtet der Bote, „überfallen den Chan plötzlich wütende Schmerzen im Leib. Mit Mühe hält er sich auf seinem Pferde, nur mit Not gelangt er nach Hause. Schwer stöhnend und halb bewußtlos vor Schmerzen wird er ins Zelt getragen. Wilde, unablässige Krämpfe zerreißen seine Eingeweide. Der Schamane versucht seine Kunst vergebens, die Dämonen lassen den Chan nicht los. Der Schamane kann sich das Versagen seines Zaubers nicht anders erklären, als daß Gift von der Hand des falschen Tengrai, der dem Chan heimlich immer feindselig gesinnt war, die bösen Geister in Jesukais Leib bannt und die Beschwörungen und Zaubertränke wirkungslos macht. Da hat der Chan befohlen, dich so schnell wie möglich herbeizuholen, um dir noch ein letztes Vaterwort zu sagen."

Schneller reiten sie, gönnen sich keine Ruhe. Nur am Leben will Temudschin den Vater noch erreichen, nur das letzte Wort von ihm hören.

Bei dunkler Nacht gelangen sie, völlig ermattet, im Ordu an.

Die Wächter des Zeltlagers grüßen den Sohn des Chans in düsterem Schweigen.

Vor Jesukais Jurte zögert der Knabe. Jähe Angst springt ihn an und läßt sein vom rasenden, tagelangen Ritt erschöpftes Herz wild aufflattern. Dann reißt er mit einem Ruck die Eingangsklappe beiseite. Und starrt in das bläuliche Gesicht eines Toten.

Zu Häupten des Verschiedenen beschwört der Schamane die Geister, der Seele des Verstorbenen gnädigen Übergang zu gestatten, und er hat aus dem Kopfe des Chans einige Haare herausgerissen, damit der Geist den Weg hinaus leichter finde.

Im Hintergrund hocken Jesukais Angehörige und Verwandte, leise klagend. Tränenlos blickt Yülun auf ihren toten Gatten. Die Nebenfrauen wimmern, die Kinder schluchzen furchtsam.

Temudschin tritt behutsam an den toten Vater heran, dessen Gesicht, vom qualmenden Feuerschein überblakt, schaurig entstellt ist. Der furchtbare Todeskampf hat sich nicht gelöst, ist in seinem schrecklichen Grauen von der Leichenstarre festgebannt.

Temudschin fürchtet sich vor diesem fremden Menschen, der sein Vater gewesen sein soll.

Die Mutter winkt ihn zu sich, streicht ihm über das braunrötliche Haar. Tränen würgen den Knaben, aber er bezwingt sich. Niemand soll ihn weinen sehen.

Feierlich führt Yülun den Sohn zu dem weißen Fell, auf dem Jesukai immer gethront hat. Der Dreizehnjährige läßt sich zögernd auf dem geweihten Herrscherplatz nieder.

Hier hat der Vater immer gesessen. Temudschin glaubt seinen Geist um sich zu spüren, und er ahnt die letzten Worte, die Jesukai ihm noch hat sagen wollen. Ihm ist, als höre er des Vaters Stimme, wie sie ihm das Wohl des Stammes und der Familie anvertraut. Achtzigtausend Zelte soll er nun beschützen, soll wachen über das Heil der Mutter und der Nebenfrauen, über Chassar und die andern Brüder, über die Schwestern und Nebengeschwister.

Temudschins Gestalt strafft sich, er richtet sich auf. Dem toten Vater gelobt er, mit ganzer Kraft und Treue die schwere Aufgabe zu tragen, die Jesukai ihm so früh auf die noch nicht erwachsenen Schultern gelegt hat.

Stolz blicken seine Augen.

Jetzt ist er Chan.

Flucht

In seiner Häuptlingsjurte bleibt der tote Jesukai weiter in der Gemeinschaft der Seinen und wohnt Tag und Nacht mit ihnen.

In Hockstellung zusammengeschnürt, die Knie an die Brust gepreßt, ruht er in einer Ecke des Zeltes und wartet auf seine Bestattung.

Mit ihm zusammen nimmt Yülun mit ihren Kindern und Verwandten die Mahlzeiten ein, und nie vergißt die treue Gattin, dem toten Gemahl seinen Anteil bereitzustellen und ihn liebevoll unter Tränen und Schluchzen zum Essen einzuladen.

Tage und Nächte vergehen so.

Endlich aber – der tote Häuptling hat sich schon grauenhaft verändert – setzt der Schamane den Tag der Bestattung fest.

Zum letzten Male legt man Jesukai Speise und Trank vor.

Dann erhebt sich der Schamane im Kreise der Angehörigen und Verwandten, der Freunde und Kameraden des Verstorbenen und redet feierlich den Toten an:

„Geist des großen Chans, mächtiger Häuptling, tapferer Krieger! Zum letzten Male weilst du unter uns. Eine weite Reise ins unbekannte Land liegt vor dir. So nimm noch einmal Speise und Trank zu dir, damit du gerüstet bist für die mühselige Wanderung.

Vergiß nicht, daß du gestorben bist! Sei friedvoll und störe hinfort nicht unsere Ruhe – weder in ängstigenden Träumen noch als schreckender Spuk!

Wir grüßen dich zum Abschied. Wir danken dir für deine Sorge um unser Wohl und wünschen dir eine glückliche Fahrt!"

Frauen und Kinder brechen in lautes Weinen aus, nur Temudschins Gesicht bleibt starr und tränenlos.

Die Krieger im vollen Schmuck ihrer Waffen heben die Leiche ihres Häuptlings wie auf ein geheimes Kommando auf und tragen sie unter dem eintönigen Klang dumpfer Handtrommeln gemessenen Schrittes fort, und trauernd folgt die große Schar der Angehörigen und der Stammesgenossen.

Weit in die Wüste hinaus schreitet der Trauerzug, und dort, auf einem einsamen Hügel, wird der tote Chan ausgesetzt.

Geier und Adler, Wölfe und Hunde übernehmen das Amt des Totengräbers.

Auf dem weißen Fell, dem Herrschersitz des Chans, liegt, lang auf dem Bauch ausgestreckt, Temudschin. Er ist allein in der Häuptlingsjurte, und er hat streng verboten, ihn zu stören.

Zwei Tage schon hält er sich hier verborgen. Bald stiert er vor sich hin, bald vergräbt er den Kopf in die verschränkten Arme.

Er ißt nicht, er trinkt nicht, jetzt endlich in der Einsamkeit gibt er der Trauer um den kühnen Vater nach, den er in der Tiefe seines Herzens geliebt und bewundert hat, und wenn das Gefühl des Verlustes ihn überwältigt, weint er vor sich hin. Aber niemand darf das sehen, niemand hören, niemand wissen, daß Temudschin noch Tränen wie ein Knabe hat.

Der Vater ist fort. Nimmer kehrt er wieder. In den Mägen der Geier und Wölfe hat der Leib des mächtigen Chans sein Grab gefunden. Des toten Vaters Geist aber weilt im Winde, der am Tage über die Steppe weht und in den Nächten um das Zelt braust.

Nahe ist ihm der Geist seines Vaters.

Seine Gedanken schweifen zur schönen Burtai mit den grauen Augen und dem blassen Gesicht. Trost kommt ihm von diesem Gedanken. Er zieht das Amulett, das sie ihm beim Abschied geschenkt, hervor und betrachtet die gekreuzten Silberstäbe. An ihrer Brust hat sie es getragen. Er ist Chan, bald wird er sie als Frau in seine Jurte holen. Dann kann er mit ihr sprechen und sie anschauen, sooft und solange er will. Darauf freut er sich, daraus schöpft er neue Zuversicht und Kraft.

Entschlossen springt er auf, streicht sich die braunrötlichen Haare aus der Stirn, tritt aus dem Zelt. Fest und ernst blickt das junge Gesicht, das in diesen Tagen gereift ist.

Er schreitet zum Zelt der Mutter.

Yülun hockt niedergedrückt am Herd. Neben ihr liegt die Fahne des Mongolenvolkes Bide, das weiße Banner mit den neun Zipfeln. Unheilverkündend blickt ihm die Mutter entgegen.

„Während du in der Häuptlingsjurte um den Vater trauertest, haben viele Anführer die Eidgenossenschaft verlassen! Einem dreizehnjährigen Knaben wollen sie nicht gehorchen. Nur ein starker, ausgewachsener Yak könne ein Rudel führen und schützen.

Mit Bitten und Drohungen habe ich ihnen zugesetzt, sie beim heiligen Banner beschworen. Nur wenige konnte ich umstimmen, bei den meisten war es vergeblich."

„Warum hast du mich nicht gerufen?"

„Du hast verboten, dich zu stören, und du bist jetzt Chan."

Yülun stehen Tränen der Verzweiflung in den Augen. „Auf meine Vorhaltungen haben die Häuptlinge der Banner und kleineren Stämme nur erwidert, sie hätten Jesukai zum Anführer der Eidgenossenschaft erwählt! Es sei ihr Recht, nach seinem Tode den geeigneten Nachfolger zu bestimmen!"

Düster starrt Temudschin ins Feuer. Er denkt an das Volk der Mongolen. Zwischen Onon und Kerülen wohnt es in den Jurten. Sie sind zu Ordus, die Zeltdörfer zu Bannern, die Banner zu Stämmen zusammengeschlossen, und alle diese Banner und Stämme bilden die Eidgenossenschaft, zu deren Oberhaupt sie seinen Vater gewählt hatten. Soll dieser Eidverband so schnell wieder auseinanderfallen, eine leichte Beute der umwohnenden Stämme? Im Osten drohen die Tataren, im Süden die Tanguten, im Norden und Nordwesten die Taidschiguten und die Merkit. Wie können die Mongolen sich dieser Feinde erwehren, wenn sie nicht zusammengeschlossen bleiben? Jesukai hat über mehr denn achtzigtausend Jurten geherrscht. Höchstens zwölftausend sind, wie die Mutter berichtet, ihm treu geblieben. Und wer weiß, ob auch sie nicht allmählich abbröckeln und dem Beispiel der übrigen folgen?

„Haben die Abtrünnigen sich schon einen neuen Chan gewählt?"

„Ja, Targutai, den Chan der Taidschiguten."

„Der ist also nun mein Todfeind, er wird versuchen, den Rest der Jurten auch noch zu gewinnen!" Vor roter Wut spuckt Temudschin ins Feuer, daß es zischt.

„Du mußt fliehen und dich verbergen", fleht die Mutter. „Targutai wird kommen, dich zu fangen."

Temudschin schüttelt den Kopf: „Wenn ich jetzt fliehe, wird auch der Rest der mir verbleibenden Zelte zu Targutai übergehen. Zur Flucht ist Zeit, wenn Targutai anreitet!"

Nach einigen Tagen ist es soweit.

Die Sonne verschwindet gerade hinter den Bergen, da meldet der Wächter aufgeregt, von Mitternacht her brause eine mächtige Staubwolke heran.

„Targutai!" knirscht Temudschin. Ein Glück, daß die Dunkelheit seine Flucht schützt. In wildem Ritt prescht er in der Richtung auf das Gebirge davon.

Bald darauf jagen die Taidschiguten in das Ordu, in dem der Mongolenchan seine Residenz hat, und nehmen das Zeltlager ohne Schwertstreich.

Man dringt in die Häuptlingsjurte ein. Sie ist leer. Alle Jurten werden durchstöbert – Temudschin ist entflohen.

Targutai schont Männer, Weiber und Herden. Nur den kleinen Chan will er haben!

Die sanfte Yülun tritt ihm tapfer entgegen. „Was suchst du hier?"

Targutai, ein älterer, kühner Krieger, begegnet ihr mit Achtung. „Es darf nur einen Führer der Eidgenossenschaft geben, und der bin ich, Targutai! Die Häuptlinge der meisten Stämme und Banner haben sich mir angeschlossen. Um dauernde Stammeskämpfe zu vermeiden, muß ich Temudschin in Gewahrsam nehmen!"

„Du willst ihn töten", sagt Yülun.

„Es wird mir nichts anderes übrigbleiben." Targutai wendet sich ab und läßt Yülun und ihre Söhne ehrenvoll bewachen.

Bei Sonnenaufgang wird der Umkreis des Ordu sorgfältig abgesucht, bis man die Spur eines Pferdes findet. Es muß scharf geritten worden sein; denn die Tapfen sind tief in den Grasboden eingestampft.

Rasch nimmt Targutai mit einem Streifzug die Verfolgung auf.

Im düsteren Tannendickicht an den Hängen des Dutulun hält Temudschin sich versteckt. Nach drei Tagen ist sein Mundvorrat aufgezehrt, und der kleine Chan nagt, um seinen grimmig knurrenden Magen zu beschwichtigen, an den bitteren Rinden und kaut Tannennadeln. Schlimmer quält ihn und sein Pferd der Durst. Der Lederschlauch, der über der Kruppe des Reittieres hängt, gibt keinen Tropfen Wasser mehr her. Der Boden ist dürr, die Rinnsale der Berge sind in der Hitze ausgetrocknet. Zuerst hat er Hunger und Durst mit Pferdeblut gestillt, indem er nach altem Brauch seinem Tier eine Ader öffnete und sie wieder mit trockenem Gras verschloß, nachdem er getrunken. Nun aber wagt er nicht, dem erschöpften Gaul noch mehr Blut abzuzapfen.

Es bleibt ihm nichts weiter übrig, als seinen Schlupfwinkel zu verlassen. Hunger und Durst sind stärker und zwingen ihn. Er muß versuchen, durch die Kette der Verfolger hindurchzuschlüpfen.

Durch das Gestrüpp schleicht er bis an den vorderen Rand des Hanges, der ihm freie Sicht auf die Steppe gewährt. Tief unten am Fuß des Gebirges sieht er mehrere Wächter hocken, die aufmerksam nach oben spähen und mit ihren scharfen Augen den Hang abtasten.

Wenn er im Galopp hinuntersprengte, könnte er vielleicht die Wächter überrennen und die Ebene gewinnen. Aber sie würden den ganzen Trupp alarmieren. Die Feinde haben Ersatzpferde bei sich. Sie würden ihn schließlich doch fangen.

Unbemerkt muß er hindurch! Sonst ist er verloren.

Links stürzt eine Schlucht schroff ins Tal. Niemand bewacht sie; denn ein Abstieg scheint hier unmöglich. Vorsichtig kriecht er zu dem tiefen Einschnitt und schätzt sein Gesenke ab. An der Seite drüben zieht sich so etwas wie ein natürlicher Pfad hinunter, aber auch er fällt noch steil genug ab.

Der kleine Chan überlegt: Hier verhungert er. Stürmt er hinunter, so wird er gefangen und getötet. Also Tod in jedem Falle. Bleibt nur der Abstieg durch die Schlucht. Gelingt er, so ist er gerettet.

Schritt für Schritt rutscht er hinab, indem er sich mit Händen und Füßen an jede Unebenheit des Felspfades anklammert.

Zögernd gleitet das Pferd nach, läßt sich auf die Hinterbeine nieder und tastet sich mit den Vorderhufen behutsam abwärts. Das Tier fühlt, was der Mensch weiß: ein einziger Fehltritt – und beide zerschmettern in der jähen Tiefe.

Stundenlang dauert der Abstieg. Die Dämmerung sinkt hernieder, als der Hang allmählich ebener wird. Bäume und Büsche tauchen auf und verhindern einen freien Blick. Temudschin kann jetzt ausschreiten und führt das Pferd am Zügel. Ab und zu läßt er es stillstehen und schleicht allein vorwärts, um zu erkunden, ob der Weg frei ist.

Wo die Schlucht in die Steppe mündet, wird sie von einem Gürtel immergrüner Tamariskensträucher abgeschlossen. Freundlich nicken ihm die Ähren rosenroter Blüten zu. Aber als er sich hindurchzwängt, schließt sich die Hecke zäh zusammen und sperrt ihm den Weg.

Unterdessen ist es dunkel geworden. Er kann nichts mehr sehen. Mühsam bricht er sich Bahn. Die Zweige rauschen, die Äste knacken, das Pferd stampft und schnaubt. Rastlos arbeitet Temudschin sich weiter, der Schweiß tropft ihm von der Stirn, seine Hände bluten, sein Gesicht ist zerkratzt, sein Terlik zerrissen. Tausende von Moskitos summen auf und stürzen sich gierig auf Pferd und Mann.

Breit ist der Tamariskengürtel und nimmt kein Ende. Doch Temudschin muß hindurch, muß noch in der Dunkelheit die Steppe gewinnen, damit er bei Tagesanbruch außer Sicht ist.

Das Pferd wittert einige Male, ist unruhig. Ob ein wildes Tier in der Nähe sein Lager hat oder sich anschleicht? Dem Knaben ist sehr unbehaglich zumute: das Knacken der Zweige unter seinen Fäusten und unter den Hufen des Pferdes hallt klar durch die Stille und kann zum Verräter werden.

Er verhält eine Weile. Alles ist ruhig. Nur das wilde Klopfen seines Herzens und das Schnauben des Pferdes tönt durch die Nacht.

Weiter kämpft sich Temudschin durch das sperrende Gesträuch. Da weht ihm plötzlich ein frischer Wind ins Gesicht. Der Steppenwind! Hell wiehernd begrüßt das Pferd seine Heimat. Spärlich werden die Büsche, hören ganz auf.

Tief aufatmend tritt er vorsichtig in die Ebene hinaus.

Angestrengt lauscht er. Nichts zu hören, nichts zu sehen. Befreit reckt er sich, dehnt die Brust.

Jetzt aufs Pferd! Und dann davon, was der Gaul hergibt.

Da raschelt leise das Gras vor ihm und hinter ihm. Das Pferd schnaubt heftig. Regungslos spannt er alle Sinne an.

Ein Wolf? Ein Bär? Ein Panther?

Das Rascheln kommt näher. Etwas Dunkles kriecht auf ihn zu. Er reißt seinen Speer hoch. Da wird er von hinten plötzlich umschlungen und niedergeworfen!

Von allen Seiten huschen Gestalten auf ihn zu und stürzen sich über ihn.

„So also sieht das sonderbare Tier aus, das durch den Busch kroch", spottet eine Stimme. „Lange genug haben wir seine Tritte belauert."

Ein Stück trockenen Holzes wird mit dem Feuerbohrer entzündet.

Man leuchtet dem Gefangenen ins Gesicht. Ein überraschter und froher Jubelruf fährt aus den Kehlen der Männer:

„Temudschin! – Wir haben ihn! Wie bist du diese steile Wand heruntergekommen, noch dazu mit deinem Pferd? Du bist ein wackerer Bursche! – Targutai wird sich freuen!"

Der kleine Chan wird gefesselt und wie ein Lederschlauch über einen Pferderücken geworfen. Sein Kopf baumelt nach unten.

Unter Fackelschein zieht die kleine Schar zum Lagerplatz.

Der gefesselte Temudschin wird vom Pferd gehoben und vor das Lagerfeuer gesetzt – Targutai gerade gegenüber.

Lange starrt ihm der Häuptling ins Gesicht. Ein Knabe – und schon ein Mann! Achtung regt sich in dem alten Krieger. „Ich werde dich wie einen Mann behandeln, nicht wie einen Knaben!"

Die Streifjäger haben kleine Bäume gefällt für das Lagerfeuer. Sie schleppen einen mannslangen Balken herbei, lasten das schwere Joch auf Temudschins Nacken, binden es mit Stricken fest und schnüren seine ausgestreckten Arme an die beiden Enden des Holzes.

„So fesselt man Männer und tapfere Krieger", nickt Targutai. „Es ist eine Ehre, die ich dir erweise!"

Befriedigt rollen sich die Taidschiguten zum Schlafe um das Feuer. Nur der Wächter wacht.

Temudschin liegt stundenlang in qualvoller Gebundenheit auf dem Rücken. Eine andere Lage verbietet das Marterholz, das gegen Nacken und Schultern mit erbarmungsloser Härte drückt. Die geschnürten Arme beginnen fürchterlich zu schmerzen. Jede Bewegung, die Pein zu erleichtern, vergrößert sie nur.

Temudschin läßt sich seine Qualen nicht anmerken. Während die Männer behaglich schnarchen, starrt er mit zusammengebissenen Zähnen zum Nachthimmel empor, an dem unzählige Sterne flimmern.

Benommenheit legt sich auf ihn. Schattenhafte Bilder senken sich von den Sternen hernieder, nähern sich rasch, wachsen zu greifbarer Deutlichkeit und verschweben wieder im Dunkel. Er schaut den toten Vater, die sanfte, tapfere Mutter, das heimatliche Ordu. Dann steht ein blasses Gesicht mit grauen Augen vor ihm: Burtai. Er wird sie wohl nie wiedersehen. Ihr Amulett hat ihm nicht geholfen. Es ist nichts mit dem Christengott, er hat es sich schon gedacht.

Von dem Gottessohn hat Burtai öfter erzählt, der wehrlos gekreuzigt war und tapfer gelitten hat. Er, Temudschin, liegt jetzt

auch da wie ein Gekreuzigter, und er fühlt, daß tapfer leiden auch eine große Tat ist.

Aber dann überkommt ihn maßlose Wut: Er wird sich niemals in sein Schicksal ergeben! Niemals! Kämpfen wird er bis zum letzten Blutstropfen!

Doch hütet er sich, seine Kräfte in ohnmächtigem Aufbäumen und Zerren an den Fesseln zu verbrauchen. List und Abwarten sind vorerst nötiger als Kampfeswut.

Und mit äußerst angespannten Sinnen lauert er auf die Gelegenheit. Mitternacht ist längst vorüber. Die Stille drückt dem müden Wächter unwiderstehlich die Augen zu. Warum soll er wachen? Der Gefangene kann unmöglich entfliehen. Er nickt ein Weilchen, dann

erhebt er sich, schwankend vor Müdigkeit, lauscht auf das gleichmäßige Atmen der Schläfer. Beruhigt torkelt er ein Stück in die
Steppe hinein. Hier läßt er sich niederfallen. Wenn einer aufwacht,
wird er denken, der Posten mache einen kleinen Gang um das Lager.
Wie ein Igel rollt sich der Wächter zusammen und sinkt unmittelbar darauf in Schlaf.

Mit ungeheurer Antrengung richtet sich Temudschin auf, kreuzt
seine Beine und hebt sich lautlos hoch. Behutsam schleicht er dem
Wächter nach, der regungslos daliegt und leise die Luft durch die
geöffneten Lippen bläst.

Temudschins Wolfsaugen funkeln. Jäh richtet er sich hoch und
läßt mit voller Kraft das eine Ende des schweren Balkens auf den
Schädel des Wächters niedersausen, indem er die Wucht des Schlages
durch den Druck seines Körpers verdoppelt.

Der Wächter zuckt, röchelt ein paarmal auf, rührt sich nicht mehr.

Der kleine Chan lauscht. Der Wind weht vom Lagerplatz her und
trägt den dumpfen Schlag in die Steppe. Niemand hat etwas bemerkt.

Geschmeidig schleicht er zum Feuer zurück, wälzt sich vorsichtig
auf den Rücken. Im gleichen Augenblick erwacht einer der Streifjäger, richtet sich schlaftrunken auf, sieht wirr um sich. Temudschins
Herz schlägt rasend. Aber schon sinkt der Taidschigute wieder um
und schnarcht weiter.

Rasch schiebt sich der Knabe an die Flammen heran. Seine Hände
sind auf der Oberseite des Balkens angebunden. So hält er die Unter-
seite erst des einen Endes, dann des andern über das Feuer. Die
Stricke glimmen auf und werden morsch wie Zunder.

Er eilt in die Steppe, sprengt die verkohlten Fesseln und knetet
die abgestorbenen Arme, bis das Blut wieder durch die Adern strömt
und die Muskeln beweglich werden. Dann bindet er den Balken
vom Nacken los und läßt ihn behutsam zu Boden gleiten.

Leise, beruhigende Worte murmelnd, nähert er sich den Pferden.
Sein Tier erkennt die Stimme des Herrn, kommt eifrig auf ihn zu,
stupst das weiche Maul an seine Schulter. Temudschin greift noch ein
Ersatzpferd beim Halfter und leitet die beiden Tiere in die Steppe
hinaus. Dann schwingt er sich auf sein Roß und jagt mit den beiden
Pferden im Galopp davon.

Die ganze Nacht und den folgenden Tag reitet er ohne Unterbrechung. Ist das eine Tier müde, schwingt er sich, ohne anzuhalten,

auf das andere. Gegen Abend gelangt er an ein kleines Rinnsal. Er tränkt die Pferde und läßt sie grasen. Tagelang hat er nichts mehr gegessen. Der Hunger wühlt ihm in den Eingeweiden. Gierig pumpt er sich den Bauch voll Wasser. Er läßt sich keine Zeit, ein Wild zu jagen. Er muß weiter!

Am nächsten Tag bricht das Taidschigutenpferd zusammen. Sein eigenes, treues Tier hat er bisher geschont. Den verendenden Gaul sticht er rasch ab, trinkt hastig das rauchende Blut und schlingt das rohe Fleisch gierig hinunter. Ein großes Stück schneidet er als Vorrat aus der Lende und legt es unter die Schabracke, um es mürbe zu reiten.

Gegen Abend erblickt er in der Ferne Zeltdächer. Ist es ein Ordu von Stammesgenossen, die ihm treu geblieben sind? Hausen dort Abtrünnige? Oder ist es gar von Taidschiguten besetzt?

Er wartet die Nacht ab, bindet sein Tier an einen Busch und schleicht sich vorsichtig gegen den Wind heran, damit ihn nicht die scharfen, bissigen Hunde wittern. Den Rundgang der Wächter hört er ab und kriecht, als sie vorüber sind, ins Zeltdorf.

Aus einer Jurte tritt ein Mann und entfernt sich mit eiligen Schritten. Rasch schiebt sich Temudschin an den Eingang, lüftet vorsichtig die Zeltklappe und späht hinein. Die Jurte ist leer, überm Herdfeuer bruzzelt ein Kochtopf. Der Duft gekochten Fleisches zieht seinen Magen schmerzhaft zusammen. Einen Augenblick lauscht er ins Dorf. Alles still. Niemand kommt. Flink wie ein Wiesel schlüpft er hinein, fischt aus dem Kochtopf ein großes Stück Fleisch, ergreift einen Lederschlauch, in dem er Kumysch vermutet, rafft einen Bogen nebst Köcher, einen Säbel und Dolch an sich und . . . sieht den lautlos zurückgekehrten Zeltbewohner vor sich stehen. Es ist ein Mongole, der sich Targutai angeschlossen hat, ein Abtrünniger aus Jesukais Stammesgenossenschaft.

Fassungslos und entsetzt starrt der Mongole auf den kleinen Chan, als ob er ein Gespenst erblicke. Wie kommt Jesukais Sohn hierher? Will er den Abtrünnigen zur Rechenschaft ziehen? Temudschins braungrüne Augen sprühen ihn in wilder Verachtung an. So stehen beide ein ganze Weile wie angewurzelt.

Der Blick des Mannes wird unsicher, er senkt die Augen, tritt stumm beiseite und gibt dem Sohn Jesukais den Zeltausgang frei.

Ohne den Mann eines weiteren Blickes zu würdigen, schreitet Temudschin gelassen hinaus. Seine kostbare Beute trägt er, als habe er sie nicht geraubt, sondern als erweise er die Gnade, ein geringes Geschenk anzunehmen.

Unbehelligt gewinnt er die freie Steppe, und als er sein Pferd erreicht hat, reitet er in einem großen Bogen um das feindliche Ordu herum, schmatzt dabei gierig von dem Fleisch aus dem Kochtopf des Abtrünnigen und schlürft von der säuerlichen Stutenmilch.

Gegen Abend des folgenden Tages entdeckt er, daß drei Reiter sich an seine Spur geheftet haben. Als er in die Nähe eines schilfbewachsenen Gewässers kommt, gleitet er von seinem Pferd. Dem Tier gibt er einen leichten Schlag und läßt es weiter traben. Er selbst verbirgt sich im Ufergebüsch.

Die Reiter jagen vorüber. Nach einer Weile kehren sie zurück. Sie haben in weiter Ferne das ledig galoppierende Pferd gesehen und daraus geschlossen, daß Temudschin sich irgendwo verborgen hält.

Entschlossen watet der Knabe in den See, den kalte Bergwasser tränken. Zitternd vor Frost, gleitet er bis zum Hals hinein. Den Kopf legt er so weit nach hinten, daß nur die Nase hinausragt. Über das Gesicht zieht er eine Blattpflanze.

Die Reiter halten an, biegen das Schilf auseinander, stoßen blindlings und wütend mit den Speeren ins Gebüsch und ins Wasser. Den Knaben entdecken sie nicht. Es ist auch schon zu dunkel. Aber eine Lanzenspitze trifft ihn in bösem Zufall in die Brust. Blutig färbt sich das Wasser.

Die rasch einfallende Nacht hindert die Verfolger, weiter zu suchen. Sie reiten fluchend zurück. Vielleicht hat sich der Bursche im Steppengras versteckt und ist längst auf seinem Gaul davon.

Temudschin ist fast erstarrt vor Kälte. Mühsam erreicht er das Ufer, sinkt kraftlos ins Gras. Seine Hand tastet nach Kräutern, rupft sie aus und stopft sie in die blutende Wunde. Schwerfällig stapft er dann in der Richtung, in die er sein Pferd gejagt hat, weiter.

Die Bewegung wärmt ihn ein wenig. Ab und zu stößt er einen Ruf aus, um sein Pferd anzulocken. Das anhängliche Tier hat schon von selbst mit guter Witterung den Weg zurückgenommen und kommt ihm freudig wiehernd entgegen.

Erst nach wiederholten Versuchen gelingt es dem vom Blutverlust geschwächten Temudschin, in den Sattel zu klettern. Manchmal sinkt sein Kopf auf den Hals des treuen Tieres, den er mit erlöschendem Bewußtsein umklammert. Dann mäßigt das Pferd seinen Schritt, damit sein Herr nicht falle.

So reitet er durch die kalte Nacht. Die Wunde brennt, und sein durchnäßter Körper zittert. Elend fühlt sich Temudschin, verfolgt und verlassen.

Als die Sonne aufgeht, gleitet er völlig ausgehöhlt ins Gras und fällt in tiefen Schlaf. Ruhig bleibt das Tier bei ihm stehen und grast. Die Sonne wärmt und trocknet ihn allmählich. Nach einigen Stunden erwacht er, ein wenig gestärkt. Er erinnert sich des Fleisches unter der Schabracke und verzehrt es heißhungrig. Im Lederschlauch findet er noch stärkenden Kumysch.

Neuer Mut erfüllt ihn, und er reitet nun unangefochten weiter, bis er endlich, endlich nach langen Tagen zum Onon gelangt, an dessen oberem Lauf sein väterliches Ordu aufgeschlagen war.

Unruhig späht er schon von ferne. Er kann die Zeltdächer nicht entdecken!

Als er dann auf dem weiten Dorfplatz hält, starren ihn verkohlte Jurten an. Das Ordu ist verbrannt und zerstört. Nichts als Asche, Rauch und Trümmer sind geblieben.

Mit Tränen in den Augen schaut Temudschin auf das Zeltlager, das ihm die Heimat bedeutete.

Aus den Resten einer Jurte erhebt sich eine Gestalt und kommt zögernd, dann freudig auf ihn zu. Es ist sein jüngerer Bruder Chassar, der Bogenschütze.

Die Brüder umarmen sich. Chassar berichtet, wie Targutai, wütend über Temudschins gelungene Flucht, abgezogen sei, vorher aber alles verbrannt, die Herden, Rinder und Pferde weggetrieben und die Zeltbewohner mitgeschleppt habe. Der Mutter, den Geschwistern und einer Anzahl von treuen Stammesgenossen sei es jedoch gelungen, beim Wirrwarr des allgemeinen Aufbruchs zu entfliehen. In den Felslöchern des nahen Gebirges hielten sie sich alle versteckt. Er aber sei hier zurückgekehrt, um den Bruder zu erwarten.

Gemeinsam ziehen sie gen Mittag, und endlich findet Temudschin seine Angehörigen und einige hundert treue Mongolen wieder.

Große Freude erfüllt alle, als sie ihren kleinen Chan mager und elend, aber heil vor sich sehen, und neue Zuversicht durchdringt sie; denn sie spüren seinen Willen, seine unübertreffliche Geschicklichkeit und die Überlegenheit seines klugen, listenreichen Geistes.

Temudschin aber weiß, daß er aus diesen Trümmern seinen väterlichen Stamm neu aufbauen wird mit unverdrossener, ungebeugter, zäher Willenskraft.

Sein erster Kriegszug wird dem Todfeind Targutai gelten, dem Zerstörer seines Ordu, dem Räuber seiner Herden.

Dann wird er Rache an ihm nehmen! Und diese Rache – das gelobt er sich unverbrüchlich – wird fürchterlich sein!

Hochzeit

Temudschins Stamm wächst von Tag zu Tag, von Jahr zu Jahr. Klein sind die Herden, hart ist das Leben. Fische, Wiesel und Erdratten bilden die karge Nahrung, dazu Kräuter und Brennesselgemüse. Seltenes Glück, wenn sie eine schmackhafte Antilope erjagen.

Sie kennen keine Heimat, die Hochsteppe ist ihr Vaterland. Und doch hängt ihr ganzes Herz an dieser armseligen Einöde.

Unstet ziehen sie von Weide zu Weide, im Sommer ins Hochland, im Winter gen Süden ins Tiefland, und der Yak, der gewaltige Grunzochse, kommt nicht zur Ruhe. Rastlos muß er die knarrende Kibitka, den Zeltkarren, von Grasplatz zu Grasplatz schleppen.

Tag und Nacht schafft und werkt des kleinen Chans Stamm. Die Männer biegen und härten die Bogen und schnitzen und spitzen die Pfeile. Die Weiber rollen Filz für Jurten, bereiten Kamelhaar und Felle zur Kleidung und treiben mit den Karawanen aus China kärglichen Handel.

„Hart müssen wir arbeiten, sonst bleiben wir ein elendes Volk. Ein besseres Leben wünschen wir für uns und unsere Kinder!" So reden die Mongolen untereinander.

Temudschin streift durch sein Zeltdorf. Auf dem Platz um die Wassergrube steht eine Gruppe von Männern. Sie sprechen lebhaft miteinander.

Temudschin tritt zu ihnen.

„Gut, daß du kommst, Chan", redet ihn der alte Degai an.

„Was gibt's? Ich höre", erwidert Temudschin.

„Der Herbst naht. Die Weiden sind bald abgegrast. Das Vieh braucht Nahrung. Nun heißt es, die Jurten wieder abbrechen und mühselig weiterziehen, um neues Weideland zu finden. Immer dasselbe schwere Leben." Degai bricht seine Rede ab.

„Was du sagst, weiß ich", antwortet Temudschin. „Was du verschweigst, weiß ich nicht. Also sprich weiter."

Degai weist mit unbestimmter Handbewegung rings in die Ferne. „Dort hinten gibt es überall fettere Weide und fruchtbareres Land." Temudschin horcht auf. „Mag sein. Doch ist jenes Land nicht leer. Auch andere Stämme ziehen dorthin und nehmen es in Besitz." Eine Pause tritt ein. Sie sehen sich stumm und prüfend an.

Megetu, ein jüngerer Mann, ergreift entschlossen das Wort: „Laß uns dahin ziehen! Wenn sich die andern Stämme mit uns zusammenschließen, werden wir ein großes und starkes Volk sein."

„Und wenn sie sich uns nicht anschließen?" fragt der Chan, und er wartet auf die Antwort, die kommen muß.

„Dann", ruft Megetu, „dann überfallen und unterwerfen wir sie. Die Not zwingt uns dazu."

Die herumstehenden Männer nehmen den Ruf auf: „Ja, so denken wir, so wollen wir handeln!"

„Wie aber denkt der Chan darüber?" will der alte Degai wissen.

Temudschin schlägt sich mit der Faust auf seinen prallen Schenkel, daß es knallt: „Ich denke wie ihr. So soll es geschehen!"

Die Stimmung seines Volkes kommt den Absichten Temudschins entgegen. Er ist der Kopf, der diese Fäuste lenkt.

Temudschin reitet also mit seinen Mannen von Zeltdorf zu Zeltdorf und wirbt für seinen Stamm, drängt die Abtrünnigen zur Rückkehr, mahnt die Lauen zur Treue und überredet die benachbarten Stämme zum Anschluß. Er fordert Abgaben zum Zeichen des Bundes, empfängt Kamel und Pferd, Rind und Schaf und zieht selten mit leeren Händen weiter. Langsam vergrößern sich die Herden, wächst der Wohlstand seines Stammes.

Unvergessen glüht in Temudschins Herzen das stolze Wort des uralten Sängers, der einst in Jesukais Jurte das hohe Lied vom tapferen Mongolenchan verkündet hat, von dem Urahn, der – vertrieben wie Temudschin – nach bitterem Leben in der Fremde die heimatlichen Steppengefilde mit Hilfe seiner Krieger wiedererobert hat. Des Stammvaters Willensstärke wirkt auch in Temudschin und bindet das Volk an ihn, wie er an sein Volk gebunden ist, dessen Willen er gestaltet. Sie vertrauen seiner Tatkraft und geschmeidigen Klugheit. Der Erfolg ist sichtbar mit ihm.

Ein Ordu nach dem andern kehrt zurück, wenn nicht freiwillig, dann gezwungen. Targutai wohnt weit und ist ein Fremder – Banner nach Banner und Stamm nach Stamm schließen sich dem kleinen Chan an, der nun kein kleiner Chan mehr ist. Sein Körper, in Strapazen und im unerbittlichen Lebenskampf gehärtet, hat sich gestreckt. Stark ist sein Wuchs geworden, breit seine Schultern, eisern die Schenkel, stählern die Arme. Klein sind nach Mongolenart die Hände und Füße geblieben.

Kühne Jünglinge sammeln sich um ihn, seine Getreuen, seine Leibgarde, die „Wildwasser", wie sie sich nennen. Zu ihnen zählt sein Bruder Chassar, ein beschränkter Kopf, aber Meister im Bogenschießen, der den Vogel im Fluge mit seinem Pfeile herunterholt, sein tapferer Halbbruder Belgutai und der hilfreich-entschlossene Jugendfreund Bordschu, der ihm einst in bitterer Not mit Pferden aus seines Vaters Herde uneigennützig ausgeholfen hat.

Oft denkt Temudschin an die schlanke, grauäugige Burtai. Doch solange er ein landflüchtiger Bettler ist, wird er nicht um die Tochter des Priesterkönigs freien. Ihre einzige Mitgift könnte Verachtung sein!

Mehrere Jahre sind vergangen. Burtai hat nichts mehr von ihrem Anverlobten gehört. Nachdem das Gerücht von Targutais Überfall und Temudschins Flucht nach Karakorum gedrungen, ist es still um den kleinen Chan geworden.

Burtai denkt viel an ihn, nicht gerade in Sehnsucht und Qual, eher mit aufrichtiger Teilnahme. Er hat ihr gut gefallen, der besessene, wilde Junge, sie mag ihn gern. Aber ihr Herz schlägt nicht höher bei dem Gedanken an ihn. Die Hoffnung, seine Jurte und sein Leben zu teilen, läßt sie nicht vor Seligkeit erschauern, und die Furcht, er könnte erschlagen sein, stürzt sie in Trauer, aber nicht in Verzweiflung.

Seit Jesukai tot und Temudschin flüchtig ist, will Burtais Vater nichts mehr von einer Heirat mit dem vertriebenen Chan wissen. Die Tochter des Priesterkönigs ist zu schade für einen Bettler!

Hat Togrul nicht den Sohn des Blutsfreundes seinen eigenen Sohn genannt und ihm beim Gekreuzigten Hilfe versprochen?

Gewiß! Aber das galt nur, solange Temudschin ebenbürtig war. Soll Burtai das elende Leben der Frau eines kleinen Dorfhäuptlings führen? Es wäre schon schlimm genug gewesen, wenn Burtai aus dem geräumigen Lehmpalast der schönen Stadt Karakorum in die enge Filzjurte eines Nomadenzeltlagers hätte übersiedeln müssen. Immerhin hätte Togrul nichts dagegen einzuwenden gehabt, solange es sich um die Heirat mit dem mächtigen Führer einer großen Stammesgenossenschaft gehandelt hätte. Aber einen Schwiegersohn, der

nichts weiter sei als ein jämmerlicher Murmeltierfresser, lehne er ab! –
Eines Tages meldet die Wache, Chan Temudschin reite in die Stadt
ein und werde in Kürze da sein.

Togrul ist zunächst sprachlos, will es nicht glauben, schreitet rasch
hinaus.

Burtai folgt ihm zögernd. Sie freut sich, zugleich aber ist ihr
bange, nun, da die Entscheidung über ihr ferneres Leben naht.

Vor dem Palast hält auf unruhig tänzelndem Roß lächelnd Temudschin an der Spitze von dreihundert Reitern, seinen Wildwassern, kühnen Jünglingen in vorgebundenen Kollern aus glänzendem,
am Feuer gehärtetem Yakleder, mit blitzenden Speeren und Schwertern, klirrenden Pfeilen und Bogen.

Gewandt springt er vom Pferde und grüßt froh Chan Togrul, der
ihn mit unverhohlenem Staunen und glatter Höflichkeit empfängt.

„Was bist du groß geworden – ein Mann! Wir hätten nicht geglaubt, dich noch einmal wiederzusehen."

Temudschin stutzt einen Augenblick. Sein geschmeidiger Geist hat
den Nebensinn der Begrüßungsworte sofort erfaßt, die nichts anderes
besagen als: wir hätten nicht geglaubt, daß du in deiner schlechten
Lage dich noch einmal an unserem Hofe würdest blicken lassen. –
Aber er läßt sich nichts anmerken, nur seine Freude ist ausgelöscht,
und er antwortet mit stolzer Gelassenheit.

„Möngka Tängri, der ewige Himmelsgott, ist den Mongolen treu
geblieben und hat mich beschützt. Mein Stamm blüht auf, und mein
Reich wächst. So bin ich, denke ich, deiner und deiner Tochter
würdig."

Damit tritt er auf Burtai zu. Sie ist kein Mädchen mehr wie damals, – sie ist erwachsen und reizvoller denn je, und die alte Be-
fangenheit kommt wieder über ihn, als er in ihre verschleierten,
grauen Augen blickt. Doch er nimmt sich zusammen und begrüßt die
Lächelnde mit ehrerbietiger Herzlichkeit.

Reiche Geschenke hat Temudschin mitgebracht, und Burtai ahnt,
wieviel Opfer und Mühen es ihn gekostet hat, so glanzvoll vor ihr
zu erscheinen. Das rührt sie, und sie dankt ihm mit warmen Worten
und ebensolchen Blicken.

Die Gäste werden höflich willkommen geheißen und ehrenvoll
untergebracht.

Bereits am nächsten Tage stellt Temudschin den Priesterkönig und
fragt ihn geradezu, ob er gewillt sei, die von ihm und Jesukai ge-

troffenen Abmachungen über die Eheschließung einzuhalten. Er drängt darauf, sofort seine Hochzeit mit Burtai zu feiern.

Der alte Ong Chan Togrul windet sich hin und her, sieht sich aber schließlich gezwungen, seine Einwilligung, wenn auch zögernd und widerstrebend, zu geben. Fortwährend wird er von den mohammedanischen Völkern des Westens heimgesucht und darf sich die Freundschaft und Hilfe des tapferen und bereits wieder mächtigen Schwiegersohnes und seiner Wildwasser nicht verscherzen. Neue Feindschaften könnten ihm jetzt geradezu gefährlich werden!

Die Hochzeit wird nach alter Stammessitte und mit überschäumender Lust gefeiert.

Am Vorabend überbringt Chassar als Brautwerber, begleitet von den Wildwassern, kostbare Geschenke Temudschins und verteilt auch reiche Gaben an die im Palast anwesenden Gäste, wobei, wie üblich, dem Brautvater Togrul ein gekochter Hammelkopf überreicht wird. Ein fröhliches Mahl schließt sich an.

Am nächsten Morgen wird Burtai geschmückt und sieht in dem langen, faltenreichen, bis zum Knie geschlitzten Gewande aus roter, chinesischer Seide, das ihr die Brautwerber Temudschins übergestreift haben, blasser und schöner aus denn je. Ihre dunkelbraunen Haare bauschen sich wie ein Turban um den schmalen Kopf, und ihre zahlreichen, mit Silberanhängern und Korallen geschmückten Zöpfe sind über kunstvoll geschnitzte Elfenbeinkämme geflochten, so daß sie wie ein Strahlenkranz den Kopf umgeben. Eine Perlenkette schlingt sich um das Haar und legt sich über die Stirn.

So wird Burtai von den Brautwerbern zu Temudschin gebracht, der sie feierlich und ehrerbietig in Empfang nimmt.

Das Hochzeitsmahl begleiten Gesang und Musik. Die Sänger kennen keine Melodie. Ihre Kunst ist es, in einem hohen und lange ausgehaltenen, gellenden Fistelton ihre Lieder vorzutragen. Dazu schrillt die Flöte, und das mit einer Darmsaite bespannte Streichbrett wimmert unter den kräftigen Strichen des Bogens. Kumysch und Reiswein fließen in Strömen. Balladen und Heldenlieder werden gesungen. Bei jedem Trunk wird den Geistern und Dämonen gespendet, und den Stammesgöttern werden die Mäuler mit Fleisch und Fett beschmiert. Dazwischen spricht der alte Togrul christliche Gebete und lobpreist Gott aus Leibeskräften, um den Schamanen eins auszuwischen und die geringere Anzahl der Christen durch die Gewalt seiner Töne auszugleichen.

Spät am Abend verläßt Burtai nach traurigem Abschied von Vater und Mutter den Palast. Draußen wartet schon Temudschin zu Roß. Er hebt sie vor sich auf sein Pferd, hüllt sie in warme Decken und, indem er sie nach alter Mongolensitte scheinbar entführt, jagt mit ihr in die mondhelle Nacht hinaus. Ihre blaue Schärpe flattert im Winde.

Die Wildwasser folgen ihm und lassen sich mit den Hochzeitsmarschällen der Kerait, die dem Brauträuber die holde Beute abzujagen suchen, in ein Kampfspiel ein, bis es beendet ist und die Kerait nach fröhlichem Scheidegruß umkehren.

So zieht Temudschin mit Burtai und seinen Wildwassern heimwärts gen Mitternacht und Sonnenaufgang zum Onon, während weit in der Ferne das Jauchzen und Schreien der von Stutenmilch und Reiswein berauschten Hochzeitsgesellschaft und die langgezogenen, gellenden Töne ihrer seltsamen Musik verklingen.

Tschingis

Burtai bewohnt nun die größte und prächtigste Jurte.

Alles, was der Behaglichkeit und Schönheit dient, hat Temudschin herbeigeschleppt. Bunte Teppiche bedecken den Boden, von weichen, schmiegsamen Fellen sind warme Ruhelager gehäuft. Chinesische Seidenstoffe zieren die Wände und umhüllen zärtlich Burtais Glieder.

Viele Frauen bedienen sie. Sie soll nicht arbeiten, nur da sein und sich verwöhnen lassen.

Temudschin Eisenschwert ist glücklich, die sanfte Burtai immer bei sich zu haben, und wenn er daheim ist, verbringt er ganze Tage bei ihr. Oft sitzt er, die Beine gekreuzt, am Fußende ihres Ruhelagers, schaut sie wortlos an und versucht, in ihrem Gesicht zu lesen.

Sie ist nun seine Frau, aber noch immer hat er das Gefühl einer leisen Fremdheit. Ihm ist, als ob sie ihm nicht ganz gehöre, obwohl er nicht weiß, was ihm noch zu ihrem Besitz fehle. Hängt das vielleicht mit dem Christengott zusammen, von dem sie beide damals am Hirsefeld gesprochen haben?

Er will es ergründen, denn er muß sie ganz und gar besitzen, und er fragt sie danach.

Burtai sieht ihn nachdenklich an.

„Den Geist", grübelt er, „den gibt es ... Ich lebe, ich atme. Wenn ich sterbe, verläßt er wie ein Hauch meinen Körper und weht in der Steppe mit den andern Geistern der Toten umher. Manchmal schlüpft er in einen neugeborenen Leib und lebt und atmet wieder. – Aber was ist Gottes Geist?"

Burtai nimmt einen chinesischen Metallspiegel zur Hand und fängt die Sonne auf, die durch die geöffnete Zeltklappe hereinflimmert, läßt Sonnenkringel an den Wänden in huschendem Zickzack und wirbelnden Kreisen herumtanzen und richtet dann den Widerschein auf Temudschins Nase.

„Schau! Es ist eine Sonne – aber tausend Strahlen – und sie sind selbst Sonne ... Gott ist wie die Sonne, die Menschen wie die Strahlen."

Temudschin denkt nach. Dann schüttelt er den Kopf:

„Das kann nicht sein! ... Alle Sonnenstrahlen sind Kinder der Sonne. Aber nicht alle Menschen sind Gottes Kinder!"

„Doch", sagt Burtai warm, „doch! Alle Menschen sind Gottes Kinder und Brüder untereinander. So lehrt der Gekreuzigte."

Temudschin erhebt sich unmutig.

„Das ist unmöglich!" sagt er bestimmt. „Nur Mongolen sind meine Brüder – und auch sie nur, wenn sie dem Stamm nützen!"

„Und die von China und von Châresm? Und die Karakitai, die Tanguten, die Naiman, die ..."

„Sind meine Feinde", fällt ihr Temudschin heftig ins Wort. „Später werden sie meine Untertanen sein!"

Burtai zieht zweifelnd die Augenbrauen hoch.

Temudschin fängt die leise Bewegung auf und begreift sie sogleich.

„Wohl, wohl. Dort die großen, mächtigen Völker und hier ich, der kleine Chan ... Aber vergiß nicht, was ich dir versprochen habe, damals am Orchon: dich zur Herrin der Welt zu machen."

„Und was soll aus meinem Stamm werden?" fragt Burtai, und ihre Stimme bebt.

Temudschin geht finster zum Zeltausgang, wo er sich noch einmal umdreht.

„Wie du zu mir, so sollen auch die Kerait zu meinem Volk gehören. Sie werden die ersten meiner Untertanen sein, und dein schönes Karakorum ist auserwählt, meine und deine Stadt zu werden."

Mit diesen Worten verläßt er die Jurte und setzt sich draußen auf einen großen Felsstein, den er manchmal als Ruheplatz benutzt. Der Stein ist von der Sonne glühend heiß, und so erhebt sich der Chan bald und läßt sich ins Gras fallen.

Temudschin ist verstimmt über das Gespräch mit Burtai, das eine andere Wendung genommen hat, als er beabsichtigte. Nahe wollte er Burtai kommen – und er fühlt, daß er ihr ferner ist als je.

Die Luft flimmert vor Hitze, es ist drückend. Gewitterschwüle sinkt schwer herab.

Aufgerührt von seinen eigenen Worten, versinkt Temudschin in tiefes Sinnen.

Da sieht er, wie sich eine sandgelbe Steppenlerche auf dem Feldstein niederläßt und ihn mit zutraulichen Augen anblickt. Plötzlich öffnet der Vogel seinen Schnabel und schmettert seinen Ruf hinaus: „Tschin-gis . . . Tschin-gis . . . Tschin-gis."

Temudschin traut seinen Ohren nicht. Hat er sich verhört? Träumt er? Aber der Vogel sitzt vor ihm, ganz nahe.

Erstaunt betrachtet der Chan das Tierchen. Es öffnet abermals seinen Schnabel und ruft wiederum durchdringend: „Tschin-gis . . . Tschin-gis . . . Tschin-gis."

Traumhaft wiederholt Temudschin den Ruf des Vogels: „Tschingis, Tschingis . . . der Gewaltige . . . der Großmächtige . . . Liest du Gedanken, Steppenvogel? Oder hat dich der Himmelsgott gesandt?"

Und wie zur Antwort zwitschert die Steppenlerche zum dritten Male: „Tschin-gis . . . Tschin-gis . . . Tschin-gis."

Dann fliegt sie fort.

Temudschin reibt sich die Augen. War er ein wenig eingenickt, hat er geträumt? Es ist so schwül, und die Hitze macht müde. Aber er hat den Vogel doch ganz genau gesehen, ihn betrachtet, ihn dreimal gehört. Und er sagt das zauberhafte Wort noch einmal vor sich hin, ganz leise: „Tschingis."

Da zuckt der erste Blitz, der Donner kracht, ein Wolkenbruch flutet herab. Temudschin springt auf, und wie er zur Jurte eilt, sieht er noch, daß der heiße Stein, von dem kalten Wasser überströmt, dampft.

Kaum ist der Chan in sein weißes Zelt getreten, als er einen lauten Knall hört, der ihm unerklärlich ist und ihn heftig erschreckt.

Nachdem das Gewitter vorübergezogen ist, forscht Temudschin der Ursache des Knalles nach und entdeckt staunend, daß der Feldstein in lauter Teile zersprungen ist! Ein handgroßes Stück liegt wie der Kern einer Frucht in der Mitte, und als er das Stück aufhebt und betrachtet, erkennt er deutlich seltsame Figuren, die sich nach oben herauswölben. Er fährt mit dem Finger darüber. Kein Zweifel, es ist eine Schildkröte, auf deren Rücken zwei Drachen ineinander verschlungen sind.

Besteht zwischen dem Ruf der Steppenlerche, dem Zerspringen des Steines und den Figuren ein Zusammenhang?

Betroffen trägt er das Stück zum Schamanen Ssubotai, dem er erzählt, was ihm begegnet ist.

Nach langem Sinnen und Betrachten sagt der Schamane nur ein Wort: „Chas-bao."

„Chas-bao?" wiederholt der Chan.

„Sieh, zwei Drachen sind es, ineinander verschlungen: das Reich des Ostens und das Reich des Westens, und die Schildkröte trägt sie beide. Die Schildkröte aber bist du, und sie ist das Bild deiner Stärke und Weisheit."

Ssubotai dreht den Stein um. Auf der anderen Seite laufen krause Linien durcheinander.

„Es sind Schriftzeichen", erklärt der Schamane.

„Was hilft uns das? Wir können sie nicht lesen."

„Nein", antwortet Ssubotai, „aber ich weiß dennoch, was sie bedeuten. Sie lauten: Im Himmel: Gott. Auf Erden: Tschingis Chan, der Kaiser der Welt!"

„Still!" ruft Temudschin tief betroffen und preßt ihm erregt die Hand auf den Mund. „Woher kennst du das Verborgene? . . . Wenn du plauderst . . .!"

„Noch ist nicht Zeit zum Plaudern", gelobt Ssubotai. „Aber wenn es soweit ist, wird es offenbar werden! Dann wirst du mit dieser ‚Jade-Kostbarkeit' siegeln, und der Siegelspruch wird dein Wahlspruch sein! Jedermann wird an diesem Chas-bao Stimme und Befehl des Herrn der Welt erkennen."

„Ja", nickt Temudschin, bis ins Innerste aufgerührt, „ich weiß. Der Kaiser von China besitzt ein solches Chas-bao, und es ist von Menschenhand verfertigt. Meines aber . . . o Ssubotai . . . meines hat der Himmelsgott selbst mit dem Blitz aus dem Stein geschlagen, und durch die Lerche hat er es vorher verkündet. – Du aber hast es mir erschlossen, Ssubotai, du, von heute an mein Freund!"

Seit diesem Tage trägt Temudschin sein Chas-bao verborgen in einem Lederbeutel auf der nackten Brust, bis es Zeit ist, es hervorzuholen und sein Geheimnis zu offenbaren.

Mitten in einer Nacht braust und dröhnt es wie ein Orkan über die Steppe. Ein Sandsturm? Hastig wirft sich Temudschin den Terlik über und stürzt aus seiner Jurte.

Da sieht er, wie fremde Krieger schon in das Ordu einbrechen und brennende Fackeln in die Jurten schleudern. Er hört das Geschrei seiner Leute? „Die Merkit! Die Merkit!"

Die Mongolen sind im Schlaf überrumpelt. Zum Widerstand ist es zu spät. Abermals bleibt dem Chan nur die Flucht.

Rasch ergreift er das erste beste Pferd, sprengt in wildem Galopp davon und ruft seine Krieger zu sich.

Temudschin stürmt mit den Wildwassern in die dunkle Steppennacht hinaus. Er kann nur das nackte Leben retten.

Sein Ordu wird verbrannt, die Weiber geraubt, die Herden davongetrieben.

Bigi Tokta, der Chan der Merkit, wirft die sich heftig sträubende Burtai vor sich auf das Pferd und reitet lachend mit ihr davon.

Ein wildes, barbarisches Volk, diese Merkit, die gen Mitternacht am Baikalsee und den Ufern des Jenissei hausen! Lange ist es bei ihnen Winter, und dann gleiten sie über die weiten, schneebedeckten Tundren auf Schlitten dahin, die von Rentieren oder Hunden gezogen werden. Sie kleiden sich in Felle und kennen nicht die Kunst des Webens.

Drei Tage und Nächte ziehen sie ununterbrochen nach Norden.

Dann schlagen sie zum Abend die Zelte auf. Die Pferde, Rinder und Weiber brauchen Ruhe. Und die Männer sind hungrig.

Burtai wird in das Zelt des Häuptlings gebracht. Entsetzt verkriecht sie sich in eine Ecke. Aber der kleine, grauhaarige Mann zieht sie grinsend hervor.

„Schön bist du", schmeichelt er, „sehr schön; Gesicht blaß wie Schnee, Augen grau wie Möwengefieder, Beine lang und schlank wie Rentiergeläuf."

Burtai wehrt ihn angstvoll ab, in ihrem Blick liegt Abscheu.

Da wird Bigi Tokta zornig. „Jesukai" schreit er, „hat mir meine Braut geraubt, die schöne gelbe Yülun. Jetzt endlich räche ich mich!"

Er stürzt sich auf Burtai. Sie wehrt sich verzweifelt. Aber der Häuptling ist trotz seiner Kleinheit wolfsstark, und schließlich überwältigt er sie.

Unterdessen ist Temudschin mit den Wildwassern nach Karakorum gestürmt, um von Togrul Hilfe zu erbitten. Denn seine Schar ist zu schwach gegen die Überzahl der Merkit.

Burtais Vater ist entsetzt und empört, und er läßt es nicht an bitteren Vorwürfen für den Schwiegersohn fehlen.

„Wer eine Frau nicht beschützen kann", murrt er böse, „der soll nicht heiraten! Ich habe dir meine Tochter anvertraut. Du hast für sie zu sorgen ... Wo ist sie?"

Temudschin würgt seinen Grimm herunter und schweigt. Er braucht des Schwiegervaters Hilfe und darf sie nicht durch ein heftiges Wort verscherzen. Aber er wird Togrul diese Kränkung seiner Mannesehre niemals vergessen!

Es handelt sich um seine Tochter, und so stellt schließlich Togrul dem Gatten Burtais eine gewaltige Reiterschar zur Verfügung. Tag und Nacht braust Temudschin mit den Wildwassern und keraitischen Kriegern dem Räuber seiner Gattin, dem Dieb seiner Herden, dem Zerstörer seines Ordu nach.

Weit nach Norden müssen sie hinauf und hinab, aber die breite Spur der Pferde und Rinderherden ist selbst im Dunkeln gut zu erkennen, und endlich sichtet Temudschin die Merkit.

Er beschließt, Gleiches mit Gleichem zu vergelten und die Feinde in einem nächtlichen Überfall zu vernichten.

Als die Nacht hereingebrochen ist, reiten sie leise an das Zeltlager der Merkit heran und umzingeln es. Temudschin entzündet lautlos eine Fackel und schwenkt sie dreimal durch die Luft. Plötzlich flammen Tausende von Feuerbränden in den Händen seiner Krieger auf, und sie stürmen mit gellendem Geschrei von allen Seiten zwischen die Zelte.

Die im Schlaf aufgescheuchten Merkit laufen hilflos durcheinander und werden bis auf den letzten Mann niedergehauen. Keiner wird geschont! Die Schande, die man Burtai zugefügt hat, kann nur mit dem Tod der Räuber gesühnt werden.

Temudschin sprengt durchs brennende Lager und schreit laut Burtais Namen. Sie erkennt die Stimme des Gatten und antwortet mit freudigem Ruf. Er findet sie, und in erster überglücklicher Aufwallung preßt er sie an seine Brust.

Bigi Tokta ist gefangen und wird gefesselt vor den Chan geführt. Temudschin sieht ihn unentwegt an.

Er ersucht seinen Bruder Chassar, die Gattin hinwegzuführen.

Dann wendet er sich zum Merkit-Häuptling: „Deine Augen haben gesehen, was nur ich schauen durfte."

Und in plötzlich ausbrechender, maßloser Wut reißt er den Dolch aus dem Gürtel und sticht dem aufbrüllenden Bigi Tokta beide Augen aus.

Ebenso rasch ist Temudschins Wut wieder verflogen.

„Nun gibt es keine Augen außer meinen, die gesehen haben, was nur ich sehen darf. – Tötet ihn!"

Und dem Merkit-Häuptling wird ein Schwert ins Herz gestoßen. Was er an Burtai getan, ist ausgelöscht.

Die verschleppten Frauen und geraubten Herden werden im Triumph zurückgeführt, die Pferde und Waffen der erschlagenen Merkit mit den Kerait geteilt, die sich verabschieden und in ihr Land heimkehren.

Temudschin hält vor sich auf dem Pferd die wiedergefundene Burtai. Aber während des tagelangen Rittes spricht er zu ihr kein Wort.

Als der Stamm in seinem zerstörten Lager angekommen ist, baut er mit unverdrossener Zähigkeit das Ordu neu auf. Zweimal schon wurde es vernichtet, aber Temudschins Wille ist nur noch härter geworden.

Die Jurte des Chans ist neu errichtet.

Stumm führt Temudschin die blasse Burtai hinein.

Seit der Nacht, da er die Gattin aus den Händen der Merkit errettet, hat er nicht mehr mit ihr gesprochen. Hält er sie nicht mehr der Ehre für würdig, die Gattin des Chans zu sein?

Jetzt richtet er zum ersten Male wieder das Wort an sie:

„Ich habe geschwiegen ... Nun ist es überwunden! ... Wenn du mir in neun Monaten einen Sohn gebierst, wird er mein Sohn sein, mein rechtmäßig Erstgeborener! ... Wer daran zweifelt, dem wird es gehen wie Bigi Tokta!"

Da füllen sich Burtais graue Augen mit Tränen, und sie ist Temudschin ganz nahe.

In den folgenden Monden ist es Burtai schwer ums Herz. Sie weiß nicht, ob sie sich auf ihr Kind freut. Wenn nun der Merkit der Vater ist und es seine Züge trägt? Wird ihr dann das aufgezwungene Kind des widerwärtigen Gesellen nicht fremd, ja verhaßt sein? Denkt sie aber an die rührende Hilflosigkeit des kleinen, noch ungeborenen Wesens, das an seinem Vater so unschuldig ist, wie sein Vater an ihm schuldig, so zieht sorgendes Muttergefühl in ihre Brust. – Was hat sie soeben gedacht? Wie sein Vater an ihm schuldig! Sie erschrickt heftig. Weist die dunkle Stimme ihres Blutes bereits dem Merkit die Vaterschaft zu? – Der Zwiespalt ihres Herzens quält sie.

Temudschin ahnt, was Burtai bewegt, aber er weiß sich keinen Rat. Er hat alles getan, um sie zu beruhigen. Mehr als den zweifelhaften Sohn für seinen eigenen anzuerkennen, vermag er nicht.

Eines Weibes Herz ist unfaßbar wie der Steppenwind, denkt der Chan. Dagegen ist ein Mann machtlos, er kann es nicht ändern.

Je näher aber die Stunde der Geburt rückt, desto klarer fühlt Burtais Herz. Ihr Kind ist es und ein schuldloses dazu. Wie sollte sie es nicht lieben!

Als Temudschin von einer kleineren Fehde heimkehrt, tritt er, äußerlich gelassen, aber innerlich bewegt, in Burtais Jurte. Die geliebte Frau hat während seiner Abwesenheit das Kind geboren, einen Sohn, die Erstgeburt – genau so, wie er selbst während eines Kriegszuges seines Vaters zur Welt gekommen ist. Daran muß er jetzt denken. Wiederholen sich die Geschicke im Kreislauf der Sippe?

Zärtlich begrüßt er die Gattin und legt in ihre schmalen Hände einen Jadeschmuck, den er erbeutet hat. Während Burtai das kostbare Geschenk dankbar betrachtet, beobachtet sie verstohlen das Gesicht ihres Mannes.

Temudschin nimmt den Säugling behutsam in seine Arme. „Mein Sohn", sagt er laut und ohne Zögern; aber Burtai merkt doch, wie er heimlich und hastig in den Zügen des Kindes forscht, als suche er eine Ähnlichkeit.

Burtais Herz klopft, ihre grauen Augen hängen erwartungsvoll an seinem Gesicht: „Was wird er jetzt sagen?"

Der Chan sagt nichts, er blickt nur unverwandt auf seinen Sohn.

Nach einer Weile legt er das Kind in Burtais Arme zurück. Als er ihren fragenden Blick bemerkt, nickt er ihr zu und sagt freundlich: „Ein Dschüdschi, ein lieber Gast, ist angekommen, während ich fort war."

Und ihr zulächelnd, geht er hinaus.

Ein Gast also! Ist ein Gast nicht eigentlich ein Fremder? Gewiß, er wird behandelt wie ein Familienmitglied, eben weil er keins ist! Und sei er noch so willkommen, noch so geliebt, er ist ein Nichtzugehöriger! Wollte Temudschin das mit dem Worte ‚Dschüdschi' sagen? Hat er beim Anblick des Kindes fremdes Blut gewittert?

Burtai weiß es nicht. Jedenfalls erfüllt der Chan sein Versprechen, das er ihr damals gegeben. Das Kind wird gehalten als sein Sohn, gefeiert als die Erstgeburt. Vielleicht ist er auch wirklich Temudschins Sohn. Wer kann das feststellen? Aber ob der Chan den Dschüdschi auch in der innersten, verborgensten Falte seines Herzens als seinen Sohn fühlt, das möchte Burtai wissen. Sie wagt nicht, ihn danach zu fragen. Doch sein Verhalten zu ihr und Dschüdschi läßt darauf schließen.

Das Kind wird fortan ‚Dschüdschi' gerufen. Dschüdschi wird sein Name. Wenn nur dieser Name nicht wäre! Wenn das Kind nur nicht „Gast" hieße!

Der kleine „Gast" aber wächst heran und gedeiht. Doch sein Gesicht liegt stets in mürrischen, finsteren Falten. Nie lächelt es, und die entsetzte Burtai bemerkt, wie mehr und mehr ein düsterer Zug sich in das Kindergesicht eingräbt.

Aufbruch · Targutais Marter

Der Sommer ist verblüht.

Kühl schauern schon die Nächte, wenn auch die Tage noch von milder Wärme erfüllt sind.

Die Weiden sind abgegrast.

Es wird Zeit, das Land der hohen weißen Berge zu verlassen und südwärts zu ziehen.

Ein reges Getümmel beginnt.

„Immer die elende Plackerei", murrt der alte Degai. „Niemals Ruhe. Ein jämmerliches Leben."

Die verstreuten Herden der Yaks und Kamele, der Schafe und Ziegen werden zusammengetrieben. Die Pferde werden herbeigepfiffen.

Die Männer und Frauen mühen sich schwitzend, decken die Filzbekleidung der Jurten ab, zerlegen das Gestänge und Lattengerüst, rollen die Filzteppiche zusammen und verstauen alles auf die Karren.

Den leichteren Hausrat tragen die größeren Knaben und Mädchen herbei, das Wassergefäß aus Ton, den Holzeimer, die hölzernen Eßnäpfe, die Weidenkörbe, die Yak- und Schaffelle.

Ächzend schleppen die Männer den wuchtigen Mahlstein und die schweren Herdsteine mit dem Dreifuß, an dem der große Eisenkessel hängt.

Die Frauen kümmern sich um die Nahrungsmittel und achten darauf, daß die Vorräte schnell greifbar untergebracht werden, besonders die in Tierblasen aufbewahrten Hammelkeulen und das in Streifen geschnittene Dörrfleisch. Sorgsam hüten sie das kostbare Naß in den Wassergefäßen, die aus Lederstücken oder Tierhäuten zusammengenäht sind und durch Lehmbelag ihre feste, wasserdichte Dauerform erhalten haben.

Die Kinder freuen sich über den Wechsel. Sie sind jetzt ohne Aufsicht und benutzen die Gelegenheit zu dummen Streichen. Sie mausen sich aus den Vorräten Leckerbissen und versuchen, sie einander abzujagen. Es entstehen Geraufe und Geschrei; blindlings rennen sie den Erwachsenen in den Weg und stören sie beim Verladen, bis ein Vater den ersten besten bei den Ohren nimmt. Dann tritt für eine Weile Ruhe ein.

„Mein Kochtopf!" schreit Gungju. „Wo ist mein Kochtopf?"
Megetu, ihr Mann, fragt: „Warum schreist du?"
„Mein Kochtopf! Jemand hat ihn genommen."
„Er wird sich schon finden", beruhigt Megetu seine Frau.
„Wie soll ich kochen ohne Topf?" jammert sie.
Die vierzigjährige Hulan hält ihr einen Topf entgegen. „Ist es dieser? Er lag hinter deiner Jurte."
Gungju nimmt ihn prüfend in die Hand, dreht ihn hin und her. Wütend wirft sie ihn weg. „Meiner ist sauber und wie neu. Dieser da ist ein Dreckgefäß!"
„Besser einer als keiner", erwidert Hulan.
„Sicher hast du meinen gestohlen", zankt Gungju, „und bietest mir dafür deinen an!"
„Ich eine Diebin? Mein Kochtopf ein Dreckgefäß? Du freche Ratte!" Hulan fährt ihr in die Haare.
Gungju wehrt sich und tritt Hulan vor das Schienbein, daß sie aufjault.
Megetu hat Mühe, die beiden keifenden und heulenden Weiber auseinanderzubringen.

Sochor, ein Greis, ist gelähmt. Er hat die Gicht, und seine Glieder schmerzen ihn bei der geringsten Bewegung. Zwei Männer heben ihn auf und tragen ihn behutsam zu einer Kibitka, wo sie ihn betten. Eine Frau gibt ihm Milch zu trinken, eine andere holt seine geringen Habseligkeiten aus der elenden Jurte, in der er bisher hauste. Seine Hütte wird gleichfalls verladen.
Das karge Leben in der Wüstensteppe lehrt Hilfsbereitschaft und erzieht zur Gemeinschaft. Niemand ist sicher vor Krankheit und Not. Alle sind aufeinander angewiesen.

Sochatai erwartet ein Kind.
Die Frauen bemühen sich um sie und bereiten ihr in einer Kibitka

ein bequemes Lager. Der Schamane spricht seine Zaubersprüche über sie, daß sie die Reise gut überstehe und das Kind in ihrem Leibe keinen Schaden nehme. „Möge der Gott Natigai euch beide beschützen."

Beschwörend schwingt er über ihren Leib seinen Schamanenstab, dessen blaue Glasperlen beruhigendes Licht zurückstrahlen und dessen kleine klingende Schellen die bösen Geister verscheuchen sollen.

Temudschin mustert den Aufbruch, geht von Karren zu Karren, gibt Weisungen. „Alles in Ordnung?"

„In Ordnung, Chan. Fahren also nach Südosten zum Fluß Kerulen?"

„So ist es beschlossen. Dort unten gibt es noch fette Weiden. Die Kundschafter, die ich aussandte, haben es bestätigt."

„Du sorgst gut für uns, Chan."

„Ihr seid mein Volk, ich bin euer Chan. Sorge ich für euch, so sorge ich zugleich für mich."

„Was sind wir ohne dich, Chan? Du bist unser Kopf."

„Was bin ich ohne euch? Ihr seid der Leib, der den Kopf trägt."

Der Wagenzug bricht auf.

Die Zeltkarren knarren, in dichten Staubwolken trotten die Herden der Rinder und Schafe, Kamele und Ziegen einher.

Dem endlosen Zug voran reiten die Wildwasser und sichern weithin über die Steppe. Der Chan selbst führt sie.

Auch die Seiten des sich bis zum blauen Horizont hinschlängelnden Zuges werden von stark bewaffneten Reitern flankiert, und die schützende Nachhut gehorcht dem Befehl Chassars, des Bogenschützen.

Als die Sonne im Scheitel steht und auf die Steppe hinabsengt, gibt der Chan das Zeichen zur Rast. Die Männer lassen die Herden weiden und scharren Dung und Dornen für die Herdfeuer zusammen.

Die Frauen klettern steifbeinig aus den Kibitkas und hocken sich vor die eisernen Dreifüße, auf denen die Kochtöpfe bald gluckernd brodeln. Die Kinder tummeln sich fröhlich im Steppengras. Ein behagliches Mittagstreiben beginnt.

Zu dem Nachwuchs gehören auch die drei kleinen Söhne des Chans. Zu Dschüdschi, dem Gast, sind inzwischen noch Tschagatai und der rundliche, freundliche Oktai gekommen. Während die beiden jüngeren fröhlich spielen, sitzt Dschüdschi finster abseits und starrt vor sich hin. Niemand fordert ihn zum Mitspielen auf, niemand neckt ihn, und auch die älteren Knaben lassen ihn in Ruhe. Denn Dschüdschi ist jähzornig und äußerst tapfer und daher bei den Jungen sehr gefürchtet. Tschagatai dagegen ist ein Dickkopf. Er trägt die Züge seiner Mutter, so ist er Temudschins Liebling.

Der Chan tritt zu Burtai, die es vorgezogen hat, im aufgeschlagenen Zelt zu bleiben. Nach dem tagelangen Knarren der holpernden Räder und Schüttern der Kibitka empfindet sie die Ruhe doppelt wohltuend.

Sie erwartet ihr viertes Kind.

„Ta sain bainu?" fragt der Chan fürsorglich, und sie nickt freundlich: Ja, es gehe ihr gut.

Das Essen wird in die Jurte gebracht, und Temudschin will sich gerade zum gemeinsamen Mahl niedersetzen, als er plötzlich laute Rufe und aufgeregte Schreie hört. Atemlos stürmt sein Halbbruder, der kleine, tapfere Belgutai, herein und meldet, daß am Horizont gewaltige Staubwolken auftauchen. Dazwischen blinke es in der Sonne wie von Waffen!

„Was vermutest du?" fragt Temudschin leise.

Belgutai zuckt die Achseln. „Der Richtung nach können es ... Taidschiguten sein."

„Also wieder Targutai!" flüstert der Chan heiser vor Wut. „Der kommt mir sehr gelegen ... er erspart mir den Weg zu ihm!"

Trotz des leise geführten Gespräches hat Burtai alles verstanden. Entsetzt stürzt sie auf den Chan zu und packt ihn bei den Schultern. „Nicht noch einmal in die gierigen Hände eines Mannes!" schreit sie.

„Nimm mich mit auf die Flucht ... oder töte mich! Nur nicht noch einmal in eines Mannes Gewalt!"

Temudschin stößt die Luft durch die Zähne, daß es pfeift. „Wir fliehen nicht! ... Wir kämpfen!"

„Du hast dreizehntausend Krieger", sagt Burtai verzweifelt. „Targutai aber hat ..."

„... dreißigtausend!" schreit Temudschin. „Unser Heil liegt in unserer Tapferkeit! Jetzt rechne ich ab!"

Eine jähe Wutwelle überflutet ihn, sein Gesicht ist verzerrt, seine braungrünen Wolfsaugen funkeln grausam.

Er pfeift die dreizehn Führer der Tausendschaften rasch zusammen und entwirft ihnen seinen Plan: „Dreizehntausend gegen dreißigtausend in breiter Schlachtfront? Wahnsinn! Wir müssen das Schlachtfeld zusammendrängen zu schmalem Keil, damit sich Targutai nicht entfalten kann! Linke Flanke: der Wald dort. Rechte Flanke: Wagenburg aus allen Kibitkas! Dazwischen die Schlachtfront: die Reitergruppen in Linie von je hundert Mann, aber jede Gruppe nicht fünf, sondern zehn Glieder tief!"

Die Führer der Tausendschaften, zu denen sein Bruder Chassar, der krummbeinige Belgutai, der Jugendfreund Bordschou und neuerdings auch Ssubotai gehören, geben den Befehl des Chans weiter an die Führer der Hundertschaften und diese an die der Zehnerschaften. So hat der Schlachtplan durch Temudschins einfache Heereseinteilung im Verlaufe weniger Augenblicke die gesamte Armee durchlaufen.

Mit rasender Eile werden die Tausende von Zeltkarren zu einer ausgedehnten Wagenburg zusammengestellt, in deren Innenraum die Herden der Rinder und Schafe, der Kamele und Ziegen geborgen werden. Die äußeren Reihen werden von älteren Männern, Frauen und Knaben besetzt, die mit Speeren und mit Pfeil und Bogen ausgerüstet sind.

Unterdessen sind die Reitergruppen nach Befehl formiert und aufgestellt und erwarten den Feind.

Die Staubwolken sind mit Sturmeseile herangezogen, und schon kann man die einzelnen Reiter deutlich unterscheiden. Es sind wirklich die Taidschiguten, an ihrer Spitze Targutai.

Als ihre in die Breite gedehnte Front gegen das Waldstück und die Wagenburg prallt, werden die Flügel abgeschnitten, und die Taidschiguten kommen nur mit derselben Frontbreite in den Kampf wie die Mongolen, die jetzt auf Temudschins Zeichen vorstürmen, dem alten, berühmten weißen Banner mit den neun Zipfeln nach.

Die Taidschiguten sind nach üblicher Schlachtordnung nur fünf Glieder tief formiert, die Mongolen aber zehn. Ihre stärkere Gliederung verleiht Temudschins Reitern eine doppelte Stoßkraft, und so werden die Feinde gleich beim ersten Zusammenprall zurückgeworfen, und ihre Front wird zertrümmert.

Die Taidschiguten leisten infolge ihrer Übermacht heftigen Widerstand, und stundenlang tobt der Nahkampf. Pfeile schwirren, Säbel pfeifen, Speere zischen. Dumpf knallen die Schläge der Streitäxte auf die Panzer aus gehärtetem Yakleder, und heiser brüllen und fluchen die ineinander verkeilten Kämpfer. Doch gegen die geschlossene Schar der Mongolen kann sich die durchbrochene Front Targutais auf die Dauer nicht halten, und schließlich stieben seine aufgeriebenen Reiter in wilder Flucht davon.

Tausende und aber Tausende von toten Taidschiguten bedecken das Schlachtfeld, und auf ihnen und den Haufen von Pferdekadavern lassen sich die nackthalsigen Geier nieder und rauben sich Atzung.

In der Wagenburg herrscht großer Jubel, besonders als unter den Mongolen bekannt wird, daß Targutai und sechzig seiner Anführer gefangen sind.

Sie werden vor Temudschin gebracht, der noch von Feindesblut über und über bespritzt ist.

Lange mustert der Chan schweigend seinen Todfeind, der ihn schon einmal überfallen, ihm alles geraubt, ihn wie ein Tier gejagt und dann an ein Marterholz gefesselt hat, um ihn grausam zu töten. Nichts von alledem hat er vergessen.

„Ich war ein einzelner, schwacher Knabe, als ich in deine Hände fiel, du aber hast mich wie einen erwachsenen Krieger behandelt ... Den Dank dafür werde ich dir heute abstatten."

Targutai blickt dem Chan gefaßt in die funkelnden Wolfslichter:

„Das ist das Los des Kriegers. Hätte ich heute gesiegt – es hätte deinen Kopf gekostet, Temudschin. Ich erwarte ein gleiches von dir."

„Das gleiche wäre zu wenig, Targutai! Mußte ich als Knabe Männerqualen leiden, so ist es nur gerecht, wenn du als Mann und Anführer ein Zehnfaches duldest."

Targutai wird unter dem grausamen Blick des Chans bleich. Aber mit ruhiger Würde nickt er.

„Es wird mir eine Ehre sein, deine Prüfungen genauso tapfer zu ertragen, wie du damals die meinen ertragen hast."

Temudschin zögert. Einen Augenblick überkommt ihn ein hochherziges Gefühl, und er denkt daran, seinen Feind durch Großmut zu beschämen. Aber dann erinnert er sich der jahrelangen Heimatlosigkeit, des armseligen Daseins in der Wüste, der Jagden, deren gehetztes Wild er selbst gewesen ist, und sein Haß brodelt auf. Milde ist Schwäche, er aber ist stark.

Zehn Kessel mit kochendem Wasser läßt er aufstellen.

Den sechzig gefangenen Anführern gerinnt das Blut vor Entsetzen. Doch halten sie sich ruhig und unbewegt und schauen gleichmütig vor sich hin. Noch wissen sie nicht, was er mit ihnen vorhat, aber sie ahnen, daß seine Rache fürchterlich sein wird.

Und sie ist fürchterlich, wie er es sich damals gelobt hat.

Der Chan kneift seine schrägen Augen zusammen, und seine Nasenflügel sind geweitet vor grausamer Lust. Er genießt diese Rache nicht kalt, er quält aus heißem, brennendem Haß.

Er läßt den Gefangenen die Füße entblößen. Und dann werden immer zehn mit ihren nackten Beinen langsam in die Kessel mit kochendem Wasser hinabgelassen und festgehalten. Die entsetzlichen Verbrühungen erpressen den meisten ein schreckliches Stöhnen oder gräßliche Schreie, und die übrigen, die hören und vor Augen sehen, was ihnen gleich bevorsteht, fangen an zu zittern.

Allen sechzig und zuletzt Targutai sind die Füße gesotten, und sie wälzen sich in unmenschlichen Qualen auf der Erde. Nur Targutai liegt still da mit zusammengepreßten Lippen.

Die Rache war fürchterlich, und sie werden nie mehr laufen können. Statt der Füße werden sie nur noch Stümpfe haben.

Da gibt Temudschin seinen Kriegern ein Zeichen. Die ersten zehn Taidschigutenhäuptlinge werden emporgehoben und mit dem Kopf nach unten gehalten.

Ist die Rache des Chans noch nicht befriedigt? Hat er noch neue Qualen ersonnen? Ebenso furchtbare ... oder noch schrecklichere?

Die zehn werden, mit dem Kopf nach unten, an die Kessel herangetragen. Das fährt den übrigen Gefangenen durch Mark und Bein, und sie, deren gekochte Füße schon eine einzige, brennende Qual sind, verlieren ihre letzte Haltung und jammern und flehen um Erbarmen.

Temudschins heiße Wut hat sich gelegt. Ruhig wie beim Vollzug einer gerechten Strafe steht er jetzt dabei; doch läßt er Targutai nicht aus den Augen. Seine Rache ist erst ganz gestillt, wenn auch Targutai unterliegt, und er lauert auf das Schwachwerden des Feindes.

Aber Targutai durchschaut den Chan. Er ruft: „Ich danke dir für die außerordentliche Hochachtung, die du mit dieser wirklich ausgezeichnet erdachten Prüfung mir erweist!"

Ist das Ernst oder Hohn? Temudschin weiß es nicht, aber es packt ihn doch, und er zieht sein Schwert, um Targutai einen leichteren und ehrenvolleren Tod sterben zu lassen.

Targutai sieht, daß der Chan nach dem Schwert greift, aber er will nicht unterliegen, sondern überlegen in den Tod gehen. Stolz lehnt er eine Gnade ab, und jetzt schlägt der Hohn durch seine Worte hindurch:

„Ich will sterben, wie meine Hauptleute gestorben sind – als gesottener Krebs! Oder fürchtest du dich vor deiner eigenen Grausamkeit?"

Er schleppt sich auf den verbrühten, rotgedunsenen Füßen zum nächsten Kessel und stürzt sich, ehe man ihn hindern kann, selbst kopfüber in das kochende Wasser.

Temudschin ist zuerst voller Wut, daß Targutai ihm nicht nur nicht unterlegen ist, sondern über ihn triumphiert hat. Dann aber erfüllt ihn Stolz, daß sein Feind ein so tapferer Mann gewesen ist, und er läßt den toten Targutai, als er zur Bestattung den Geiern und Wölfen ausgesetzt wird, mit allen Ehren und im vollen Waffenschmuck hinaustragen.

Frohes Treiben herrscht nach dem großen Siege abends im Ordu der Mongolen. Tausende von Lagerfeuern flammen auf. Kumysch schäumt in die weit geöffneten Kehlen der tapferen Krieger. Sie tanzen und singen, und Temudschin feiert mit ihnen bis lange nach Mitternacht.

Als er voll Siegerstolz in Burtais dunkles, warmes Zelt tritt und sich ihr naht, weist sie ihn schaudernd ab. Sie hat von der fürchterlichen Rache an Targutai und seinen sechzig Hauptleuten erfahren. Es ist ihrem Herzen unfaßbar, daß ihr Mann, der zu ihr stets freundlich ist, einer solchen entsetzlichen Unmenschlichkeit fähig war, und ihr graut vor ihm.

„Nein, nein!" flüstert sie tonlos, „nein! ... Ein Mann, der Menschen wie Krebse kocht ... nein, nein!"

Wortlos verläßt Temudschin ihr Zelt.

Burtai fühlt anders als er, sie ist Christin. Er begreift das. Heute ist sie entsetzt, morgen wird sie sich beruhigt haben. Frauen verstehen Männertaten nicht. Schaudert Burtai heute vor ihm – morgen wird sie ihn um so mehr lieben.

Und er begibt sich in das Zelt einer seiner vielen Nebenfrauen.

Kein Gedanke an Targutai und seine sechzig Hauptleute quält ihn. Warum haben sie ihn angegriffen! Er hat sich gerächt, fürchterlich – aber sie waren ebenso fürchterliche Gegner. Das ist eben der Kampf um die Weide und die gerechte Rache des Siegers.

Und dann waren es Feinde, keine Menschen. So denkt er.

Rasch fällt Temudschin in Schlaf.

Hoch geht es her in Karakorum.

Ein Sieg wird gefeiert in ausgelassener Fröhlichkeit: Nach den Merkit und Taidschiguten sind nun auch mit Hilfe der Kerait die Tataren geschlagen und unterworfen.

In bunter Reihe sitzen die Wildwasser mit den Reiterführern der Kerait beim Schmause im Lehmpalast, während die Soldaten der Mongolen und Kerait sich draußen im Zeltlager vor den Wällen der Hauptstadt verbrüdern.

Auf einem Prachtfell thront Togrul. An seiner Brust hängt ein großes, silbernes Kreuz. Den Ehrenplatz zu seiner Rechten nimmt Temudschin ein, während zu seiner Linken Togruls ältester Sohn, Prinz Schokun, sitzt.

Unzählige Töpfe voll Tsamba und saftig duftenden Hammelfleisches werden aufgetragen, und die Männer fischen sich mit fettigen Fingern gewaltige Stücke heraus, stopfen sie in den Mund und schneiden die Bissen mit haarscharfen Messern gefährlich dicht an den Lippen ab.

Die Lederschläuche mit Kumysch wandern von Hand zu Hand, und sämige Stutenmilch spült das hastig gekaute Fleisch hinab und erhitzt langsam das Blut. Die Kerait bevorzugen den chinesischen Reiswein, der in dem Dombo, dem kupfernen, nur mit einer kleinen Öffnung versehenen Gefäß, herumgereicht wird, und auch die Wildwasser kommen mehr und mehr auf den Geschmack und greifen – je öfter, desto lieber – nach dem ihnen bisher unbekannten, seltenen Getränk. Wie würzig der Reiswein duftet, und wie flüssig er durch die Kehle rinnt!

Scheinbar aufgeschlossen nimmt Temudschin am fröhlichen Gastmahl teil. Er ißt und trinkt, doch sein Mund bleibt wortkarg, und seine Gedanken gehen ihre eigenen Wege. Sein rastloser Geist spinnt neue Pläne:

Möngka Tängri, der ewige Himmelsgott, hat die Kerait besonders begnadet: Karakorum liegt an der großen Karawanenstraße, die von Peking durch Togruls Reich gen Sonnenuntergang führt und die Kostbarkeiten der kunst- und weisheitsvollen Chinesen vermittelt. Wertvollen Silberschmuck besitzt der Priesterkönig, und zum Nachtisch werden hauchfeine, durchbrochene Schalen aus Porzellan mit süßen Datteln und runzligen Feigen gereicht. Kostbare Stickereien und bemalte Tücher schmücken die Wände, und Temudschin erinnert sich lächelnd des Schreckens, den er bei seinem ersten Besuch hier empfunden hat, als er sich plötzlich dem Bild eines Tigers gegenüber sah. Wie wundersam die Chinesen galoppierende Pferde mit Reitern, weise Gelehrte, feinprofilige Frauen und blühende Kirschbäume auf die schimmernde Seide zu zaubern verstehen!

Nachdenklich beschaut Temudschin all die Herrlichkeiten. Er hat sich Karakorum wiederum gründlich angesehen. Vor die vier Tore ist er gegangen und hat im Osten den Korn-, im Westen den Schaf- und Ziegenmarkt, im Süden den Rinder- und im Norden den Pferde- markt besucht. Reich sind die Kerait, gute Krieger und tüchtige Kaufleute, und begehrt sind die Chinesen und Meister in vielen Künsten. Solche Völker kann er brauchen. Sein kühner Geist sinnt und spinnt, und seine Gedanken umfassen und verbinden das Nahe und das Weite. Chinesen und Kerait, Kerait und Chinesen ... Seine Hand, die ruhig auf dem niedrigen Tischchen liegt, beginnt zu zucken, seine Finger schließen sich langsam zu einem festen Griff, als wollten sie fassen und halten, was vor seinem inneren Auge steht.

Ein lauernder Seitenblick Schokuns streift ihn. Der Prinz hat die greifende Bewegung der Hand aufgefangen, und seine Augenbrauen ziehen sich böse zusammen. Er gefällt ihm nicht, der Mann seiner Schwester, und er mißtraut dem Schwager, der so eisern Maß hält im Essen und Trinken und sich kleidet wie ein einfacher Krieger. Solche Menschen sind gefährlich, denkt der Prinz, und wer sich selbst so rücksichtslos beherrscht, ist leicht bereit, diese Rücksichtslosigkeit auch andern gegenüber zu gebrauchen.

Kumysch und Reiswein verbrüdern die hochgestimmten Seelen der Zecher, und die Krieger überschreien sich zur gegenseitigen Ehrung.

„Der wahre Siegestrunk ist euer Kumysch, mongolische Brüder!" brüllen die Kerait.

„Nein, der Helden würdig ist allein Keraitischer Reiswein!" grölen die Mongolen.

Und jeder trinkt nur noch den Trank des andern Stammes.

Doch nicht nur im Rausch begegnen sich die verwandten Seelen, auch sonst finden sie aufrichtiges Gefallen aneinander, und viele An- führer der Kerait fühlen sich zum kühnen, entschlossenen Temudschin mehr hingezogen als zum bedächtigen, mild-würdigen Priester- könig. Viele Hauptleute der Kerait sind ihrem alten Volksglauben treu geblieben, und diesen besonders scheint das religiöse Bekenntnis Togruls eine schwächliche Lehre.

Temudschin ist der Held des Festes; er hat die vereinigten Stämme in die Schlacht und zum Siege geführt. Togrul begegnet dem Schwiegersohn jetzt mit Achtung, ja mit einer gewissen Herzlichkeit, hat ihn doch Temudschin von der schweren Sorge um die unablässig dräuenden Tataren befreit. Wie rasch der Mongolenchan die für eine Überrumpelung günstige Lage erfaßt hat! Die Tataren befanden sich nach einem mißlungenen Angriff gegen die Große Mauer auf dem Rückzug, verfolgt und getrieben von einem gewaltigen chinesischen Heere. Da hat Temudschin zugepackt und mit kühner Entschlossenheit seinen Plan durchgeführt. Mit den vereinten Truppen der Mongolen und Kerait verlegte er den Tataren den Rückzug und nahm sie in die Zange.

Jetzt bewundert der Ong Chan seinen Tochtermann und ärgert sich noch nachträglich, daß er die erbetene Bundesgenossenschaft ihm zuerst schroff verweigert und sich erst nach langem Zögern auf Drängen seiner hohen Offiziere dazu entschlossen hat.

Diesen Fehler will er wiedergutmachen, und so rühmt er selbst mit lobenden Worten den Eidam und preist ihn laut.

Dröhnend stimmt der Beifall der Krieger mit ein. Dem argwöhnischen Ohr Schokuns kommt es so vor, als ob der Jubel der Keraitischen Anführer allzu laut ertöne, viel begeisterter noch als das Jauchzen der Krieger des Mongolenchans. Finster blickt er auf seine Kerait, aber in der berauschenden Fröhlichkeit achtet niemand darauf.

Der chinesische Kaiser hat zum Beweise seiner Anerkennung für die Hilfe gegen die Tataren dem Chan Togrul den Königstitel eines „Wang" verliehen. Temudschin aber hat er als Zeichen seiner Huld eine kleine, überaus kunstfertig gearbeitete Wiege aus Gold übersandt.

Dies reizende Kleinod, dessen Gebrauch den Mongolen bisher unbekannt war, steht vor Temudschin und erregt ebenso die Bewunderung wie den anzüglichen Spott der Krieger: „Was willst du damit, o Chan?" lachen sie. „Deine vier Söhne sind der Wiege längst entwachsen." Worauf Temudschin schlagfertig erwidert: „Legen wir den Tatarensieg in die Wiege! Er ist mein jüngster Sohn!"

Die Antwort entfesselt stürmischen Jubel, und die Stimmung wird immer ausgelassener. Die hohen Offiziere der Kerait und die Wildwasser fallen sich in die Arme, reiben die breiten Nasen aneinander, schlagen sich knallend auf die Schultern und schütten sich gegenseitig den Trank in die weit geöffneten Kehlen. Wenn die Gurgeln nicht schnell genug schlucken, so gießen sie unter schallendem Gelächter unbeirrt weiter, und wenn der Mund übersprudelt, gießen sie ins Gesicht, auf Kinn und Hals und Brust, bis der ganze Mann wie ein geplatzter Lederschlauch trieft. Trunken und heiser stimmen sie Kriegslieder an und stampfen zu ihrem Gesang Arm in Arm einen Siegestanz auf dem Lehmboden, daß der Palast wackelt. „Wo sind die schlimmen Tataren?" brüllen sie, während die Runde den Takt dazu klatscht. „Sind verweht wie das Gras, versunken wie ein Stein im Wasser, verflogen wie ein Pfeil im Schilf. – Temudschin braust wie ein Sandsturm. Wo er weht, dorrt die Wüste."

Ein Mongole und ein Kerait klettern auf einen der kleinen Tische und heben einen Wechselgesang an. Nichts Schöneres für einen Krieger, als in der Erinnerung noch einmal zu kämpfen, nun von der Begeisterung des Sieges durchglüht, und so lassen sie die große Tatarenschlacht vorüberziehen, indem sie mit eintönig-hoher, gellender Stimme ihren Wechselspruch singsagen:

„Wie eine Herde von dummen Yakbüffeln rennen die frechen Tataren gegen die Große Mauer."

„Anrückt des Kaisers General. Ha! Wie flink die Tatarenpferdchen laufen, gepeitscht von ihren furchtsamen Reitern."

„Chan Temudschin ruft alle Krieger auf: ‚Nun ist es Zeit, sie abzustechen wie wilde Schweine!'"

„Kommt, ihr Kerait, zur blutigen Jagd! So ruft Chan Temudschin."

„Aber Priesterkönig Togrul . . ."

Die beiden Wechselsänger stocken auf einmal vor Verlegenheit. Trotz ihrer Trunkenheit verfügen sie noch über einen kargen Rest von Besinnung. Wie dürften sie es wagen, den Priesterkönig zu kränken und vor allen Kriegern zu erwähnen, daß Togrul die gemeinsame „Jagd" abgelehnt hat und erst dem heftigen Drängen seiner Hauptleute und den grimmigen Vorwürfen Temudschins gewichen ist? Sie fühlen dumpf, daß sie Togruls Versagen übergehen müssen. Aber ihr trunkener Geist kann das unerwartete Hindernis nicht so schnell überspringen. Der Faden reißt ihnen ab, die Sekunden dehnen sich, und sprachlos starren die beiden sich mit weitaufgesperrten Mäulern an.

Schokun weiß sofort, warum die beiden verstummt sind, und was unangenehmer ist: alle andern wissen es auch. Das Schweigen, das wie eine dunkle Wolke über der ganzen Tafelrunde lagert, stellt den alten Togrul schlimmer bloß, als es alle ungeschickten Worte vermocht hätten, und es wirkt um so stärker, als es unfreiwillig und eigentlich gutgemeint ist.

Der alte Wang-Chan, wie er nun seit der chinesischen Ehrung heißt, wird unruhig, und Prinz Schokun zischt den beiden Tölpeln wütend zu: „So fahrt doch fort, ihr Kamele!"

Da fassen sich die beiden. Sie sind von Herzen bereit, den peinlichen Eindruck zu verwischen und die stumme Kränkung des Priesterkönigs vergessen zu machen. Wie? Man könnte Togrul für einen schwerfälligen, törichten Zauderer halten? Ganz falsch! Im Gegenteil: niemand ist entschlossener als er! „Togrul, der schnell Kampfbereite, stürmt ungeduldig zur Tatarenschlacht ..."

Weiter kommen sie nicht. Schallendes Gelächter der Krieger erstickt ihre Worte. Schokun aber, schäumend vor Wut über die beiden Tölpel, die seinen Vater lächerlich gemacht haben, stößt sie vom Tisch. Stärker als je wissen die Krieger von der kühnen Überlegenheit Temudschins und springen begeistert auf.

„Es lebe Chan Temudschin, der große Feldherr!"

„Heil dem Eroberer! Heil dem gewaltigen Herrscher!"

Auf einmal fährt ein heller, scharfer Ruf wie Adlerschrei durch die Luft, durchschneidet den Lärm wie Peitschenknall:

„Es lebe Temudschin, der Tschingis Chan, Kaiser der Welt!"

Wer hat das gerufen? –

Plötzlich Totenstille in der Halle.

Die Wildwasser und die Hauptleute der Kerait sehen sich betroffen an. Die Hände, die gerade den schäumenden Kumysch und den Reiswein zum Munde führen wollen, bleiben wie erstarrt in der Luft hängen.

Bange Erwartung lastet auf allen.

Was wird jetzt geschehen?

Unbeweglich sitzt Temudschin wie die Statuen des Buddha Avalokiteschvara in den lamaistischen Tempeln von Karakorum. Nur einer weiß von Tschingis und dem Chas-bao des Kaisers der Welt ... Sollte dieser eine ...?

Da schiebt der Priesterkönig mit einem Ruck seinen Fellsitz zurück, springt auf, wirft einen bösen Blick auf Temudschin und verläßt mit raschen Schritten das Fest.

Wie eine Viper schnellt Prinz Schokun im gleichen Augenblick hoch und zischt dem Schwager ins Gesicht: „Verräter!"

Schnell eilt er dem Vater nach. An der Tür der Lehmhalle dreht er sich noch einmal um und schreit in den Saal:

„Wer auch immer das gerufen hat, Mongole oder Kerait, – er ist ein Schuft und Verräter ... Und Temudschin hat ihn bezahlt!"

Hastig wendet er sich zum Ausgang. Da fliegt, von unbekannter Hand geschleudert, ein Messer durch die Luft und schneidet ihm die Backe klaffend auf.

Blutüberströmt brüllt Schokun seinen Reiterführern zu:

„Rächt mein Blut! Stecht sie ab! Keiner darf lebend aus der Halle!"

Ein schrecklicher Tumult entsteht, ein wüstes Getümmel. Fluchen, Schimpfen, Stoßen, Drängen, Wutgeschrei.

Die Waffen sind draußen vor dem Palast, glücklicherweise. Nach alter Mongolenvorschrift haben sie die Halle waffenlos betreten. Selbst Stöcke und Peitschen haben sie vorher abgelegt. „Stöcke und Peitschen sind gut für wilde Hunde. Brächtest du sie herein, dann würdest du uns auch wie Hunde behandeln", lehren die Weisen.

Aber sie haben ihre haarscharfen Messer. Man braucht sie zum Essen.

Die Klingen fahren heraus, blitzen in der Luft. Ein Gruppe von Kerait-Hauptleuten ballt sich zu einem Stoßtrupp zusammen. Ein blutiges Gemetzel und Abstechen droht. Andere Reiterführer Togruls stehen noch unentschlossen umher, als könnten sie nicht für Temudschin und wollten auch nicht gegen ihn Partei nehmen.

In diesem Augenblick erhebt sich Temudschin, der bis dahin unbeweglich dagesessen hat, und streckt die Hand gebietend aus.

Ruhe tritt ein. Alle sehen erwartungsvoll auf ihn und gehorchen seinem stummen Befehl.

„Kerait und Mongolen", ruft er mit starker Stimme. „wir sind Kampfgenossen. Kein Streit zwischen uns! Wir sind Krieger, keine Wüstenräuber! ... Ist Schokun ein Unrecht geschehen, so wird es streng geahndet werden. Aber vielleicht hat er selbst den Rufer angestiftet, um Zwietracht zu säen gegen mich?"

Betroffen lassen die Kerait die Messer sinken. Der Gedanke hat sie überrascht. Wenn wirklich der Prinz? ... Unentschlossen stehen sie herum.

In das Zögern fährt Temudschins kurzes Kommando an die Wildwasser: „Wir reiten!"

Diejenigen keraitischen Reiterführer, die eine Vorliebe für Temudschin hegen, ergreifen jetzt seine Partei: man wisse doch wirklich nicht, von wem jener böse Ruf stamme. Natürlich sei Prinz Schokun nicht der Anstifter. Aber was Schokun recht sei, sei Temudschin billig: man dürfe ihn ebensowenig verdächtigen. Die Mongolen seien ihre tapferen Kampfgenossen. Man müsse die Gastfreundschaft ehren und die Gäste in Frieden gehen lassen!

Während die Kerait so miteinander verhandeln, zieht Temudschin mit seinen Wildwassern ab. Unbehelligt gelangen sie vors Tor zum Lager.

Dort schlafen die Soldaten schon, da Mitternacht längst vorüber ist. Aus Gründen der Manneszucht dürfen die einfachen Krieger nicht so lange feiern. Sie haben sich trotzdem an Speise und Trank reichlich gütlich getan und schnarchen im Rausch. Nur die Posten gehen an den flackernden Wachtfeuern ruhig und aufmerksam auf und ab. Wenn man auch in Freundes Land weilt, die Lagerzucht wird eisern beachtet. So will es Temudschin zur harten Gewöhnung seiner Krieger.

Ein kurzer Alarm! Die umnebelten Köpfe tun mechanisch ihre Pflicht. Rasch ist das Zeltlager abgebrochen. Die Soldaten sind zwar erstaunt ob des plötzlichen Aufbruches in tiefer Nacht, aber sie sind an schweigenden Gehorsam gewöhnt, und bald reiten sie in die Steppe hinaus.

Am nächsten Tage bemerken sie am Horizont eine Staubwolke, die mit großer Geschwindigkeit dahinjagt und sichtlich näherkommt.

Sind es die Kerait?

Haben sie Gutes oder Böses im Sinn? Tut dem alten Togrul der grußlose Abschied von seinem Schwiegersohn leid? Oder hat Schokun den Vater zu einem Kampf gegen Temudschin umgestimmt?

Eine Schlacht kommt Temudschin ungelegen. Er hat nur etwa zehntausend Krieger bei sich und ist obendrein auf der Heimkehr aus einem Kriege. Wenn er auch siegreich war – die Schwerter sind stumpf, man muß sie erst schleifen, die Speere schärfen, die Pfeilspitzen wetzen. Die zerbrochenen Waffen müssen ersetzt, die gefangenen Tataren, die in Temudschins Heer eingereiht sind, erst an die mongolische Kampfesweise gewöhnt und zu gehorsamen Untertanen Temudschins erzogen werden. Alles in allem: mit seiner Truppe ist es nicht zum besten bestellt.

Die Kerait aber kommen aus ihrem Lande, wo sie Tausende frischer Krieger zur Verfügung haben. Aus ihren Zeughäusern haben sie sich neue und scharfe Waffen geholt. Ihre vom Tatarenfeldzuge ermatteten Pferde haben sie durch ausgeruhte Tiere ersetzt. Sie haben alle Vorteile auf ihrer Seite. Und sind dazu in der Überzahl.

Sinnt Togrul auf Krieg, dann muß er, Temudschin, mit ihm verhandeln, ihn an seine geliebte Tochter Burtai und an die vier Enkel, in denen auch keraitisches Blut fließt, erinnern und ihn umstimmen. Er will ihn beschwören.

Wenn das aber mißlingt und es doch zur Schlacht kommt – nun, sein Glück hat ihn noch nie verlassen, Möngka Tängri, der Himmels-Chan, ihm noch immer geholfen – nun, dann ist er eben einen Schritt näher zum Beherrscher der Welt.

Kaiser der Gobi

Die Staubwolke wächst mit unheimlicher Geschwindigkeit. Es sind wirklich die Kerait. Wie ein Heuschreckenschwarm wimmeln die flinken Steppenpferde näher, und die Reiter mit gegrätschten Beinen galoppieren im Stoßtrapp.

Temudschins Geist versagt auch diesmal nicht. Er muß Zeit gewinnen und mit dem Priesterkönig verhandeln, um ihn zu versöhnen. Mißlingt der Versuch, dann sind die Kerait wenigstens aufgehalten worden, und ihr Angriff ist so lange verzögert, als Temudschin braucht, um in seiner bedrängten Lage den günstigsten Schlachtplan zu entwerfen und seine Krieger danach aufmarschieren zu lassen.

Ein rascher Wink, ein paar kurze Worte, und der listenreiche, treue Freund, der frühere Schamane und jetzige Reiterführer Ssubotai, stürmt auf seinem Steppenpferd davon. Tiefschwarz ist das Tier, nur das eine Auge wird von einer fast kreisrunden, schneeweißen Blesse umrahmt. Die Mongolen fürchten des Tieres magischen Blick, als ob es alles wisse und verstehe, und wenn es die Lefzen hochzieht und die gelben Zähne bleckt, dann graut ihnen vor der verdammten Menschenseele, die sie in diesem Tierleibe schaudernd vermuten, und sie wenden ihr Gesicht ab, um nicht bezaubert zu werden.

Ssubotai reitet ohne Waffen. Als er sich den heranjagenden Kerait auf eine Pfeilschußlänge genähert hat, bringt er sein Pferd zum Stehen und streckt beide Arme mit ausgespreizten Händen in die Höhe.

Im nächsten Augenblick hat ihn die Vorhut der Kerait umringt.

Schokun, der die Spitze führt, herrscht ihn ungeduldig und voll Wut an: „Was hältst du uns auf? Was bringst du? Schnell! Rede!"

Er habe eine dringende Botschaft an den Priesterkönig.

„Dazu ist Zeit nach unserem Siege!" höhnt der Prinz und macht Miene, mit seinen Reitern weiterzustürmen.

Unmerklich streicht Ssubotais linke Hand über den Hals seines Pferdes. Das Tier hebt den Kopf, und das weißumrandete Auge glüht auf, die Lefzen heben sich, die gelben Zähne blecken unheimlich. Es stößt ein schauriges Wiehern aus wie eine Warnung, und es schreit fast wie ein Mensch. Schokun wird blaß, seine Reiter wenden die Augen ab. Wenn sie auch großenteils Christen sind, in ihren Herzen schlummert, leicht weckbar, ihr schamanistischer Glaube. Die Pferde der Kerait zittern leise; ängstlich treten sie hin und her und drängen zurück.

Der Prinz spürt die Betroffenheit seiner Reiter. Lähmende Unsicherheit legt sich wie Fesseln um sie. Mit dieser unfaßbaren Angst im Blut sind sie untauglich zur Schlacht.

Unterdessen hat sich der Priesterkönig mit der Hauptschar genähert. Ssubotai wird eilig vor ihn gebracht.

Der Schamane zieht ein schwarzes Tuch hervor und bindet es umständlich über die Augen seines Pferdes. Dann legt er beide Hände auf des Tieres Ohren und verschließt sie behutsam.

Mit eindringlicher Stimme beginnt er: „Die Dämonen sind dem Chan Temudschin günstig gesinnt, sie haben ihm den Sieg verheißen. In meines Pferdes Leibe hausen sie, mit meines Pferdes Ohren hören sie, mit meines Pferdes Augen spähen sie. – Verstopft sind die Ohren, verbunden die Augen. Sie sehen nicht, sie hören nicht, was jetzt hier zwischen uns geschieht. Denn Chan Temudschin will nicht den Sieg über seinen Vater Togrul noch über seinen Bruder Schokun. – Frieden wünscht er mit euch!"

Die keraitischen Reiter, die die Botschaft mit angehört haben, sind sichtlich betroffen, und auch der alte Togrul ist von dem seltsamen Gehabe des Schamanen angerührt. Schokun aber spürt voll Zorn, wie der Kampfeseifer seiner Truppen erschüttert wird.

„Temudschin", ruft Ssubotai jetzt mit dumpfer, eintöniger Stimme und senkt seinen Blick in die Augen des alten Priesterkönigs, „Temudschin ist deines verstorbenen Blutfreundes Sohn und somit dein eigener Sohn. Achte Jesukai und erzürne nicht seine Seele! Ich spüre sie – des Toten Seele umweht uns."

Vorsichtig berührt seine Fußspitze den Leib des Pferdes, ein schauriger Seufzer entfährt den Lippen des schwarzen Tieres. Entsetzt zuckt der alte Togrul zusammen. Klang das nicht wie das mahnende Stöhnen eines gequälten Menschen? Angstvoll schlagen die Kerait ein Kreuz und berühren heimlich ihr Amulett auf der Brust.

„Temudschin ist der Gemahl deiner Tochter Burtai und somit zweimal dein Sohn. Denke an die Enkel, in denen dein Blut fließt. Willst du deinen Sohn und Eidam bekriegen, der euch soeben in der Tatarenschlacht Ruhm und reiche Beute gewonnen hat? Willst du dein eigen Blut vergießen? Sollen deine Enkel deinen Namen mit Haß aussprechen? Frieden bietet dir mein Chan ... Frieden ... Frieden ... Kehre um ...!"

Der alte Togrul fühlt seinen Geist wie umnebelt. Sein zur Milde neigendes Herz ist bewegt. Er kann seine Augen nicht von dem bannenden Blick des Schamanen lösen, er flüstert Ssubotai nach wie im Traum „Frieden ... ja ... ja ... Frieden ... Wir kehren um ...".

Wie ein Schakal fährt Schokun dazwischen. Die Wut überlodert seine Beklommenheit. Er zeigt auf den blutigen Verband, der seine linke Wange deckt, und schreit: „Temudschin bietet Frieden, aber meine Wange klafft und brennt vom Messerwurf seiner Krieger!"

„Unschuldig ist der Chan an diesem Frevel", beschwichtigt der Schamane den Aufgeregten. „Er zürnt dem eigenmächtigen Täter heftig und wird ihn strafen, sobald ... er ihn kennt. Denn Temudschin ist euer Bruder, Sohn und Freund."

„Temudschin ist unser Freund, bis er stark genug ist, unser Feind zu sein!" Schokun schreit es ingrimmig. Er ist nicht mehr zu halten und gibt seinen Schwadronen den Befehl, sich zum Angriff zu formieren.

Da plötzlich bäumt sich Ssubotais schwarzes Pferd hoch auf, steht auf den Hinterbeinen und streckt den Kopf drohend in die Luft. Das Tuch ist herabgeglitten, und das weißumrandete Auge glitzert unheimlich. Der Rappe stößt einen markerschütternden Schrei aus, so daß die Pferde der Kerait jäh scheuen, sich wild zurückbäumen und die Reiter voll Entsetzen abspringen.

Ssubotai ist zu Boden gerollt. Er wälzt sich herum wie ein Tier, hockt sich auf alle viere, heult wie ein Nachtwolf, bellt und fletscht die Zähne.

Die Kerait weichen, von Grauen gepackt, vor ihm zurück. „Die Dämonen! Die Dämonen sind über ihm!"

In jappendem Rhythmus heult und schnappt der Schamane, immer in gleichem Takt, während rötlich-grüner Schaum von seinen Lippen trieft.

Ein Kerait nähert sich ihm und will ihn beruhigend streicheln. Der Biß des Schamanen fährt in die Hand des Kerait, so daß das Blut hervorspringt. Der Kerait hockt sich zu Ssubotai und fängt an, mit ihm in gleichem Rhythmus zu jappen, zu heulen, zu fletschen.

Ein Zucken geht hier durch einen Krieger, dort durch einen Krieger. Unwillkürlich bewegt sich einer nach dem andern im Rhythmus des Schamanen. Drei, zehn, dreißig, fünfzig, Hunderte lassen sich im Schaukeltakt auf alle viere nieder und bellen, heulen, fletschen, jappen. Die Raserei steckt an. Besessenheit überkommt die Kerait. In grauenhafter Dämonie heulen und jappen ganze Gruppen von Kerait wie Wölfe und Hunde, laufen auf allen vieren. Manche geraten aneinander, fallen übereinander her, verbeißen sich gegenseitig und reißen, zu wilden Knäueln geballt, sich mit schäumenden Zähnen blutige Fleischfetzen aus ihren Leibern.

Der alte Togrul ruft sein Priestertum zu Hilfe. Mit feierlicher, vor Grauen zitternder Stimme spricht er inbrünstig ein Gebet: „Fahret aus, ihr unsauberen Geister und Teufel, aus diesen Besessenen!"

Aber die Teufel gehorchen nicht. Der Christengott hat keine Macht über sie. Die Dämonen sind stärker als er.

„Sollen wir mit Dämonen kämpfen?" flüstern die Kerait. Sie sind von Natur mutig und kennen so leicht keine Furcht. Aber die dräuenden Geister der Totenwelt, die gespenstischen Seelen der Abgeschiedenen flößen ihnen entsetzliche Angst, wahnsinniges Grauen ein. Kein noch so scharfer Befehl würde sie jetzt gegen Temudschins dämonenbeschützte Scharen vorwärtstreiben.

Schokun weiß das und schäumt vor Wut. Er unterliegt nicht dem Zauber des Schamanen. Er durchschaut ihn. Der Zauber muß ohne Verzug gebrochen werden, sonst sind die Kerait schon vor der Schlacht besiegt – überwältigt von ihrer Angst.

Entschlossen reißt der Prinz die Knute hoch, springt vom Pferde und rast auf Ssubotai los. Mit pfeifenden Hieben schlägt er auf den Schamanen ein, indem er brüllt: „Mit Gott und Christus! Wollt ihr wohl ausfahren, ihr höllischen Geister!"

Einige Reiterführer folgen seinem Beispiel und schlagen selbst wie besessen blindlings unter die bellenden und heulenden Kerait, daß ihnen die Haut in Fetzen fliegt.

Langsam kommen die Krieger zur Besinnung. Die klatschenden Hiebe treiben die Dämonen aus.

Ssubotai ist völlig erschöpft. Blut von Schokuns fürchterlichen Knutenhieben und Schweiß strömen ihm über das Gesicht, und matt kauert er am Boden.

„Gott und Christus haben gesiegt, die Dämonen sind entflohen!" triumphiert Schokun.

Zuversicht kehrt wieder in die Herzen der Kerait, ihr Kriegsmut flammt neu auf. Der Blutgeruch steigt in ihre Nasen und weckt ihre Kampfgier, und die von dem Wahnsinn noch zitternden Nerven drängen ungestüm zur Schlacht.

So kann Prinz Schokun seine Kerait brauchen, und geschickt facht er ihre neue Kampfesstimmung höher an.

„Was fürchtet ihr? Seht, die Dämonen schützen nicht einmal die Leiber, die sie sich ausgesucht haben zum Wohnsitz!"

Er stürzt auf Ssubotais schwarzes Pferd zu und bohrt dem Tiere das weißumrandete Auge aus. Wie wahnsinnig bricht das mißhandelte Geschöpf aus und stürmt in die Steppe hinaus. Ein Pfeil schwirrt hinter ihm her und trifft die Halsschlagader, daß es zu Boden stürzt, während das Blut hoch aufsprudelt. Zwei, drei Kerait werfen sich sogleich auf das Tier und trinken.

Schokun springt auf Ssubotai los.

„Hier unsere Antwort an Chan Temudschin! Ich denke, er wird sie verstehen."

Und mit blitzschnellem Schnitt schneidet er dem Schamanen die Nase und beide Ohren ab.

Ssubotai wird auf ein Pferd gehoben und sprengt, fast bewußtlos vor Schmerz und Blutverlust, davon.

„Und nun gegen Temudschin! So soll es allen dämonenbesessenen Mongolen gehen! Mit uns sind Gott und der Gekreuzigte!"

Prinz Schokun stürmt voran, und mit tosendem Kampfgeschrei brausen die Scharen der Kerait ihm nach. Die junge Tatkraft Schokuns entscheidet, und der alte, würdige Togrul wird mit in den Strudel des dahinjagenden Reiterstromes gerissen.

Unterdessen hat Temudschin die Zeit mit raschem Entschluß genutzt.

Gepriesen sei Ssubotai, der Treue, Listige, Tapfere! Bringt er den Krieg – nun, Temudschin ist jetzt vorbereitet. Bringt er den Frieden – doppelt sei er gelobt!

In Eile hat der Chan in großem Umkreis einige Jurten errichten lassen. Dazwischen grasen angepflöckt hier und da einige Rinder und Pferde.

Mit der Hauptmacht ist er schnell weitergezogen, als ob er versuchen wollte, den Kerait zu entfliehen. Seinem kleinen, krummbeinigen Halbbruder aber, dem tapferen Belgutai, hat er befohlen, mit zweitausend Reitern in weit ausholendem Bogen die Kerait zu umgehen und ihnen in die Flanke oder gar in den Rücken zu stoßen. Von Belgutais Schnelligkeit und Angriffswucht hängt der Erfolg der Schlacht ab. Der Halbbruder wird darum das weiße Mongolenbanner mit den neun Yakschwänzen mit sich führen.

Zwanzig Pfeilschußlängen hinter dem vorgetäuschten Zeltlager macht Temudschin halt und verteilt seine Truppe. Hier stellt er kleinere Haufen, dort größere Abteilungen auf, einige weit nach vorne, andere beträchtlich zurück, Gruppen links, Gruppen rechts. Wie Felsblöcke und versprengte Steinstücke in der Wüste sind die Mongolen verstreut, keine feste Front, sondern überall granitene Sturmblöcke, an denen eine anstürmende Reiterlinie zerreißen muß.

Nun wartet er auf Ssubotais Botschaft.

Da kommt er angesprengt, das Gesicht bis zur Unkenntlichkeit verstümmelt. Er hängt auf dem Hals des Pferdes, und wie das Tier von den mongolischen Reitern aufgehalten wird, fällt er wie ein ausgelaufener Wasserschlauch in Temudschins ausgebreitete Arme.

Der Chan hält ihn wie ein Kind an der Brust.

„Mein tapferer Freund", flüstert er, „das soll dir nie vergessen werden! Mein Blut für das deine!" Und er übergibt den Geschändeten seinen Getreuen zur Pflege und Heilung.

Kein Wort braucht Ssubotai zu sprechen. Der Chan versteht die grausame Sprache Schokuns nur zu gut. Jetzt ist er zum Kampf bereit.

Die Kerait sind der blutigen Spur des Schamanen ohne Verzug gefolgt und beim Zeltlager angelangt. Sie stutzen, wittern eine Falle. Vorsichtig schleichen sie näher, überschütten die Jurten mit Pfeilregen, durchstoßen sie mit ihren Speeren. Dann dringen sie ein und entdecken, daß sie leer sind. Voll Wut erkennen sie den Trug und galoppieren weiter. Belgutai hat aus ihrer Verzögerung Zeit gewonnen, seinen großen Bogen auszureiten.

Die Kerait prallen endlich auf die Mongolen. Durch Temudschins geschickte Aufstellung werden die Kampfgenossen von gestern und

Feinde von heute gezwungen, sich zu teilen. Ihre Truppen werden auseinandergerissen und müssen sich in Teilkämpfe auflösen, und ihre Stoßkraft ist geschwächt. Ihre zuerst vorgestoßenen Abteilungen werden geschlagen und aufgerieben, die nachdrängenden fluten zurück und bringen die hinter ihnen fechtenden in Unordnung. Die ganze Schlacht besteht schließlich nur noch aus lauter kleinen Scharmützeln, in denen die Mongolen den Kerait weit überlegen sind. Doch gleichen die Kerait ihre Nachteile durch ihre große Übermacht wieder aus. So wogt der Kampf ohne Entscheidung hin und her.

Der Abend bricht herein. Die Mongolen sind durch den ungleichen Kampf erschöpft, während die Kerait noch über frische Truppen verfügen. Mehr und heftiger werden Temudschins Krieger bedrängt.

Da! Wildes Geschrei links im Rücken der Kerait! Hoch weht das weiße Mongolenbanner mit den neun Yakschwänzen heran und tanzt machtvoll über den Häuptern der Kämpfenden. Mit seinen zweitausend Reitern braust Belgutai in den Rücken der Kerait. Der heftige Stoß erschüttert ihre Reihen, und die Überraschung lähmt sie. Sie werden zur Seite geworfen, und Belgutai stößt durch bis zu Temudschin. Die Kerait sind in zwei Teile zerschnitten. Ein Sieg ist für sie nicht mehr möglich. Es bleibt dem Ong Chan Togrul und seinem Sohne nichts mehr übrig, als die Schlacht abzubrechen. Aber es ist nur ein kurzer Aufschub. Am folgenden Tag muß ihnen der Sieg um so glänzender in die Hände fallen.

Es ist Nacht. Die Reiter sammeln sich. Wachtfeuer flammen auf. Die Führer der Tausend- und Hundertschaften zählen ihre Männer und stellen die Gefallenen fest. Die Verwundeten werden verbunden, die Krieger getränkt und gespeist.

Vor dem Feuer hockt mit untergeschlagenen Beinen Chan Temudschin und starrt in die Flammen. Seine Nahrung ist die gleiche wie die seiner Krieger, aber er ißt nicht und trinkt nicht, bevor nicht seine Männer versorgt sind.

Seine braungrünen Augen leuchten im Feuerschein auf und verschatten sich wieder. Er hat sich gut gehalten, er ist nicht besiegt worden. Aber er hat die Schlacht nicht gewonnen. Zum erstenmal hat Temudschin keinen Sieg erfochten. Eine nicht gewonnene Schlacht gilt ihm fast wie eine verlorene! Ihm bleibt nichts als ein schleuniger Rückzug.

Um Mitternacht, während die Feuer zu weithin glühendem Brande angefacht sind und eine kleine Wachmannschaft unter gewaltigem

Lärm zurückbleibt, zieht sich Temudschin mit seinen Truppen im Schutz der Dunkelheit zurück. Die Kerait sehen von ferne den Feuerschein, und ihre vorgeschobenen Posten hören das Gebrüll. Sie melden Schokun, daß die Mongolen für den nahenden Morgen die Schlacht vorbereiten.

Mit Sonnenaufgang bricht der Prinz ungeduldig vor. Noch glimmen im Lager der Mongolen die Wachtfeuer, aber die Mongolen sind auf und davon. Sofort nimmt er die Verfolgung auf, aber als er sie bis Mittag nicht eingeholt hat, läßt er halten. Temudschin hat einen zu großen Vorsprung, und Schokuns Hauptleute raten ab, sich zu weit in das Gebiet der Mongolen vorzuwagen. Temudschin habe vielleicht durch Eilboten schon die zu Hause gebliebenen Krieger aufbieten lassen, und es bestehe die Gefahr, daß ihnen nun ein großes, frisches Heer entgegentrete. Ihre Pferde seien durch die tagelangen Ritte ausgepumpt, die Mannschaften durch große Verluste an Gefallenen und Verwundeten stark gelichtet. Manche Hauptleute sind dabei von diesen Bedenken bestimmt, manche aber treten ihnen nur bei aus einer geheimen Bewunderung Temudschins, von dessen strategischer Überlegenheit sie erst soeben eine Probe erhalten haben.

Schokun wird unsicher; die Gründe seiner Hauptleute sind schlagend. Aber er will nicht nachgeben; sein Haß und seine Wut sind zu groß. Da greift Togrul ein und befiehlt die Umkehr, und ihm, dem Vater Burtais und bedächtigen Priesterkönig, ist dieser Ausgang nicht unlieb.

Heim reiten die Kerait, langsam und mit gesenkten Köpfen. Ihre Stimmung ist gründlich umgeschlagen. Der Kriegszug war umsonst. Schokun hat nur erreicht, daß die Achtung vor Temudschins Kriegskunst und Geschicklichkeit und vor der Tapferkeit der Mongolen bei seinen Kriegern gefährlich gestiegen ist.

Der Wang-Chan ist unzufrieden mit sich selbst. Warum hat er dem draufgängerischen Sohn überhaupt freie Hand gelassen? Gewiß sind sie beide, Togrul und sein Sohn, schwer beleidigt worden. Doch Temudschins Schuld ist nicht erwiesen. Besser wäre es gewesen, mit dem Eidam in Frieden zu leben. Jetzt wird Temudschin die Vergeltung gegen die Kerait vorbereiten, und wenn er im nächsten Frühjahr mit einem starken, frischen Heer anrückt, wie wird dann der Ausgang sein? Schwer fällt ihm aufs Herz, daß viele seiner Kerait wie auch zahlreiche Krieger seiner Hilfsvölker dem Chan der Mongolen zugeneigt sind. Werden sie nicht die Gelegenheit benutzen, abzufallen und sich dem aufsteigenden Stern Temudschin anzuschließen?

Und voll banger Sorge reitet der alte Togrul heim.

Temudschins Stimmung dagegen wird immer besser. Er hat zwar die Schlacht nicht gewonnen, aber er hat den Kerait starke Verluste zugefügt und ist ihnen glücklich entkommen. Die Entscheidung wird nachgeholt werden, und wenn er den Winter über rüstet und dann mit seinem erprobten Heer losbricht, dürfte sie kaum zweifelhaft sein.

Frohgemut zieht er ins heimatliche Ordu ein, und rauschender Jubel bewillkommnet die heimkehrenden Krieger. Der Ruhm der Tatarenschlacht ist schon vorausgedrungen, und daß sie der Übermacht der plötzlich verfeindeten Kerait entronnen sind, erhöht die Siegesfreude.

„Heil Chan Temudschin!" schreien die begeisterten Mongolen. Und vereinzelt ertönt schon der Ruf: „Heil Tschingis Chan, dem Herrscher der Menschheit!" . . .

Nur Burtai trägt schwer an der Verfeindung mit den Kerait. Krieg gegen ihren Stamm, gegen Vater und Bruder! Ihr Herz leidet darunter, und ihr christlicher Glaube widersetzt sich dem Bruderkampf.

„Läßt sich dieser schreckliche Krieg nicht vermeiden?" fragt sie empört.

Temudschin zuckt die Achseln. „Mit deinem Vater wohl, mit deinem hassenden Bruder kaum. Er oder ich! Es bleibt mir keine Wahl . . . Nur einer kann Herr sein in der Gobi!"

„Und dieser böse Ruf, der die Schuld an der Feindschaft trägt . . . wer hat ihn ausgestoßen?"

Temudschin ahnt es; denn nur einer weiß um Tschingis. Aber er schweigt. Er will dies Geheimnis nicht lüften, den Rufer nicht verraten, der gerade zur rechten Zeit seine Stimme erhoben hat. Tschingis, das gewaltige Wort, sitzt nun wie ein Pfeil mit Widerhaken in den Herzen der Krieger, der Mongolen und der Kerait, und es wird sich fortpflanzen über alle Stämme und Völker und seinen Zauber ausüben. Nein, er verrät ihn nicht, den getreuen, klugen Rufer. Aber danken wird er es ihm, solange er lebt.

Früh bricht der Winter herein. Mit beizender Schärfe fegt der Eissturm über die Steppe. Gelähmt ist das Leben von Mensch und Tier, und nur der Hunger treibt sie aus Jurte und Höhle auf Nahrungssuche.

Tag und Nacht brennen in den Zelten die trüben Mistfeuer. In ihrem rauchigen Schein werden die Koller und Schilde, die Pfeile und Bogen, Speere und Streitäxte ausgebessert und gefeilt und neue Waffen angefertigt.

Auch die vier Söhne Temudschins schärfen ihre Schwerter und härten die Lederpanzer. Sie werden mit dem Vater ins Feld ziehen. Ihnen gilt es gleich, gegen wen die Pfeile fliegen, wenn sie nur kämpfen dürfen. Dschüdschi, der Finstere, sitzt mürrisch für sich allein. Die andern drei, Tschagatai, der Liebling, Oktai, der Dicke, und Tului, der Jüngste, der noch ein Knabe ist, hocken fröhlich beisammen und reden von künftigem Ruhm.

Die Jagd bringt die einzige Abwechslung in die Eintönigkeit des Winterlebens, und oft, sobald die Witterung es erlaubt, zieht Temudschin mit den Söhnen und den Wildwassern hinaus auf die Fährten von wilden Yakbüffeln und Schweinen, Hasen und Wölfen. Die Krieger brauchen nicht nur Nahrung, sondern auch Bewegung, um frisch und geschmeidig zu bleiben. Ist die Spur eines Bären oder gar eines verirrten sibirischen Tigers gefunden, so wird der gefährliche Feind zu einer regelrechten Kriegsübung benutzt, wobei das Raubtier die feindliche Armee darstellt.

Die Wintersonnenwende ist vorüber, und Temudschin hat auf den letzten Vollmond vor der Frühlingsgleiche die Häuptlinge der großen und kleineren Stämme der Gobi zu einem allgemeinen Kurultai geladen.

In der großen Jurte ist der Boden von wärmenden Fellen über und über bedeckt. Auf dem erhöhten Platz neben dem Herd thront auf dem weißen Fell Temudschin. Zu seiner Rechten und Linken in der Reihenfolge ihrer Würde und Macht hocken die Stammesführer. Die Chane der unterworfenen, großen Völker der Merkit, Tataren und Taidschiguten sind ebenso erschienen wie die Häuptlinge der kleineren Stämme, die sich dem mächtigen Temudschin freiwillig angeschlossen haben.

Warm brennen die Feuer, obgleich man in den Mittagsstunden bereits die wärmende Kraft der Sonne mit Behagen spürt. Schweigend essen die Männer Tsamba und mageres Pferdefleisch, unablässig geht der Kumysch von Hand zu Hand. Die gelben Gesichter sind undurchdringlich und verraten die Spannung nicht, mit der sie die Ansprache des Chans erwarten.

Nach der Mahlzeit begrüßt Temudschin den Reichstag der Stammesführer feierlich und höflich. Er behandelt sie wie Freunde und Eidgenossen, nicht wie Unterworfene. Sie glauben an Dämonen und die abgeschiedenen Geister der Toten; an Buddha und Awalokiteschwara, den die Mongolen Ariabalo nennen; an die göttliche Trimurti Brahma, Wischnu und Schiwa; an Allah und Mohammed; keiner an den Gekreuzigten.

Ohne Umschweife kommt Temudschin zur Sache. Er spricht kurz und einfach, aber mit großer Eindringlichkeit.

„Freunde, die ihr mir durch Eidgenossenschaft verbunden seid! Das Schicksal eurer Stämme, ja der Gobi hängt von dieser Stunde ab. Eure Entschlüsse werden die Zukunft bestimmen. Nach dem Willen des Himmelsgottes sind die mächtigsten Völker der Gobi die Mongolen und die Kerait. Wir könnten in Frieden und Eintracht leben. Aber der übermütige Schokun bedroht mich und euch, und der schwache Priesterkönig läßt ihn gewähren. Schokun will herrschen über mich und damit über euch. Nur einer kann Herr sein in der Gobi, wie es nur einen Gott im Himmel gibt. Er hat mir geholfen und mir Sieg und Macht verliehen. Unter meiner Führung sind die Mongolen groß und reich geworden, und auch eure tapferen Stämme blühen auf. Wird Schokun euch eure Herden und Weiden lassen? Auf euch drücken wird er und euch beugen wie der Nordwind das Schilf an den Rändern der Ströme! Geduldig wie der Yak werdet ihr die Lasten tragen müssen, die Schokuns Übermut euch aufbürdet. Unter meiner Oberherrschaft aber werdet ihr freie Häuptlinge eurer Stämme sein, und die Früchte meiner Macht und Herrschaft werden auch eure Früchte sein! Herrsche ich über die Gobi, so werdet ihr mit mir herrschen und mit mir reich und mächtig sein. – Wählt!"

Schweigen tritt ein. Feierlich kreist der Kumysch. Die Männer denken scharf nach und überprüfen das eben Gehörte. Sie wissen recht gut, daß die Wahl nur eine Höflichkeitsgeste Temudschins ist gegenüber den Besiegten und Unterworfenen. Aber es stimmt sie versöhnlich, daß er, der die Macht hat über sie, von ihnen auch gewählt sein will. Sie durchschauen seine Absicht, auch ihre Herzen zu gewinnen. Denn empören sie sich gegen den Chan und machen sie gemeinsame Sache mit den Kerait, dürfte es mit Temudschins Herrschaft schlecht bestellt sein. Aber der milde und schwache Priester-könig flößt ihnen keine Achtung ein. Soll schon einer Herr der Gobi sein, dann Temudschin! Seine Tatkraft, seine Klugheit, seine Tapferkeit bewundern sie voller Ehrfurcht, auch wenn es auf ihre Kosten geht.

Der Älteste bricht die Stille: „Nur einer kann Herr sein über die Gobi: Chan Temudschin!"

Und die Chane und Häuptlinge stimmen bei, die einen aus Klugheit, die andern aus Hochachtung, die dritten aus Hörigkeit:

„Chan Temudschin soll Herr sein über die Gobi!"

Der Älteste überreicht Temudschin zum Zeichen seiner Würde den Feldherrnstab, geschnitzt aus Menschenknochen.

Würdevoll dankt Temudschin dem Kurultai: „Ihr gehört zu meinen Getreuen; ihr werdet an meiner Macht teilhaben, und ihr werdet mitbefehlen."

Der Kurultai ist beendet. Nur der Zauberpriester muß noch über den Feldzug gegen die Kerait befragt werden. Es liegt Temudschin viel daran, daß die Eidgenossenschaft an die Unbesiegbarkeit seiner Fahne glaubt.

Ssubotai, der Schamane, erhebt sich. Seine Wunden sind vernarbt, aber er sieht schrecklich aus. An Stelle der Ohren klaffen zwei Löcher im Kopf, und von der Nase ist nur noch ein blutrotes Stümpfchen vorhanden.

Ssubotai, der Geschändete, bricht ein welkes Schilfrohr mitten durch und ritzt in die eine Hälfte einen Pfeil, in die andere ein Kreuz – den Pfeil für Temudschin, das Kreuz für den Priesterkönig. Beide Stücke legt er allen Augen deutlich sichtbar in die Mitte der Jurte nahe dem Herdfeuer. Dann hockt er sich ein paar Schritte davon entfernt zu Boden.

Mit feierlicher Eindringlichkeit beginnt er seine Beschwörungen, raunt unverständliche Worte, schaukelt dabei den Körper hin und her, spreizt und dreht die ausgestreckten Hände.

Unverwandt starren die Chane und Häuptlinge auf die beiden Schilfstücke. Allmählich beginnen auch ihre Leiber im Rhythmus des Schamanen zu schaukeln. Ihre Glieder zucken, heisere Laute quellen aus ihren Mündern.

Ein Schleier senkt sich über ihre Augen.

Die beiden Rohrstücke verschwimmen vor ihrem Blick, werden fast unsichtbar. Plötzlich scheint sich das eine zu bewegen. Sie reißen die Augen weit auf, starren unter Herzklopfen hin ... Nein, es liegt unbeweglich. Langsam weicht der Schleier. Da! Jetzt bewegt sich das eine Schilfstück fast unmerklich, aber doch deutlich sichtbar ... es rückt von der Stelle ... kriecht ruckweise geradewegs auf das andere los ... Sie glauben es jetzt klar zu sehen ... Nun schiebt sich auch das andere vorwärts. Sie nähern sich einander wie zwei feindliche Würmer. Der Zwischenraum wird immer kleiner. Da! Sie stoßen zusammen! Einen Augenblick liegen beide abwartend still. Dann pressen und drängen sie gegeneinander, daß die Rohrstücke sich wie Wurmleiber biegen und hochwölben. Plötzlich hebt sich das eine Stäbchen mit einem jähen Ruck senkrecht hoch und stellt sich auf das andere. Dieses will ausweichen, wird aber zu Boden gedrückt, bis es wie angenagelt liegenbleibt und sich ermattet austreckt. Da legt sich das obere Rohr quer über das untere. Beide Kämpfer rühren sich nicht mehr. Zwei starre Schilfstücke liegen übereinander.

Der Schamane bricht seinen Beschwörungsgesang ab und gleitet vorsichtig heran. Langsam ergreift er das obenauf liegende Stäbchen und hält es allen sichtbar in die Höhe. Es trägt den Pfeil, das Zeichen Temudschins. Das Kreuz des Priesterkönigs ist unterlegen.

Voll abergläubischer Furcht schauen die Chane und Häuptlinge auf Temudschin und Ssubotai. Dann flammt Siegesglaube auf, Jubelruf erschüttert die Zeltwände, und ein wildes Zechgelage beendet den Kurultai.

Bevor der Frühling da ist, schon in den Tagen, da unter den ersten Südostwinden das Eis auf den Flüssen birst, aber die Nächte noch kalt sind, stürmt Temudschin mit dem gewaltigen Heer der Mongolen und vereinigten Gobistämme los.

Einige Tagesreisen vor Karakorum, zwischen Orchon und Kerulen, tritt ihm ein dreimal größeres Heer der Kerait und ihrer Verbündeten, der christlichen Naiman, die an den Südhängen des Altai wohnen, entgegen.

Eine furchtbare Schlacht entbrennt. Streitäxte spalten Schädel. Pfeile schwirren zischend in Augen und Kehlen. Schwerter zerhauen Glieder. Speere durchbohren Lungen und Herzen. Wahnsinniges Wutgebrüll. Verkrampfte Todesschreie. Röchelnde Pferde. Zerbrochene Waffen. Zerstampfte Steppe. Süßlich riechende Blutbäche. Herumfliegende Fleischfetzen. Dampfende Körper. Ätzender Schweißgeruch.

Voran metzelt Temudschin mit seinen Söhnen und den Wildwassern ganze Hügel von Toten und Verwundeten zusammen. Hoch schaukelt das weiße Banner mit den neun Yakschwänzen.

Der mürrische Dschüdschi ficht mit todesverachtender Tapferkeit. Tschagatai, der Liebling und Dickkopf, geht die Feinde an wie ein Yakstier. Der dicke Oktai, bei seiner Körperfülle vor Anstrengung rot gedunsen, rammt den Gegner wie ein Sturmbock, und selbst Tului, der Knabe, steht einem erwachsenen Krieger kaum nach und jauchzt vor Kampfeslust. An Temudschins Seite aber deckt Ssubotai seinen Herrn, und er heult vor Blutdurst wie ein Wolf und facht die Kämpfer immer aufs neue an, indem er schreit: „Vorwärts für Temudschin, den Tschingis Chan!"

Möngka Tängri erweist sich mächtiger als der dreigestaltige Christengott, und die Mongolen kämpfen heißer, blutdürstiger als die christlichen Kerait und türkischen Naiman, obwohl auch Prinz Schokun sich mit kühnem Mute in das dichteste Getümmel stürzt. Aber

vielen seiner Reiterführer und Soldaten fehlt die letzte Kampfeslust: haben sie doch erst vor einigen Monden unter Temudschin gegen die Tataren gekämpft und ihn und sein Volk achten und verehren gelernt. So streiten sie nur widerstrebend gegen ihren ehemaligen Anführer, gehemmt von geheimer Zuneigung für den bewunderten Feldherrn.

Die Orakelkunst des geschändeten Ssubotai bewährt sich: die Kerait und Naiman werden furchtbar geschlagen, und zuletzt rast Togrul mit seinem Sohn in wilder Flucht davon.

Die völlig besiegten Kerait und Naiman strecken kniend die Waffen und unterwerfen sich bedingungslos, die Stirnen in den blutigen Sand gesenkt.

Auf dem Schlachtfeld, unter den Kriegern, die von Schweiß und Blut dampfen, unter den Haufen von Toten und Verwundeten, nimmt Chan Temudschin die Unterwerfung an. Er verkündet den Besiegten Schonung und beläßt den hohen Offizieren Rang und Stellung. Die Völker der Kerait und Naiman werden als befreundete und gehorsame Mitglieder in die Eidgenossenschaft aufgenommen.

Nicht Menschlichkeit bewegt ihn zu dieser Versöhnlichkeit, sondern wohlüberlegte Politik, denkt er doch ausschließlich an den Nutzen, den ihm die Unterworfenen bringen, wenn er sie sich durch Milde verbindet.

Ihre Rufe der Dankbarkeit mischen sich in den Jubel der Sieger, und als abends auf dem Schlachtfeld die Wachtfeuer aufglühen, wird die Verbrüderung der Völker der Gobi mit tosender Begeisterung gefeiert: „Heil Chan Temudschin, dem Herrn der Gobi!"

Temudschin hat die erste Stufe seines Eroberungstraumes erreicht: die Völker und Stämme der Gobi sind im Jahre 1206 unter seiner Herrschaft zum ersten Male geeint! Siegreich zieht er mit seinen vier Söhnen an der Spitze der tapferen Wildwasser und des siegreichen Heeres in Karakorum ein, bejubelt von den Völkern der Hauptstadt, bewillkommnet von den hohen Würdenträgern der Kerait. Nun wird er mit Burtai, seiner grauäugigen Gemahlin, hier wohnen im Lehmpalast ihrer Väter – wie er es als Knabe vor vielen Jahren ihr vorgeschwärmt hat.

Tief atmet er auf. Jetzt ist er, Chan Temudschin, der Herrscher der gewaltigen Mongolei und Kaiser der gesamten Gobi.

Karakorum ist die Hauptstadt des Mongolenreiches geworden.

Von hier aus herrscht Chan Temudschin über seine Völker. Strahlenförmig hat er über das unermeßlich weite Land die Standorte seiner Befehlsreiter verteilt, und unablässig, zu jeder Stunde des Tages und der Nacht, jagen seine Stafetten Hunderte von Meilen durch Wüste und Steppe, klettern über schroffe Gebirge, durchschwimmen ruhig dahinziehende Ströme und reißende Flüsse. Sie tragen seinen Willen zu den Residenzen der Statthalter, die er aus seinen Getreuen auserwählt, und sie bringen ihm die Nachrichten, nach denen er seine Entschlüsse faßt. Die Stämme der Mongolen leben nicht mehr als Horden. Chan Temudschin hat aus ihnen mit hartem Willen und rascher Erkenntnis des Notwendigen einen planvollen Organismus geschmiedet. Die Gobi hat begonnen, ein Staat zu sein.

Nicht mehr in seiner weißen Filzjurte – in einem abgeschlossenen Raum des Lehmpalastes wohnt der Chan jetzt. Einfach ist sein Gemach wie ehemals sein Zelt. Nur die Ruhestätte, auf der er schläft oder mit untergeschlagenen Beinen im Nachdenken sitzt, ist mit weichen Fellen überdeckt. Sonst ist der Raum kahl, doch hängen an den Wänden zahlreiche Waffen edelster Schmiedekunst.

Temudschin überdenkt sein Leben, das ihn in seinem wunderbaren Lauf selbst unfaßbar dünkt. Vom kleinen, unbedeutenden Stammeschan, dem Häuptling eines unsteten Ordu, ist er aufgestiegen zum mächtigen Herrscher der Gobi. Und sein Volk ist groß und stark geworden und gefürchtet.

Er rechnet nach, zählt an den Fingern. Fünfundvierzig Jahre ist er alt, und schon hat er alle Stämme der Gobi vereint oder unterworfen.

Wie war das möglich?

Er wird mit Degai sprechen, auf dessen Stimme und Rat er hört. Aus diesem Alten spricht die Stimme des Volkes.

Temudschin geht zu Degai. Der wohnt auch in Karakorum, doch nicht in einem Lehmhaus, sondern nach wie vor in seiner Jurte, von der er sich aus alter Gewohnheit nicht trennen mag.

Der Alte bastelt an einem Bogen. In dieser Kunst ist er Meister und versorgt viele Stammesgenossen mit seinen spannkräftigen Schießgeräten.

Als Temudschin die Zeltklappe lüftet und durch den niedrigen

Eingang gebückt eintritt, erhebt sich Degai von seinem Fellsitz und begrüßt ihn achtungsvoll.

Degais alte Frau rührt im Eisenkessel, der an einem Dreifuß über den Herdsteinen hängt und unter dem ein Feuer aus getrocknetem Tiermist in Ziegelform qualmt. Auch sie erhebt sich zum Gruß und fährt dann in ihrer Beschäftigung fort.

„Habt ihr gute Nahrung?" Temudschin hockt sich auf dem Fell neben Degai nieder.

„Gute Nahrung", erwidert Degai, „bessere als früher." Und seine Frau fügt hinzu: „Hirsebrei in Schafmilch, dazu ein Stück fette Hammelkeule."

Degai bietet seinem erlauchten Gast einen Holznapf mit Kumysch an, und der Chan dankt und trinkt das erfrischende Getränk.

„Es geht euch also gut", sagt er zum Alten. „Ich habe mein Volk vorwärtsgebracht. Ist es nicht so?"

„Das hast du getan, mein Chan. Aber vergiß nicht: wir haben dir wacker geholfen. Unser Leben in der Gobi war dürftig. Mit Macht drängten wir hinaus aus unserm engen, kargen Raum. Du hast unser Streben erkannt und unsern Willen erfüllt."

„Ihr habt mich zu eurem Häuptling erkoren."

„Ja, mein Chan. In dir wohnt rasche Tatkraft, schneller Entschluß. Erkennst, was not tut. Bist gerecht. Und Jesukais Sohn."

Temudschin kämmt seinen braunrötlichen Bart mit gespreizten Fingern, seine Gebärde gesammelten Nachdenkens.

Dann nickt er und sagt bedächtig: „Ich verdanke meine wunderbaren Erfolge, wie du meinst, nicht ausschließlich mir selbst, sondern ebenso euch ... Es stimmt schon ... Du hast recht ... Bei unserer schweren Lage war der Ausbruch notwendig ... der einzige Ausweg für uns Mongolen."

Die Alte rührt unverdrossen in ihrem Kessel, dabei lauscht sie aufmerksam dem Gespräch des Chans mit ihrem Mann.

Bei den letzten Worten Temudschins blickt sie auf und raunt mit ihrem zahnlosen Mund: „Die Götter und Geister sind mit dir, mein Chan. Mögen sie weiterhin dir und uns gnädig bleiben."

Temudschin erhebt sich und verabschiedet sich freundlich. Degai geleitet ihn ehrerbietig ein Stück des Weges.

„Deine Worte, Degai, sind klug und voll Einsicht. Ich bewahre sie."

„Ja, du hörst auf uns, Chan. Das gefällt uns."

Auf dem Heimweg und hernach in seinem Lehmpalast überdenkt Temudschin noch einmal das Gespräch mit dem Alten. Die Götter und Geister müssen mit ihm sein, hat die Alte gesagt. Vielleicht ist auch die Seele eines klugen und mächtigen Mannes der Vorzeit bei der Geburt in seinen Leib geschlüpft. So erklären die Schamanen und kunstreicher die buddhistischen Lamas in Karakorum seltsame Wandlungen. Eng war sein Geist, begrenzt wie sein heimatliches Ordu. Nun aber schweifen seine Gedanken so weit wie die Wüste, seine Augen überblicken einen schier unermeßlichen Horizont, und sein Geist ist durchgeschmiedet wie die Stahlklingen der kunstfertigen Männer vom Reiche Chin.

Alles hat er bisher mit Hilfe seines Volkes erreicht, was er gewollt. Und doch nicht alles! Stolz hat er die grauäugige Gattin in das Haus ihrer Ahnen geführt und gehofft, Glück und Dankbarkeit würden den leisen Schleier noch immer nicht überwundener, letzter Fremdheit endlich lösen. Das hauchdünne Gespinst um ihre Seele ist geblieben. Ihm, dem großen Eroberer, ist es bisher nicht gelungen, das Herz einer Frau zu unterwerfen.

Burtai freilich hat gesagt, ein Menschenherz sei nicht klein, sei größer als Karakorum, dehne sich weiter als die Gobi, ja umfasse die ganze Welt. Menschenherz sei Gottesherz, sein Reich sei grenzenlos und ewig.

Sein Verstand versteht sie schon, aber ihr Glaube überzeugt ihn nicht. Was Burtai im Herzen trägt, sind Gedanken und Gefühle, wehend und ungreifbar wie Wolken und Winde. Dies Reich ist nicht wirklich, wie sein Reich wirklich ist.

Er blickt vor sich nieder. Es gibt etwas, was ihm bisher widersteht, etwas so Schwaches, daß er es mit seiner starken Hand mühelos zerdrücken könnte: das Herz einer Frau. Schon damals – fällt ihm ein –, als Burtai ihren Erstgeborenen noch im Schoß trug, hat er erkannt, daß man gegen eines Weibes Herz machtlos ist: Unfaßbar ist ein Weib wie der Steppenwind und unzugänglich wie der Dutulun. Nun, man muß es so nehmen, wie es ist, und in seinem tatenvollen Leben wird ihn das auch nicht weiter berühren. Und trotzdem stört es ihn.

Ein Gedanke taucht plötzlich auf und erregt ihn. Er hat eine Spur gefunden: der dreigestaltige Christengott hat schuld! Etwas wie Haß gegen diesen fremden Gott glimmt in ihm auf.

Dieser fremde Gott – Temudschin schürzt herablassend die Lippen – ist dabei nicht einmal besonders mächtig. Hat er vermocht, seinen Priesterkönig Togrul zu beschützen? Der alte Wang-Chan ist nach der verlorenen Schlacht vor Temudschin geflohen. Tataren haben ihn auf der Flucht ermordet. Wo blieb die Macht des Gekreuzigten und seines himmlischen Vaters?

Und der Prinz Schokun? Auch er war geflüchtet, weit, weit nach Westen, der Nordstraße folgend, auf der die Karawanen durch das Gebirge Tien-schan ziehen, bis nach Ostturkestan zur lehmmauerumfriedeten Stadt Kaschgar am hohen Ufer des Flusses Kisil-su. Da hatte die Macht des Christengottes ein Ende, und Burtais Bruder ist hier gleichfalls ermordet worden.

Warum hängt Burtai weiter an einem so ohnmächtigen Gott, der nicht imstande war, seinen eigenen Sohn vor dem Kreuzestod zu retten? Unbegreifliche Glaubenstreue! Nur eine Frau kann in solcher Verblendung beharren trotz sichtbarlicher Minderwertigkeit des angebeteten Gottes.

Er wird sie fragen, ihr die Augen öffnen.

Der Chan erhebt sich und eilt in das Gemach seiner Gemahlin.

Zwischen seidetapezierten, zierlich und kunstvoll bemalten Wänden kniet Burtai auf weichen Hermelinpelzen vor einem silbernen Kreuz. Sie ist tief in ein Gebet versunken.

Als der Chan ihre Andacht bemerkt, bleibt er am Eingang stehen und stört sie nicht.

Burtai beendet ihr Gebet. Dann erhebt sie sich leise und geht ihm entgegen. Temudschin sieht, daß ihre Augen voll Tränen sind. Als er den Mund zu einer Frage öffnet, schüttelt Burtai schweigend den Kopf. Sie mag nicht reden über das, was ihr Herz bewegt.

Temudschin ahnt, daß sie trauert um Vater und Bruder. Er ahnt nicht, daß sie auch Leid fühlt um den Untergang des Keraitreiches und daß ein Widerstreit sie quält: ihr Gatte ist der Sieger und Eroberer, aber ihr Vater ist der Besiegte und ihr Land das unterworfene. Wird dieses Land christlich bleiben können, da sein neuer Herrscher diesem Glauben fremd, ja ablehnend gegenübersteht? Und sie trägt herben Kummer um Dschüdschi, ihren Sohn, den „Gast", dessen finster-mürrisches Wesen sich von Tag zu Tag mehr verdunkelt und seiner Fremdheit ebenso zu entspringen wie sie zu bestätigen scheint.

Der Chan und seine Gattin lassen sich auf dem Ruhelager nieder. Burtai liegt halb, den Kopf auf den Arm gestützt, Temudschin hockt mit untergeschlagenen Beinen.

100

Nach einer langen Zeit, in der er sie stumm betrachtet, sagt er: „Laß das Kreuz. Es hilft dir nicht."

„Es tröstet mich", erwidert Burtai leise.

„Wie kann es dich trösten, da es dir das Verlorene nicht zurückbringt? Es ist wirkungslos wie ein Pfeil, gesandt in die Wüste."

„Im Jenseits werde ich das Verlorene wiederfinden", entgegnet Burtai gläubig.

Der Chan fährt mit der kurzen, kraftvoll breiten Hand durch den braunrötlichen Bart – seine Gebärde scharf gesammelten Nachdenkens.

„Wer hat den Christenhimmel schon betreten und Kunde gebracht vom Wiedergefundenen? Nebelhaft ist er wie der wolkenverhüllte Gipfel des Bogdy-ola."

„Und doch gibt es den Bogdy-ola."

„Ihn sehe ich. Den Christenhimmel hat noch niemand erspäht!"

„Die Propheten haben ihn erschaut, und die Priester lehren ihn."

Temudschin richtet sich auf: „Wie können die Worte derer wahr sein, deren Gott so ohnmächtig ist! Nicht einmal Wunder können sie vollbringen."

„Niemand kann Wunder verrichten außer Gott."

„Die Schamanen, die Lamas, die Yogis können es!"

Burtai schüttelt den Kopf, schweigt.

Der Chan schweigt auch. Seine braungrünen Augen wandern die Wände entlang, über die buntbemalten chinesischen Seidentapeten. Krause Schriftzeichen ziehen sich an den Rändern von oben nach unten ... Er braucht Gelehrte, die diese wichtige und schwere Wissenschaft verstehen. Und auch die Klügsten seiner Leute müssen sie lernen ... Ein seltsames Land, dieses Reich Chin, der Garten der Weisheit und der Kunst. Wunderbares hat er gehört von dem Reichtum und dem geheimnisvollen Leben, das da hinter der Großen Mauer sich in goldener Fülle abspielt. Er wird einen Blick hinter diese rätselhafte Große Mauer werfen – jetzt ist er soweit.

Wie die Männer von Chin das Leben auf die Seide zu zaubern verstehen, so lebendig, so anmutig! Da, der Spiegelpfau auf dem Baum! Die leuchtenden Farben ... goldgrün, dunkelblau, bronzebraun. Jedes dünnschäftige Federchen haarfein gemalt. Das andere, die Bäume, der Fluß, die Landschaft, sind ebenso sorgsam behandelt. Jede Einzelheit ist mit unendlicher Genauigkeit gepinselt.

Dort drüben! Sein Auge schweift aufmerksam hinüber, wird festgehalten. Je länger er schaut, desto größer wird sein Blick. Das Bild da ...! Die Devas im Kampfe mit den Asuri! Die Götter Indiens gegen die Titanen! ... Wenn Götter mit Titanen kämpfen – warum nicht auch Götter gegen Götter?

Jäh brandet dieser Gedanke in ihm auf. Ein unerhörter Gedanke, seinem kühnen Geiste entsprungen.

„Ein Schauspiel müßte es sein", flüstert er, „ein Schauspiel so ungeheuerlich, wie es noch niemals dagewesen ist."

Burtai sieht ihn verständnislos und erschreckt an.

Temudschin springt auf und steht vor ihr, wie er einst am Orchon vor ihr gestanden, als er seinen Traum vor ihr ausgebreitet hat. Seine Augen glühen. Er scheint außer sich, hat für den Augenblick das Gleichmaß seines Wesens verloren.

„Die Götter werden gegeneinander kämpfen! – Mit Donnergewalt und Feuerblitzen, mit Orkan und Flut werden sie aufeinander losgehen! Zerschmettern werden sie sich gegenseitig in tosender Wut ... Die Meere werden verebben und zur Wüste verdampfen, und die Wüste wird sich mit brüllenden Wogen füllen! ... Die Erde wird beben und krachend zerbersten ... Packen werden sie Berge und werden sie aus ihren Wurzeln reißen. Mit Dröhnen werden sie die Gebirgsmassen gegeneinander schleudern, und von ihrem Bersten werden die Lüfte glühen! ... Zerstampft und zertrümmert wird die Erde klaffen, und die falschen Götter werden sich heulend in ihrem Blute wälzen ...

Der stärkste Gott aber, der einzige und wahre, wird übrigbleiben ... Seiner erhabenen, alleinigen Macht werde ich mich mit allen Völkern der Erde beugen und ihn verehren ...

Ein Gott im Himmel – und ein Großchan auf Erden!"

Von dem wilden Ausbruch stehen dem Chan die Schweißtropfen auf der Stirn. Er kommt wieder zu sich, wischt sich mit der Hand über die Augen. Zögernd blickt er auf Burtai.

Sie ist blaß vor Entsetzen.

Temudschin stellt sich die Götter vor wie die Chane der verschiedenen Völker, ja eigentlich wie sich selbst – nur ins Riesenhafte gesteigert, aber ebenso ehrgeizig und machtgierig. Hat er in dieser übermenschlichen Vision nicht sein Innerstes enthüllt, seinen grenzenlosen Trieb zur Macht über die gesamte Menschheit! Ein Großchan auf Erden – das heißt: Ich über alles in der Welt!

Wie in einen dunklen Abgrund schaut Burtai, und ihr schwindelt vor der Selbstüberhebung des Mannes, dessen Lager sie teilt und von dem sie Kinder hat. Fremd und unbegreiflich ist ihr dieser Mann, dessen schrankenloses Ichtum sich paart mit einer alles bis ins Letzte berechnenden Nüchternheit.

Der Christengott – nur ihn allein gibt es für Burtai – wird Temudschin, der nicht weiß, was er sagt und tut, die Lästerung verzeihen. Dieser Gedanke beruhigt sie. Allmilde ist der Ewige und allmächtig dazu, und nun muß sie fast lächeln, wenn sie an das Menschlein denkt, das sich aufreckt vor Gott. Sie fragt:

„Meinst du, daß die Götter oder gar der Ewige der Aufforderung eines Chan Folge leisten werden? Wenn auch Großchan der Gobi – für die Gottheit bist du doch nur ein ... Werkzeug."

Temudschin funkelt sie an: „Im Himmel die Götter – auf Erden der Chan. Sie brauchen mich – wie ich sie! Bin ich ihr Werkzeug – was sind sie ohne Werkzeug? Wie willst du schießen ohne Bogen und Pfeil? – Eins nicht ohne das andere!"

Burtai ist abermals tief betroffen. Wie wenig kennt sie ihren Gatten! Unfaßbar ist der Chan! Der Gedanke, daß sich Gott und Mensch gegenseitig bedingen, überrascht und überwältigt sie. Ist das Weisheit oder Selbstbewußtsein oder Klügelei? Sie weiß es nicht und schüttelt hilflos den Kopf.

Durchschaut er ihre Gedanken? Er glitzert sie schlau an und sagt: „Sollten die Götter einem himmlischen Kampfspiel ausweichen – dann werden ihre irdischen Stellvertreter für sie eintreten müssen."

Ist das sein Ernst? Oder ist das Hohn – Hohn über sie ... über die Götter ... oder etwa gar über sich selbst? Reut ihn sein phantastischer Ausbruch und will er sich einen Rückweg offenhalten?

Burtai weiß es nicht, aber sie fühlt mit Erschrecken, daß Temudschin wie von einem Dämon besessen ist. Bisher hat sie ihn für einen Stammesführer wie alle andern gehalten, für einen besonders tatkräftigen und erfolgreichen, aber doch für einen Menschen wie jeden anderen. Sie ahnt zum ersten Male, daß er über seine Mitmenschen hinausragt wie der sagenhafte Himalaya über Steppe, Berge und alle Gebirge – daß er einmalig ist! Gehört Temudschin zu den Dämonen? Einmal ist er ein Mensch mit berechnender Nüchternheit und erdhaften Trieben, ein andermal schlägt ihn der Dämon mit Besessenheit und Raserei. Einmal läßt er die himmlischen Mächte gelten, ein andermal bezweifelt er sie in frevelndem Selbstbewußtsein.

Mäßigung ruht in seinem Herzen, Burtai hat es oft genug erfahren, einträchtig neben Grausamkeit; und in der Schlacht ist er ebenso wild wie als Herrscher besonnen.

Der Chan hat den Großen Kurultai einberufen. Der Reichstag findet in Karakorum statt.

Niemals, solange der Wind über die Gobi weht, sind so viele edle und mächtige Fürsten im Palaste versammelt gewesen. Die Chane der Völker und Stämme, die Häuptlinge der Ordus, die Statthalter der Länder, die Nojane, die Tomans und Tuks und die Getreuen, die Wildwasser, sitzen nach Rang und Alter geordnet mit untergeschlagenen Beinen auf weichen Fellen in der Lehmhalle, in der vor nicht allzulanger Zeit das Siegesfest über die Tataren gefeiert wurde.

Auch die Priester der fünf Religionen sind ehrenvoll geladen. Mit feierlicher Würde thronen sie im Pomp ihrer Gewänder oder im schlichten Pilgerhemd und blicken je nach ihrer Lehre mit Herablassung, fanatischem Eifer oder Gleichgültigkeit auf ihre priesterlichen Nebenbuhler und die glanz- und ruhmvolle Versammlung. Manchem von ihnen leuchtet die Würde von der gesalbten Stirne, Diener und Verkünder des allein wahren Glaubens zu sein.

Die Gäste sind sämtlich in Prachtjurten untergebracht und werden gemeinsam bewirtet.

Der Kurultai wird eröffnet. Voll Hoheit erhebt sich der Chan und heißt alle Ratsmitglieder willkommen. Ohne Einleitung und Umschweife beginnt er:

„Dieses Volk Bide, klein, aber tapfer und trotzig – nicht umsonst heißt es ‚Wir‘. Wir sind ‚Wir‘! Trotz meiner Leiden und Gefahren folgte es mir in Treue und Gehorsam und vermehrte meine Kräfte. Dieses Volk, das trotzig mit mir gegangen ist, von heute ab soll es den Ehrennamen seines unbeugsamen Trotzes führen. ‚Mongolen‘ sollt ihr hinfort heißen! Die ‚Trotzigen‘ wird euch die Nachwelt nennen.

Und ihr, tapfere Völker und Stämme, die ihr mit diesem meinem Volke nun vereint seid, ihr Merkit und Taidschiguten, ihr Tataren und Uiguren, Kerait und Naiman, ihr sollt von heute ab mit uns ein Volk sein! Wir alle sind das eine große, tapfere, trotzige Volk der Mongolen! Dieser Name umschlinge uns wie ein Band!

Und wie dieser Name umschlinge uns auch ein Gesetz, das für alle gilt und nach dem wir alle leben. Heute verkünde ich es, hier im

Großen Kurultai, und ihr möget es annehmen. Um alle meine Völker, um mein eigenes Volk wird es sich spannen und wird euch tragen wie die Erde den Himmel. Diese Yâssa wird das Gesetz sein für Recht und Unrecht und die Richtschnur für Gut und Böse, für Erlaubtes und Verbotenes. Wer nach der Yâssa lebt, dem wird es gut gehen. Wer aber gegen sie frevelt, den wird die festgesetzte Strafe erbarmungslos treffen. Ein Gott im Himmel – ein Chan auf Erden – ein Gesetz in der Gobi!"

Die kurze Rede überwältigt die Zuhörer, und der Kurultai bricht in Begeisterung aus. Die unterworfenen Völker und Stämme fühlen sich versöhnt; sie sind gleichberechtigt und dazugehörig und tragen alle einen und denselben Namen.

Mit einer Handbewegung gebietet der Chan Schweigen. „Mein Rat Tatatunga wird jetzt die Yâssa verlesen!"

Der schriftkundige Staatssekretär erhebt sich, die Gesetzestafeln aus dünnen Kirschholzbrettchen in der Hand. Später wird Temudschin das Gesetz von kunstfertigen Männern in Felsen meißeln lassen.

Tatatunga gehört zum Stamme der Ost-Uiguren, deren Idikut, der „Herr des Glücks", sich Temudschin freiwillig unterwarf. Der Chan empfing den Fürsten mit großen Ehren und zeichnete ihn durch sein besonderes Vertrauen aus, indem er ihn – allerdings unter seiner Oberhoheit – als Herrscher der Ost-Uiguren beließ.

Den gelehrten, schreib- und rechenkundigen Tatatunga aber ernannte er zu seinem Schatzmeister und Sekretär. Denn die Wissenschaft, menschliche Rede in feste Zeichen zu bannen und große Zahlen auszurechnen, ist den Mongolen fremd.

Unter staunender Bewunderung des Kurultai setzt Tatatunga die toten Zeichen mühelos in lebendige Rede um und liest mit tönender Stimme:

„Man muß glauben an einen Gott, den Schöpfer des Himmels und der Erde, den Geber des Lebens und Todes, den Herrn über Blitz und Donner, über Stürme und Winde, über Trockenheit und Feuchtigkeit, über Reichtum und Armut, über Gesundheit und Krankheit, über Krieg und Frieden, über Sieg und Niederlage. Seine Macht geht über alles auf Erden und im Himmel."

Die Eingott-Gläubigen des nestorianischen Christentums und des Islams nicken beifällig. Sie verehren von jeher einen Gott, und sie erhoffen seine Erhebung zum Staatsgott. Die Anhänger der Vielgötterei aber sind zwar über diesen Glaubenssatz überrascht, doch wird ihre Unruhe beschwichtigt durch die Erwartung, daß ihre vielseitige Götterschar zu größerer Anwartschaft auf die Stellung des alleinigen Himmelsherrschers berechtige. Auch hat der Eingott-Glaube seine Vorzüge: man spendet Opfer und Gebete ihm allein und erspart sich die Unkosten für den Dienst an vielen Göttern, die außerdem neidisch und eifersüchtig aufeinander sind. Wie oft ist nicht ein Opfer vergeblich gewesen, nur weil man den zuständigen Gott nicht gewußt und daher einem falschen gespendet hat! Was man auch erbittet, erhofft und erwünscht, erfleht: man legt alles nunmehr auf einem Altar nieder. Werden aber die Wünsche nicht erfüllt, so kennt man jetzt genau den Verantwortlichen!

Tatatunga fährt fort:

„Es ist bei Todesstrafe verboten, jemanden, sei er, wer er wolle, zum Kaiser auszurufen, wenn er nicht ausdrücklich von den mongolischen Prinzen, Fürsten, Chanen, Nojanen, Statthaltern und Wildwassern im Großen Kurultai dazu erwählt worden ist."

Die Mitglieder des Großen Rates stutzen. Wozu dieses Gesetz? Fürchtet der Chan einen Nebenbuhler?

Ihre Gedanken sind leicht zu erraten, und Temudschin ruft: „Dieses Gesetz gilt für die Zeit, da ich nicht mehr da sein werde. Mein Reich soll dauern und auch nach meinem Tode nicht zerstört werden!" Man ist in der Gobi nicht gewohnt, so weit in die Zukunft zu denken. Man lebt in der Gegenwart. Die Zukunft ist Sache der Enkel. Um so erhabener erscheint ihnen der Chan, dem seine Eroberungen keinen Zweck, sondern nur ein Mittel bedeuten. Ein Mittel wofür? Sie denken: zur Befriedigung seines Ehrgeizes. Was darüber hinausgeht, verstehen sie nicht. Unbegreiflich ist ihnen der Gedanke an ein Mongolenreich, das die Weltherrschaft angetreten hat und die Jahrhunderte überdauert.

Der Chan betrachtet ihre verdutzten Gesichter. Mongolen, bisher eine Nomadenhorde, mit der Kibitika am Nordrand der Gobi herumknarrend, das Ordu mal hier, mal dort aufschlagend – und sein Traum eines festgegründeten, planvoll geordneten, erdumspannenden Staates! Wenn sie ihn errieten, müßten sie ihn nicht für einen Besessenen, ja Wahnsinnigen halten? Ein geheimnisvolles Lächeln rinnt um seinen braunroten Bart.

Tatatunga fährt fort, und in gespanntester Aufmerksamkeit vernimmt der Kurultai die Gesetze des Mongolenchans. Einfach sind

sie und klar, aus der Natur der Gobi und ihrer Völker heraus-
gewachsen und selbstverständlich. Alte Stammessitten hat Temudschin verschmolzen mit den Notwendigkeiten des neuen und großen Reiches. Nicht zuviel Satzungen sind es und leicht zu behalten.
Ein Bodhisattwa ist der Chan, ein höchst vollkommenes Wesen, so
preisen die buddhistischen Lamas ihn laut; in einem zukünftigen
Leben könnte er ein Buddha werden. Den Brahmanisten scheint er
ein Sohn Schiwas zu sein, des Grausam-Gnädigen. Und die Mohammedaner? Wenn er so mit Feuer und Schwert daherfährt, weht aus
ihm der Geist des Propheten. Er wäre der rechte Vorkämpfer für
Allah!

Die Krieger sind von der Yâssa begeistert. Die Zehnereinteilung
bleibt für das Heer bestehen. Wie schnell sind die Einheiten von
zehn, hundert, tausend, zehntausend, hunderttausend Mann kriegs-
mäßig aufgestellt, wie rasch und mühelos durchläuft ein Befehl die
Abteilungen, von den Führern der Einheiten weitergegeben! Temudschins Heer ist eine geordnete Armee, kein Heuschreckenschwarm!

Hart bleibt die Disziplin. Auf unerlaubte oder voreilige Plünderungen steht der Tod! Bei erlaubten Plünderungen erhält der Soldat
das gleiche Recht auf Beute wie der Offizier − setzt er doch sein
Leben genauso aufs Spiel. Gerecht ist der Chan, gerecht und großmütig.

Pflicht- und Gehorsamsverletzungen der Offiziere und Anführer
werden mit dem Tode bestraft, doch ist persönliche Berufung beim
Chan gestattet. Kein Krieger darf seine Kameraden oder die Verwundeten seiner Rotte im Stich lassen. Solange die weiße, neun-
zipflige Fahne weht, kämpft der Soldat! Spione, Verräter und Mein-
eidige haben das Leben verwirkt.

Jeder Mann ist kriegspflichtig vom fünfzehnten bis zum siebzig-
sten Jahre. Wer nicht tauglich ist, muß eine entsprechende Zeitlang
unentgeltlich für das Gemeinwohl Arbeit leisten.

Hilfsbereitschaft, Treue und Ehrlichkeit, Gehorsam, Strenge und
Tapferkeit sind nach der Yâssa die Grundlagen dieses Militärstaates.
Das Eigentum wird besonders geschützt. Stiehlst du ein Kamel, ein
Pferd, einen Yak, ein Rind, so trifft dich der Tod! Entwendest du
Geringeres, so büßest du mit Stockschlägen − mit sieben oder sieb-
zehn oder siebenundzwanzig oder siebenunddreißig bis hundert!
Ersetzest du den neunfachen Preis des Gestohlenen, so kann dir die
Prügelstrafe erlassen werden.

Sei hilfreich! Hast du Überfluß, so gib dem Bettler und Armen. Ehrerbietung geziemt dir gegen die Älteren und Vorgesetzten, gegen Priester und Tempel. Und hüte dich vor allzu großer Trunksucht! Ein Trunkener gleicht einem, „den man vor den Kopf geschlagen hat. Keine Schlauheit, keine Geschicklichkeit hilft ihm mehr." Mußt du dich schon betrinken und kannst du es nicht lassen, dann setze dir wenigstens ein Maß: nicht öfter als dreimal im Wechsel des Mondes!

Ein Mongole darf im Reich der Gobi weder Diener noch Sklave sein. Das seid ihr der Ehre eures Volkes schuldig! –

Aus Ehrfurcht vor dem Chan haben die gelben Männer bisher schweigend zugehört. Aber jetzt rauscht laute Zustimmung auf. Nicht Diener noch Sklaven! Das entspricht ihrem Stolz. Herren wollen und sollen sie sein, Krieger und Soldaten!

Wie aber steht es um die Weiber? Sie sind die Freude der Männer. Laß uns hören, wie es mit den Weibern ist.

Tatatunga liest:

„Begehrst du ein Weib, so kaufe es dir! Auch Nebenfrauen sind dir erlaubt, doch muß ein Unterschied sein: die Kinder der ersten Frau sind den andern vorgeordnet und erben zuerst und vor allem. Zwischen den Kindern der Nebenfrauen und Sklavinnen ist kein Unterschied. Die Stellung der Mütter bestimmt die Reihenfolge der Kinder im Rang der Sippe. Der Familienvater befiehlt im Hause und nach ihm der älteste Sohn der ersten Frau. Des Mannes Tätigkeit sei der Krieg und die Jagd. Die Frauen mögen sich um Hab und Gut kümmern, um Kauf und Verkauf, wie es ihnen gefällt.

Steht auf Pferde- und Rinderdiebstahl der Tod, so ist es billig, Ehebruch und Frauenraub in gleicher Strenge zu bestrafen.

Heilig und rein sei euch das Wasser. Doch meidet es bei Gewitter und versteckt euch nicht vor Angst im Wasser; denn der Blitz kühlt sich mit Vorliebe in der Flut. Verunreinigst du das reine Element oder schlägst du gar dein Wasser ab in seine Klarheit, so trifft dich der Tod! Auch wasche deine Kleider nie! Die Gottheit würde zürnen und mit Gewitter dräuen, wenn du das nasse Zeug zum Trocknen im Winde aufhängst. Wer Kleider wäscht, den trifft Prügelstrafe, und die Kleider sollen ihm genommen werden."

Die Verlesung der Yâssa ist beendet.

Mit Begeisterung und Einmütigkeit stimmt der Kurultai der Gesetzgebung Temudschins zu. Sind sie, die Mitglieder des Kurultai, dieses großen Rates, doch Krieger und Männer von Rang, deren bevorzugte Stellung in dieser Militärdespotie durch die Yâssa befestigt und gesichert wird.

Der Chan dankt und steht auf. „Wer hat treu und tapfer in Not und Gefahr zu mir gehalten und für mich gekämpft? Meine Getreuen, die Wildwasser!

Als Zeichen meiner Dankbarkeit verleihe ich den Besten unter ihnen den Titel ‚Tar-Chan‘.

Sie kommen gleich nach mir, haben jederzeit Zutritt zu mir. Neunmal ist ihr Leben geschützt, neunmal entgehen sie straflos selbst der Todesstrafe. Reichen Landbesitz will ich ihnen schenken, der sich in ihrem Geschlechte bis zum neunten Gliede vererben soll. Zu Befehlshabern meiner Armeen mit dem Marschallstitel eines ‚Orkhon‘ ernenne ich Ssubotai, den schlachtenerprobten Muhuli und den narbenbesäten Tschepe Nojan.“

So belohnt der Beherrscher der Gobi seine Getreuen. Sie aber sind mehr denn je mit ihm verbunden auf Leben und Tod.

Die Yâssa, gewachsen aus den Lebensbedingungen dieser Völkerschaften, gestaltet von Tschingis-Chan und seinen Ratgebern, bedeutet die Schicksalswende der Gobi. Mit ihr beginnt das Mongolenreich, von hier ab zählt seine Geschichte.

Die Götterprüfung

Zu Ehren der Verkündung der Yâssa lädt der Chan den Großen Kurultai zum Festmahl.

Vorher aber sei noch ein Gebot zu klären: am Anfang der Yâssa werde der Glaube an einen Gott verkündet. Welches sei der Name dieses einen, wahren und allmächtigen Gottes? Er ersuche den Kurultai, sich auf den großen Platz vor dem Palast zu begeben. Dort werde die Entscheidung getroffen werden.

Mit feierlicher Würde schreiten die Ratsmitglieder hinaus. Gleichmütig blicken die hohen Würdenträger, die edlen Nojane, Fürsten und Heerführer. Wie die Entscheidung auch ausfällt, sie werden davon nicht sonderlich berührt. Der Chan entscheidet – sie werden gehorchen. Er ist einsichtig, sie vertrauen seiner Klugheit. Sein Glaube ist ihr Glaube. Möge der eine Gott, dem Temudschin die

Ehre der Erwählung erweist, sich dafür erkenntlich zeigen und dem Chan Sieg und Macht verleihen.

Weniger ruhig klopfen die Herzen der Priester, wiewohl ihre Mienen gelassen sind. Zu viel hängt von der Entscheidung des Chans ab. Was hat er vor? Warum hat er dem Kurultai nicht einfach den Namen des alleinigen Gottes kundgegeben?

Auf dem geräumigen Platze lassen sich die Mitglieder des Rates auf hingebreiteten Fellen nieder. Sie bilden einen großen Kreis, hinter dem sich neugierig die Völker von Karakorum drängen.

Laut hallt die Stimme des Chans über den Platz: „Mongolenvolk! Vom Kurultai ist die Große Yâssa angenommen, deren erstes Gebot lautet: ‚Man muß glauben an einen Gott!‘ Ich achte und ehre jeden Glauben, und es ist euch hinfort wie bisher erlaubt, zu den Göttern zu beten, zu denen ihr wollt!"

Sichtliche Erleichterung geht durch die Menge der Gläubigen aller Religionen und durch die Herzen ihrer Priester.

„Ich aber", fährt Temudschin fort, „werde dem einen Gott den Vorzug geben, der der wahre ist und der allein das Mongolenreich zu schützen vermag, weil er der stärkste ist! Wer ist der wahre Gott, welcher ist der stärkste? – Ich weiß es nicht! Niemand bisher weiß es. Jeder Priester behauptet, seine Götter seien die allmächtigen!

Wohlan, so rufe ich die Götter auf, selbst zu entscheiden! Mögen sie geneigt sein, hier vor unseren Augen miteinander in Kampf und Wettstreit zu treten. Der siegreiche Gott aber soll sein der eine und wahre!"

Die Paladine des Chans sind von dieser kriegerischen Glaubensentscheidung betroffen. Wenn die Götter diesem Anruf stattgeben, wird es ein großartiges, ungeheures Schauspiel sein. Aber ihnen ist recht unbehaglich zumute. So tapfer sie auch gegenüber Menschen sind – die Überirdischen fürchten sie in dunklem Schauder.

Die Priester sind entsetzt von der Lästerung, die schon im Wunsche eines solchen Götterkampfes liegt. Doch tragen sie Gelassenheit zur Schau, als ahnten sie den Ausgang bereits vorher und wüßten über die Natur der Götter Bescheid.

In den Herzen des Mongolenvolkes aber flattert abergläubische Angst und kämpft mit der Neugierde. Nur ihr Glaube an die dämonische Macht des Chans besänftigt ihre heftige Spannung.

Dumpfes Schweigen legt sich über die Menge. Was wird geschehen? Auf Anordnung des Chans werden fünf niedrige Tische, feierlich geleitet von Priestern, in den Kreis gestellt. Auf jedem thront ein Götterbild.

Ergeben hängt Christus, der Dornengekrönte, am Kreuz.

Aus getriebenem Silber starren die verzerrten Masken Möngka Tängris und Natigai-Itogas.

Mit breitem, ruhigem Gesicht ist Buddha Maitreya, der kommende Erleuchtete, der künftige Erlöser, im Diamantsitz versunken in den Anblick seines Nabels.

Zu ihm haben die buddhistischen Lamas des stärkeren Eindrucks halber noch einige Götter hinzugestellt: Tschagdor, den geschwänzten Schutzgott mit dem gezackten Kopfputz und den breiten, goldenen Ohrbändern; Mayuri, die von chinesischen Goldarbeitern zierlich ziselierte Pfauengöttin mit ihren vier Köpfen und sechs Armen; dann noch die schaurigen „Herren der Leichenstätte", Skelette mit dem Dolch in der Knochenhand.

Der vierte Tisch vereinigt die göttliche Trimurti Brahma, Wischnu und Schiwa. Der Grausam-Gnädige scheint sich besonderer Verehrung und Furcht zu erfreuen. Neben seiner schrecklichen Majestät verblassen die beiden andern Götter. Scheu heften sich die Blicke der Mongolen auf Schiwas drei Augen und die seinen Hals umkränzenden Totenschädel. Blutbespritzt hängt um seine Schultern ein Fell, in der Hand trägt er den tödlichen Bogen.

Leise flüstern die Lamas miteinander. Auch sie rechnen Schiwa zu ihren Göttern – Jeke Chara, den Großen Schwarzen, rufen sie ihn –, und sie machen sich gegenseitig Vorwürfe, diesen eindrucksvollsten Gott nicht auf ihrem Göttertisch zur Schau gestellt zu haben.

Nackt und kahl steht der fünfte Tisch. Kein Götterbild gleißt auf ihm. Nur ein kostbarer Gebetsteppich ist über ihn gebreitet, auf den mit goldenen Fäden die Türme der Moschee von Mekka und die Kaaba gestickt sind.

Verwundert betrachtet der Kurultai den leeren Tisch. Die Finger der herumstehenden Mongolen zeigen auf den Gott, der nicht anwesend ist, da er weder Bild noch Gestalt hat.

Der Chan wirft einen aufmerkenden Blick hinüber. Unsichtbar schwebt Allah über dem Teppich, unfaßbar den Augen, grenzenlos wie Luft und Geist. – Was fangen die Mongolen mit einem unsichtbaren Gott an?

Die Priester der fünf Religionen versinken vor ihren Göttern in inbrünstiges Gebet. Heiße, wilde Anrufe ringen sich von ihren bebenden Lippen los. Bald stoßen sie gellende Schreie aus, bald versinken sie in Flüstern oder in lautloses Flehen.

Statuenhaft-regungslos sitzt der eine, der andere schaukelt den Körper hin und her, schleudert seine Arme empor. Dumpfe Beschwörungen steigen wie Rauch auf. Gebetsfetzen schwirren durcheinander: Allah ist groß ... Lâ ilâha illâ 'llâhu ... Om mani padme hum ... Geheiligt werde dein Name ... Möngka Tängri, Entfeßler der Stürme ... Schiwa, Grausam-Gnädiger ..."

Mählich geraten die Priester in Schweiß. Die Götter aber rühren sich nicht. Blau wölbt sich der Himmel über der Gobi, heiß brennt die Sonne.

Hinter den Bergen schiebt sich eine schwarze Wand drohend empor. Schwer atmet die Menge. Die Götter werden im Wetter erscheinen.

Heftiger beten die Priester. Unheimliche Stille liegt über Karakorum.

Plötzlich fahren grelle Blitze auf der dunklen Wolkenwand hin und her. Doch noch hört man keinen Donner.

Die schwarze Wand bleibt stehen, schiebt sich nicht höher.

Vielleicht sind die Götter schon in wildem Kampfe? Vielleicht tost bereits auf den Gipfeln die Götterschlacht?

Warum kommt das Wetter nicht näher? Wollen die Götter die Menschen nicht zu Zeugen ihres Kampfes und ihrer ... Niederlage machen?

Da fährt ein Schrei des Entsetzens aus tausend Kehlen. Zuckende Hände zeigen angsterfüllt zum Gebirge.

Eine große Feuerkugel zieht an den Bergen entlang. Ein glühendes Göttergeschoß?

Plötzlich zerplatzt die Kugel, man glaubt, aus der Ferne ein berstendes Krachen zu vernehmen.

Hat die glühende Kugel getroffen? Wer hat sie geschleudert? Wen hat sie vernichtet?

Erregt springen die Priester empor. Das ist das Geschoß ihres Gottes!

Wild rufen sie die Namen ihrer Götter, nehmen die feurige Erscheinung als ihr Siegeszeichen. Sie streiten sich, suchen einander durch gegenseitiges Überschreien zu widerlegen. „Allâh-il-Allâh hat gesiegt! ... Möngka Tängris Waffe war es! ... Gelobt sei der Herr Zebaoth! ... Schiwa, der Gnädig-Furchtbare ... Tschagdor, der Geschwänzte ..."

Der Chan macht dem erbitterten Streit mit einer Handbewegung ein Ende. Er hat sich den Götterkampf großartiger vorgestellt.

„Das war kein Götterkampf! Nur kleinere Götter oder Dämonen haben ein bißchen miteinander gerauft. Nicht der Rede wert! Die Götter haben es anscheinend verschmäht, die Entscheidung selbst herbeizuführen – vielleicht sind sie zu erhaben, den Menschen ein solches Schauspiel zu geben? Zweifellos wünschen sie, ihre Stärke den Menschen menschlich, also in ihren Priestern, zu offenbaren!"

Recht hat der weise Chan. Befreit atmen die Zuschauer auf und erwarten erleichtert den irdischen Wettstreit.

Bedrückt und stolz zugleich sind die Priester bereit, die Ehre ihrer Götter zu verteidigen.

Eine große Kibitka rollt auf den Platz. Die Zeltdecken werden zurückgeschlagen. Auf dem Karren lastet ein geräumiger Käfig, aus dem die grünfunkelnden Lichter eines mächtigen Tigers glimmen.

Angstvolle Spannung legt sich auf die Menge.

Der Chan blickt die Priester der Reihe nach an, dann fragt er gleichmütig:

„Wer traut seinem Gott genug Stärke zu, ihn ungefährdet den Käfig betreten zu lassen?"

Stumm schauen sich die Priester an. Das heißt nicht mehr, den Göttern vertrauen, das heißt: sie versuchen!

Plötzlich tritt Ssubotai, Schamane und Orkhon, vor. Möngka Tängri, der Herr der Geister, wird ihm helfen wider die Dämonen. Auch im Tiger haust ein Dämon. Mit Möngka Tängris Hilfe wird er ihn beschwören.

Ein Summen höchster Erregung schwillt auf.

Temudschins Nasenflügel weiten sich.

Gemessenen Schrittes geht Ssubotai zur Gittertür. Durch die Eisenstäbe blickt er unverwandt dem Tiger in die Augen. Seinen ganzen Willen legt er in seinen Blick. Dann beginnt er, eindringlich mit halblauter, eintöniger Stimme uralte Zaubergebete zu murmeln.

Der Tiger starrt den Schamanen unbeweglich an. Er weiß nicht, was der Mann will, aber er fühlt, daß er etwas mit ihm vorhat.

Der Blick des Schamanen beunruhigt und reizt ihn. In plötzlicher Wut springt er mit ungeheurer Wucht gegen die Gittertür, daß der Käfig bebt und die Kibitka schwankt. Er brüllt auf, die Zuschauer erschauern bis ins Mark.

Mit keiner Fiber hat Ssubotai gezuckt. Nicht um Haaresbreite ist er zurückgewichen. Wie aus Stein steht er, nur seine Augen bohren sich dringender in die des Tigers. Bannender, beschwörender wird seine Stimme.

Der Tiger wird unsicher. Seine Augen blinzeln. Langsam kriecht er rückwärts und kauert sich zu Boden.

Regungslos starren sich Mensch und Tier an.

Ohne den Tiger aus den Augen zu lassen und ohne seine Beschwörung zu unterbrechen, öffnet Ssubotai jetzt unmerklich die Käfigtür.

Die Menge hält den Atem an.

Ganz, ganz langsam schiebt sich Ssubotai in den Käfig, lautlos und geschmeidig wie eine Schlange gleitet er hinein. Sein Körper ist aufs äußerste beherrscht. Kein Muskel zuckt. Keine plötzliche Bewegung reizt das Raubtier oder lenkt es von des Schamanen Augen ab.

Nun steht Ssubotai mitten im Käfig, nur ein paar Schritte von dem Tiger entfernt.

Ein unsichtbarer Kampf spielt sich ab. – Totenstille.

Der Tiger liegt zusammengeduckt da. Er lauert auf die kleinste Bewegung seines Feindes, um dem Unbekannten zu begegnen, das ihm droht. Unbeweglich wartet er. Nur sein Schwanz klopft leise den Boden.

Nach einer Weile, die der Menge endlos erscheint, gleitet Ssubotai vorsichtig rückwärts. Das Hinausgehen ist noch gefährlicher als das Hineingehen.

Da erhebt sich der Tiger. Der Feind weicht. Die große Katze duckt sich zum Sprunge.

Der Schamane bleibt stehen. Seine flammenden Augen drohen.

Das Raubtier erschrickt und kauert sich winselnd wieder zu Boden.

Abermals schiebt sich Ssubotai zurück. Fühlt die Türe. Jemand öffnet sie einen Spalt breit. Ssubotai steht draußen.

Im gleichen Augenblick haben Soldaten die eiserne Sperrstange vorgelegt.

Ihre Vorsicht war überflüssig. Wie betäubt bleibt der Tiger liegen.

Tosender Beifall empfängt den Schamanen.

Gewaltig hat Möngka Tängri an Ehrfurcht und Macht gewonnen.

Rasch erhebt sich der Chan und hängt dem furchtlosen Ssubotai eine goldene Kette um den Hals: „Großes hast du schon für mich getan. Zum Tar-Chan und Orkhon habe ich dich bereits ernannt. Als Zeichen meiner Bewunderung verleihe ich dir den höchsten Ehrentitel ‚Batur‘, mein ‚Held‘ Ssubotai."

114

Während der Jubel aufbrandet, stehen die nestorianischen Christen bedrückt beiseite. Bang schauen sie auf ihre Priester.

Diese schütteln die Köpfe. Was hat ein solches Schauspiel mit Gott zu tun? Das sind Zauberkünste, höllische Geister helfen dabei. Gott aber steht über solchem Gaukelwerk und verwirft diese Versuchung seiner Allmacht.

Doch es geht um Gottes Ehre! Darf man dem Schamanen den Sieg kampflos überlassen? Muß man nicht für Gott streiten, ja, sein Leben opfern für Christus, wie er sein Leben geopfert hat für uns?

Ein junger Kerait, dem Glaubensinbrunst aus den schrägen Augen leuchtet, tritt vor. Er schreitet auf den Käfig zu. Tausend Hände erheben sich, wie um ihn zurückzuhalten. Er läßt sich nicht beirren. Vor der Gittertüre kniet er nieder, faßt zwischen beide Hände das silberne Kreuz, das ihm an einem schmalen Kettchen um den Hals hängt, und betet mit gläubiger Zuversicht:

„Mein Vater im Himmel, geheiligt sei dein Name. Ist es möglich, so errette mich! Doch nicht, wie ich will, sondern wie du willst. In deine Hände, himmlischer Vater, befehle ich meinen Geist!"

Gottergeben und mit tapferer Frömmigkeit öffnet er die Tür und betritt den Käfig. Der Tiger erhebt sich mit dumpfem Knurren.

Der junge Priester hält dem Raubtier mit beiden Händen das Kreuz entgegen, während seine Lippen laut Gott anrufen: „Vater im Himmel, richte an mir ein Zeugnis auf deiner Stärke – nicht zu meinem Ruhm, sondern zu deiner..."

Da springt der Tiger mit wütendem Gebrüll auf ihn zu und reißt ihn zu Boden. Nach der Demütigung, die er eben erduldet hat, bricht er nun um so rasender aus.

Der junge Kerait schreit nicht, wehrt sich nicht. Stumm, das Kreuz von den Händen umkrampft, läßt er sich zu Ehren seines Gottes zerfleischen.

Entsetzensschreie rufen Gott und Christus um Errettung an. Auch die Andersgläubigen vereinen ihre Gebete mit denen der Christen. Alle Gottheiten sollen helfen, Allah und Möngka Tängri und Buddha und Schiwa, der Grausam-Gnädige. Der Kerait gehört zu ihrem Volk, und sein wehrlos-tapferes Sterben hat sie aufs tiefste gepackt!

Durch ihn hat der Christengott an scheuer Ehrfurcht gewonnen. Der Chan sitzt unbeweglich da. Mit gesenkten Lidern blickt er vor sich nieder, seine Hand kämmt den braunroten Bart.

Wer hat gesiegt? Möngka Tängri oder der Christengott?

Möngka Tängri hat seinen Kämpfer beschützt und errettet. Der dreigestaltige Christengott hat seinem Priester eine ebenso machtvolle Todestapferkeit gegeben, hat ihm den Mut gestärkt zu seinem erschütternden Sterben.

Wenn der Christengott vermag, seine Gläubigen den Tod überwinden zu lassen – ist er dann nicht ebenso mächtig wie Möngka Tängri? Oder stärker?

Aber auch Ssubotai hat den gleichen gräßlichen Tod gewagt. Er hätte ihn ebenso gelassen erduldet.

Möngka Tängri und der Christengott, beide scheinen gleich mächtig. Der eine verleiht die Kraft, unerschrocken zu siegen, der andere, unerschrocken zu sterben. Für einen Soldaten ist beides gleich wichtig.

Nein, siegen ist besser als sterben!

Doch kann ein so mächtiger Gott nicht auch, wenn er will, den Sieg verleihen? Wenn er will! Der tapfere Kerait hat gebetet: „Nicht wie ich will, sondern wie du willst." Sein Gott wollte ihn nicht erretten. Aber wenn er gewollt hätte? Würde er es ebenso vermocht haben wie Möngka Tängri?

Die Entscheidung ist schwerer, als der Chan sich gedacht hat. Ein Schauspiel sollte es für ihn werden, nun ist es ein Kampf geworden, den er selbst kämpfen muß. Strafen die Götter ihn so für seine Vermessenheit? Aber es war kein Frevelmut! Den wahren Gott will er anbeten, nur muß er ihn erst gefunden haben!

Möge denn die Götterprüfung weitergehen! Vielleicht, daß sich ein anderer Gott noch mächtiger erweist.

Ein brauner, magerer Inder tritt vor. Auf seiner Buß- und Lehrwanderung ist er auch nach Karakorum gelangt und hat hier einen Schülerkreis um sich versammelt. Jetzt ergreift er die Gelegenheit, das Ohr des Beherrschers der Gobi zu erreichen und seiner Lehre Einfluß zu verschaffen.

„Wer bist du?" fragte ihn der Chan.

„Ein Yogi, ein sich Versenkender, ein Büßender."

„Wohin versenkst du dich?"

„In Atman, den Hauch meines Selbst, um Brahman, die Weltseele, zu finden."

Der Chan denkt nach. Alle Priester verkünden mit verschiedenen Worten dasselbe. Auch Burtai findet in der Menschenseele die Gottseele. Er fragt weiter: „Und was büßest du?"

„Meine Wiedergeburt."

„Warum wardst du wiedergeboren?"

„Nichtwissen und Begehren banden mich an Samsâra, den Kreislauf der Geburten ... Wie du gehandelt, wirst du gewandelt."

„Wie nennt sich dein Gott?"

„Trimurti, die göttliche Dreiheit. Sprichst du die heilige Silbe Om, so rufst du sie an."

„Dreiheit! Wie die Christen! Sie glauben auch an die göttliche Dreiheit."

Der Yogi schüttelt den Kopf: „Brahma, Wischnu und Schiwa sind uralt – der Christengott ist jung! Heißt er nicht Vater-Sohn-Heiliger Geist? Bedenke, erhabener Chan: Was ist der Sohn neben dem Vater? Ein Erschaffener, ein Nicht-Ewiger! – Was ist der Heilige Geist neben Gott? Ein leeres Wort!"

„Und deine drei Götter? Wie unterscheiden sie sich?"

„Sag selbst, erhabener Chan: der Schöpfer, der Erhalter, der Zerstörer – ist nicht die ganze Welt darin beschlossen? ... Werden und Sein und Vergehen – Geburt und Leben und Tod: Darin hältst du das Geheimnis der Welt und den Sinn des Lebens."

Der Chan versinkt in Grübeln. Die Worte des Yogi haben ihn angerührt. Schöpfer, Erhalter, Zerstörer: umfassen diese drei Worte nicht auch sein ganzes Tun?

Seine braungrünen Augen blitzen auf: „Und welcher ist der mächtigste der drei? Der Schöpfer? Der Erhalter? Der Zerstörer?"

Der Yogi sieht ihn mit seinen nachtschwarzen Augen forschend an. Dann erwidert er langsam: „Der mächtigste ist ... Schiwa."

Der Chan fährt auf, fragt noch einmal: „Der Zerstörer?"

„Ja", wiederholt der Yogi, „der Gnädig-Furchtbare."

Das hat Temudschin nicht erwartet. Langsam hebt er sich von seinem Sitze hoch und starrt dem hageren Weisen aus dem Wunderlande, das im heißen Mittag liegt, in die glühenden Augen.

Gewaltiger Gedanke! Nicht der Schöpfer trägt die Welt in seinen starken Händen, nicht der Erhalter – der Zerstörer hält sie in letzter, unentrinnbarer Macht umkrallt!

Daß der Erhalter mit seiner sorgenden Bewahrung nicht den Sieg davonträgt, begreift der Chan leicht: nichts ist bleibend, alles ändert sich und vergeht. Er, Temudschin, ja fast jeder Mensch ist ein Feind des Erhalters. Schiwa schickt Wasser und Wind und Wetter und die unaufhaltsam zermahlende Zeit als tödliche Mächte. Aber dienen

117

Wasser und Wind und Wetter und Zeit nicht auch dem Schöpfer zur ewigen Fruchtbarkeit?

Ja, ewig sei die Fruchtbarkeit der Welt, so hat Temudschin geglaubt, und die Welt wachse und nehme zu. Und nun lehrt der Inder, die Welt nehme ab und vergehe. Tod sei stärker als Geburt. Untergang stärker als Aufgang. Zerstörung stärker als Schöpfung. Und am Ende stehe das Nirwana.

Wohl! Auch er, Chan Temudschin, hat die Zerstörung in seinen Dienst gestellt. Vernichtung des Feindes ist ihm höchste Lust! Menschenleben gelten ihm nichts! Völker und Staaten hat er ausgerottet von der Erde – aber nur, um Größeres dafür zu setzen: Sich! Und nun soll alles vergeblich sein, alles zuletzt doch nur ein Raub Schiwas, des letzten Vernichters? Wo wäre dann ein Sinn in jeglichem Tun? Wo ein Sinn überhaupt in der Welt? – Nein, nein, die Lust des Schaffens ist süßer noch als die heiße Lust der Zerstörung!

Und der Chan schreit! „Vernichten ist herrlich! Herrlicher aber ist Schaffen!" Leidenschaftlich stößt er hervor: „Herr des Anfangs, Herr des Endes, Schiwa ... Schiwa ..."

Langsam verebbt die Erregung des Chans, auf den die ganze Völkerversammlung mit ehrfürchtigem Staunen blickt. Ruhiger fragt er den Yogi: „Wo thront er, der Mächtige, der Dreiäugige, der Schädelumkränzte?"

„Richte deine erhabenen Blicke, o Chan, zum Gipfel Kailasa im Himalaya. Dort findest du ihn."

Der Chan schaut nach Südwesten. Dort also. Fern und doch überall nahe. Überall ist Schöpfung, und überall ist Vernichtung.

Plötzlich überfällt ihn jähes Mißtrauen, das in seinem Herzen so oft unmittelbar dem Hochgefühl folgt, und er wirft einen raschen Blick auf den Inder: Lächelt der Yogi?

Nicht die Spur eines Lächelns. Nicht das kleinste Zucken der Mundwinkel oder Augen – als glaube er etwa das Spiel gewonnen. Unbeweglich, wie aus Bronze gegossen, ruht der Yogi in sich. Er scheint zu meditieren.

Der Chan läßt sich auf seinen Sitz nieder: „Gib mir eine Probe von der Macht Schiwas!"

Der Yogi neigt bereitwillig den Kopf und bittet um fünf scharfgeschliffene Dolche.

Man reicht sie ihm.

Mit gekreuzten Beinen und steil aufgerichtetem Oberkörper hockt er sich auf die Erde nieder, schaut auf seinen Nabel und versenkt sich ganz in sich selbst. Langsam atmet er tief ein und denkt: „Jetzt atme ich ein." Langsam atmet er aus und denkt: „Jetzt atme ich aus." Er hält den Atem in der Lunge, er stößt ihn rasch aus und bleibt leer. Er zieht den Odem durchs rechte Nasenloch, um ihn aus dem linken auszulassen, und wiederholt den Vorgang in umgekehrter Folge. Immer aber begleitet er seine Übungen mit dem Denken an seine Tätigkeit. Er ändert das Tempo, bläst mal rasch, mal langsam. Endlich kommt Erstarrung über ihn. Seine Augen werden gläsern, er scheint kaum noch zu atmen.

Nun sticht er langsam einen Dolch durch seinen linken Arm, den zweiten durch den rechten. Die Spitzen dringen auf der andern Seite hinaus. Ebenso durchstößt er die Waden beider Beine.

Den fünften Dolch aber bohrt er bis zum Heft langsam durch seinen Hals. Aus dem Kehlkopf ragt der Griff, im Nacken funkelt die Spitze.

So verharrt er, ohne sich zu regen, lebendig gespickt. Aber kein Tropfen Blut quillt aus den Wunden.

Nach einer Weile zieht er einen Dolch nach dem andern langsam wieder heraus. Als er alle fünf beisammen hat, erhebt er sich und legt sie dem Chan zu Füßen.

Temudschin nimmt die Dolche in die Hand und betrachtet sie. Sie sind blank und trocken. Er untersucht sorgsam die Stichstellen an Beinen und Armen und besonders am Hals des Inders: glatt ist die Haut und unverletzt, nicht eine einzige Wunde ist zu sehen, nicht einmal die Spur einer Schramme.

Das Staunen des Chans und seiner nächsten Umgebung teilt sich der Menge mit, von Mund zu Mund wird das Wunder getragen, das niemand fassen und niemand bezweifeln kann; sind sie doch alle Zeugen gewesen.

Der Yogi, der unbeweglich dabeigestanden hat, läßt sich ein scharfes Schwert reichen. Dann hängt er ein großes, weißes Tuch über seinen Kopf, daß es wie ein Zelt um ihn hinabwallt und ihn bis zu den Füßen verdeckt.

Alle starren voll atemloser Spannung auf das Tuch, unter dem sich die Gestalt des Inders abhebt. Man sieht, wie der den rechten Arm erhebt. Plötzlich ein helles Pfeifen des Schwertes. Ein klatschendes Aufschlagen. Der Arm hat, unter dem Tuch deutlich erkennbar, einen raschen Hieb geführt.

An der Seite wird das Tuch jetzt ein wenig gelüftet. Der Yogi streckt seinen linken Arm hinaus.

Ein Schaudern erfaßt die Zuschauer: die linke Hand ist abgeschlagen, nur der blutige Stumpf ragt empor.

Langsam zieht der Yogi den Arm wieder unter das Tuch zurück, das sich nicht mehr bewegt. Der Inder steht wie erstarrt.

Dann wirft er mit einem Ruck das Tuch ab. Hoch hält er den linken Arm, streckt die Hand in die Luft empor, allen sichtbar, bewegt einzeln die Finger.

Arm und Hand sind heil, völlig unversehrt.

Bewundernde Rufe rauschen durch die Menge, untermischt von Angst und Grauen.

Der Yogi tritt zum Chan. Temudschin prüft und fühlt und tastet und drückt – nicht die geringste Spur einer Wunde oder Narbe ist zu entdecken. Nur ein ganz dünner, roter Streifen umwindet das Handgelenk.

Erregt faßt Temudschin nach dem Schwert, das der Yogi noch in der rechten Hand hält.

Die Klinge des Schwertes ist blutig! . . .

Der Chan springt auf und reißt eigenhändig das weiße Tuch von der Erde hoch, untersucht jede Falte, schüttelt es kräftig hin und her. Er findet nichts. Es ist ein gewöhnliches Tuch.

Temudschin stößt heftig den Atem durch die breite Nase. Die Wunder des Yogi übertreffen die Künste der Schamanen gewaltig. Er starrt dem Wundermann in die Augen, als ob er dort das Geheimnis ergründen könnte.

Plötzlich zuckt er zusammen. Ein unerhörter Gedanke ist in ihm aufgeblitzt: Wenn es gelänge, die Kunst des Yogis seinen Soldaten beizubringen! Unverletzlich würden sie sein! Die klaffendsten Wunden würden sich im Umsehen wieder schließen! Abgehauene Glieder wieder anheilen! Sein Heer . . . unverwundbar! Unbesiegbar! Die Feinde überwältigt vom bloßen Anblick eines solchen Wunderheeres!

Dem Chan schwindelt bei diesem Gedanken. Er sieht sich an der Spitze einer Reiterarmee durch die Welt brausen . . . Ordus, Städte und Länder sinken dahin . . . Kein Chan, kein Sultan, kein König, kein Kaiser widersteht ihm . . . Ungeheure, blutverströmende Schlachten werden geschlagen, aber seine Krieger, eben dahingesunken vom Pfeilschuß und Schwerthieb, stehen wieder auf und kämpfen mit lachendem Triumphgeschrei weiter . . . Die Hügel verwundeter Feinde türmen sich, und von Grauen umkrallt, rasen die übrigen in wilder Flucht davon ... Kein Befehl, kein Bitten, kein Drohen, nichts bringt sie mehr zum Stehen ... sie fliehen bis ans Ende der Erde, und die Welt gehört ihm und seinen todgefeiten Kriegern!

Seine Wolfsaugen funkeln. Er packt mit eisernem Griff die Schultern des Yogi und schüttelt ihn.

„Kannst du deine Kunst meinen Kriegern beibringen?" flüstert er heiser. „Unermeßlicher Reichtum und die höchsten Ehren sollen dir zuteil werden!"

Das Gesicht des Inders bleibt ruhig. Er schüttelt den Kopf.

„Meine Lehre ist nicht um irdische Güter käuflich. Nur in dem Auserwählten wirkt Schiwas Macht. Dienen muß er unentwegt und nicht fragen, ob der Furchtbare sich gnädig zeige."

Der Chan ist bitter enttäuscht. Seine Hand fällt herab.

Plötzlich flammt Wut in ihm hoch. Narrt ihn der Kerl?

„Warum suchst du Schüler, wenn deine Kunst nicht lehrbar ist?"

Mit unerschütterlicher Ruhe erwidert der Yogi: „Sie ist lehrbar – nur nicht in einem Leben. Man muß dienen, das ist: sich vorbereiten auf die Wiedergeburten und darum schon in diesem Leben beginnen, das Wissen zu lernen und das Nichtbegehren zu üben!"

„Wie lange hast du gedient?" fragt der Chan.

Und der Yogi gleichmütig: „Wohl über tausend Jahre."

Der Chan schweigt. Wieder nichts Faßbares. Die Priester dienen nicht der Erde. Er aber will Herr dieser Welt sein! Nein, eine solche Lehre lohnt nicht. Was soll er mit einem Gott anfangen, der treue Dienste erst nach tausend Jahren belohnt und nur Auserwählte begnadet – um dann zuletzt doch alles zu vernichten? – Er, Chan Temudschin, muß und wird die Welt unterwerfen auch ohne Hilfe der Götter und ohne ein Wunderheer. Ist eine solche Welteroberung nicht viel ruhmvoller?

Mit einer Handbewegung bricht der Chan das Gespräch ab.

Schiwa, der Zerstörer, hat im letzten Augenblick das fast gewonnene Spiel verloren.

Gemessen und ohne sein Haupt zu wenden, schreitet der hochgewachsene Yogi langen Schrittes davon ...

Der Chan gibt dem Mohammedaner das Zeichen.

Ein älterer Muselman aus dem Türkvolke tritt vor. Glaubenseifrig beginnt er:

„Allah ist groß – und Mohammed ist sein Prophet. Unbegreiflich
ist seine Macht, unvorstellbar seine Herrlichkeit. Er ist Geist und
überall – er offenbart sich im Gewitter und Sturm, in Sonne und
Sternen, in der Glut des Tages und der Kühle der Nacht. Er ist der
eine und allmächtige Gott und bestimmt das Schicksal – auch das
deine, erhabener Chan! – Al-Rahmân al-Rahîm ist er, der Barmherzige und Erbarmer. Gutes und Schlechtes vergilt er nach dem
Tode durch Paradies und Hölle . . .“

Der Chan, der zuerst aufmerksam zugehört hat, unterbricht ihn:
„Nach dem Tode? Das dauert mir zu lange! Auch dein Gott hilft
nicht auf Erden . . . Gib mir eine Probe von Allahs Macht!“

Der Mohammedaner wehrt mit beiden Händen ab. „Was braucht
es einer Probe, um Allahs Macht zu beweisen? Mit Feuer und Schwert
hat der Islam viele Reiche unterjocht und ihre Herrscher gestürzt, bis
weit ins Abendland hinein! In allem Geschehen wirkt sein göttlicher
Wille allein. Und sind die Wunder des Seins nicht tausendmal erhabener als die Gauklerkünste aller Zauberpriester zusammen?“

Der Chan runzelt die Brauen. „Du beginnst den Streit von vorn.
Behaupte nicht! Beweise!“

Da zuckt der Mohammedaner die Achseln und wendet sich gelassen
ab.

Nachdenklich schaut der Chan ihm nach. Seine Hand kämmt den
braunroten Bart . . . Er wird sie noch kennenlernen, die Mohammedaner, sich mit ihnen messen. Sie haben ihren Glauben und schöpfen
daraus Kraft. „Mit Feuer und Schwert“, hat der Mann gesagt. Das
gefällt ihm. – Gleichviel, er muß mit der Götterprüfung zu Ende
kommen. Ungeduldig sieht er dem Künder der fünften und letzten
Religion entgegen.

Tubi, der Oberlama, tritt vor. Auf seinem Haupte thront die rote
Mütze. Der granatrote Mantel fließt von seinen Schultern, um die
eine seidene Stola hängt. Seine Hand trägt das schimmernde Gebets-
zepter und den einhundertachtperligen Rosenkranz.

„Großmächtiger Chan“, beginnt er, „du lebst, du bist gesund. Du
wirst krank, du stirbst. Wozu hast du gelebt? Was kann dir die Welt
geben, das der Mühe lohnte? Nichts!

Leer ist die Welt, nichts Wesenhaftes ist in ihr.

Hast du die Welt gewonnen – nichts hast du gewonnen.

Hast du die Welt verloren – nichts hast du verloren.

So lautet die Lehre von der Leerheit der Welt. Darum mußt du die Welt überwinden! Denn nach dem Tode beginnt die Wiedergeburt. Du kannst ein Tier werden oder ein elender Mensch, ein Gespenst oder ein Hungerdämon. Die Tamu in den schrecklichen Höllen können dich quälen und foltern. Oder aber du wirst erlöst ... wirst ein Gott! ... Chan Temudschin", schreit der Lama plötzlich mit gellender Stimme, „du kannst ein Gott werden! Götter leben in himmlischem Glanz und besitzen alle Macht der Welt!"

Er schweigt und wartet auf die Frage, die jetzt kommen muß. Und sie kommt:

„Wie kann ich ein Gott werden?" forscht der Chan.

Und der Lama antwortet: „Indem du die rechte Erkenntnis gewinnst, die gelehrt hat Buddha, der Erleuchtete."

Der Chan senkt müde das Haupt. Er weiß schon, was nun folgt: Versprechungen für das Leben nach dem Tode. Keine Religion gibt Brauchbares für das Leben auf Erden.

Gleichgültig und nur noch aus Höflichkeit fragt er nach dem mächtigsten der vielen Götter. Etwa die gespreizte, wenn auch reizende Pfauengöttin? Oder der geschwänzte Tschagdor? Ihm ist's schon gleich.

Feierlich verkündet der Oberlama: „Auf Erden wandelte einst der irdische Buddha. Doch er ist nur ein Abbild. In der übersinnlichen Welt waltet zeitlos und gestaltlos sein göttliches Urbild, Buddha Amitabha. Aus ihm ist geflossen wie ein grüner Lichtstrahl der Göttersohn, der den Lotos in der Hand hält: Awalokiteschwara. So nennt ihn die heilige Sprache Buddhas, und die Lamas von Tibet heißen ihn Tschenresig. Er ist es, den wir Mongolen meinen, wenn wir Ariabalo anrufen, den elfköpfigen, achtarmigen, den mächtigsten Gott, den Allgütigen, der uns hilft in Glück und Unglück, in Freude und Leid."

Und indem der Oberlama die einhundertacht Perlen seines Rosenkranzes durch die Finger gleiten läßt, murmelt er inbrünstig das heilige Gebet: „Om mani padme hum – du Letztes, Unaussprechliches, du Kleinod im Lotos."

Alle Buddhagläubigen stimmen ergriffen ein, und die heiligen sechs Silben schweben in klangvollen Akkorden auf zum unendlichen Himmel.

Temudschin nickt. Sehr schöne Lehre, so gut wie die andern auch. Es gefällt ihm, daß er nach seinem Tode ein Gott werden kann. Aber sonst? Jeder Glaube gleicht dem andern: Vertröstungen auf die Zeit

nach dem Tode. Kein Gott ist der stärkste, er hat es sich gedacht. Gäbe es eine mächtige Gottheit, sie hätte schon längst die andern Götter vernichtet. Warum gibt es Götter, wenn es Gott gibt? Wer ihm das Rätsel löste! Den Weisen hat er noch nicht gefunden.

Genug hat er gehört und gesehen.

Er dankt allen Priestern, teilt dem Lama höflich mit, er verzichte auf eine Probe der Macht des obersten Lamagottes, ob er nun Awalokiteschwara oder Tschenresig oder Ariobalo heiße.

Er erhebt sich, um die Götterprüfung zu beenden.

Da schwingt wie ein eherner Tempelgong die Stimme des Ober-lamas über den Chan und den weiten Platz und die vielen Tausende von Menschen:

„Höre Ariabalos Wort an dich, Chan Temudschin. Er hat mich beauftragt, es dir zu künden. Ariabalo verheißt dir die Herrschaft über die Erde und verleiht dir die Würde des Großchans der Welt! Die Macht der andern Götter offenbart sich nur im schwankenden

Wunder des Augenblicks. Ariabalo aber hat dein ganzes Leben bisher behütet und geleitet und dich zum Herrscher der Gobi erhoben. Ariabalo wird die ganze Welt in deine Hände legen – wenn du dich zum Glauben an ihn und Buddha bekehrst. Im Namen Ariabalos begrüße ich dich schon jetzt als den gewaltig-großen Chan, als *Tschingis Chan*! Dies sei hinfort dein Name!"

Und mit äußerster Begeisterung und Kraft schreit er:

„Heil Tschingis Chan, dem Beherrscher der Welt!"

Jubel brandet auf, der Taumel der Verzückung erfaßt die Völker, die hier versammelt sind. Wie ein Schrei hallt ihr Ruf zum Himmel empor: „Tschingis Chan!"

Temudschins Gesicht bleibt unbeweglich. Die Rede des Oberlamas hat eine unerwartete Wendung genommen. Ein sehr kluger, ein sehr geschickter, ein sehr weiser Mann, der Oberlama Tubi! Er dient dem Himmel, ohne die Erde zu vergessen. Er dient dem Heute, indem er das Morgen verspricht.

Während die Begeisterungsrufe über den Platz hallen, nimmt der Chan die kurze Zeit wahr, um seine Entscheidung zu treffen. Die andern Priester dienen ihren Göttern und ihrem Glauben – der Lama aber ihm, dem Chan Temudschin! Was nützen ihm die andern Götter für dieses irdische Leben, da sie nur um das Jenseits besorgt sind? Auch offenbaren sie sich allzu schnell und leicht. Ein entschleierter Gott hat die Kraft eingebüßt, die das Unbekannte ausstrahlt. Der Lama dagegen verhüllt seines Gottes Macht hinter dem Schleier der Zukunft, ohne dabei den Erfolg in diesem Leben außer acht zu lassen! Ariabalo ist der stärkste Gott, weil der ... brauchbarste! Er verleiht wirkliche Macht: den Glauben an die irdische Verheißung des Chans Temudschin! Was der Oberlama sonst noch geredet, hat der Chan nicht recht verstanden. Es ist ihm auch ziemlich gleichgültig. Aber eines hat er voll und ganz begriffen: die Lehre des Lamas von der Notwendigkeit der Weltüberwindung!

Diese Idee breitet sich in ihm aus.

Ja, der Chan ist einverstanden – auch er will nichts anderes als: die Welt „überwinden"!

Mit der Schnelle eines Pfeiles sind die Gedanken des Chans geflogen. Noch hallen die Beifallsschreie, da erhebt sich Temudschin voll Würde. Gebietend streckt er die Hand aus. Lautlose Stille tritt ein.

„Nicht der Stolz auf meine Taten, nicht das Vertrauen auf meine

Waffen, nicht das Glück der Macht, die der Himmelsgott in meine Hand gegeben hat, rechtfertigen diesen erhabenen Titel für mich.

Aber wenn es die stärkste Gottheit, jene, die unser aller Leben lenkt, gebietet, dann ist es meine Pflicht zu gehorchen.

So lege ich denn den Namen, den mein Vater Jesukai mir gegeben und den ich bisher ehren- und ruhmvoll getragen, ab und nehme feierlich den Namen an, den mir Ariabalo soeben verliehen hat. Mein Siegel aber wird künftig dieses Chas-bao sein, das mir die Gottheit mit dem Blitz aus einem Stein geschlagen hat: das Bild der Schildkröte, die die Drachen des Ostens und Westens trägt. Der Siegelspruch aber lautet: ‚Im Himmel: Gott! Auf Erden: Tschingis Chan, der Herrscher der Welt!'"

Scheinbar bekennt sich Temudschin von nun an zum Lamaismus. Aber was ihn dazu treibt, ist nur die aus Übung und Erfahrung gewonnene, schlaue Anpassung des Nomaden an die augenblicklichen Gegebenheiten und ständig wechselnden Zwänge des Lebens; jene Anpassung, die ihn Wüste und Steppe gelehrt haben. Und dann lockt ihn auch der Zauber, den die buddhistische Lehre der Weltüberwindung (dieses doppeldeutige Wort faßt er nicht entsagend, sondern vielmehr in seinem ursprünglichen Sinne der Unterwerfung auf) und ihre lebenskluge Einkleidung in eine durchgegliederte Hierarchie auf ihn ausüben. Denn sein Geist ist jeder Form von Menschenbeherrschung aufgeschlossen.

Die ganze Nacht hindurch jubelt, trinkt, jauchzt und tanzt die Stadt Karakorum. Der neue, bannende Name des Tschingis Chan wirkt wie Kumysch, der Krieger und Völker berauscht.

Als sich der Chan spät nachts neben Burtai aufs Fellager streckt, fragt sie mit leicht emporgezogenen Augenbrauen:

„Nun, welcher Gott ist der stärkste und hat gesiegt?"

Lächelnd entgegnet der Chan: „Der, der die klügsten Priester hat."

Im innersten Herzen aber glaubt er felsenfest, daß es ihm bestimmt sei, auf Erden der Tschingis Chan zu werden und nach seinem Tode ein Gott zu sein.

II

DER DRACHE

Im chinesischen Jahre des Schafbocks, das die Christen als das zwölfhundertzehnte seit der Geburt ihres Gottessohnes bezeichnen, sitzt in seinem goldenen Palast in Peking Wai-Schao-Wang, der Sohn des Himmels, der Kaiser des Reiches der Mitte.

Vormittag ist es, und soeben hat der Wächter der Zeit mit dem Gong die Stunde der Schlange verkündet. Im Vorsaal warten die Mandarine, die Generale und hohen Beamten auf die Audienz beim Kaiser.

Wai-Schao-Wang läßt sie warten.

Er ist in seine Lieblingsbeschäftigung vertieft, in der er den Sinn seines kaiserlichen Daseins findet: er malt.

Mit zierlichen Pinselstrichen wirft er einen Spiegelpfau inmitten einer Bambuslandschaft auf hauchdünnes Seidenpapier.

Hinter ihm thront aus Goldbronze Kuan-yin, die Göttin des Erbarmens, mit dem Kind auf dem Schoß. Ihre grünleuchtenden Augen, eingelegte, kostbare Smaragde, blicken mit mütterlicher Freundlichkeit auf die emsige Tätigkeit des Kaisers herab.

Gegenüber dem Himmelssohn hockt Ye Liu Chutsai, der junge Gelehrte aus dem Fürstenhause von Liao, dem einstigen Herrschergeschlechte Chinas. Obwohl Thron und Land seiner Ahnen vor hundert Jahren von den jetzt regierenden Chin-Kaisern eingenommen sind und seine vertriebene Sippe Zuflucht und eine neue Heimat weit westlich in West-Liao, dem Reiche Kara-Kitai, gefunden hat, ist Ye Liu Chutsai – wie schon sein Vater und Großvater – dem Land seiner Vorfahren treu geblieben und nicht geflüchtet. Wai-Schao-Wang aber hat an dem klugen Ye Liu Wohlgefallen gefunden und ihm seine Treue gelohnt, indem er ihn zu seinem vertrauten Ratgeber und Freunde machte.

Wai-Schao-Wang, der verfeinerte Sproß der Chin-Dynastie, malt also. Das Regieren betrachtet er als eine selbstverständliche, aber höchst untergeordnete und langweilige Aufgabe, der er sich nur soweit unterzieht, als es ihm unumgänglich notwendig erscheint. Im übrigen sind seine Mandarine und Minister dazu da, ihm diese gewöhnliche Arbeit abzunehmen. Er ist Tien-tse, der Himmelssohn, und lebt sich selbst. Nur in den allerwichtigsten Fällen will er gefragt sein, und dann entscheidet seine kaiserliche Weisheit nach der himmlischen Eingebung des Augenblicks ohne allzu langes Nachdenken mit einem Ja oder Nein oder So und So, womit er seiner Herrschertätigkeit auf absehbare Zeit genügt hat. Weil sie so selten vorgelassen werden, füllen die hohen und allerhöchsten Beamten immer wieder und wieder den Vorsaal und warten auf die günstige Gelegenheit, einmal die geöffnete Tür zu erhaschen und durchzuschlüpfen, damit sie endlich ihre gefährliche Verantwortung dem Kaiser zuschieben können.

Tage, Wochen und Monate vergehen so mit Warten. Was tut's? An nichts hat man im Reich der Mitte solchen Überfluß wie an Zeit, und nichts gibt es so Wichtiges, das nicht immer noch warten könnte. Ist aber eine Entscheidung endlich von den Tatsachen überholt worden, um so besser. Dem Himmel sei gedankt! Dann braucht man sich nicht mit Wägen und Wagen zu plagen. Das von Tien, dem Himmel, weise gelenkte Schicksal hat dem Kaiser die Verantwortung abgenommen und höchstselbst entschieden. „Wir können es nicht mehr ändern. Laßt es also gehen."

Andächtig und mit feinstem Kunstsinn zieht der Kaiser Strich um Strich. Jedes Pfauenfederchen, jedes Bambusästlein malt er mit Hingabe und Sorgfalt. Ab und zu hebt er den Kopf und betrachtet prüfend sein Werk. Dann pinselt er emsig weiter.

Zwischendurch plaudert Wai-Schao-Wang mit seinem Ratgeber und Freunde. Ungeachtet seiner Jugend verfügt der hünenhafte Ye Liu Chutsai schon über einen gewaltigen Bart, und wenn er antwortet, so dröhnt aus seiner mächtigen Brust ein tiefer Baß. Wie die meisten Männer von Riesenwuchs und erstaunlicher Körperkraft ist Ye Liu friedfertiger Natur, aber unerschrocken und ohne Furcht. Kriegerischen Taten abhold, ist er nur dem Geist und den Wissenschaften zugeneigt, und bei seinem Fleiß und seiner hervorragenden Begabung hat er bereits die letzte Hauptprüfung als Tsin-schi bestanden und ist als „Vorgerückter Gelehrter" und „Herr der vierundzwanzigtausend Schriftzeichen" zum Mitglied der Hanlin-jüen, der kaiserlichen Akademie der Wissenschaften, ernannt worden.

Der Kaiser erkundigt sich nach der Drucklegung der Handschriften seiner kaiserlichen Bibliothek, und Ye Liu erklärt ihm höflich, daß zwar die Vervielfältigung rasch vor sich gehe, daß aber die Anfertigung der Holztafeln durch das Herausschneiden der Wortzeichen Mühe bereite und viel Zeit beanspruche.

Ob die andern Völker auch schon diese rühmliche Erfindung gemacht hätten?

Nein, deren Geist sei nicht so erfinderisch, sie müßten noch jedes Buch durch Abschreiben mühsam vervielfältigen.

„Dann sind wir wohl das klügste Volk der Erde?"

„Wir sind es bei weitem, o Hoang-ti."

Der Goldene Herrscher nickt beifällig ein halbes dutzendmal, pinselt weiter. Fragt, wieweit also die Arbeiten der Akademie vorgeschritten seien.

Man schnitze gerade das Schu-king, und dieses Reichschronikbuch sei zur Hälfte auf die Kirschholzbrettchen übertragen. Er vergleiche dazu die Bambusbücher, um eine genaue Kenntnis des Staatswesens zur Zeit des Großen Jü zu gewinnen.

„Jü der Große – das ist die Zeit der Hia ... Wie zählen die Völker der untergehenden Sonne seine Jahre?"

„O Tien-tse, sie zählen von der Geburt ihres Gottessohnes vorwärts und rückwärts. Bis Jü müßte man nach ihrer Zählung zweitausendzweihundert Jahre vor den Gottessohn zurückrechnen, von dir ab also – er besinnt sich einen Augenblick – dreitausendvierhundertzehn Jahre."

„Du hast einen raschen Geist, Ye Liu, und durchfliegst im Umsehen zweitausend Jahre und mehr. Zweitausend Jahre! Wir sind ein altes Volk ... Der Große Jü, konnte er schön malen? Verstand er, gute Gedichte zu verfertigen? War er ein gelehrter Mann?"

„Er hatte keine Zeit dazu, o Hoang-ti, aber er tat immer, was not war. Die Barbaren jenseits der Großen Mauer belästigten dauernd das Reich der Mitte."

Wai-Schao-Wang ist erstaunt. „Was ging das den Großen Jü an? Hatte der Kaiser keine Generale, die ihm so unangenehme Störungen fernhielten?"

Ye Liu begreift die Abneigung des Kaisers gegen das Kriegshandwerk nur zu gut. Immerhin, ein Kaiser muß sich schon selbst darum kümmern, wenn sein Reich in Gefahr ist. Aber die Höflichkeit verbietet ihm, den Himmelssohn an diese kaiserliche Pflicht zu erinnern, und so schweigt er.

Wai-Schao-Wang versteht auch die Sprache des Schweigens zu deuten und antwortet auf Ye Lius Gedanken:

„Der allmächtige Kaiser erläßt den Befehl zur Vernichtung der Feinde. Hat er damit nicht seiner kaiserlichen Pflicht genug getan? Die Taten und Siege seiner Generale sind nur die Folge seines Befehls – wie das Licht seinen Schatten wirft."

Ye Liu verneigt sich ehrerbietig. „Ich bin ein unwissender Mensch, die Klugheit des Tien-tse überstrahlt mich wie die Sonne ein kümmerliches Reisfeld ... Nur – je ferner das Licht, desto geringer der Schatten."

Der Kaiser beobachtet unauffällig den Gesichtsausdruck seines Freundes. Mit seinem durchgebildeten Verstand begreift er, daß Ye Liu dieses Gespräch nicht bloß aus den Einfällen des Augenblicks bestreitet.

Kein gebildeter Mensch und am wenigsten der chinesische Kaiser fällt mit der Türe ins Haus. Auf leisen Pantoffeln gleitet man vorsichtig weiter.

Wai-Schao-Wang fragt daher nicht geradezu, sondern spinnt das Bild vom Schatten aus:

„Und was dünkt dich, o Tsin-schi, vom Schatten des Großen Jü?"

„Der Große Jü beschien seine Generale aus größter Nähe ... daher warfen sie einen kräftigen Schatten."

„Und doch kamen die Barbaren immer wieder."

„Darum haben die erhabenen Kaiser Tsin, Tschau und Jen bis auf Schi-hoang-ti die Weiße Wand der Großen Mauer errichtet."

„Und was dünkt dich, o Tsin-schi, von dem Schatten der Weißen Wand? Wie weit meinst du, daß dieser Schatten reicht?"

Der Vorgerückte Gelehrte streicht sich nachdenklich seinen Bart. Der Kaiser hat ihn verstanden, daran zweifelt Ye Liu Chutsai nicht mehr. Doch sein Gesicht bleibt gleichmütig. So rasch darf er seine Absicht nicht offenbaren.

„Die Weiße Wand, o Hoang-ti, hat ihren schützenden Schatten geworfen ... weit über tausend Jahre. Sie wird ihn solange werfen, bis ... bis jenseits der Großen Mauer eine neue Sonne auftaucht ... Die könnte den Schatten auslöschen."

„Hast du sie, o Tsin-schi, auf der Sternwarte schon entdeckt? Sie muß sehr klein sein; denn ich habe sie noch nicht bemerkt."

Ye Liu: „Auch aus einem Funken kann ein Feuer werden, und auch eine Laterne kann einen ganzen Wald abbrennen."

Kaiser: „Manchmal aber donnert es laut – und regnet wenig."

Ye Liu: „Deine Weisheit beschämt mich, o Himmelssohn. Doch stolpert auch ein edles Pferd."

Kaiser: „Irren ist Sache der Menschen. Doch wer sein Gewissen nicht verletzt, dem erschrickt das Herz nicht, wenn um Mitternacht heftig an die Türe geklopft wird."

Ye Liu: „Ein reines Herz ist vom Himmel. Doch manchmal, o goldener Herrscher, stiehlt zwar die Katze den Reis, aber der Hund kommt und frißt ihn. Denn alles Ding, das nicht stark ist, wird krumm."

Kaiser: „Und doch führt jede Landstraße nach Peking."

Ye Liu: „Klar ist der Sand auf dem Grund des Wassers. Ein armer Mann trennt sich nicht von seinen Schweinen und ein Lehrer nicht von seinen Büchern. Jeder liebt seine Gedanken."

Kaiser: „Und doch geht mancher mit seiner Gitarre in die Mühle und spielt dem Zugochsen auf."

Ye Liu: „Eins wirkt aufs andere. In der Nähe von Purpur wird man rot und von Tusche schwarz. Bei faulen Fischen stinkt man, aber beim Lotos duftet man gut."

Kaiser: „Mancher aber reitet auf einem Esel und sucht ihn."

Ye Liu: „Es scheint, den Mund zu schließen ist gefahrloser, als ihn zu öffnen."

Kaiser: „Das erste Mal ist man Schüler, das zweite Mal Lehrer."

So bewegt sich das Gespräch noch eine Weile in Andeutungen und Gleichnissen, und sie umkreisen sich geschickt mit Rede und Gegenrede wie zwei geübte Schwertkämpfer. Wie ein Rätselaufgeben ist es, und der köstliche Reiz des gebildeten Gesprächs besteht für einen feinsinnigen Kopf darin, zu erraten und sich erraten zu lassen. Nur ein plumper Geist wirft die Worte ohne Umstände nackt und kunstlos hin. Auch verlangt das Hofzeremoniell vom Untertan, dem Kaiser unangenehme Überraschungen nur verhüllt anzubieten, und vom Kaiser, keine Neugierde zu zeigen nach so niedrigen Dingen, wie sie ein gewöhnlicher Sterblicher vorzubringen hat – sei er auch ein Vorgerückter Gelehrter und des Kaisers Freund.

Endlich aber hat man dem Zeremoniell ebenso genügt, wie man die edle Freude an der verfeinerten Kunst eines umschreibenden Gesprächs ausgiebig genossen hat.

Jetzt erst ist es Ye Liu gestattet, deutlicher zu reden, und der Kaiser erteilt die Erlaubnis dazu, indem er offen fragt:

„Was also ist's mit der neuen Sonne jenseits der Großen Mauer?"

Und nun enthüllt Ye Liu seine Gedanken, und sein tiefer Baß dröhnt wie ein warnender Gongschlag:

„Ich sah die neue Sonne noch nicht auf der Sternwarte meiner Erfahrung, aber ich hörte von ihr ... durch den Präsidenten des Kriegsrates."

Wai-Schao-Wang blickt erstaunt auf. Er hat eine geistvolle Auskunft seines gelehrten Freundes erwartet, aber es mißfällt ihm sehr, in so rauhe Angelegenheiten hineingezogen zu werden. Verhandlungen mit den Ministern, besonders aber mit dem Kriegsminister, sind ihm ein Greuel.

„Seit Monaten schon belästigt mich dieser Schang-schu des Ping-pu und stört mich bei meiner Malerei", sagt er ein wenig unwillig.

Er neigt sich über sein Bild, mischt die Farben, pinselt. Hört wieder auf. Sieht Ye Liu fragend an.

„Der Schatten der Großen Mauer ist kurz und matt. Höre den Präsidenten des Kriegsrates!" flüstert Ye Liu, und dieses verhaltene Flüstern der sonst so kraftvollen Stimme macht auf den Kaiser einen tiefen Eindruck.

Da legt Wai-Schao-Wang den Pinsel aus der Hand.

„Er möge kommen."

Der Präsident des Kriegsrates tritt in weißen Audienzstiefeln ein. Sein gewöhnliches Schuhwerk ist nicht wert, des Kaisers Palast zu betreten; er hat es draußen ausgezogen und vor die Schwelle gestellt.

Farbe und Art seiner Kleidung kennzeichnen ihn als einen der allerhöchsten Beamten, ist er doch Mitglied des Nei-ko, des Obersten Geheimen Rates. Auf dem Brustlatz und dem Rücken trägt er einen seidengestickten Löwen als Zeichen seiner Würde und Sinnbild des Kriegsministers.

In der Hand hält er einen kleinen, entzückenden Spucknapf aus allerfeinstem Porzellan.

Er kniet vor dem Kaiser nieder und neigt im Kotau dreimal sein Angesicht bis auf den Fußboden.

Dann erhebt er sich und wartet auf die Frage des Tien-tse.

„Was geht mit den Barbarenvölkern in der Gobi vor? Hat sich etwas an der Großen Mauer ereignet?" fragt Wai-Schao-Wang.

Dem Schang-schu des Ping-pu tritt der Angstschweiß auf die Stirn, vor Erregung bleibt ihm das Wort in der Kehle stecken. Seit Monaten hat er im Vorsaale auf die Audienz beim Kaiser gewartet, die so dringende Nachricht auf der Zunge – aber der Sohn des Himmels geruhte zu malen. Jetzt endlich darf er sprechen. Aber nun schwillt ihm die Zunge zum Kloß. Wie wird der Kaiser die böse Nachricht aufnehmen? Allzuoft schon ist der Bote mit der Botschaft verwechselt worden und hat, ein Unschuldiger, die arge Kunde als Schuldiger gebüßt. Man kann nie wissen ... Es soll schon vorgekommen

sein, daß bei einer solchen Audienz der hohe Beamte den Kopf verloren hat. Chinesische Kaiser waren häufig mit dem Enthaupten
gar schnell bei der Hand. Freilich, Wai-Schao-Wang hat sich bisher
als milder Herrscher erwiesen, aber . . . er sitzt noch nicht lange auf
dem Drachenthron. Eines Tages kann auch er einen neuen Charak-
terzug offenbaren, und vielleicht ist es ihm, dem Präsidenten des
Kriegsrates, vom Himmel beschieden, als erster an seinem eigenen
unglückseligen Leibe eine unvorhergesehene kaiserliche Anwandlung
zu spüren.

Wai-Schao-Wang blickt den Schang-schu des Ping-pu freundlich
an und wiederholt seine Frage mit besonderer Höflichkeit:

„Was hast du für Worte im Bauch?"

Der Präsident klappt den Mund auf und zu. Er will sprechen,
verschluckt sich vor Aufregung. Die Höflichkeit des Kaisers ist
schlimmer noch als sein Unwille. Hinter dieser Maske verbirgt sich
zweifelsohne des Kaisers schrecklicher Grimm. Wenn er doch vor
Wut schnauben wollte! Unterdrückter Zorn ist gefährlicher als ausbrechender. Schon sieht der Präsident sein armes Haupt in den Sand
rollen. Angstvoll faßt er sich an den Kopf . . . Kuan-yin, die Göttin
des Erbarmens, sei gelobt . . . noch sitzt er auf den Schultern.

Er räuspert sich gehörig, hebt das Deckelchen von seinem bemalten Spucknapf und spuckt ein paar Mal kräftig hinein. Dann
deckt er das Gefäß sorgsam wieder zu.

Nun ist ihm leichter, so als hätte er seine Angst mit ausgespien. Er
nimmt sich zusammen und ist endlich imstande, seinen Bericht zu
beginnen:

„Als du, o Goldener Sohn des Himmels, den Drachenthron des
Reiches der Mitte bestiegen, ließest du einen Aufruf ergehen in alle
Länder, die würdig sind, von der Sonne deiner Majestät bestrahlt
zu werden. In diesem Aufruf . . ."

Wai-Schao-Wang zieht die Augenbrauen hoch und lobt den Präsidenten artig: „Du redest gut, o Schang-schu."

„Gut", hat der Kaiser gesagt, nicht „vortrefflich". Ein schlimmes
Zeichen! Der Präsident übersetzt sich die höflichen Worte in die
Umgangssprache, in der sie so lauten würden: „Das alles weiß ich
ja, du Trottel! Du langweilst mich."

Mit beflissenem Eifer eilt der Präsident zur Sache: „Als deine
herrlich geschmückten Würdenträger und Herolde zu den Völkern
der Gobi kamen, fanden sie dort einen neuen Staat vor: Alle Stämme

sind geeint zu einem Reiche, und ihr Häuptling nennt sich in barbarischer Überheblichkeit Tschingis Chan. Wenn einer sich Kaiser der Welt nennen darf, so nur du, o goldener Tien-tse."

Der Kaiser lächelt erheitert. „Ich danke dir, o Schang-schu, für die Anerkennung, die du soeben geruht hast, mir zu zollen. Im übrigen: Barbaren sind wie Kinder; sie lieben zu übertreiben und putzen sich gern mit hochtrabenden Titeln. Ich habe vom neuen Reich der Gobi gehört. In meiner Stadt Karakorum, vernahm ich, residiert er, der ... Wüstenkaiser."

„So ist es, erhabener Herrscher, dir bleibt nichts verborgen."

„Es ist jener Chan", fügt Ye Liu hinzu, „dem dein erhabener Vater eine kleine goldene Wiege als Belohnung für den Tatarensieg geschenkt hat."

„Ich erinnere mich nicht, von einer so unbedeutenden Angelegenheit gehört zu haben", sagt der Kaiser. „Und wie empfing dieser Untertan meine Würdenträger und Herolde?"

Der Präsident des Kriegsrates schweigt ängstlich und verlegen.

Freundlich fragt Wai-Schao-Wang noch einmal und setzt ermahnend hinzu: „Sprich die Wahrheit, o Schang-schu!" Und sich an Ye Liu wendend: „Was sagt das Li-gi über die Wahrheit?"

Ye Liu Chutsai zitiert sogleich: „Das Buch der Sitte sagt über die Wahrheit: ‚Die Wahrheit ist Ende und Anfang aller Dinge. Ohne Wahrheit gibt es kein Ding. Darum hält der Edle die Wahrheit wert. Der Wahre macht nicht nur sich selbst vollkommen, sondern eben dadurch macht er auch die Außendinge vollkommen. Sich selbst vollkommen machen ist Menschlichkeit, die Außendinge vollkommen machen ist Weisheit. Das sind die Geisteskräfte des Wesens und der Weg zur Vereinigung des Äußern und des Innern. Ihn allezeit anzuwenden geziemt sich.'"

Beifällig nickt der Kaiser wie ein Pagode ein halb dutzendmal. „Du hast es gehört, o Schang-schu. Allezeit den Weg der Wahrheit anzuwenden geziemt sich ... Wie also empfing der Mongolen-Chan meine Botschaft?"

Der Schang-schu des Ping-pu bückt sich im Kotau dreimal ganz tief:

„Der Wüstenhäuptling erhob sich nicht ehrfurchtsvoll, als er deinen Aufruf entgegennahm, noch verneigte er sich, sondern er blieb nachlässig auf seinem weißen Fell sitzen, ließ sich das Schreiben von seinem Schriftrat vorlesen, spuckte aus und ... und ... zerriß es."

Der Kaiser nickt und wiederholt: „So, so, er zerriß es... Das ist allerdings recht, recht unhöflich. Und was sagte er dabei?"

„Erlasse mir, o Hoang-ti, das verächtliche Schimpfwort auszusprechen, mit dem jener Barbaren-Chan seinen Mund beschmutzt hat!"

„Den Weg der Wahrheit, o Schang-schu! Ihn allezeit anzuwenden geziemt sich."

Der Präsident des Kriegsrates senkt seinen Kopf tief hinunter zwischen seine Knie und verdeckt seinen Mund mit dem weiten Ärmel seines Gewandes. Nur undeutlich vernimmt man sein Gemurmel: „Er wagt es, dich, o Himmelssohn, ... einen Holzmenschen zu nennen!"

Der Kaiser nickt schweigend ein ganzes dutzendmal, dann sagt er: „So, so, einen ... einen Dummkopf. Allerdings ein über alle Maßen ungebildetes, ja geradezu rohes Benehmen! ... So spricht kein Chan und erst recht nicht ein ...Tschingis Chan. O Tsin-schi, wie lautet der Grundsatz der Höflichkeit?"

Und Ye Liu antwortet: „Durch höfliches und bescheidenes Benehmen und durch Sanftmut unterscheiden sich die Menschen von den Tieren – und die Chinesen von den übrigen Menschen."

„Also", stellt der Kaiser befriedigt fest, der sich ganz als Chinese fühlt, obwohl er selbst aus dem Eroberervolk der Jutschen stammt, die erst vor hundert Jahren ins Chin-Reich eingebrochen sind, „also ist jener Häuptling kein Chinese und nicht einmal ein Mensch ... Und was sagte er noch?"

Auf den Knien erzählt der Präsident stockend, der Tschingis Chan habe hinzugefügt, er werde bald dem Kaiser von China seine persönliche Aufwartung machen und hoffe, das Reich der Mitte werde hinreichend imstande sein, ihn und seine Wilden Wasser gebührend zu empfangen. Erhielten sie reichliche Geschenke und Abgaben – „Abgaben" sagte er!–, so würde der Besuch zur beiderseitigen Zufriedenheit verlaufen. Andernfalls würde er sich das holen, was er brauche.

In der Kehle des Kaisers gluckst es seltam.

Der Präsident, der während seines Berichtes nicht gewagt hat, dem Erhabenen ins himmliche Antlitz zu schauen, blickt zu Tode erschrocken auf. Der Kaiser gluckst! Beim gnädigen Himmel, das ist kollernde Wut, die in des Kaisers Kehle hochsteigt und die ihn, den armen Präsidenten, sogleich vernichten wird.

Aber was muß er zu seiner Überraschung sehen? Das Antlitz des

Himmelssohnes verzerrt sich, heftig schnauft er durch die Nase, es zuckt ihm um die Lippen, seine Zähne entblößen sich, sein Mund zieht sich in die Breite – und plötzlich, unaufhaltsam, bricht der Kaiser in schallendes Gelächter aus.

Der Kaiser lacht? – Der Kaiser lacht! Er möchte ernst bleiben, aber da nützt alles Hofzeremoniell, alle Selbstbeherrschung nichts. Das ist zu komisch! Der Wüstenhäuptling droht! Droht ihm, dem Sohn des Himmels! Die Frechheit dieses aufsässigen Burschen ist so unerhört, daß sie nur noch unsagbar lächerlich wirkt.

Eine Last, wie ein Tempel so groß, poltert dem Präsidenten von der verängstigten Brust. In seinen Ohren saust es vor unaussprechlichem Glück. Sein lieber Kopf darf auf seinem Platze sitzen bleiben.

Aus voller Seele stimmt der Präsident des Kriegsrates in das Gelächter des Kaisers mit ein – nur nicht so laut und um eine ehrfurchtsvolle große Terz tiefer.

Ye Liu Chutsai aber lacht nicht, er lächelt nur – und auch das bloß aus Höflichkeit.

Nun, meint der Kaiser nach einer Weile, noch ab und zu von einem Lachstoß unterbrochen, das sei ja eine ganz erschreckliche Drohung. Aber sie beunruhige ihn nicht im geringsten. Diese Ponyreiter gegen das Reich der Mitte! Ob dieser „Tschingis Chan" nicht wisse, wie gewaltig dick und hoch die Große Mauer sei? Zehnmal so hoch wie ein Mensch und so breit, daß vier Wagen oben nebeneinander fahren könnten! Dazu die ungeheure Masse der Menschen in China. Zahllos wie die Reiskörner oder der Sand an den Ufern des Gelben Flusses seien des Kaisers Soldaten, und äußerst befestigt seine Städte. Dazu besitze er Kriegsmaschinen, Steinschleudern, Streitwagen, mit fünfundzwanzig Pferden bespannt, Wurfmaschinen und Armbrustgeschütze – ganz abgesehen von dem fliegenden Feuer. „Sagtest du nicht, o Tsin-schi, daß wir es haben?"

„Wir haben es, o Tien-tse. Ein schwarzes Pulver, in Röhren gefüllt, mit einer Baumwollunte angezündet – und dann flammt es wie ein Blitz und fliegt gewaltig durch die Luft und brennt und setzt in Brand und vernichtet."

„Nun also. Wir sind ein altes und kluges Volk. Was gehen uns jene Wüstenräuber an? Schicke, o Schang-schu, einen Hauptmann mit fünfhundert Soldaten hin. Dann werden sie laufen wie die Antilopen. Lasse jenen Wüsten-Chan mit neunundneunzig Stockhieben züchtigen und bringe ihm Ehrfurcht vor dem Tien-tse bei!"

Mit seiner weißen, gepflegten Hand macht der Kaiser eine entlassende Geste, als der Präsident noch einmal mit dem Angesicht den Fußboden berührt und stöhnt, das benachbarte Tangutenreich sei schon von Tschingis Chan überrannt und habe sich unterworfen! Die Wächter der westlichen Grenzen hätten bereits den Anmarsch von etwa dreißigtausend mongolischen Reitern gemeldet . . .!

Wai-Schao-Wang beruhigt den Präsidenten, „O Schang-schu, was grämst du dich? Dreißigtausend Reiter? Eine lächerliche Handvoll Menschen. China hat . . . Ye Liu, wieviel mal mehr Menschen hat China?"

Ye Liu Chutsai denkt einen Augenblick nach. Schon hat er es errechnet: „Fünfzehntausendmal mehr Menschen."

„Nun also. Doch zu deiner Beruhigung, o Schang-schu des Ping-pu, hole meinen Schreiber!"

Der Präsident stürzt zur Türe und ruft den kaiserlichen Geheimsekretär.

Eilig tritt dieser mit dem Oberpinselbewahrer herein und läßt sich nach dreimaliger tiefer Verneigung in angemessener Entfernung vom Himmelssohn auf dem Teppich nieder, legt sein schwarzlackiertes, zierliches Schreibbrett auf die Knie und stellt die zinnoberrote Tusche bereit, die allein des Kaisers Vorrecht ist und deren Farbe schon dem damit bedeckten Papier allerhöchste Autorität verleiht.

Wai-Schao-Wang diktiert ihm einen Thronbefehl an den Obergeneral: Er habe sofort mit hunderttausend Mann die Barbarenhorden der Gobi von der Großen Mauer zu verjagen und sie rücksichtslos zu vernichten! Der Tschingis Chan sei lebendig zu fangen und vor das Antlitz des Himmelssohnes zur Aburteilung wegen Aufruhrs zu bringen.

Die Kabinettsorder auf feinstem Reispapier unterschreibt der Kaiser mit einem ihm vom Oberpinselbewahrer dargereichten goldenen Pinsel und siegelt sie höchsteigenhändig.

Dann übergibt er das Schriftstück dem Präsidenten des Kriegsrates „zur weiteren Veranlassung" und entläßt ihn in Gnaden.

Der Kaiser blickt dem Hinausgehenden wohlwollend nach und meint dann zu Ye Liu: „Ein sehr kluger Mann, unser Präsident des Ping-pu. Er hat alle Prüfungen mit Auszeichnung bestanden."

„Ein wenig ängstlich scheint er zu sein", lächelt Ye Liu.

„Er ist nicht von hoher Geburt, er stammt sogar aus recht einfacher Sippe", entschuldigt ihn Wai-Schao-Wang. „So fühlt er sich in Palästen ein wenig unsicher. Immerhin ... ein Kriegsrat braucht nicht tapfer zu sein – Klugheit suche ich bei ihm; denn er macht die Pläne und Aufstellungen. Die Tapferkeit suche ich bei meinen Generalen und Soldaten."

Damit nimmt er die dünne Tafel aus Birnbaumholz, auf die das hauchfeine Seidenpapier gespannt ist, wieder vor und fährt fort, den Spiegelpfau in der Bambuslandschaft zu malen.

Es gelingt ihm nicht mehr recht, und die Farbentöne wirken matt. Unwillig legt er die Malerei beiseite.

„Die Wirklichkeit ist die Feindin der Kunst. Der Schang-schu des Ping-pu hat mir die Stimmung verdorben ... Dieser freche Wüsten-Chan! ... Hilf mir, die unangenehmen Dinge zu vergessen, o Tchin-schi, und schenk mir ein bißchen Poesie ... Dein Lied vom Chilei-Fluß, ist es fertig?"

„Gestern nacht in der stillen Stunde der Ratte habe ich es vollendet, o Hoang-ti."

„Laß es mich hören, Vorgerückter Gelehrter."

Ye Liu Chutsai lehnt sich ein wenig zurück und schaut über den Kaiser hinweg in die grünen Smaragdaugen der erbarmenden Göttin Kuan-yin. Mit wechselndem Tonfall seiner tiefen Stimme trägt er sein Gedicht vor:

> „Wie Pfeile fällt der Regenguß.
> Der Chilei-Fluß um Bergesfuß
> rauscht trüb und gelb. Der Bambus flirrt.
> Grau übers Land die Wolke irrt.
> Wie eine Jurte dumpf und flach
> drückt schwer auf mich des Himmels Dach.
> Es beugt der Wind das Kraut und Gras.
> Grau ist mein Herz. Mein Haar ist naß."

Der Kaiser nickt beifällig. Recht gut hat er das gedichtet. Ein Gedicht muß nach den Vorschriften der Dichtkunst verfertigt sein. Darauf kommt es an. Der Himmelssohn versteht sich auf die Gesetze der Poesie. Mit dem Verstand erfaßt ein Chinese die Kunst des Dichters und mit dem Gefühl die Stimmung des Liedes.

„Vorzüglich meisterst du die Kunst, Verse richtig zu bauen; Hebungen und Senkungen sind gleichmäßig verteilt, die Reime stimmen. Die dumpfen Laute kennzeichnen treffend die traurige Stimmung. Ausgezeichnet beherrschst du die Kunst der Sprache. Das Herz ist rot – bei dir ist es grau vor Kummer. Das nasse Haar – man fühlt, wie kein trockenes Dach den Dichter schützt. Sein Gram treibt ihn hinaus in den kalten, eintönigen Regen. Nirgends findet er Ruhe. Am trübrauschenden Fluß wandelt er einsam dahin und schaut leidvoll in die öden Wasser ..."

Der Kaiser ist ergriffen von der Kunst und Stimmung des Gedichtes. Der Geheimsekretär soll es mit goldenen Zeichen auf silberne Seide schreiben ... Hat Ye Liu Kummer? Dann verbirgt er ihn meisterhaft. Höflichkeit und Takt verbieten dem Kaiser, den Dichter danach zu fragen. Vielleicht fühlt sich Ye Liu einsam und verlassen? Fern von Sippe und Heimat lebt er hier wie in der Fremde. Oder sollte eine andere Ursache hinter der Traurigkeit des Gedichtes stecken? Etwa ... ja, etwa die schöne Prinzessin Silbermond mit dem elfenbeinfarbenen Gesicht?

Freundschaftlich wendet sich Wai-Schao-Wang an den Vorgerückten Gelehrten:

„Kuan-yin ist gütig. Sie wird das Herz des Dichters wieder rot machen und seine nassen Haare trocknen ..."

Und nun ist Wai-Schao-Wang wieder in guter Stimmung. Den frechen Tschingis Chan, der es gewagt hat, die geheiligte Ruhe des Himmelssohnes zu stören, hat er vergessen. Froh nimmt er seine unterbrochene Lieblingsbeschäftigung von neuem auf. Die Farben leuchten wieder, und in glücklicher Selbstvergessenheit malt der Kaiser an seiner Bambuslandschaft und an dem schillernden Spiegelpfau ...

Die drei Torhüter

In einem der starken, viereckigen Wachttürme der Großen Mauer sitzen die drei Torsoldaten Wildes Huhn, Kleine Schildkröte und Mehlkloß einträchtig beisammen.

Es ist spät abends, und die Stunde des Schweines nähert sich ihrem Ende. Sie haben noch eine lange Nacht vor sich.

Draußen weht ein scharfer Märzwind. Drinnen in der dickwandigen Torstube haben sie den Ziegelherd mit Hirsestroh geheizt. Es ist behaglich warm, und der Teekessel summt.

Wildes Huhn hockt am Feuer und fischt mit langen Fingern in seiner dünnen Reissuppe nach ein paar festen Brocken. Jetzt hat er einen erwischt. Er kaut, daß es knackt, und schmatzt vor Wonne. Ein langes, dürres Froschbein hängt ihm zwischen den Lippen.

„Ah, du hast Reis und Feldhuhn", sagt Kleine Schildkröte anerkennend, und das Wasser läuft ihm auf der Zunge zusammen. „Laß uns teilen."

Wildes Huhn schielt ihn über den Topfrand an. „Was bietest du dagegen, Panzerfisch?"

„Riechende Hühnerkinder", empfiehlt Kleine Schildkröte.

Wildes Huhn ist einverstanden, und Kleine Schildkröte reicht ihm bereitwillig seinen Eßnapf mit faulen Eiern hin, während er selbst den Reistopf mit Fröschen in Empfang nimmt.

Trübselig sitzt Mehlkloß beiseite und zählt mit hervorquellenden Augen seinen beiden Kameraden jeden Bissen vom Munde ab.

Was sie übriglassen, gehört ihm, und als sie endlich gesättigt sind, macht er sich gierig über die kärglichen Reste her, kratzt und wischt mit den Fingern den Topf aus, bis er blank ist wie ein Spiegel. Mehlkloß ist ein arger Spieler und hat bereits seinen Sold für die nächsten drei Monate verspielt. So kann er sich keinen Reis kaufen und nährt sich von den Brocken, die vom Tische seiner Kameraden fallen.

Als er kein Suppentröpfchen, keine Reiskörnchen mehr entdecken kann, stellt er den Topf auf den Herd zurück, leckt sich die Finger ab und bittet schmeichelnd: „Und nun spielen wir Wei-ki."

Wildes Huhn sieht ihn verächtlich an: „Womit willst du zahlen, wenn du verlierst?"

Mehlkloß meint kleinlaut: „Ich könnᵛ meinen Sold..."

„Nichts da!" lehnt Wildes Huhn schroff ab. „Das dauert zu lange."

„Hm", schlägt Mehlkloß zaghaft und ein wenig bedauernd vor, „ich könnte ... ich könnte ja ... Lahme Ente setzen ..."

Kleine Schildkröte macht feurige Augen. Mehlkloß' Gattin ist zwar recht häßlich, aber er ist unbeweibt und sehnt sich heftig nach etwas Zärtlichem. So ist er einem solchen Spieleinsatz nicht abgeneigt. Wildes Huhn aber wünscht sich schon lange eine Arbeitsfrau für die Feldbestellung.

Das Brett mit den dreihundertzweiundsechzig schwarzen und weißen Steinen wird also auf den groben Tisch gestellt, und das Spiel beginnt.

Kleine Schildkröte, der besonders hungrig auf Lahme Ente ist, spielt zuerst gegen Mehlkloß, während Wildes Huhn einen Sicherungsgang auf den Wachtturm unternimmt.

Geschickt reiht Kleine Schildkröte Stein an Stein und Kette an Kette. Blind vor Spielleidenschaft läßt sich Mehlkloß hier umzingeln und dort einkreisen, und die jedesmal eingeschlossenen Steine gelten als gefangen. Schließlich hat er, wie gewöhnlich, verloren.

„Lahme Ente ist mein", sagt Kleine Schildkröte, ganz rot vor Glück. „Morgen früh nach der Ablösung hole ich sie in meine Hütte."

„Ein Spiel ist mit einer ganzen Frau zu teuer bezahlt", widerspricht Mehlkloß.

„Willst du sie etwa teilen?" fragt Kleine Schildkröte.

„Ja", sagt Mehlkloß. „Jetzt hast du ein Bein gewonnen. – Spielen wir nun um das andere."

Kleine Schildkröte sieht ein, daß Mehlkloß eigentlich recht hat, und gibt nach. Er vertraut auf seine Meisterschaft im Wei-ki und auf Mehlkloß' Spielwut. Und richtig, bald hat er auch das andere Bein gewonnen.

Mittlerweile ist Wildes Huhn von seinem Sicherungsgange zurückgekehrt. „Ruh dich aus", sagt er zu Mehlkloß. „Jetzt werde ich mit Panzerfisch ein Spiel machen."

„Um wieviel Kupfer-Li?" fragt Kleine Schildkröte.

„Um zwei."

Und sie spielen, während Mehlkloß zusammengesunken dabeisitzt und verzweifelt grübelt, was mit Lahmer Ente geschieht, wenn es ihm nicht gelingt, ihre beiden Beine zurückzugewinnen.

Da pocht es draußen ans Tor!

Die andern beiden sind beschäftigt, so muß Mehlkloß nachschauen, wer da ist.

Er zündet umständlich die „Sie-ärgert-den-Wind-tot"-Laterne an, stampft die Treppe des Wachtturmes empor bis zur Mauerhöhe und leuchtet hinab.

Trübe fällt der Lichtschein durch das Ölpapier, und erst, als Mehlkloß sich an die kümmerliche Beleuchtung gewöhnt hat, bemerkt er auf Reitkamelen zwei Männer, die zwei hochbepackte Lastkamele in Schlepptau führen.

„Ni schi schei?" schreit er hinab.

„Ich bin der Kamelführer Hu-li, und dieser ist mein Gefährte Lang-hsin."

„Fuchs und Wolfsherz", brummelt Mehlkloß, „eure Namen passen gut zusammen."

„Wie belieben euer Gnaden sehr richtig zu bemerken?" fragt Hu-li.

„Ni schi na'rh ti?" fährt Mehlkloß im Verhör fort.

„Wir kommen von Karakorum und haben Tauschware nach Taitongfu."

„Ni yao schen-mo?"

„Wir bitten eure Herrlichkeit um Einlaß. Hier draußen ist es in der Nacht gefährlich."

„Tso pu lai! Unmöglich! Nach Sonnenuntergang ist der Durchgang gesperrt!"

„Laß uns ein, erhabener Herr", fleht Hu-li, der Fuchs, „Wüstenräuber könnten uns überfallen."

„Ni tsou! Schert euch weg!" brüllt Mehlkloß und läßt seine Wut über die verspielten Beine seiner Frau an den späten Ankömmlingen aus.

Damit wendet er sich zur Treppe, um hinabzusteigen.

„Bei der Göttin der Barmherzigkeit, laß uns ein!" bettelt Hu-li. „Wir haben kostbare Ware. Denke, wenn sie geraubt wird! Ich will dir deine Freundlichkeit gut lohnen ..."

Mehlkloß bleibt stehen. „Gut lohnen" hat der Mann gesagt. Wie Pagodenglöcklein klingen ihm die Worte in den Ohren. Hilft ihm der Himmel aus seinen Spielschulden und rettet die Beine der Lahmen Ente?

„Wieviel?" fragt er gespannt, und sein Herz klopft vor Erwartung.

„Was verlangst du?" forscht Hu-li.

„Achtzig Kupfer-Li." Mehlkloß bricht der Schweiß aus. Zahlt der Kameltreiber die Summe – es ist der Sold für einen ganzen Monat!

„Du sollst sie haben", antwortet Hu-li nach einer Weile.

„Ich bin ein Dummkopf", denkt Mehlkloß, „ich bin zu bescheiden."

Zögernd ruft er hinab, er übertrete seine Dienstvorschrift, und die sei streng, sehr streng. „Werde ich ertappt, kostet es meinen Kopf. Ist meine Gehirntasche nicht das Doppelte wert?"

Der Kameltreiber denkt an die geringe Summe, die noch nicht den halben Wert eines Silberstückes beträgt, und willigt ein: „Soviel ist dein Kopf wert. Du sollst einhundertsechzig haben."

Zwei Monate Sold. Fehlt noch der dritte. Kalt und heiß läuft es Mehlkloß über den Rücken. Dann wäre er seine Barschulden los ... Die Beine der Lahmen Ente – nun, das findet sich auch noch ...

Ein Stoßgebet zur Göttin Kuan-yin, und zähneklappernd stammelt er: „Eure Herrlichkeit, euer Gnaden ... wenn die Räuber euch überfallen ... eure kostbare Ladung ist verloren ... eure Heimat

seht ihr nie wieder ... keine Frau mehr ... keinen Reisschnaps mehr ... Ist das alles nicht auch noch achtzig Kupfer-Li wert? ... Guter Freund, gib noch achtzig zu ... keinen Li mehr, keinen weniger ... zweihundertvierzig ... du willigst ein ... Sieh, ich komme schon, ich eile schon, gleich ist das Tor offen, gleich bist du in Sicherheit, du und dein Gefährte und deine Kamele und deine kostbare Ladung." Seine Worte überstürzen sich.

Der Kameltreiber zögert. Zwar hat er die zweihundervierzig Li schon bereit, das Doppelte, das Vierfache, das Zehnfache ... Aber das darf der Tölpel auf der Mauer nicht ahnen. Jetzt ist er, der Kameltreiber, „euer Herrlichkeit, euer Gnaden" und läßt den Dummkopf da oben ein wenig zappeln. Er heißt nicht umsonst „Fuchs" und hat den armseligen Torhüter längst durchschaut.

Schon sieht Mehlkloß seinen goldenen Traum ins Nichts versinken, da erklärt sich Hu-li unter verdrießlichem Brummen endlich bereit, die zweihundervierzig Li zu zahlen.

Mehlkloß fällt vor wonniger Eile fast die steile Turmtreppe hinab. Sein Herz blüht wie ein Kirschbaum, und obwohl es Nacht ist, scheint ihm die Sonne. Morgen wird er sich endlich wieder einmal ordentlich satt essen. Reis wird er sich kaufen und Drachenbartgemüse und Feldhuhn und Riechende Hühnerkinder. Das Leben ist schön, wenn man keine Schulden mehr hat. Lahme Ente? Das wird sich noch finden.

Unter diesen fröhlichen Gedanken ist er ans Tor gelangt. Der rostige Schlüssel dreht sich schwer, und die eisenbeschlagene Tür öffnet sich knarrend.

Herein schwankt die kleine Karawane. Die Kamele lassen sich nieder, die Reiter steigen ab und begrüßen höflich den Torhüter.

„Gute und ewige Ruhe wünsche ich dir", sagt Hu-li.

Sorgfältig verschließt Mehlkloß wieder das Tor und empfängt zitternd vor Glück im schaukelnden Laternenlicht drei Schnüre. Achtzig viereckig durchlöcherte Kupfer-Li sind auf jede aufgereiht ... zweihundertvierzig Li! Nun hält er sie in der Hand, sie sind sein. Er ist außer sich vor Freude.

Am liebsten möchte er dem Kameltreiber um den Hals fallen, so dankbar und selig ist er.

„Kommt herein und wärmt euch ein wenig an unserm Herdfeuer", lädt er sie herzlich ein. „Trinkt heißen Tee mit uns."

Rasch geht er voran, während die Kameltreiber ihre Tiere ver-

sorgen, und verständigt seine beiden Kameraden von dem unver-
hofften Besuch.

Wildes Huhn und Kleine Schildkröte sind wegen der Übertretung
der strengen Dienstvorschriften böse. Als sie aber hören, die Fremden hätten kostbare Ladung und anscheinend viel Geld, beruhigen
sie sich bald.

„Wir wollen sie zum Spiel verlocken und schröpfen", flüstert
Mehlkloß und denkt an die beiden Beine der Lahmen Ente.

Die Treiber treten ein. Ehrerbietige Begrüßung auf beiden Seiten.
Bescheiden lassen sich Hu-li und Lang-hsin nieder und packen ihre
Vorräte aus: kaltes Gänsefleisch und Hirsebrot. Dazu stellen sie
eine große Flasche Reisschnaps auf den Tisch.

„Erweist uns geringen Männern die Ehre und nehmt von unsern
Gaben als Dank für eure Gastfreundlichkeit", lädt Hu-li die Soldaten ein.

Die drei Torhüter lehnen höflich und nachdrücklich ab und greifen
dann ohne Umstände zu. Gänsekeule mundet doch besser als Feldhuhn und Riechende Hühnerkinder, und wenn sie auch satt sind, so
stopfen sie doch die guten Bissen in sich hinein, als hätten sie tagelang
gehungert. Dazu gluckert der himmlische Reisschnaps wärmend die
Kehle hinunter.

Hu-li und Lang-hsin werden hochachtungsvoll aufgefordert zum
Wei-ki. Man spielt zu zwei Parteien, die Soldaten gegen die Treiber.
Die Spielerleidenschaft steigert sich mehr und mehr, und die Kamel-
treiber verlieren unaufhörlich. Die Torhüter dritteln ihren Gewinn,
und als Mehlkloß jetzt fünf Li beisammen hat, schiebt er sie Kleiner
Schildkröte zu, indem er ihm ins Ohr flüstert: „Für das eine Bein."

In der Freude des Gewinnes trinken die Soldaten hastiger und
merken nicht, daß ihre Tassen, kaum geleert, schon wieder gefüllt
sind, während die beiden Treiber nur vorsichtig nippen.

Schließlich haben die Fremden alles Geld verspielt und sogar
Schulden gemacht. Auch ist die Flasche leer.

„Draußen habe ich noch mehr Vorrat – Geld und Reisschnaps",
sagt Hu-li. Er greift die Flasche und erhebt sich. „Komm, Mehlkloß,
und leuchte mir."

Mehlkloß zündet die „Sie-ärgert-den-Wind-tot"-Laterne an und
begleitet seinen Freund hinaus.

Trübe flimmert das Licht durch das geölte Papier. Der Wind hat
sich zum Sturm verstärkt und heult unheimlich um den Turm. Die

Schatten der beiden Männer und der knienden Kamele zucken gespenstisch hin und her und auf und ab. Dem betrunkenen Mehlkloß verzerren sie sich zu huschenden und tanzenden Spukgestalten. Ein banges Gefühl fällt ihn an.

„Eile dich!" lallt er. „Mir graut ... Die Dämonen sind im Wind und gehen um."

Der Treiber verschwindet in der Schwärze des finsteren Torbogens und tappt in der Dunkelheit suchend umher.

Endlich hat er sein Kamel gefunden. Er kann es nicht sehen, nur fühlen. Es hat nur ein Ohr – daran erkennt er es.

Er tastet es ab ... hier ist der Hals, da hängt der Proviant, hängt der Lederschlauch mit Reisschnaps ... hier ist der Höcker, da hängen Lasso und Waffen ...

„Komm und leuchte!" ruft er laut in den heulenden Sturm.

Der kleine Soldat schwankt zu ihm.

Als Mehlkloß unter das Dunkel des Torbogens tritt, fliegt ihm plötzlich ein Lasso um den Hals.

Mit furchtbarer Kraft wird der Fangstrick zugerissen. Von dem harten Ruck stürzt der kleine Soldat zu Boden. Die Schlinge verbeißt sich so wütend in seine Kehle, daß auch nicht ein dünner Laut hindurchfährt.

Der kleine, dicke Mehlkloß, der sich so auf morgen freute, der keine Schulden mehr hatte und dem an seiner Lahmen Ente nur noch ein Bein fehlte, der kleine, dicke Mehlkloß ist tot. Erwürgt.

Hu-li tritt in die Torstube, stellt die frisch gefüllte Flasche auf den Tisch.

Lang-hsin blickt ihn verstohlen an. Hu-li nickt fast unmerklich.

Wildes Huhn und Kleine Schildkröte sind so betrunken, daß sie nur noch mühsam lallen. Sie spielen nicht mehr, sie vergnügen sich damit, einander die Brettsteine an die Köpfe zu werfen, worüber sie in grölendes Gelächter ausbrechen.

„Wwwo ... ist ... ist ... Kkkkkehl ... mmmmoss ...?" stammelt Wildes Huhn.

„Er liegt draußen und kann nicht aufstehen", berichtet Hu-li.

„Man muß ... muß ... ihn ... hereintragen", schlägt Kleine Schildkröte vor.

Die beiden Soldaten versuchen, sich zu erheben. Die Beine gehorchen ihnen nicht. Kleine Schildkröte rutscht ab und kullert unter den

Tisch. Wildes Huhn sackt auf die Bank zurück und legt sich auf die Seite.

Die beiden Kameltreiber bemühen sich um Kleine Schildkröte. Hu-li kriecht zu ihm unter den Tisch. Lang-hsin stellt sich mit dem Rücken vor Wildes Huhn.

Wildes Huhn fährt auf seiner Bank Schlitten durchs Zimmer, die Wände hinauf und hinab, an der Decke entlang. Dabei schaukelt sein Fahrzeug entsetzlich, alles dreht sich und kreist um ihn.

Da dringt wie aus weiter Ferne ein gräßlicher Ton an sein Ohr – gar nicht laut, aber seltsam schaurig. Der Ton schwingt näher und näher, wird deutlicher, bohrt sich schließlich in sein Gehirn. Das klang wie Todesröcheln!

Mit einem Male ist Wildes Huhn nüchtern. Entsetzt blickt er unter den Tisch ... Das Herz stockt ihm ...

Da liegt Kleine Schildkröte, das Gesicht bläulich, die Zunge hängt ihm weit aus dem Munde ... Um den Hals hat er eine Schlinge.

Mit einem Sprung fährt Wildes Huhn in die Höhe, greift nach seinem Säbel an der Wand.

Der Säbel hängt nicht mehr am gewohnten Platz. Hu-li schwingt ihn in der Hand.

Wildes Huhn reißt den groben Tisch hoch und haut ihn Hu-li, dem Fuchs, so wuchtig auf den Kopf, daß er blutüberströmt zu Boden sinkt.

Im gleichen Augenblick hat ihm Lang-hsin, das Wolfsherz, einen Dolch in den Bauch getrieben. Wildes Huhn bricht zusammen.

Ohne sich um Hu-li zu kümmern, ergreift Wolfsherz die Laterne, springt die Treppe hinan zum Turm und schwenkt das Licht hin und her.

Dann stürzt er zum Tor und öffnet es weit.

Feuersignale! Die Steppe vor der Großen Mauer wird plötzlich lebendig. Von allen Seiten, hinter Bodenwellen, aus Sandkuhlen, hinter Sträuchern und Grasbüscheln kriecht und schleicht und gleitet und wimmelt es heran.

Dunkle, schwer bewaffnete Gestalten strömen durch das geöffnete Tor ... immer mehr ... immer mehr ... fünfzig ... hundert ... tausend ... zweitausend ... viertausend ...

Pferde traben heran, die Nüstern mit Tüchern, die Hufe mit Stroh umwunden. Sie schnauben leise, und ihre Tritte sind gedämpft.

Kurze, verhaltene Kommandos ertönen. Schnell und lautlos ordnen sich die fremden Gestalten innerhalb der Großen Mauer in Gruppen und Abteilungen, sitzen auf und stieben mit Windeseile davon, und das Heulen des Sturmes verschlingt das gedämpfte, dumpfe Klopfen der Pferdehufe.

In die benachbarten Wachttürme stürmen bald darauf bewaffnete Männer, hauen die Soldaten nieder und öffnen die Tore sperrangelweit.

Landeinwärts in größeren Abständen liegen chinesische Wachtregimenter in Standquartieren. Sie stellen die Torwachen und sind zum Schutz der Großen Mauer in steter Alarmbereitschaft.

Nicht ein einziger Mann bleibt von ihnen in dieser blutigen Nacht am Leben. Nicht ein einziger, der erzählen könnte von den blitzschnellen Überfällen, von dem erbarmungslosen, grauenvollen Mordwüten . . .

Dann zucken Lichtsignale von den Tortürmen und greifen mit Riesenfingern weithin in die Steppe hinaus.

Und nun strömen durch die geöffneten Tore endlose Reiterscharen in das friedlich schlafende Land – wie ein Meer, das den schützenden Deich durchbrochen hat und, alles verheerend, die weite Ebene überschwemmt.

So bricht er ein in das Reich der Mitte, in den Garten des Himmels, er, der furchtbare Herr der Heerscharen, Tschingis Chan.

Das Insektenfest

Bunte Seidenwimpel flattern von den Türmen und dreischichtig geschweiften Dächern des Kaiserpalastes in Peking, und die ganze Stadt ist festlich geschmückt. Farbige Bilder der Insekten sind auf die Fähnchen gemalt, und Willkommenssprüche sind darauf geschrieben und rufen laut ins Land: „Seid gegrüßt, Insekten! – Ihr Käfer und Schmetterlinge, ihr Bienen und Wespen, ihr Fliegen und Ameisen, erwacht und belebt die Erde! – Tragt den Blütenstaub von Blume zu Blume, von Pflanze zu Pflanze, von Baum zu Baum, damit das Jahr fruchtbar werde!"

In den kaiserlichen Parks quaken die Frösche im Teich, zwitschern die Vögel, sprießen die Knospen, blühen Lotosblumen und die zauberhafte Orchidee Lan.

Teppiche und Matten sind auf dem Rasen ausgebreitet, seidene Kissen malerisch hingestreut. Der Sohn des Himmels begeht mit seinem Hause, mit den Prinzen und Prinzessinen, mit den hohen Würdenträgern und Mandarinen und deren Frauen, Söhnen und Töchtern das Insektenfest.

Und in allen Gärten der Stadt Peking und in allen Städten des Reiches der Mitte feiern die Chinesen das Frühlingsfest der Insekten.

Diener eilen geschäftig, Dienerinnen trippeln lautlos hin und her und bieten Erfrischungen und Leckereien an: Mehlkuchen, mit Bohnenstaub bestreut, Muscheln in Essig, getrocknetes Ingwerfleisch mit sauren Ameiseneiern, Fische, in Hundefett gebraten, Birnen, Datteln, Kastanien, Zuckerwerk, Honig, Nüsse, Melonen, Pfirsiche, Schlehen, Aprikosen und Essigpflaumen mit Soße aus Salzstücken.

Dazu wird Tee und süßer Hirse- und Reiswein in papierdünnen Porzellanschälchen gereicht.

Zärtliche Musik ertönt aus einem Pavillon, Gitarren, Flöten aus Jadestein, Hirtenpfeifen und Harfen mischen sich mit dem Spiel abgestimmter Glocken und Porzellankugeln, und Ku, die flache Trommel, pingpongt den Takt dazu.

Der Kaiser thront auf seidenen Kissen und malt eine Blume mit einem Schmetterling.

Um ihn herum stehen und sitzen die Verwandten, Freunde und der Hofstaat, und er plaudert würdig und freundlich mit ihnen, wie es sich für den Sohn des Himmels ziemt. Neben dem Kaiser hockt mit untergeschlagenen Beinen Ye Liu. Auf der andern Seite des Tien-tse aber, auf einem zierlichen Goldstühlchen, sitzt neben der Kaiserin die Verwandte des Himmelssohnes, Prinzessin Silbermond, und Ye Liu hat Zeit und Gelegenheit, das matte Elfenbein ihres Porzellangesichtes zu betrachten und ihrer Stimme zu lauschen, die wie ein Pagodenglöcklein tönt. Zwei goldene Spangen umwinden ihre schmalen Knöchel, in ihrem Gürtel blitzen Smaragde, eine weiße Chrysantheme leuchtet in ihrem blauschwarzen Haar.

In ihrer Hand hält sie den geschnitzten Ebenholzgriff eines seidenen Fächers, auf den eine wandelnde Frau und einige Verse gemalt sind.

Der Kaiser läßt den Pinsel sinken. In heiterer Feststimmung vergißt der Sohn des Himmels seine kaiserliche Würde und zwinkert den anmutigen Hofdamen zu: „Vom Himmel haben wir unseren Geist, darum ist der Geist das Himmlische in uns. Ihn üben und brauchen, heißt dem Himmel dienen. Kein Fest ohne Geist! Wie üben wir ihn? Durch Denken. Was schärft das Denken? Erraten! – O Vorgerückter Gelehrter, Herr der vierundzwanzigtausend Schriftzeichen, gib uns ein Rätsel auf."

„Ja", rufen die Frauen und Mädchen, „ein Rätsel!" Und sie klatschen in die Hände.

Ye Liu streicht seinen Bart. „Was ist das? Es flattert und gaukelt und ist doch kein Schmetterling. Es weht hin und her und ist doch kein Wind. Es hat zwei Beine und ist doch kein Vogel. Es ist rund und weiß und doch nicht der Mond."

Die Hofgesellschaft sinnt angestrengt nach. Dann beginnt ein eifriges Raten, lebhaft schwirren die Stimmen durcheinander. Aber niemand löst das Rätsel. Da erklingt hell der Ruf der Prinzessin Silbermond: „Das ist mein Fächer!"

Man stutzt einen Augenblick und prüft. – „Ja, es stimmt, es ist ihr

Fächer", lachen die Hofdamen, „seht den Griff, er hat zwei Stiele wie Vogelbeine."

„Nun wird es wirklich Frühling", sagt der Kaiser, „das Eis bricht, die wilden Gänse ziehen nordwärts, die Schwalben kehren wieder, die Schutzgeister steigen herab, die Insekten kriechen hervor ... und die Prinzessin Silbermond holt ihren Fächer aus der Truhe."

Man neckt die Prinzessin; denn sie ist dafür bekannt, daß sie von der ersten Schneeschmelze bis zum Wintersturm nie ohne Fächer gesehen wird. Man behauptet sogar, sie ginge mit ihm zu Bett.

Der Himmelssohn streckt die Hand nach dem zierlichen Kunstwerk aus und bewundert fachmännisch die Malerei. Auch Verse stehen darauf: „Du bist klug und gebildet, kannst sogar lesen, Silbermond. Laß uns hören."

Und die Prinzessin liest vor:

> „Wie Mond so zart, wie Schnee so weiß
> spannt sich mein Fächer rund im Kreis.
> Mein Herr trägt ihn, wo er auch geht,
> und stets mein Hauch ihn sanft umweht.
> Doch ach! Zerbrochen ist er bald –
> der Winter kommt, der Schnee fällt kalt.
> Mein Herr wirft in die Truh' ihn hin –
> hat mich verloren aus dem Sinn ..."

„Und von wem stammt dieses traurige Lied?" fragt der Kaiser.

Die Prinzessin weiß es nicht, und niemand kennt es. Aber Ye Liu ist ein Vorgerückter Gelehrter, aller Augen richten sich auf ihn.

Einen Augenblick denkt er nach, dann fällt es ihm ein: Pan-Tsieh-yü, eine Palastdame des Kaisers Hsiao-cheng, habe es gedichtet, als der erhabene Herr ihr seine Gunst entzogen hätte.

„Hüte also deinen Fächer", scherzt der Tien-tse, „sonst liegt er bald zerbrochen und unbeachtet in der Truhe – und deine Seele friert vor Betrübnis."

Die Prinzessin lacht unbekümmert. „Wem sollte ich ihn wohl schenken?" Dabei huschen ihre dunklen Augen über das ernste Gesicht Ye Lius. Er hat den Blick aufgefangen, und sein Herz beginnt zu klopfen.

Der Zeremonienmeister naht ehrfürchtig und bittet untertänigst zum Schauspiel. Die Künstler seien bereit.

Man erhebt sich und lustwandelt durch den Park. Auf einem freien Platz ist eine Holzbühne ohne Kulissen aufgeschlagen. Daneben stehen Pinien, hinter denen die Schauspieler hervortreten.

Der Tien-tse und sein Hof lassen sich erwartungsvoll nieder. Ye Liu glückt es, den Platz an der Seite der Prinzessin Silbermond zu erhaschen. Sie aber beachtet ihn nicht und blickt angelegentlich nach der Bühne, obwohl es dort nichts zu sehen gibt.

Nun tritt der Ansager an die Rampe, verneigt sich dreimal tief und verkündet, man werde auf besonderen Wunsch des Himmelssohnes das Stück von der „Frau mit dem Fächer" spielen.

Scherzworte fliegen zur Prinzessin hinüber: man habe noch gar nicht gewußt, daß sie die Heldin eines Theaterstückes sei, und welcher Dichter sie hierin verherrliche, worauf Silbermond schnippisch zurückgibt, die Frager hätten vorhin beim Rätselraten versagt, und ihr Scharfsinn lasse sie auch jetzt im Stich: sie sei höchstens das Mädchen mit dem Fächer.

Das Stück beginnt:

Eine alte Frau betritt die Bühne und wandert mühselig durch das Land. Der Schauspieler, der diese Rolle verkörpert, stellt die Hoffnungslosigkeit des ziellosen Wanderns durch Gang, Bewegungen und den verhärmten Ausdruck seines Gesichtes so wahr dar, daß man die endlose Landstraße wirklich zu sehen vermeint und Mitleid die Herzen der Zuschauer packt.

In der Hand trägt die Alte einen Fächer, auf dem die seltsamen Worte geschrieben stehen: „Jeder Mensch kann mich zur Mutter haben."

Sie begegnet einem armen Mann, der mit seiner Frau den ganzen Tag auf dem Felde fronen muß, um den notdürftigsten Lebensunterhalt zu erwerben. Sie haben niemanden in ihrer ärmlichen Hütte, der auf ihre vier kleinen Kinder aufpassen und sie versorgen könnte.

Der Arme wundert sich über die seltsame Aufschrift, überlegt und bittet die Alte, seine Mutter zu sein und auf die kleinen Kinder zu achten. Er und seine Frau würden sie wie eine wirkliche Mutter ehren und werthalten und ihr Nahrung und Obdach geben.

Die Alte ist zufrieden, und sie wird liebevoll und ehrfürchtig gehegt und gepflegt, wie es nur eine Mutter erwarten kann.

Aber der Winter währt gar lange, die Vorräte sind fast aufgebraucht, der Hunger droht. Da nimmt die Alte kurzerhand Abschied, trotz der inständigen Bitten ihres „Sohnes" und ihrer „Schwiegertochter": „Ich will euch nicht länger zur Last fallen. Wird eure Not zu groß, so verkauft meinen Fächer, den ich euch aus Dankbarkeit überlasse, und kommt zu mir. Ich bin die Mutter Kuan und wohne in der Stadt Tien."

Als das Elend unerträglich wird, verkaufen die Armen nach langem Zögern den Fächer und erhalten eine unerwartet hohe Summe dafür. Mit ihren Kindern reisen sie nach Tien, der Himmelsstadt, und fragen nach der Mutter Kuan.

Ehrerbietig weist man sie zu einem Palast, und hier schließt die gute und barmherzige Mutter Kuan, nun strahlend und schön gekleidet, sie liebevoll in die Arme.

„Kommt und bleibt für immer bei mir", sagt sie voll Güte. „Ihr habt mir Gutes getan, als es euch selbst schlecht ging, ich will es euch danken. Ihr seid meine lieben Kinder, und ich bin eure Mutter Kuan..."

„-yin", fügt Silbermond leise hinzu; sie hat schon längst erraten, daß Kuan die große Mutter der Barmherzigkeit ist.

Die Schauspieler haben ihre Rollen ergreifend gespielt, und der Beifall ist groß. Der Kaiser nickt ein ganzes dutzendmal, der Hof ist entzückt und gerührt, und die Prinzessin Silbermond tupft sich verstohlen die Augen.

Zuneigung durchströmt Ye Liu. Silbermonds Mitgefühl und ihre Freude über die Güte der göttlichen Mutter rühren ihn. Schönheit im Verein mit Güte – auch das Herz eines Vorgerückten Gelehrten kann solchen Vorzügen nicht widerstehen, und er flüstert vor sich hin: „Holde Silbermond!"

Ob sie es gehört hat? Sie hält ihren Fächer vors Gesicht, doch ihre Augen blicken verstohlen über den Rand.

Mittlerweile ist es Abend geworden. An den Bäumen sind die bunten Papierlaternen angezündet und beleuchten freundlich den Weg zum Palast.

Die Hofgesellschaft bricht auf, an der Spitze Kaiser und Kaiserin, geleitet vom Zeremonienmeister. Auf dem Weg durch den Park ziehen sich die Gruppen auseinander, und der eine und andere bleibt ein wenig zurück.

Ye Liu geleitet die Prinzessin. Der weiche Frühlingsabend, die bunten Papierlaternen, der dunkle Park versetzen ihn in traumhafte Stimmung.

In der Prinzessin klingt noch das Erlebnis des Schauspiels nach. Leise sagt sie: „Heute abend werde ich Kuan-yin in einer Jadeschale Blumen und Kräuter verbrennen. Möge sie mein Opfer gütig annehmen und auch mir helfen, wenn ich in Not gerate."

Der Wunsch zu beschützen erwacht in Ye Liu, und er redet fast wie ein Buch: „Wie könnte die Prinzessin Silbermond solches erfahren, da sie unter dem väterlichen Schutze des Himmelssohnes steht! Nie darf das geschehen. Kuan-yin möge es verhüten! Sollte aber wider Erwarten doch ein Unglück hereinbrechen, dann bitte ich um die Ehre und Freude, der Prinzessin mit meiner ganzen Kraft helfen zu dürfen. Es wäre mein höchstes Glück."

Die Prinzessin wird rot, doch das kann Ye Liu zum Glück in der matten Beleuchtung nicht sehen. Dann lächelt sie: „Wird das gehen? Wird der Herr der vierundzwanzigtausend Schriftzeichen dazu imstande sein? Ein so großer und starker Mann – und ist betrübt, wenn sein Haar naß wird, und sein Herz färbt sich grau."

Sie hat also sein Gedicht gelesen.

„Der Tien-tse gab es mir." Sie nestelt an ihrem Gewande und zieht die golden beschriftete Silberseide heraus.

Die Prinzessin Silbermond trägt sein Lied auf ihrer Brust! Weiß sie . . . ?

Sie weiß . . . eine Frau errät schnell . . . „Das Haar des Vorgerückten Gelehrten ist wieder trocken . . . ist sein Herz noch grau?"

Da findet auch der Tsin-schi die rechte Antwort, und er bedarf dazu nicht der Bücher der Weisheit noch der vierundzwanzigtausend Schriftzeichen. „Rot ist es, tiefrot wie der Mund der Prinzessin Silbermond." Leidenschaftlich ergreift er ihre Hand und drückt sie zärtlich, und er spürt, daß sie seinen Druck erwidert.

Plötzlich leuchten vor ihnen am Palast Fackeln auf, Diener rennen hin und her, Generale und Mandarine eilen, aufgeregt hüpfend, zum Kaiser und umringen ihn. Rufe ertönen, Hände fuchteln, Getümmel! Soldaten jagen an ihnen vorbei und laufen zum Palast.

„Beim Himmel, was ist geschehen?" ruft die Prinzessin.

„Silbermond", bittet Ye Liu unter Herzklopfen, denn wer weiß, wann eine so günstige Gelegenheit wiederkehrt, „eine Frage flattert hinter meinen Lippen – wie eine Pekingnachtigall hinter Käfigstäben . . ."

„Oh, das arme Sonnenvögelchen", bedauert die Prinzessin das gefangene Geschöpf, „du mußt das liebe Tierchen nicht so quälen!"

Da öffnet Ye Liu den Käfig und läßt seine Bitte rasch hinaus-
schlüpfen: „Darf ich beim Sohn des Himmels um dich werben? ...
Es wäre mein ganzes Glück!"

Die Prinzessin bleibt einen Augenblick stehen, senkt den Kopf,
blickt den Vorgerückten Gelehrten an. „Damit du nicht wieder stundenlang im Regen herumläufst und dein Haar naß wird – du darfst
es."

Schnell hastet die Prinzessin weiter. In der Eile stolpert sie, und
sie gibt sich auch nicht die geringste Mühe, ihre Lilienfüße in Ordnung zu halten, sondern fällt dem Vorgerückten Gelehrten einfach
in die Arme.

Da drückt er wider alles Hofzeremoniell die Geliebte an seine
breite Brust und wagt, seine Nase an ihrem Näschen zärtlich zu
reiben.

Sie aber, die erlauchte Prinzessin und kaiserliche Verwandte des
Sohnes des Himmels – sie erwidert seine Liebkosungen.

Schließlich löst sie sich sanft aus seinen Armen. „Wir müssen eilen."
Dabei schiebt sie ihm ihren Fächer in seinen weiten Ärmel. „Ewig
sollst du ihn tragen – nie ihn in die Truhe werfen", sagt sie lächelnd,
aber in ihren Augen stehen Tränen.

Schweigend langen sie am Palast an.

Da steht der Kaiser, sein Gesicht ist blaß, seine Lippen zucken,
seine Augen blicken verstört. Auf der Erde liegt die Kaiserin in tiefer
Ohnmacht. Die Hofdamen bemühen sich um sie. In Angst und Be-
stürzung umringt das Gefolge den Tien-tse. Vor dem Kaiser kniet
tiefgebeugt der Obergeneral.

Ye Liu Chutsai tritt heran und bittet Wai-Schao-Wang, ihm seine
Hilfe anbieten zu dürfen.

Der Kaiser schaut ihn geistesabwesend an, nickt. Setzt zum Sprechen an, doch seine Stimme gehorcht ihm nicht. Stumm berührt er
den Obergeneral.

Der Obergeneral richtet sich schwerfällig auf und stammelt:

„Er steht vor den Toren."

„Wer steht vor den Toren?" fragt Ye Liu beherrscht, aber sein
Herz klopft vor Erregung.

Der Obergeneral stiert ihn an, als verstünde er die Frage nicht.

„Wer steht vor den Toren?" wiederholt Ye Liu.

„Tschingis Chan!"

„Unmöglich, General! Die Dämonen haben deinen Sinn verwirrt."

„Es ist so, o Tsin-schi."

„Tschingis Chan steht vor den Toren der Großen Mauer?"

„Vor Pekings Toren!" stöhnt der Obergeneral. „Er hat die Große Mauer durchbrochen! List oder Verrat, wir wissen es nicht ... Unsere erste Armee hat er niedergeritten ... Unsere zweite verirrte sich in den Schluchten der Gebirge. Er hat sie umzingelt und zersprengt... Die fliehenden Trümmer stießen auf unsere Hauptarmee, brachten sie in Unordnung ... Panik brach aus ... die Hauptarmee löste sich auf, ward fortgerissen, flutete zurück ... Hinter ihnen her die mongolischen Reiter ... In zwei Tagen, ja morgen schon kann Tschingis Chan vor Peking stehen!"

Der Vorgerückte Gelehrte braucht eine Weile, um die furchtbare Nachricht zu fassen. Frieden und Sicherheit und Bücher und Insektenfest und Silbermond, ja Silbermond und der Park und der Fächer – und nun auf einmal Tschingis Chan! Das paßt doch nicht zueinander!

„Und die Festungen, die die Straßen nach Peking sperren?"

„Die kleineren hat er überrannt, die größeren eingeschlossen. Er selbst ist mit der Hauptmacht weitergestürmt."

Ye Liu hat das Gefühl, als liege er auf seinem Kang und träume einen bösen Traum. Die Menschen um ihn haben verzerrte Gesichter, die düster rauchenden Fackeln tanzen wie höllische Geister. Hilflos streicht er sich über das Gesicht.

Sein Blick fällt auf Silbermond, die ihn in Angst, Liebe und Vertrauen anschaut. Da nimmt er sich zusammen. Eben erst hat sie von Not und Unglück gesprochen, als habe sie es geahnt – und nun ist es da! Aber niemand hätte so Schreckliches auch nur gedacht! Er muß ihr helfen, ihr und dem Kaiser und dem Reich. Alle haben den Kopf verloren – er, der Vorgerückte Gelehrte, wird für sie alle denken – er ist stark, er wird für sie alle handeln!

Klar und bestimmt sagt er mit hallender Stimme – und von seiner Hünengestalt und seinem kraftvollen Baß strömt Ruhe aus:

„Peking ist eine befestigte Stadt. Bis morgen sind wir zur Verteidigung gerüstet. An unseren Wällen wird der Ansturm der Wüstenreiter zerschellen. Seid ruhig! Laßt uns sofort ans Werk gehen!"

Seine Sicherheit überträgt sich auf die andern. Er hat recht, Peking ist uneinnehmbar. Langsam erholen sich alle von dem lähmenden Entsetzen.

Die Kaiserin wird von den Frauen in ihre Gemächer gebracht.

Prinzessin Silbermond kann sich von Ye Liu nur mit einem Blick verabschieden.

Der Kaiser ist völlig gebrochen. Nur mit Mühe gelingt es dem Vorgerückten Gelehrten, ihn zur sofortigen Einberufung eines Kriegsrates zu bestimmen. Teilnahmslos sitzt er in seinem Thronsessel, stiert vor sich hin und sagt zu allen Vorschlägen und Beschlüssen ja.

Die Würdenträger, Mandarine und Generale sind versammelt, und die Verteidigungs- und Abwehrmaßnahmen sind besprochen und festgesetzt. Der Oberbefehl soll dem Obergeneral übertragen werden, aber er ist bisher nicht erschienen. Man wird unruhig und sucht ihn. Im Park finden sie ihn unter einem Baume liegend, tot. Er hat die vermeintliche Schande nicht ertragen wollen und sich selbst gerichtet ...

Die ganze Nacht hindurch und den folgenden Tag wird fieberhaft gearbeitet und geschanzt. Waffen und Steine werden auf die Mauern getragen, Türme und Zinnen besetzt, die Palisaden befestigt, die Zitadellen gerüstet, die breiten und tiefen Gräben vor den Wällen unter Wasser gesetzt. Die in ununterbrochenem Flusse hereinströmenden Soldaten der zurückflutenden Armee werden gesammelt und mit den Garnisonstruppen neu formiert.

Zuletzt werden die Tore fest verrammelt und mit dicken Balken versperrt. Nur ein Seitenpförtchen nimmt noch vereinzelte Flüchtlinge auf.

„Erwacht und kommt, Insekten!" – so haben sie gerufen, fleißige Männer und emsige Frauen und fröhliche Kinder, und haben voll harmloser Lust und Heiterkeit den festlichen Tag ahnungslos begangen.

Seht, dahinten vom Horizont her wimmelt es heran in unzähligen, schwarzen Schwärmen, summt und braust und dröhnt mit Windeseile näher. Da kommen sie wirklich, die Insekten: die Raubkäfer und Totengräber, die Aaskäfer und Skorpione, die Bremsen und Moskitos, die fressenden Heuschrecken und giftigen Taranteln – die schrecklichen Insekten aus den Steppen und Wüsten der Gobi.

Sie sind da!

Brausend branden an die Mauern von Peking die Heerscharen des Tschingis Chan!

O jammervolles Insektenfest!

Von den luftigen Plattformen der Türme schauen hinter mannshohen Brustwehren die Würdenträger, Mandarine und Generale voll Schrecken und Staunen hinab auf die unübersehbaren Scharen, die in dichtem Gewimmel das Gelände um Peking füllen. Die Kaiserstadt ist eingeschlossen, soweit das Auge reicht.

Auch der Sohn des Himmels hat es sich nicht nehmen lassen, mit Ye Liu diesem unerhörten Schauspiel beizuwohnen. Gramgebeugt, aber doch voll gespannter Erwartung späht er nach seinem furchtbaren Feind aus.

Auf einmal entsteht unter den mongolischen Reitern lebhafte Bewegung, und Wai-Schao-Wang sieht, wie sie in weitem Kreise ehrfürchtig Platz machen. Ein einzelner Reiter sprengt heran und hält dann unbeweglich. Er sieht aus wie ein einfacher Soldat in seinem Panzer aus gehärtetem und lackiertem Yakfell, mit der ledernen Sturmhaube auf dem Kopf. Ein braunrötlicher Bart umgibt das breite Kinn. In der Hand aber trägt er einen Stab, das Feldherrnzepter, geschnitzt aus Menschenknochen.

Daran erkennt man ihn.

Das ist er, Tschingis Chan!

Ihm folgt seine Leibgarde, die Wildwasser, und macht in angemessener Entfernung halt. Seine drei Marschälle reiten vor und flankieren ihn rechts und links. Der eine mit dem pockennarbigen Gesicht sei der alte, schlachtenerprobte Orkhon Muhuli, der andere mit den vielen Narben der Draufgänger Tschepe Nojan, und der dritte, der Marschall ohne Nase, sei der Orkhon Ssubotai, so wird dem Tien-tse berichtet.

Tschingis Chan hebt die Hand und beschattet die Augen. Das also ist Kambaluk, wie die Mongolen die chinesische Hauptstadt nennen. Prüfend ermißt er Stärke und Widerstandskraft der Befestigungen. So gewaltig hat er sie sich nicht vorgestellt.

„Diese breiten Gräben, die ragenden Wälle, die festen Zitadellen und diese zehn Mann hohen Mauern – was dünkt dich, Orkhon Tsche Nojan, ist es möglich, sie zu stürmen?"

„Drauf und dran!" ruft der zerhauene Tschepe. „Morgen, o Tschingis Chan, sitzt du auf dem Drachenthron!"

„Was denkt Orkhon Ssubotai?"

„Nur mit List ist es möglich, Großer Chan."

„Und Marschall Muhuli?"

„Erstürmen ist unmöglich. Wir müssen **Kambaluk aushungern,** Tschingis Chan."

Der Kaiser der Welt durchpflügt seinen Bart, seine Mundwinkel sind herabgezogen. Unter dem hängenden Schnurrbart leuchten die Lippen wie ein blutroter Strich hervor. Seine braungrünen Augen laufen die Mauern hinauf und hinab.

„Für heute will ich dem Sohn des Himmels meinen Antrittsgruß übersenden", und er gibt den drei Orkhons einen kurzen Befehl.

Gleich darauf schwirren Zehntausende spitzer Pfeile zu den Brustwehren und Mauern empor. Hie und da sinkt zwar ein Chin-Krieger blutend zu Boden, aber die Treffer sind bei der Höhe der Befestigungen und der weiten Entfernung gering.

Die Chinesen erwidern die Begrüßung. Sie schießen von der Höhe der Türme in die Ebene hinab, und so ist die Flugkraft ihrer Pfeile bedeutend stärker, um so mehr, als sie auch über weit bessere Bogen verfügen. Die mongolischen Reiter sind in dem offenen Gelände ohne Deckung und erleiden ziemliche Verluste, zumal die Chin-Männer vortreffliche Schützen sind. Unmutig nimmt Tschingis Chan seine Leute aus der Schußlinie zurück, worüber in den Herzen der Chinesen zögernd Freude aufquillt. Aber kein Laut kommt von ihren Lippen, sie bleiben gleichmütig und beherrscht.

Mittlerweile ist es Abend geworden. Wachtfeuer flammen drunten auf, und bald ist die weite Ebene von Tausenden und aber Tausenden leuchtender Punkte übersät. Zelte werden aufgeschlagen, Speisen aus der reichen Beute dieses fruchtbaren Landes bereitet. Kumysch und erbeuteter Reiswein feuchtet die trockenen Reiterkehlen, aus denen lautes Schwatzen und Schreien, Lachen und Lärmen herübertönt, während Peking finster und still das Unheimliche erwartet.

Mitternacht ist vorüber, die Reiter Tschingis Chans schlafen ruhig und sorglos, nur die Wachen gehen die Runde auf und ab, beschützen die Schläfer und nähren die Feuer.

Da setzt man leise auf Pekings Wällen nach Ye Lius Rat die Kriegsmaschinen, die Steinschleudern, Wurfmaschinen und Armbrustgeschütze in Gang.

Baumstarke Hebebäume werden von dicken Tauen und zähen Winden kräftig gebogen, die Haken gelöst, und mit Wucht schnellen die riesigen Balken in ihre frühere Lage zurück. Steine von Zentnerschwere werden weit durch die Luft geschleudert und kommen heu-

lend geflogen. Krachend schmettern sie auf die Zelte nieder und zerdrücken sie wie Maulwurfshügel. Haufen von zerquetschten Leibern, von zerbrochenen Gliedmaßen, von zermalmten Köpfen liegen da, wo eben noch sorglose Schläfer schnarchten.

Von Entsetzen gepackt, fahren die Mongolen aus dem Schlafe, stürzen aus ihren Zelten, schreien und brüllen.

Da sausen Eisenkugeln von Männerkopfgröße in das aufgeregte Getümmel, knicken Knochen, zerschlagen Körper und reißen breite Lücken. Armlange, faustdicke Holzbolzen mit mächtigen eisernen Spitzen zischen dazwischen und bohren entsetzliche Löcher in die Menschenleiber.

Jammern, Stöhnen, Heulen, Kreischen, ein wildes Durcheinander! Und jetzt! Fallen die Sterne brennend herab?

Prasselnd schießen fliegende Feuer durch die Nacht. Es sind die pulvergeladenen Brandraketen, aus eisernen Röhren abgeschossen.

„Die Dämonen! Die Dämonen werfen die Himmelsfeuer auf uns!" Grauen schüttelt die hartgesottenen Krieger Tschingis Chans.

Zischend fressen sich die Brandraketen in die Filzzelte, die wie Zunder auflohen. Da hilft kein Löschen, kein Ausstampfen, das Pulver sprüht in züngelnden Feuergarben umher, brennt und sengt, und die Zelte gehen in Rauch und Flammen auf.

Die scheu gewordenen Pferde rasen geblendet umher, zertrampeln Geräte und Menschen, brechen in die unversehrten Zelte, stürzen übereinander, jagen, von Angst gepeitscht, in die Nacht hinaus. Die Krieger springen in gewaltigen Sätzen hinterher und suchen der

schrecklichen Heimsuchung zu entkommen. Sie laufen und laufen, ohne anzuhalten, bis ihre Kraft versagt und sie röchelnd zu Boden stürzen.

O Ye Liu, Vorgerückter Gelehrter, dein Plan war vortrefflich! Warum hast du versäumt, deine Soldaten hinaus aus den Mauern zu werfen? Wenn du jetzt einen Ausfall gemacht hättest, wenn deine tapferen Krieger über die völlig kopflosen, vom Feuer gejagten Mongolen hereingebrochen wären – wer weiß, was aus Tschingis Chans Traum eines Weltherrschers geworden wäre! Wieviel Tränen und Leid wären dir, Garten der Mitte, erspart geblieben! Ihr aber begnügtet euch mit dem Erfolg des Augenblicks und sanket dann zurück in eure abwartende Ruhe...

Als Tschingis Chan, von dem Tumult jäh aufgejagt, vor sein Zelt stürzt, hockt er sich instinktiv nieder. Das fliegende Feuer verwirrt und erschreckt ihn. Ratlos reibt er sich die Augen: Ist das ein Höllenspuk, was er da vor sich sieht? Ihm graut vor einem Dämoneneinfall, beschworen von den Zauberern der Chin-Männer, die sich mit ihrem Geheimwissen magischer Formeln die bösen Geister dienstbar gemacht haben.

Aber seine Selbstbeherrschung und erstaunliche Geistesgegenwart verläßt ihn auch nicht bei diesem schauerlichen Anblick. Er zwingt sich, die Flugbahnen der Geschosse genau zu beobachten.

Seine drei Marschälle eilen zu ihm. Auch sie, anfangs ratlos, bewahren, wenn auch mühsam, ihre Beherrschung.

Der alte, erfahrene Muhuli faßt sich von den Orkhons zuerst. Er erinnert sich, von den seltsamen Maschinen der Chin-Männer und ihrem fliegenden Feuer gehört zu haben.

Tschingis Chan zerkämmt den braunroten Bart. „Seht ihr, daß die Geschosse und das fliegende Feuer die hinteren Zelte nicht mehr erreichen? Dämonen würden die Verheerung bis in die letzten Linien tragen. Dies hier ist Menschenwerk. Muhuli hat recht!"

Der Bann ist gebrochen. Durch knappe Befehle, aufklärende Zurufe und ihr furchtloses Vorbild gelingt es ihnen, die Krieger zu beruhigen. Die Wilden Wasser, zu unbedingtem Gehorsam erzogen, kehren zu disziplinierter Haltung zurück und helfen, in den Wirrwarr wieder Zucht und Ordnung zu bringen. Wo allzu verstörte Sinne Zurufen und Befehlen gegenüber sich unzulänglich erweisen, treiben pfeifende Lederpeitschen die Verschreckten zur Besinnung zurück. Die in die Nacht hinausgestürmten Soldaten werden gesammelt, und das Lager wird weit aus der Feuerlinie der Chin-Männer zurückverlegt.

Als der Morgen endlich graut, ist die schlimmste Gefahr überstanden. Nur noch vereinzelt heulen hie und da Steinblöcke, Riesenbolzen und Eisenkugeln durch die Luft und patschen dumpf in den Sand. Die Brandraketen haben im Tageslicht ihre Leuchtkraft eingebüßt; düster rauchend zischen sie wirkungslos zur Erde.

Tschingis Chan schaut zur Festung hinüber und schüttelt den Kopf, als verstünde er solch einen Mangel an Kriegskunst nicht.

Der pockennarbige Muhuli grinst. „Hätten sie drüben einen Tschingis Chan!"

Der stürmische Tschepe Nojan fällt ihm ins Wort: „Wenn wir erst ihre Maschinen erobert haben, wer kann uns dann widerstehen!"

„Auch ohne Maschinen!" sagt Tschingis Chan kurz. „Ariabalo hat mir die Weltherrschaft verheißen. Es kann uns nichts geschehen!"

Dies Wort läuft von Mund zu Mund und gibt den Reitern die Zuversicht wieder. Nach dieser Nacht fürchten sie nichts mehr. „Ariabalo ist mit Tschingis Chan und uns."

In Peking herrscht unbeschreiblicher Jubel. Der Feind ist abgeschlagen und hat sich zurückgezogen. Ye Liu hat recht behalten: die Festung ist uneinnehmbar. Es hat laut gedonnert, aber wenig geregnet, wie das Sprichwort sagt. Sie sind gerettet! Bald wird der Wüsten-Chan wieder abziehen müssen.

Der Himmelssohn strahlt vor Glück, fällt wider alle Zeremonien dem Vorgerückten Gelehrten um den Hals und umarmt Mandarine und Generale.

„Ye Lius Gelehrsamkeit und eure Tüchtigkeit haben Peking befreit. Laßt uns dem Himmel danken!"

In feierlicher Prozession ziehen sie zum Tempel. Wai-Schao-Wang führt das Opfertier, und seine Gemahlin trägt den kräuterduftenden Wein. Die hohen Würdenträger folgen dem Kaiser, und ihre Frauen geleiten die Kaiserin.

Auf dem großen Altar wird das Opfertier zu Ehren des Himmels verbrannt und die Opferreste zu Ehren der Erde eingegraben. Allen wird gedankt, den Gottheiten der Sonne, des Mondes und der Sterne, den vier Weltgegenden, den Urahnen, Ahnen und Vorfahren.

Kleinere Dankopfer werden dargebracht dem Vermittler des Schicksals, den Torgeistern, den Wegdämonen und den ehrwürdigen Quälgeistern.

Laut feierlich betet der Tien-tse:

„O erhabener, hehrer Himmel,
der du herableuchtest auf die niedere Erde
und sammelst die Seelen der Menschen,
nimm durch mich den Dank des Chin-Reiches entgegen!
Laß den Garten der Mitte blühen und gedeihen,
und bewahre ihn fürderhin vor Not und Unglück.
Vor dir besteht kein Einst und kein Heute.
Ich, der Kaiser Wai-Schao-Wang, erflehe in Verehrung
den Segen des erhabenen Himmels."

Im Palast vereinigen sich die Mandarine und Generale mit dem Kaiser zum Siegesfeste.

Der erhabene Herrscher nimmt den Vorgerückten Gelehrten beiseite.

„Erbitte dir eine Gnade", sagt er überglücklich, „ich verdanke dir viel."

Ye Liu verneigt sich lächelnd: „Du bist, o Goldener Herrscher, der Höhle des Wolfes entronnen – nun gerätst du in den Rachen des Tigers."

Der Kaiser reißt die Augen auf. „Ist dein Wunsch so groß, daß er mich verschlingt? Nun, trotzdem sei er gewährt."

„Alles hat seine Ursache. Wasser haben Quellen, Bäume ihre Wurzeln. Ich, o Himmelssohn, habe meinen Grund im Herzen der Prinzessin Silbermond. Ohne sie bin ich wurzellos und ohne Quelle."

Der Goldene Herrscher scheint gar nicht überrascht. Wohlwollend sieht er Ye Liu an.

„Wenn der Wind nicht weht, bewegen sich die Bäume nicht. Ohne Prinzessin Silbermond kann der Vorgerückte Gelehrte nicht leben. Soll ich an seinem Tode schuld sein?"

Überströmend dankt Ye Liu seinem Herrscher.

„Ich freue mich, o Ye Liu", sagt der Kaiser mit Offenheit, „dich durch die Prinzessin Silbermond noch enger an mich zu binden. Die Fürsten von West-Liao im Reiche der Kara-Kitai, deine Verwandten, sinnen seit langem auf Vergeltung. Weil meine Ahnen vor hundert Jahren ihre Ahnen vertrieben haben, wollen sie sich jetzt an mir rächen. Wie meine Kundschafter berichten, sollen sie sogar einen Vertrag mit Tschingis Chan geschlossen haben."

„Sie sind Rebellen gegen die Ordnung des Himmels", entgegnet Ye Liu und ergeht sich, wie es einem Vorgerückten Gelehrten wohl ansteht, sogleich in staatspolitischen Ausführungen:

„Alles Irdische ist nur ein Abbild des Himmels. Nur einen Himmel gibt es mit Sonne, Mond und Sternen, der die ganze Erde umschließt. So auch nur einen Sohn des Himmels, der mit den Fürsten, Grafen, Freiherrn und Großwürdenträgern im himmlischen Auftrage über alle Länder waltet. Vergehen sich meine Vettern an dieser Ordnung, so freveln sie am Gesetz des Himmels! Darum, o Tien-tse, halte ich dir die Treue – auch ohne die Prinzessin Silbermond."

Diese kosmische Begründung seines Kaisertums entzückt den Goldenen Herrscher aufs höchste: er preise sich glücklich, einen Freund und Ratgeber zu besitzen, in dem sich Gedankentiefe, Gelehrsamkeit und Tatkraft harmonisch durchdrängen. Silbermond dürfe froh und stolz sein, einen solchen Mann, einen so hünenhaften Philosophen zum Gatten zu erhalten. Um zu naheliegenden Dingen zurückzukehren: die Hochzeit solle gefeiert werden, sobald der Feind abgezogen sei, was nicht mehr lange dauern könne.

Ye Liu erhält die Erlaubnis, der Prinzessin die Mitteilung ihrer Verlobung und baldigen Vereinigung selbst zu überbringen, und beglückt liegen sich beide in den Armen.

„So wird Leid die Wurzel der Freude", lächelt Silbermond. „Wer hätte gedacht, daß der böse Tschingis Chan, ohne es zu wissen, unser Brautwerber sein würde! Eigentlich müßten wir ihm dankbar sein und ihn einladen, seine Abreise zu verschieben und mich als Braut-führer zum Tempel zu geleiten."

Doch dann vergeht ihr Lachen: „Ich glaube, ich stürbe, wenn der schmutzige Wüstenhäuptling seine blutige Hand nach mir aus-streckte!"

„Berede es nicht, und sprich nicht einmal im Scherz von so schreck-lichen Dingen", warnt Ye Liu. „Du könntest die Geister auf böse Gedanken bringen!"

Scheu blickt Silbermond sich um. Gleich darauf strahlt sie wieder: „Der Himmel und Kuan-yin schützen uns... Und du bist auch noch da, ein so starker Mann."

Da lacht auch Ye Liu mit seinem Urbaß und schließt sie schützend in seine Arme.

Tage und Wochen vergehen. In weitem Umkreis ist Peking ein-geschlossen. Tatenlos lungern die Mongolen herum, es kommt höch-stens gelegentlich zu einer unbedeutenden Plänkelei.

Eine Erstürmung der Festung ist unmöglich, man muß sie aus-hungern. Das kann lange dauern. Die Riesenstadt ist reich an Vor-räten, die Kornspeicher und Reislager sind gefüllt, die Gärten und Äcker innerhalb der Wälle wohl bestellt. Die Teiche bergen Wasser genug, und der Tsing-ho strömt durch die Stadt. Tschingis Chan weiß wohl, daß die Chin-Männer Meister in Kunstbauten sind und es verstehen, einen Fluß abzugraben. Die Mongolen sind solcher Kunst bisher noch nicht mächtig, auch würden sie fürchten, die Was-serdämonen zu beleidigen.

Der Herrscher der Welt langweilt sich und beschließt, weiter gen Osten zu ziehen. Er übergibt Muhuli den Oberbefehl und schärft dem Draufgänger Tschepe Nojan nachdrücklich ein, sich nicht in Ab-wesenheit des Chans an Kambaluks Mauern den Schädel einzu-rennen!

Dann zieht er in Begleitung des Marschalls Ssubotai mit zwei To-mans gen Sonnenaufgang zur Erforschung und Unterwerfung des östlichen Landes. Sie durchschwimmen den jetzt im Frühjahr reißen-den Pei-ho und reiten an dem andern Ufer des gelbbraunen Schlamm-flusses entlang.

Die zahlreichen Gehöfte und Dörfer, auf die sie stoßen, brennen sie nach der Ausplünderung nieder, töten die Männer und Kinder und werfen die Leichen in den Fluß. Die Frauen nehmen sie mit. Vieh und Geflügel werden geschlachtet.

Nach mehreren Tagen verbreitert sich der Pei-ho zusehends, und schließlich erblicken sie in der Ferne eine unendliche, schimmernde Fläche, die mit dem Himmel zusammenzufließen scheint. Die Vorhut stutzt ob des unbekannten Anblicks und erwartet das Herankommen Tschingis Chans.

Der Kaiser der Welt läßt seine Truppen halten. Nur von Ssubotai und einer kleinen Leibwache begleitet, sprengt er im Galopp nach vorn.

Und dann zügelt er überwältigt sein Roß.

Tschingis Chan hat den Ozean erreicht.

Brandung umspült die Hufe seines Pferdes. Unbeweglich schaut er und schaut.

Soweit sein Auge blickt, dünt das Meer, sind Himmel und Wasser und Wasser und Himmel. Wie die wellenförmige Wüste sieht es aus, auch so fahlgelb – die Chin-Männer nennen es ja auch das Gelbe Meer –, nur daß diese Wellen sich unaufhörlich heben und senken, in großartiger Eintönigkeit auf und ab wogen und in endlosem Gleichmaß heranrauschen und nimmer zur Ruhe kommen.

Erschüttert nimmt Tschingis Chan diese Unendlichkeit in sich auf. Wovon er sagenhaft vernommen hat, daß am Rande der Erdscheibe eine endlose Wasserwüste sich dehne, die die Welt abgrenze, unerforschbar – das schaut er jetzt mit eigenen Augen.

Nach Sonnenaufgang hat er das Weltende erreicht. Sein Traum vom Beherrscher der Menschheit hat sich hier erfüllt. Hier hat die Welt ein Ende, und bis hierher reicht seine Macht.

Der Chan der Steppen und Wüsten der Gobi, der Herr des Landes der hohen Schneeberge, hält am Ozean.

Tiefbewegt steigt er vom Pferd, kniet nieder, taucht beide Arme in das Meer und senkt seine Stirne, bis der Wellenschaum sie netzt.

So bleibt er lange.

Ehrfurchtsvoll wartet Ssubotai mit der Leibwache einige Schritte hinter dem Herrn; auch diese harten, gefühllosen Wüstensöhne sind ergriffen vom erhabenen Anblick der Weltgrenze. Als sie den Herrn in Verehrung vor dem Ozean sich neigen sehen, springen auch sie von den Pferden und senken ihre Stirnen in den Meeressand.

Bis an ihren Tod werden sie die Weihe dieser Stunde nicht vergessen. In ihrem Leben werden sie wohl nie mehr Gelegenheit haben, noch einmal dieses erhabenen Anblicks teilhaftig zu werden. Aber ihre Kinder und Kindeskinder werden das Weltmeer sehen, nun das

Reich Tschingis Chans sich bis zum Weltende erstreckt, und sie, die Väter, können daheim erzählen von dem Wunder einer Wüste aus endlosem Wasser. Wieweit dieser Ozean reicht und woher er kommt und ob er ein Ende hat und wo und wie dieses ist, das vermag kein menschlicher Verstand zu fassen noch zu ergründen, ja selbst es sich auszudenken, versagt die Kraft des Geistes. Auch die Priester und Zauberer wissen es nicht, auch nicht Ssubotai, der Schamane ohne Nase. Hier haben die Götter den Menschen und ihrem Wissen eine Grenze gesetzt. Schweigend muß man die mächtigen Gottheiten, die so Unfaßbares geschaffen, verehren.

Langsam und in tiefem Sinnen reitet Tschingis Chan mit Ssubotai und dem Gefolge zurück, nachdem sie Muscheln und glattgeschliffene Kiesel zu sich gesteckt haben als sichtbare Zeichen dieser großen Stunde.

Sämtliche zwanzigtausend Krieger der beiden Tomans dürfen nun auch zum Ozean reiten und sich in den Anblick der Weltgrenze versenken. Sie alle sollen Zeugen sein, daß das Reich des Kaisers der Menschheit wirklich und wahrhaftig nach Osten sich bis zum Ende der Welt dehnt, und sie sollen es verkünden und verbreiten zur Stärkung des Glaubens an die Weltverheißung Tschingis Chans.

Prinzessin Silbermond

Woche auf Woche verschleicht.

Draußen vor Pekings Mauern horden die Mongolen. Drinnen aber nimmt das Leben seinen gewohnten Gang.

Täglich bringt der Tien-tse dem Himmel ein Gebet dar. Mit emporgehobenen Händen neigt er sich dreimal bis auf den Teppich, während süße Opferdämpfe schwelen.

Täglich durchspült der Tsing-ho mit seinen zahlreichen Kunstkanälen die Stadt und reinigt sie von Abfall und Unrat.

Ausreichend sind die Schlachthäuser gefüllt, und die Märkte bieten Fleisch und Fisch, Wein und Gewürz, gelbe und weiße Pfirsiche, Obst und Gemüse, Ingwer, Weizen und Reis an.

In den Läden der Handwerker und Werkstätten der Fabrikanten klopft und hämmert es vom frühen Morgen bis zum späten Abend. Behaglich und behäbig schauen die wohlhabenden Meister zu, wie aus den fleißigen und geschickten Händen ihrer Arbeiter und Gesellen kostbares Porzellan, Schmuck- und Gebrauchsgegenstände, Gold- und Silberziselierungen und kunstvolle Bronzegußwaren hervorgehen.

In den Straßen der Astrologen schallt fröhlicher Lärm. Knaben und Jünglinge nehmen hier Unterricht im Lesen, Schreiben und Rechnen, während in den stillen Wohnungen der Gelehrten feierliche Ruhe und gesammeltes Nachdenken beim Studium der klassischen Bücher herrscht. Kranke pilgern zur Ärztegasse der tai-fu; mit Recht heißen sie die Großen Männer, versteht doch ihre geheimnisvolle Kunst, Leben und Gesundheit zu erhalten. Und die Kurtisanenstraße mit ihren geschmückten Teehäusern ist nach wie vor der beliebte Aufenthalt der jungen und alten Männer, die sich an dem reizvollen Anblick der duftenden Grünen Damen nach des Tages Mühe erquicken.

Auf Kanälen und Teichen gondeln überdachte Lustbarken aus Ebenholz. Wagen rollen über die kiesel- und backsteingepflasterten Straßen, und in üppige Seidenkissen gelehnt, lugen durch die dünnen Gazevorhänge schöne Frauen und hochangesehene Mandarine.

Über die Kanäle wölben sich Brücken aus Jade wie der geschwungene Nacken eines Wasserbüffels, und Glöckchen erklingen, wenn die Brücke beim Betreten leise zu schaukeln beginnt. Auf den Teichen schwimmen rote und gelbe Lotosblüten, in den Gärten leuchten zwischen roten Sandel- und weißen Maulbeerbäumen zierliche Pavillons aus blauem und weißem Porzellan, und die Blume Lan verstrahlt ihre betörende Orchideenpracht.

Dichter taumeln selig umher, trunken von Schönheit, Liebe, Wein und Lebensfreude – allverliebt wie der Poet und Abenteurer Li-Tai-Po, der, von Daseinslust berauscht, über ein schwankendes Brückengeländer ins Wasser fiel und vor Begeisterung ertrank.

Freundlich und voll Höflichkeit verkehren Pekings Einwohner miteinander und halten auf geziemende Sitte und ererbten Brauch. Übel der Mensch, der sich gehen ließe; verächtlich gar der Mann, der einer Frau gegenüber sich häßlicher Redensarten bediente!

Das gedruckte Papiergeld fördert durch seine bequeme Handhabung Handel und Kauf; mit umständlichem Tausch geben sich nur Barbarenvölker ab.

Reich und prächtig ist noch die Kleidung. Seide umhüllt liebkosend die Glieder.

Die Armen in der Unterstadt haben nicht teil an dieser Wohlhabenheit und dem heiteren Leben. Sie können sich nicht einmal die billigen Baumwollgewänder leisten, die doch so hübsch sind.

Frau Mohnblüte bittet ihren Mann, ihr ein solches buntes Kleid zu kaufen; sie möchte auch einmal nett angezogen sein. „Gar nicht teuer. Nur ein paar Kupfer-Li."

Salzfisch, ihr Mann, wird grob; es quält ihn, daß er ihr nicht einmal diesen kleinen Wunsch erfüllen kann. „Das schlag dir aus dem Sinn! Von früh bis spät schufte ich, damit wir und die Kinder satt werden und das Leben fristen. Bunte Kleider sind für die, die Geld haben. Für die Armen genügt ein rauhes Sacktuch." Und er spuckt aus.

Frau Mohnblüte läßt den Kopf sinken und wischt sich verstohlen ein paar Tränen von der blassen Wange.

O goldene Hauptstadt des blühenden Gartens der Mitte, wie heiter und unbeschwert ist dein Tag für die einen; für die andern aber, wie mühselig und traurig!

Der Hochsommer ist da.

Schwer und unaufhaltsam steigt langsam das düstere Verhängnis herauf.

Glühende Hitze sengt hernieder. Äcker und Gärten vertrocknen. Der Regengott versagt seine befruchtende Gabe. Der Erdboden klafft rissig. Flüsse und Kanäle schleichen träge durch ihr flach gewordenes Bett und gleichen mehr einem Morast als einer Wasserstraße.

Darauf hat Tschingis Chan gewartet. Seit langem schon werfen seine Mongolen vor den Wällen der Hauptstadt in den Tsing-ho Unrat, Tier- und Menschenkot, Jauche und Dung, ekelhafte Kadaver und sogar die gedunsenen Leichen Verstorbener. Zuerst hat die Strömung den Schmutz wieder hinausgespült. Jetzt aber ist die Kraft des Tsing-ho erlahmt. Der schlammige Grund hält den widerlichen Unrat mit tausend zähen Armen fest, so daß auch die Reinigungsarbeiten der abkommandierten Soldaten seiner nicht mehr Herr werden. Der faulige Gestank der Verwesung dringt in die Straßen und Häuser. Luft und Wasser sind verpestet. Seuchen brechen aus. Erst vereinzelt, mal hier, mal dort. Die dörrende Glut vernichtet die Nahrungsmittel, die Vorräte werden knapp, das Vieh fängt an zu krepieren.

Und erbarmungslos brennt die Sonne, und der Regengott versagt sich noch immer.

Die Seuchen überspringen die Mauern und Wälle und fallen grimmig auch über Tschingis Chans Krieger her. Auch hier wüten Krankheit, Hunger und Durst, und die Offiziere bitten den Chan der Welt, ein Ende zu machen und den Sturm auf die geschwächte Festung zu befehlen.

Aber Tschingis Chan wagt es nicht.

Mißlingt der Sturm, so werden seine angekränkelten Scharen den Mißerfolg kaum mehr ertragen und die Chin-Männer neuen Mut fassen.

Zur Ablenkung läßt er tagelang Streiftruppen das verödete Land durchziehen und in abgelegenen Dörfern und Ansiedlungen unerbittlich eintreiben, was es noch an Nahrung gibt. Entkräftete Männer und Weiber werden zu harter Fron mitgeschleppt, müssen Getreide und Reisballen tragen, Vieh zusammentreiben, müssen schlachten, kochen, Geräte säubern und erhalten für sich nichts als eine kärgliche Handvoll Reis. Krepieren sie, so gleiten ihre armseligen Leichen in dem Rinnsal des Tsing-ho gerade noch in die Festung hinein und bleiben dann hier, wo das Wasser in den vielen Kanälen rasch versickert, im Schlamm haften als Boten des Elends vor den Toren und im Reich.

Die Chinesen in der übervölkerten Unterstadt beginnen zu murren. Flüche und Verwünschungen brodeln empor. Auf den Märkten fehlt es an ausreichenden Waren. Um die wenigen Kohlstrünke drängen und stoßen sich die verzweifelten Frauen, die nicht wissen, wie sie Mann und Kinder sättigen sollen. Hier und da wird schon geplündert. In den Schlachthäusern gähnt Leere. Die Läden bleiben geschlossen. Die buntbewimpelten Lustbarken verkommen im Schlamme. Ausgemergelte Gestalten kriechen aus ihren armseligen Hütten und dringen in die Häuser der Reichen. Lange genug haben sie beiseite gestanden, sind nur Zuschauer gewesen. Jetzt scheint ihre Zeit gekommen, jetzt sind sie an der Reihe. In den Palästen finden sich noch reichliche Vorräte; die Armen haben nichts zum Aufspeichern gehabt. Jetzt nehmen sie sich, was sie brauchen. Hunger tut weh. Der höfliche Umgangston weicht in der Not der Belagerung grobem Schimpfen und lauten Ausbrüchen. Noch herrscht im Palastviertel der Sohn des Himmels, aber in der Unterstadt beginnt das hungernde Volk, sich zu empören. Aufreizende Reden werden gehalten. Stimmen werden laut, die die Übergabe fordern.

„Sollen wir das einzige Gut, das wir besitzen, unser Leben, für den Sohn des Himmels opfern und für seine dickbäuchigen Mandarine?"

Gegenstimmen erheben sich:

„Wir kämpfen nicht für den Kaiser und seine Nutznießer. Wir kämpfen für uns!"

„Was haben wir vom Wüsten-Chan zu erwarten? Kein Heil, keine Besserung unserer Lage!"

„Er wird uns in die Sklaverei verschleppen!"

„Er wird uns vernichten!"

„Laßt uns also durchhalten!"

Trübe verdämmert der Sohn des Himmels seine Tage und Nächte. Die Zuversicht aus der ersten Zeit der Belagerung ist stumpfer Hoffnungslosigkeit gewichen. Zwar tun die Soldaten noch unentwegt ihre Pflicht und verhüten einen Verzweiflungsausbruch der Unterstadt. Unermüdlich wachen sie auf Mauern und Zitadellen, und ab und zu schleudert die Wurfmaschine einen Steinblock oder eine Kugel, schießt das Riesenkatapult einen eisengespitzten Balken, läßt das Raketengeschütz fliegendes Feuer nachts als Warnungszeichen aufzischen, daß Peking auf der Hut ist. Aber Wai-Schao-Wang fühlt, daß das durch Hunger, Seuche und Elend geschwächte Volk die altüberkommene Ehrfurcht vor ihm nur noch mühsam bewahrt, und er spürt mit dumpfem Grauen, wie der Drachenthron schwankt.

„Der Himmel hat mich verlassen", klagt er dem Vorgerückten Gelehrten. „Worauf wartest du? Feiere Hochzeit mit Prinzessin Silbermond, solange es noch Zeit ist."

Ye Liu lehnt ab: „In der Notzeit des Kaisers und Reiches kann ich kein Freudenfest begehen, und die Prinzessin denkt wie ich. Der erhabene Herrscher möge die Hoffnung nicht verlieren, der Tag der Befreiung muß kommen, dann ist Zeit für Feste und Feiern!"

„Aber die Hungersnot, die Seuchen!"

„Die Mongolen leiden unter dem gleichen Elend. Wer die Kraft zum Durchhalten besitzt, der wird siegen. Das sind unter allen Umständen wir, die Männer vom Reich der Mitte!"

Für den Augenblick ist der Sohn des Himmels getröstet und holt seine Lieblingsbeschäftigung vor. Er malt jetzt einen Affen, der auf einem Baum sitzt, unter dem Baum aber schleicht – ein Tiger!

Tschingis Chan steht vor schwerer Entscheidung.

Seine Zeit ist bemessen! Ist Kambaluk bis zum Herbst nicht gefallen, so muß er unverrichteterdinge abziehen. Denn eine Überwinterung in diesem ausgeplünderten Lande ist unmöglich. Dazu würde der Mangel an Nahrung seine Armee einfach vernichten. Wenn der Winter beginnt, muß sein Heer daheim sein!

Wenn sich Kambaluk nun bis zum Herbst hält?

Dann ist der Glaube an seine Sieghaftigkeit zerstört und der Gedanke an ein Weltreich ausgelöscht! Dann bleibt er ein Wüsten-Chan, ein lächerlicher Großsprecher, ein aufgeblasener Ochsenforsch, ein radschlagender Pfau. Dann werden die Sänger von ihm singen als von einem blindwütigen Yakbüffel, der sich an den Mauern der Städte eines großen Volkes den dicken Schädel eingerannt hat.

Diese Schmach könnte er nie und nimmer ertragen! Eher wird er den Sturm versuchen und beim Mißlingen im Mauerkampf fallen.

Prüfend umreitet er mit seinen Orkhons die Befestigungsanlagen, um die schwache Stelle für einen Sturmangriff aufzuspüren.

„Dort der Graben ist nur noch ein stinkender Morast! – Was meint Marschall Tschepe Nojan?"

„Drauf und dran!" schreit der Haudegen. „Über den Graben! Über die Mauer! Hinein in die Stadt!"

Tschingis Chans Mundwinkel zucken. Des Orkhons Tschepe Strategie kennt nur drei Worte: „Drauf und dran." Ausgezeichnet für den Angriff, aber unbrauchbar für Überlegungen!

„Und Orkhon Ssubotai?"

„Man müßte Krieger in Verkleidung sich einschleichen und nachts von ihnen die Tore öffnen lassen."

Der Marschall ohne Nase sieht die Feldherrnkunst in der List. Unanwendbar bei dieser Stadt, deren Besatzung die Pforten tags und nachts scharf bewacht.

„Und Marschall Muhuli?"

„Laß uns die Mauer prüfen, ob sie genug Vorsprünge und Halt bietet zum Erklimmen."

Der Alte hat recht. Nur so geht es. In einer dunklen Nacht wie die Katzen hinüber!

Vorsichtig und möglichst unauffällig reiten sie näher, tun, als beachteten sie die Mauer überhaupt nicht, und tasten sie heimlich mit Falkenaugen ab.

Da schwirrt plötzlich ein Pfeil. Meisterhaft gezielt! Schon sitzt er zitternd in der Schulter des Chans, nur um Fingerbreite vom Hals entfernt.

Auf der Mauer Freudengeschrei!

Unter dem jähen Schenkeldruck des Chans springt sein Pferd in langen Sätzen aus der Schußlinie. Der Chan hält. Ssubotai zieht den Pfeil vorsichtig heraus. Rot schießt das Blut nach. Kunstvoll bindet der Schamane die Wunde ab.

Tschingis Chan befiehlt den drei Marschällen, von seiner Verwundung zu schweigen.

Am nächsten Morgen spürt er heftige Schmerzen. Fieber stellt sich ein. Mißgestimmt deutet der Chan den Schuß als böses Zeichen. Ssubotai verbrennt in der Feldherrnjurte Zauberkräuter und beschwört die Dämonen. Beraunt die Wunde mit dunklen Heilungssprüchen.

In der folgenden Nacht wälzt sich Tschingis Chan auf seinem Fellager in wilden Träumen. Stöhnt, schreit, schimpft, kommandiert.

Die Orkhons haben geschwiegen, und doch ist die schlimme Kunde durch die Zeltwände gedrungen. Haben die Wachen die Fieberphantasien erlauscht? Gedrückt flüstern sich die Soldaten die unheilvolle Nachricht zu. Über den Heerscharen der Mongolen lastet eine düstere Wolke.

Die Wunde ist entzündet, Fieber schüttelt den Chan. Mühsam versucht er trotzdem, sich vom Lager zu erheben. Sein Schädel ist wüst und leer, ausgedörrt die Knochen. Schwindel befällt ihn. Matt sinkt er zurück.

Ssubotai braut einen starken Kräutertrank und versetzt ihn mit Kumysch. Widerwillig schluckt der Chan das gallbittere Getränk und fällt in tiefen Schlaf, während Ssubotai Zauberformeln über die Wunde murmelt. Nach einiger Zeit perlen große Schweißtropfen auf der Stirn des Fiebernden. Befriedigt überläßt Ssubotai sich im Zelt des Chans dem Schlafe.

Am nächsten Tage ist das Fieber gewichen. Eine wohlige Mattigkeit hüllt den Chan ein, er schläft ruhig, bis die Sonne hoch am Himmel steht.

Da erhebt er sich, taumelt ein paar Schritte, fordert sein Pferd. Er ahnt, daß seine Verwundung ruchbar geworden, und weiß, daß es höchste Zeit ist, sich seinen Kriegern zu zeigen, ehe Furcht ihre Eingeweide befällt.

Wie sie ihn plötzlich daherreiten sehen, stutzen sie in abergläubischer Angst. Sie denken, er liege im Sterben, und nun geht er im Lager um? Ist es sein Geist? Ist er schon verstorben, und man hat es ihnen verschwiegen?

Er lacht sie an, begrüßt sie durch Zuruf. Ja, er lebt! Jubel bricht los, und in ihrer stürmischen Freude merken die Soldaten nicht die Verkrampfung, mit der er mühsam seine Haltung bewahrt. Aufgeregt beglückwünschen sie ihn zu seiner Genesung. Ist er denn krank gewesen? Ach so, der Pfeilschuß? Nun ja – (ihn jetzt noch zu leugnen wäre unklug) – ein Pfeil hat den Lederpanzer getroffen und die Haut ein bißchen geschrammt. Nicht der Rede wert! Viel Blitz, wenig Regen!

Gelassen reitet er weiter, geleitet von den Rufen der schnell beruhigten Krieger.

Sein Körper ist naß vor Anstrengung, ihm wird dunkel vor Augen. Er möchte zu Boden gleiten und liegen, nur liegen. Aber er muß sich noch den Chin-Männern zeigen und ihr Frohlocken dämpfen. Sie glauben, er sei schwer verwundet, und neue Siegeszuversicht könnte sie zu weittragenden Entschlüssen begeistern. Nein, sie sollen sehen, daß er gesund und stark ist und daß ihre Pfeile ihm nichts anhaben können!

In der Feldherrnjurte sinkt er völlig erschöpft aufs Lager. Das Fieber meldet sich wieder.

Da beordert er seine Marschälle zu sich.

Sie müßten jetzt die Entscheidung treffen, was zu tun sei. Ein Sturmangriff sei ausgeschlossen! Er sei zu matt, um seine Truppen zu solchem Unternehmen zu führen, sein rechter Arm schmerze bei stärkerer Bewegung und sei zum Kampfe noch nicht brauchbar. Kämpfe er aber nicht selbst an der Spitze, so würde – das wüßten die Orkhons ja selbst – den Kriegern die rechte Siegeszuversicht fehlen.

Die drei lassen nachdenklich die Köpfe sinken. Tschepes Draufgänger-Strategie ist ausgeschaltet. Muhuli rät zum Abzug. Im nächsten Frühjahr könne man wiederkommen.

Und Ssubotai? Den Vorschlag heimlichen Einschleichens möge er sich aber sparen!

Der Orkhon ohne Nase heftet die listigen Augen auf den Chan: Gut also, auch er wäre für den Abzug, doch unter dem Schein des Siegers.

Wie wäre das zu machen?

Der Chan möge eine Botschaft an den Sohn des Himmels schicken! Ssubotais Rat sei ausgezeichnet! Und der Chan beschließt also.

Ein mongolischer Kurier reitet mit erhobenen Händen bis dicht vor die Gräben. Erwartungsvoll schauen die Chin-Männer von der Mauer hinab. Ein Friedensbote?

Der Kurier nimmt aus dem Gürtel eine Briefrolle, hält sie sichtbarlich in die Höhe, bindet sie vor aller Augen an die Spitze eines Pfeiles, langt den Bogen, der bisher friedfertig über seinem Rücken gehangen hat, herab und schießt die Botschaft über die Mauer hinüber.

Dann stiebt er im Galopp davon.

Die Briefrolle wird dem Kaiser überbracht. Ye Liu wird gebeten, sie im Kreise der Minister und Generale vorzulesen.

Mühelos entziffert er die uigurischen Buchstaben, deren sich die Mongolen bedienen:

– „Tschingis Chan, der Beherrscher der Welt, entbietet Wai-Schao-Wang, dem Sohne des Himmels und Kaiser von Chin, seinen Gruß! Wie dir hinlänglich bekannt, befindet sich dein Reich bis zum Gelben Fluß in meinem Besitz. Trotzdem bin ich bereit, auf die Eroberung deiner Hauptstadt zu verzichten und heimzureiten, falls du gewillt bist, meine Offiziere und Soldaten, die dadurch einer überaus reichen Beute verlustig gehen würden, durch entsprechende Geschenke zu entschädigen. Ein so erhabener Herrscher wie du kann es sicherlich nicht mit seinem Stolze vereinbaren, uns Mongolen mit leeren Händen abziehen zu lassen oder gar vorauszusetzen, daß ich diese Entschädigung aus eigener Tasche leiste. Du allein hast den Vorteil unseres vorzeitigen Abzuges, und so ist es nicht mehr als recht und billig, daß du dich mir, dem Tschingis Chan, und meinem Heer dafür erkenntlich zeigst. Die Höhe der Geschenke wird deiner Großmut und deinem Stolze anheimgegeben." –

Mit ruhiger Gelassenheit hat Ye Liu das Schriftstück verlesen, und ohne seine Miene zu ändern, zerreißt er es wie selbstverständlich und läßt die Fetzen auf den Boden fallen:

„Der Brief trieft von Hohn und Spott, und seine freche Anmaßung ist kaum zu überbieten. Die geforderten Geschenke werden, und mit Recht, als Tributleistung ausgelegt werden! Nie kann und darf der Kaiser des Reiches der Mitte in eine so schimpfliche Forderung einwilligen!"

Die Mandarine und Generale sind der gleichen Meinung. Die mongolische Armee sei zu einem Angriff nicht mehr imstande. Die Widerstandskraft Pekings dagegen sei noch stark genug, um einen Sturm abzuschlagen. In absehbarer Zeit brächen die Herbstwinde herein, und der Wüsten-Chan müsse wohl oder übel abziehen. Es gebe nur eine Antwort: schärfste Zurückweisung!

Der Tien-tse ringt die Hände. Was soll er tun? Er kennt nur ein Ziel: den furchtbaren Feind loszuwerden! Könne man das durch Geschenke erreichen, so sei ihm dafür keine Gabe zu groß.

Was bleibt den Großwürdenträgern und Generalen anderes übrig, als dem Kaiser zu gehorchen, spricht doch nach chinesischem Glauben aus ihm die Stimme des Himmels selbst.

Ein von der Festungsmauer hinübergeschossener Brief verheißt unter der Bedingung sofortigen Abzuges reiche Geschenke, die der Sohn des Himmels aus seinem unübersehbaren Reichtum freiwillig und aus Mitleid mit den armen Mongolen spende. Er freue sich, aus dem Meer seines Überflusses einen Tropfen in die leeren Hände Tschingis Chans leiten zu können, wodurch er, der Kaiser von China, ja nicht im geringsten ärmer, dagegen Tschingis Chan sogar reich werden würde.

Tschingis Chan lacht über den betonten Hohn dieses Briefes. Wollte der Tien-tse ihm mit gleicher Münze zahlen, so hätten ihm nicht Wut und Ärger die Hand führen dürfen! Des Kaisers schlecht verhehlte Empörung erregt nur die schadenfrohe Lust des Chans.

Bald öffnet sich das Drachentor, und ein langer Zug von tausend edlen Jünglingen und schönen Jungfrauen zieht hinaus. Edle Pferde tragen Gold, Silber und Edelsteine, kostbare Teppiche, riesige Ballen kunstvoll bemalter oder bestickter Seide, Schmuck und Kunstgegenstände, feinstes Porzellan, zierlich gearbeitete Gebrauchswaren, wundervoll geschmiedete Dolche und Schwerter, elfenbeineingelegte Bogen, Ingwer und kostbare Gewürze.

Die „Geschenke" werden beaugenscheinigt, geprüft, bekrittelt und gelobt, sodann verteilt, je nach Stellung, Würde, Rang und Verdienst: die Marschälle gehen voran, dann folgen die Generale der Tomans; nach ihnen kommen die Anführer der Tausend-, Hundert- und Zehnerschaften, zuletzt die einfachen Soldaten. Vor allem begehrt sind die fünfhundert schönen Jungfrauen, die als besondere Auszeichnung „verliehen" werden.

Tschingis Chan, von seiner Verwundung geheilt, aber noch geschwächt und grau-gelb im Gesicht, läßt die Jünglinge und Jungfrauen verhören und ausfragen über die Zustände in der Hauptstadt und die besonderen Verhältnisse des kaiserlichen Hauses, nach dessen weiblichen Mitgliedern er sich angelegentlich erkundigt.

„Wirklich ein äußerst freigebiger Herr, der Himmelssohn", spottet der Chan. „Das eine ‚Tröpfchen' aus dem unabsehbaren Meere seines Reichtums dünkt mich reichlich groß und schon mehr eine Traufe zu sein. Die Größe seiner Gaben dürfte der Größe seiner Angst entsprechen."

Voll des Lobes dankt Tschingis Chan dem Sohne des Himmels für seine „wahrhaft fürstliche Abgabe" („fürstlich" statt „kaiserlich" und „Abgabe" statt „Gabe" schreibt er mit wohlgezielter Herabsetzung). Doch dem Friedenspakt fehle noch die Bekräftigung. Deshalb erbitte er sich, gleichsam als Siegel unter dem Vertrag, eine Dame kaiserlichen Geblütes zur Gemahlin, und da die übersandten reizenden Mädchen als die schönste unter den Verwandten des Himmelssohnes die Prinzessin Silbermond gerühmt hätten, so halte er hiermit um die edle Hand eben dieser Prinzessin Silbermond feierlichst an. – Erachte der Himmelssohn ihn, den gewaltiggroßen Tschingis Chan, dieser Ehre nicht für würdig, so müsse er die Ablehnung als eine schwere Beleidigung auffassen, zu deren Sühnung er zu seinem aufrichtigen Bedauern sich genötigt sehe, die Belagerung mit verschärfter Heftigkeit fortzusetzen. –

Im Kaiserpalast zu Peking schleicht man umher, als liege ein Toter im Hause. Ach, wie das Glück nie paarweise, so kommt das Unglück nie allein.

Die Männer ballen knirschend die Faust und bewahren mühsam Haltung. Die Frauen schluchzen über das drohende Schicksal der Prinzessin Silbermond und die ihr angetane Schmach.

In ihrem Gemach kniet die Prinzessin vor der heiligen Mutter Kuan-yin und betet mit blutleeren Lippen zur Göttin der Barmherzigkeit, deren Smaragdaugen freundlich auf sie niederschauen.

Leise murmelt ihr Mund: „Hilf mir, mütterliche Göttin, laß mich nicht vergehen! . . . Du hältst liebevoll dein Kind im warmen Schoß, du kannst nicht wollen, daß ich den Geliebten verliere . . . daß ich heimatlos werde und in die Fremde ziehe, die geduldete Nebenfrau eines blutdürstigen Barbaren . . . Eins davon ist schon zuviel . . . Alles zusammen aber kann kein Mensch ertragen . . . Laß mich lieber sterben . . . !"

Ihre Stirn neigt sich tiefer und tiefer, bis sie den Boden berührt. So bleibt Silbermond lange, und endlich sinkt sie erschöpft zur Seite und liegt auf dem Teppich hingestreckt, ein zerbrochener Mensch.

Im Palast ringt der Sohn des Himmels um einen Entschluß. Der Himmel versagt ihm die Erleuchtung, und er weiß sich keinen Rat. Wie könnte er es über sich gewinnen, die seinem Schutz anvertraute Prinzessin einer solchen Schmach zu überantworten! Lehnt er aber die Forderung Tschingis Chans ab, so dünkt ihn alles verloren. Dann geht er zugrunde und das Reich der Mitte und das gesamte kaiserliche Haus — und die Prinzessin dazu! Und doch muß er sich für eins von beiden entscheiden — keine Nadel hat zwei Spitzen!

Hilflos blickt er Ye Liu an, der vor ihm steht. Das Gesicht des Vorgerückten Gelehrten ist beherrscht, aber unter dem Bart zucken die Lippen unaufhörlich, und seine Hand wedelt den Fächer hin und her, den ihm Silbermond am Abend des Insektenfestes geschenkt hat. Wie lange ist das her!

„Hilf mir, Tschin-schi! Du hast die sechs klassischen Bücher studiert, du bist ein Weiser. Du kennst das Buch der Sitte, das Buch der Urkunden, das Buch der Lieder, das Buch der Wandlungen, das Buch der Musik und die Frühjahrs- und Herbstannalen — wie solltest du nicht den Weg des Rechten wissen! Rate mir! Was soll ich tun?"

In Ye Liu wächst der Zorn. Aus Wai-Schao-Wangs Schwanken ahnt er schon des Kaisers Hinneigen zur Unterwerfung. Nur um die äußere Zustimmung ringt der Tien-tse noch — und die soll ihm Ye Liu abnehmen. Er, der Vorgerückte Gelehrte, soll sein Liebstes verlieren, soll seine Silbermond bitterster Schmach ausgeliefert sehen — und soll obendrein noch die Verantwortung dafür tragen!

Hat er nicht seit langem den Kaiser gewarnt, schon damals, als der Schang-schu des Ping-pu nicht zum Berichte vorgelassen wurde und wochenlang im Vorzimmer der Audienz harrte! Wai-Schao-Wang ist ein Fürst der schönen Künste, aber kein Herrscher! Präsident einer Malerakademie sollte er sein, nicht Kaiser von China! In das Mitleid mit dem schwachen Himmelssohn mischt sich Verachtung.

Nun gut, er wird dem erhabenen Herrscher raten und die Verantwortung übernehmen!

Wider alles Zeremoniell spricht Ye Liu lauter als üblich, und sein Baß dröhnt wie ein Befehl auf den Kaiser hernieder:

„Dem Tien-tse ist vom Himmel der Schutz seiner Verwandten, nicht ihre Preisgabe übertragen! Die Prinzessin dem Barbaren-Chan ausliefern, heißt, den Himmel selbst beleidigen!"

Der Kaiser duckt sich unter dem harten Klang dieser Stimme zusammen.

Ye Liu aber hämmert seinen Willen in des Kaisers Hirn: „Den Wüsten-Chan treibt ein teuflischer Dämon. Mit Menschen kann man menschlich reden – mit einem Teufel mußt du in seiner Sprache verkehren! Weise die freche Zumutung zurück, und laß uns, wenn es sein muß, bis zum Äußersten kämpfen! Das bist du deiner und des Reiches Ehre schuldig! Das Land der Mitte kann nicht untergehen. Schmachvoll aber ist es, einen schimpflichen Frieden mit dem Opfer der unschuldigen Prinzessin zu erkaufen!"

Der Kaiser ist unter diesen Worten zusammengesunken. So hat noch niemals ein Mensch mit dem Sohn des Himmels zu reden gewagt.

Da weht der Türvorhang beiseite, und die Prinzessin Silbermond, die die schallenden Worte Ye Lius schon draußen vernommen hat, tritt ein. Sie geht auf den Himmelssohn zu und kniet vor ihm nieder.

„Melde Tschingis Chan dein Einverständnis", sagt sie leise. „Ich aber werde mich töten."

„Sonne meines Lebens", fleht Ye Liu erschrocken, „das darfst du nie und nimmer tun! Und was hülfe es? Der Chan wird eine andere Prinzessin als Ersatz fordern oder den Sturmangriff befehlen. In beiden Fällen war dein Opfertod umsonst. Nein, du Blume im Garten der Mitte, wir geben dich nie und nimmer preis! Wir werden kämpfen für den Kaiser, das Reich und für dich!"

Ye Liu sieht den Kaiser, Zustimmung erwartend, an.

Wai-Schao-Wang sitzt dumpf und teilnahmslos da. Er begreift das alles nicht mehr, er hört nur die Ablehnung jenes Antrages heraus, der ihm Frieden und Rettung zu bringen schien. Der Feind wird also die Hauptstadt erstürmen. Der vieltausendjährige Glanz des Drachenthrones wird erlöschen, ruhmlos, und das Reich der Mitte geht zu Ende ...

Der Sohn des Himmels vergräbt sein Gesicht in beide Hände. Krampfhaft zucken seine Schultern, Schluchzen schüttelt seinen Leib.

Betreten und mitleidig sieht Ye Liu auf dieses armselige Menschenwesen nieder.

Der Kaiser weint!

Mit aufgerissenen Augen starrt Prinzessin Silbermond auf den Sohn des Himmels. Jetzt erst erfaßt sie ganz, was auf dem Spiele steht: Sein oder Nichtsein des blühenden Gartens der Mitte. Es geht darum, ob Tschingis Chan den Drachenthron besteigt und das Reich Chin als Sklave den fremden Barbaren dient.

„Kuan-yin, gib mir Kraft!" betet sie mit zusammengepreßten Lippen. Dann geht sie totenblaß, aber äußerst entschlossen auf Wai-Schao-Wang zu.

„Ich will es tun", sagt sie leise. „Ich will das Land der Mitte retten."

Der Kaiser blickt auf. Er ist zu verstört, um den Sinn ihrer Worte gleich zu begreifen. Dann versteht er. Ein schwaches Hoffnungslichtlein schimmert in seinen traurigen Augen auf, während noch die Tränen in seinen Bart tropfen.

„Sei gesegnet, Silbermond."

Und er neigt sich tief vor ihr.

Ye Liu bittet, fleht, redet, beschwört, verliert zum ersten Male in seinem Leben die Selbstbeherrschung und brüllt!

Es hilft ihm nichts.

Die Prinzessin beharrt auf ihrem Entschluß mit der Opferfähigkeit ihres reinen Herzens. Nie hat Ye Liu ihren Wert besser erkannt.

Um so unerträglicher der Verlust!

Verbittert und unversöhnlich verschließt sich Ye Liu dem Kaiser. Einsam wandelt er nachts im Park umher, und sein Herz ist wieder grau, so grau, wie es noch niemals gewesen.

Endlich sucht der Kaiser den unentwegt Zürnenden auf. „Hast du nicht gelobt", bittet er den Freund, „mir die Treue zu halten – auch ohne die Prinzessin Silbermond?"

Da verstummt der Vorgerückte Gelehrte und ergibt sich in sein Schicksal.

Jubel herrscht bei den Mongolen.

Der Kaiser von Chin hat in Tschingis Chans Antrag, der eigentlich eine Forderung ist, eingewilligt. Der Krieg ist aus! Es geht heim ins Land der weiten Steppe und der hohen Schneeberge. Das Reich Chin gehört den Mongolen; auch die Hauptstadt gilt ihnen als erobert, ist doch Pekings Fall, wie sie glauben, nur durch Loskauf und Abgaben erlassen worden. Mit den reichen Geschenken des Himmelssohnes beladen, ziehen sie in die Heimat, und der Chan führt sogar eine Prinzessin aus dem mächtigsten Kaiserhause der Welt als Gemahlin heim.

Das Feldherrnzelt Tschingis Chans ist festlich geschmückt, es erwartet die Braut.

Um die Stunde des Pferdes – die Mongolen lesen sie an dem Winkel ab, den die Sonnenstrahlen mit der Jurtenwand bilden – öffnet sich das große Drachentor, und heraus zieht ein langer, prächtiger Festzug.

An der Spitze reiten waffenstarrende Krieger.

Dahinter folgt Musik von Quer- und Pansflöten, von Oboen und Okarinas, von Schlagzithern und Harfen, Glocken und Pauken, Mundorgeln und Trommeln, Gongschlag und Klingsteinen, Rasseln und Klappern. Die Zithern und Harfen erinnern an Demut und Entsagung, die Trommeln und Pauken treiben die Zögernden vorwärts. Wenn aber der Klingsteinklang klirrt, so mahnt er an die Unerbittlichkeit der Pflicht, bis in den Tod getreu zu sein wie ein braver Soldat, der da fällt auf den Feldern des Reiches.

Von zwei weißen Stuten getragen, schwebt eine goldverzierte, mit Seide ausgeschlagene Sänfte heran. In ihr ruht die Prinzessin Silbermond, mit Gold und Edelsteinen geschmückt, in weiße Seide gehüllt. Weiß ist die Farbe der Trauer und des Todes, und so sind auch die dreihundert Jungfrauen ihres Gefolges in Weiß gekleidet und reiten auf weißen Pferden. Wie ein langer Leichenzug ziehen sie einher, und immer, wenn der Klingsteinklang klirrt, schauert die Prinzessin zusammen und denkt an ihre Pflicht. Auch sie ist wie ein Soldat, der sich für das Vaterland opfert.

Vor seinem Zelte, inmitten seiner Leibwache, erwartet Tschingis Chan die Prinzessin. Als sich die Sänfte bis auf drei Pfeilschüsse genähert hat, hält sie an. Die Musik tritt beiseite, die Krieger von Chin bilden Spalier.

Teppiche werden von flinken Mongolen vom Feldherrnzelt bis zur Sänfte gebreitet, Teppiche, unverkennbar aus dem Bestand der jüngst übersandten Geschenke des Tien-tse.

Würdevoll schreitet Tschingis Chan mit dem leicht schwingenden Gang des Reiters der Prinzessin entgegen, verneigt sich ehrfürchtig vor ihr und hebt sie aus der Sänfte. Mit freundlichen Worten begrüßt er sie und dankt ihr für die Ehre, die sie ihm mit der Annahme seiner Werbung erweise.

Dann geleitet er sie unter den vieltausendstimmigen Rufen seiner Krieger ins Zelt. Die dreihundert Damen ihres Gefolges aber werden von seinen Offizieren in die Nachbarjurten geführt.

Das Ehrengeleit der chinesischen Soldaten kehrt mit der Musik nach Peking zurück. Stumm und voll Leid und Zorn ziehen sie dahin, und die Musik schweigt.

Auf leuchtendbunten Seidenkissen thront Silbermond. Neben ihr

Tschingis Chan. Erfrischungen werden ihr zur Bewillkommnung gereicht.

Der Prinzessin ist zumute, als träume sie. Eben noch weilte sie in Pekings Kaiserpalast in altvertrauter Umgebung – und nun? Wie weit liegt ihr früheres Leben schon hinter ihr. Sie sitzt im einfachen, wenn auch geschmückten Feldherrnzelt eines wildfremden Wüsten-Chans. Ein wenig ist sie erleichtert. Sie hat sich den Furchtbaren als rohen und schmutzigen Steppenräuber vorgestellt. Nun findet sie einen Mann von Haltung. Seine kräftige Gestalt sitzt aufrecht, die Kleidung ist von betonter Einfachheit. Er behängt sich nicht mit Schmuck, wie Barbaren das gerne zu tun pflegen; nur den Feldherrnstab aus geschnitzten Menschenknochen trägt er bei sich. Schaudernd blickt die Prinzessin auf das schreckliche Abzeichen seiner Würde und prüft dann verstohlen sein Gesicht. Es ist hart und zeugt von Tatkraft. Die Stirn ist breit, über den Augen gebuckelt, über der Nasenwurzel von zwei steilen Falten durchschnitten. Der Mund ist groß, die rote Unterlippe wölbt sich ein wenig vor und verleiht dem Gesicht den Ausdruck von Selbstbewußtsein und Gier. Von den Nasenflügeln zu den Mundwinkeln ziehen sich zwei tiefgerissene Linien. Des Chans Schultern sind mächtig, die Hüften schmal. Die Hände und Füße sind klein und breit, aber gut geformt. Seine grün-braunen Augen verraten Schärfe des Denkens und Klugheit und beobachten rasch und genau. Er spricht ehrerbietig mit ihr, drückt sich schlicht und klar aus, sogar in ihrer Sprache, und sie erfährt von ihm, daß er sie von den kunstfertigen Chin-Männern, die in Karakorum in der Chinesengasse wohnen, erlernt hat. Es ist ihr ein kleiner Trost, daß sie ihm gegenüber ihre Muttersprache gebrauchen kann und daß sie in Karakorum Landsleute vorfinden wird.

„Warum hat der Chan die Chin-Sprache erlernt?"

„Oh, ich habe schon vor Jahren an einen Besuch in Kambaluk gedacht und mich darauf vorbereitet." Tschingis Chan entblößt sein kräftiges Gebiß, und nun bemerkt sie doch einen grausamen Zug.

„Wann gedenkt der Chan heimzuziehen?"

„Am kommenden Tage. Heute abend findet die ... ja, die Hochzeitsfeier statt ..."

Er sieht, wie die Prinzessin zusammenschaudert, und legt beruhigend seine starke, breite Hand auf ihre schmale. „Die Prinzessin möge keine Angst vor mir haben. Ein Mongole behandelt seine Frauen immer gut!"

184

Sie will etwas sagen, zögert.

Er bemerkt, daß sie eine Bitte auf dem Herzen hat, und fordert sie auf, sich freimütig zu äußern.

„Dann möge der Chan mich diese Nacht . . . allein lassen."

Tschingis Chan schaut sie prüfend an. Sie ist schön, ihre Nasenflügel sind so fein und durchsichtig wie das hauchdünne Porzellan ihres Landes. Ihr blauschwarzes glänzendes Haar schmiegt sich um den schmalen Kopf. Schlank ist sie und zierlich, und ihre Augen schimmern klar und tief.

„Es tut mir leid, aber morgen muß die Prinzessin eine Frau sein, . . . das verlangt meine Ehre. Sonst gilt die Hochzeit nicht."

Damit erhebt er sich und verläßt das Zelt, nicht ohne der in Angst und Unruhe Zurückbleibenden ihre Kammerzofen zu Trost und Hilfe zu schicken.

Am nächsten Tage werden die Zelte abgebrochen, und das Heer setzt sich in Bewegung. Zucht und Ordnung sind ausgezeichnet, und so geht der Aufbruch schnell vonstatten.

Die Prinzessin Silbermond reist in ihrer goldverzierten, seidetapezierten Sänfte, nachdem Tschingis Chan die beiden weißen Trauerpferde durch schwarze hat ersetzen lassen.

Pekings Fall

Peking ist befreit.

Nur vor dem Nordtor liegen noch zwei mongolische Tomans unter dem Befehl des Marschalls Muhuli als Nachhut.

Nachdem die Umklammerung der Festung gelöst ist, verläßt der Sohn des Himmels mit dem kaiserlichen Haus und den Großwürdenträgern die Hauptstadt und verlegt die Residenz „einstweilen" in den Süden des Reiches. Zum stellvertretenden Stadtkommandanten und Befehlshaber des Nordens hat er den Prinzen Yen ernannt.

Ye Liu hat sich hartnäckig geweigert, seinem kaiserlichen Freunde zu folgen. „Hier in der alten Hauptstadt ist mein Platz", erklärt er fest, „hier im Palast will ich bleiben, wo Silbermond gelebt hat. Die Bibliothek mit den fünfhunderttausend kostbaren Büchern sowie die Sternwarte mit ihren kunstvollen Instrumenten und Apparaten: soll ich diese stillen Heimstätten unseres Geistes im Stiche lassen, ich, der ich mehr denn je der Trösterin Wissenschaft bedarf!"

185

Alles Bitten des Tien-tse und des kaiserlichen Hauses nutzt nichts.

„Wenn ihr dereinst heimkehrt, werden wir wieder beisammensein", vertröstet Ye Liu den Sohn des Himmels.

Der Kaiser hat also die Hauptstadt im Stich gelassen!

Das Volk murrt. Die Äcker und Felder sind verwüstet, Speicher und Scheuern leer. Wovon sollen sie leben? Hunger und Not sind ebenso treue wie bittere Freunde. Bisher hat die anerzogene Ehrfurcht vor dem Himmelssohn die Untertanen notdürftig in Gehorsam erhalten. Jetzt aber brechen die Schranken der Ordnung zusammen. Gruppen ziehen drohend durch die Straßen der Unterstadt. Schreie hallen durch die Gassen:

„Männer von Peking! Für wen haben unsere elenden Leiber Hunger und Seuchen erlitten? Für den Sohn des Himmels! Wo ist er? Geflohen! Nieder mit Wai-Schao-Wang! Jedes Ding hat seine Zeit. Die Tage des Netzetrocknens sind vorbei. Jetzt kommt die Zeit des Fischens für uns!"

Stimmen der Mäßigung versuchen zu beruhigen. „Haben wir Unglück und die Not der Belagerung überstanden, um nun, wo die Gefahr vorüber, uns selbst zu bekämpfen? Laßt uns Ordnung bewahren! Die vorhandene Nahrung ist knapp. Doch sie wird für uns alle ausreichen, wenn wir sie gleichmäßig verteilen, bis die Getreide- und Reiskarawanen aus dem Süden eintreffen."

Hin und her wird das Volk gezerrt: gestachelt von den Aufständischen, besänftigt von den Besonnenen oder Ängstlichen.

Es kommt zu Krawallen und Plünderungen, zu Straßenkämpfen und Blutvergießen.

Was wird die Soldateska tun?

Auch ihre Disziplin lockert sich nach des Kaisers Flucht. Fahnenflüchtige wechseln bei Nacht zu den Mongolen hinüber. Sie reizen zum Angriff auf ihre ohnmächtige Vaterstadt:

„Die Schatzhäuser strotzen noch von Gold und Edelsteinen. Jetzt ist Gelegenheit zu unermeßlicher Beute!"

Sie entwerfen Bilder lockenden Reichtums vor den habgierigen Augen der Mongolen. Unbezähmbare Lust zur Plünderung glimmt in deren Gesichtern auf. Bei einer Eroberung hoffen auch die Überläufer, die eigenen Taschen füllen zu können.

Orkhon Muhuli, durch Staffelreiter mit seinem Herrn in ständiger Verbindung, hat ihm über die Zustände nach der Flucht des Kaisers genauen Bericht gesandt. Sofort läßt Tschingis Chan den Heerzug halten und zelten und galoppiert an der Spitze zweier Tomans und der Wildwasser in ununterbrochenem Ritt zurück nach Peking.

Der Sohn des Himmels geflohen? Was bedeutet das? Doch nur, daß er im Süden des riesigen Reiches eine neue Armee aufzustellen beabsichtigt. Eine Armee gegen wen? Gegen ihn, den Herrn der Gobi! Damit hat Wai-Schao-Wang den Friedensvertrag gebrochen! Tschingis Chan hält sich nicht mehr an die Abmachung gebunden!

Überhaupt – muß man Feinden sein Wort halten? Treue, äußerste Treue gegen die Söhne des eigenen Volkes ist Blutspflicht! Gegenüber Feinden aber ist jede List, jeder Verrat, jede Treulosigkeit erlaubt. Im Kampf um die Macht gilt nur der Vorteil! So lehrt die uralte Lebensweisheit der Gobi, so denken die Mongolen, so denkt auch er selbst, Tschingis Chan.

Beim Morgengrauen gibt er den Befehl zur Erstürmung der Stadt. Zwei Tomans hat er mitgebracht, zwei Divisionen stehen unter Muhulis Kommando. Mit diesen vierzigtausend Kriegern wagt er den Sturm auf die mit zermürbten Menschen vollgestopfte, uneinige und ausgehungerte Festung.

Rasch sind die Mauern der Unterstadt erstürmt, die Tore durchbrochen. In wüste Knäuel geballt, metzeln sich Mongolen und Chinesen. Brände fliegen in die Häuser, Gassen gehen in Flammen auf.

Noch am Vormittag erliegt die Unterstadt der Gewalt Tschingis Chans.

Grimmiger entbrennt das Ringen um die Oberstadt. Doch Zweifel benagt die Widerstandskraft der erschöpften chinesischen Soldaten: Lohnt noch der Kampf für ein Land, das wie ein Schiff ohne Steuermann dahintreibt? Ohne den Sohn des Himmels gleicht das Reich einem Garten ohne Gärtner. Es fehlt der Zusammenhalt: der Glaube an den Sohn des Himmels war die Quelle ihrer Stärke und ihres Vertrauens.

Bei den Mongolen leuchtet der Glanz Tschingis Chans. Magisch umstrickt er auch die Herzen der Chinesen, haben sie ihn doch monatelang in seiner unbegreiflichen Macht vor den Mauern Pekings vor Augen gehabt. Der Sohn des Himmels selbst hat ihm Abgaben leisten müssen und ihn schließlich wie seinesgleichen geehrt, indem er ihm eine kaiserliche Prinzessin zur Gemahlin gab. Wenn der Himmelssohn unterlegen ist – wie sollen dann sie, die einfachen Soldaten, dem Tschingis Chan widerstehen?

Allmählich ermattet ihr Widerstand. Schlecht genährt und zermürbt sind ihre Leiber. Sie suchen nach einem Hort der Stärke. Wo ist der Prinz Yen, der Befehlshaber von Peking? Auch schon geflüchtet wie der Kaiser? Sie ahnen nicht, daß er aus Verzweiflung über den Fall der Unterstadt Gift genommen hat.

Im stillen Saal der kaiserlichen Bibliothek, fern vom Geschrei der Krieger und vom Lärm der Waffen, sitzt Ye Liu. Vor ihm liegt, in gelbe Seide gebunden, das Buch Li Gi, das sittliche Vermächtnis des erhabenen Kung-fu-tse. Der Vorgerückte Gelehrte hat das Kapitel über die drei Audienzen des Meisters Kung mit dem Herzog Ai aufgeschlagen und liest den Abschnitt Yung-Bing: über den rechten Gebrauch der Waffen will er sich Rat holen. Darf ein Gelehrter kämpfen? Ist es einem Weisen erlaubt, Blut zu vergießen? Widerspricht nicht der Krieg dem Sinn edler Weisheit und Güte? Muß der Edle grausames Blutvergießen nicht hassen?

Was lehrt der erhabene Meister Kung darüber?

Als der Herzog ihn fragt, ob es recht sei, Waffen zu gebrauchen, antwortet Kung-fu-tse: „Warum sollte es nicht recht sein? Habgierige zwar gebrauchen die Waffen, um die Menschen zu unterdrücken und treiben Reich und Volk ins Verderben. Aber die Weisen und Heiligen gebrauchen die Waffen nur, um die Bösen zu unterdrücken und die Grausamen in der Welt zu beschneiden! Den Bienen und Skorpionen gab die Natur ihren Stachel, und wenn sie geschädigt werden, so zücken sie ihn zur Verteidigung. Dem Menschen gab die Natur Güte und Zorn, und der Zorn hat die Waffen erfunden. Also gab die Natur dem Menschen die Waffen. Die Bösen und Händelsüchtigen zwar schaffen damit Not, Leid und Ärgernis, aber die Weisen und Heiligen lieben die Güte und hassen den Krieg und brauchen das Schwert nur zu Beschränkung der Bösen."

Ye Liu schließt feierlich das Buch der Sitte. Es hat ihm die Antwort gegeben. Der Böse und Händelsüchtige ist Tschingis Chan, der frech ins friedliche Land Chin einbrach, obwohl es ihm nichts zuleide getan hatte. Recht ist es, den Gewalttätigen zu beschneiden! Meister Kung hat es gesagt, also ist es wahr.

Ye Liu springt auf und verläßt mit großen Schritten die stillen Hallen. Er stürmt auf die Barrikaden des Palastviertels. Die wankenden Chinesen rufen in ihrer Not nach dem Mann, der ihnen Stärke gibt.

Seht! Da steht er, der hünenhafte Ye Liu, auf einmal unter ihnen, ein großer Gelehrter und kein Soldat, und verteidigt mit seiner

Riesenkraft den geordneten Garten der Mitte. Er packt Steinblöcke und wuchtet sie auf die Schädel der anstürmenden Mongolen; schleudert, eine lebendige Wurfmaschine, kopfgroße Eisenkugeln wie Kürbisse und schlägt mit Eisenstangen, als ob sie Bambusstöckchen wären, auf die Köpfe der Feinde und zerknickt sie wie Hühnereier. So beschneidet der Weise die Argen und Händelsüchtigen, so verteidigt Ye Liu, der Vorgerückte Gelehrte, sein Land und rächt die Prinzessin Silbermond.

Ein altes Lied fällt ihm ein, das er umformt zum Kampflied. Er singt es mit seinem dröhnenden Baß über die Häupter der Chin-Männer hin, singt ihnen Feuer ins Herz und Kraft in die Arme. Bald haben sie den Kehrreim erfaßt, und zwischen ihren Stößen und Hieben erschallt das Lied:

> „Der Mensch lebt im Sturm.   – Stoß!
> Der Fisch lebt in Fluten.   – Hieb!
> Der Fisch schlingt den Wurm.   – Stoß!
> Doch der Mensch lebt vom Guten.   – Hieb!
> So soll es sein! –   – Stoß!
> Triff sie, Stein!   – Wurf!
>
> Es lebt von den Kriegen   – Hieb!
> der Arge und Schlechte.   – Stoß!
> Es liebet den Frieden   – Hieb!
> der Gute, Gerechte.   – Stoß!
> So lehren die Weisen. –   – Hieb!
> Triff sie, Kugel von Eisen!   – Wurf!
>
> Der Große Schwarze soll holen   – Hieb!
> die argen Mongolen!   – Stoß!
> Mit Hieb und Streich!   – Hieb!
> wir retten das Reich.   – Stoß!
> Wir zerschmettern die Schlange.   – Hieb!
> Triff sie, Stange!"   – Schlag!

So kämpfen sie, ein verzweifeltes Häuflein tapferer Krieger, unter der Führung eines Gelehrten, und sie halten die Oberstadt.

Die Steine sind verschleudert, die Kugeln verworfen, die Eisenstangen zerbrochen. Die Pfeile sind verschossen und die Schwerter stumpf.

Und noch immer halten sie die Oberstadt.

Da greift Tschingis Chan selbst in den Kampf ein. Mit seinen ledergepanzerten Wildwassern bricht er los, und die Leibgarde reißt die auch schon ermattete Schar der Mongolen vorwärts. Der Nimbus des Kaisers der Welt facht alle Kräfte aufs neue an.

Umsonst ist der Widerstand der tapferen Chinesen. Tschingis Chan und die Wilden Wasser metzeln breite Gassen in die Reihen der erschöpften Söhne der Mitte, und die Chin-Männer sinken dahin wie Hirsehalme vor der Sichel.

Nur Ye Liu steht wie ein Turm und zieht mit seiner Eisenstange einen undurchdringbaren Kreis um sich.

Tschingis Chan starrt erstaunt auf den seltsamen Kämpfer, dessen hohe Stellung er an der Farbe und den seidegestickten Tieren des Gewandes erkennt. Chinesische Überläufer verraten ihm Namen und Titel des Gelehrten, des berühmten Mitgliedes der kaiserlichen Akademie der Wissenschaften.

Einen solchen Wundermann, der tapfer ist wie ein Löwe, stark wie ein Yakbüffel und klug wie eine Schildkröte, muß er lebendig haben.

Ein Lasso fliegt um den Hals des Vorgerückten Gelehrten und reißt ihn zu Boden. Im nächsten Augenblick haben sich zwanzig Mongolen auf ihn geworfen und ihn gebunden.

Als die Chinesen das sehen, strecken sie entmutigt die Waffen ...

Spätnachmittag ist es, da wird, weithin sichtbar, auf dem alten Kaiserpalast zu Peking das weiße Banner mit den neun Yakschwänzen aufgepflanzt.

Der Vorgerückte Gelehrte wird vor Tschingis Chan geführt.

Aufmerksam betrachtet der Herrscher den hünenhaften Mann mit dem langen, kampfzerzausten Bart, der feinen, zerfetzten Kleidung und der stolzen Haltung.

Ein kurzer Wink, und dem Gefangenen werden die Fesseln abgenommen.

„Ich freue mich, die Bekanntschaft des Vorgerückten Gelehrten Ye Liu Chutsai, des berühmten Mitgliedes der Akademie, zu machen", redet ihn der Chan höflich und voll Achtung in chinesischer Sprache an. „Du bist nicht nur über die Maßen gelehrt – du bist auch über die Maßen tapfer. Wie kommt es, daß du, ein Fürst von Liao, dem Unterdrücker deines Geschlechtes, dem Chin-Kaiser, dienst?"

Ye Liu sieht erstaunt auf den breitschultrigen Chan hinab. Er hat geglaubt, gegen einen Wüstenräuber zu kämpfen, und ist überrascht von der Würde und Höflichkeit des Chans, der sogar der chinesischen Sprache einigermaßen kundig ist.

Mit seiner tiefen Stimme, die den Chan seltsam anrührt, antwortet er gelassen.

„Wai-Schao-Wang, der Herrscher des Reiches Chin, ist der vom Himmel eingesetzte, rechtmäßige Kaiser! Ich diene ihm, wie auch mein Vater und Großvater, aus Gehorsam gegen die himmlische Ordnung. Meine fürstlichen Vettern von West-Liao dagegen lieben es, einen recht hohen Hut zu tragen, den ihnen ein Sturm leichtlich wegblasen könnte. Dann werden sie Knechte sein."

Tschingis Chan ist von der freimütigen Antwort überrascht. Der Vorgerückte Gelehrte ist klug und sehr aufrichtig. Aber das gefällt ihm. Im Grunde hat Ye Liu recht; er hat die ehrenvolle Stellung eines freien Mannes am Kaiserhofe von Peking innegehabt. Treue Dienste schätzt der Chan über alles. Die Fürsten von West-Liao aber dürften ihre Herrschaft in Kara-Kitai bald mit der Abhängigkeit von Vasallen eintauschen; denn er, Tschingis Chan, gedenkt nicht, ihnen das Reich der Kara-Kitai zu belassen. Er wird der Sturm sein, der ihnen den hohen Hut herabblasen wird. Über sie wird er kommen, wie er jetzt über das Reich Chin gekommen ist.

Diesen Weisen kann er brauchen. Freundlich sagt er: „Tapfer und treu hast du deinem bisherigen Herrn gedient. Er ist geflüchtet, und nun bist du deines Dienstes gegen ihn ledig. Ich würde mich freuen, wenn du mit der gleichen Treue und Aufrichtigkeit von jetzt an mir, dem Herrn der Welt, dientest. Zum Erobern brauche ich das Schwert, zum Regieren aber weise Männer! – Ich bitte dich, gehe mit mir."

Damit entläßt er den Vorgerückten Gelehrten.

Ye Liu geht in die kaiserliche Bibliothek. Zärtlich streift sein Blick über die Gestelle mit den Büchern. Fünfhunderttausend Bände sind hier vereinigt, das kostbarste Gut chinesischen Geistes. Was seit Jahrtausenden die Weisen des Reiches der Mitte erdacht, erforscht, ergrübelt haben, ist hier in den zierlichen, verschlungenen Wortbildern niedergelegt, krause Arabesken dem Nichtwissenden, Offenbarung dem Herrn der vierundzwanzigtausend Zeichen. An ihrem Gewand schon erkennt er seine Lieblinge, die – in bunte Seide gebunden, mit gelbem Bast geheftet – Tag und Nacht bereit sind, ihm nimmermüde zu dienen, sich mit ihm zu unterhalten, ihm auf seine Fragen Antwort oder Trost zu spenden. Da in Grün das Buch der Lieder, hier in Gelb das Buch der Sitte, dort in Blau das Buch der Wandlungen, ganz oben in Rot das Scharlachbuch ... Was geschieht mit den unersetzlichen Geistesschätzen, den Sammlungen, Bildern, Aufzeichnungen, Annalen, Chroniken, Landkarten, geographischen Vermessungen, Beschreibungen, Berechnungstabellen, Sternkarten, astronomischen Beobachtungen, den scharfsinnig erdachten und mit Genauigkeit gearbeiteten Instrumenten, wenn er, Ye Liu, sie nicht mehr betreut? Hier in diesen Räumen hat sich sein eigentliches Leben abgespielt. Wieviel durchdachte Tage, durchgrübelte Nächte haben ihn hier mit dem kostbarsten Geschenk des Himmels beglückt: mit Erkenntnis und Weisheit!

Ausgelöscht der Sinn seines Lebens, vernichtet der Zweck seines Daseins! Vorbei das Glück der Versenkung und Erforschung! Das Reich Chin ist unterjocht, Peking in fremden Händen. Die jahrtausendealten Geistesschätze werden weggeschleppt in die öde Steppe, zur sandigen, steinigen Gobi, in die Schwarze Stadt, nach Karakorum.

Langsam wandelt er durch die weiten Säle. Seine Hand liebkost die knisternden Seidenbücher, berührt, Abschied nehmend, die sauberen, glänzenden Instrumente. „Lebt wohl, meine Freunde, meine ... letzten Freunde."

Flüstern sie ihm nicht zu? Raunen sie nicht leise bittende Worte? „Komm mit, o Vorgerückter Gelehrter, verlaß uns nicht!"

Wenn er der Einladung Tschingis Chans folgte? Was soll er hier? Ein landfremder Statthalter wird als Beauftragter des Eroberers hier schalten und walten. Es ist nicht mehr sein China, nicht mehr sein Peking. Fremd wird die Stadt sein. Folgt er Tschingis Chan, so kann er die Hunderttausende von Büchern, die Sammlungen und Instrumente ordnend bewahren, bis man dereinst heimkehren darf ins befreite Vaterland. So lange kann er Chinas Geist und Sitte lebendig erhalten, sie auf die Eroberer überpflanzen, vielleicht durch diese weitstreifenden Reiter die Seele Chinas ausbreiten über die Welt.

Und geht er nicht freiwillig, wird man ihn nicht gewaltsam mitnehmen? Die Einladung eines Eroberers unterscheidet sich von einem Befehl nur durch die Form!

Und dann? Heftiger schlägt sein Herz. In Karakorum wird er sie wiedersehen, die Blume seines Herzens, die Prinzessin Silbermond. Zwar als Gattin eines anderen, seines neuen Herrn – aber doch wiedersehen! Ihr nahe sein! Sie trösten! – Wer hätte jemals gedacht, daß Ye Liu, Vorgerückter Gelehrter, Mitglied der kaiserlichen Akademie, Ratgeber und Freund des Sohnes des Himmels, des erhabenen Kaisers von Chin, einem Barbarenchan in seine Wüstenhauptstadt folgen würde! Des Himmels Wege sind wunderbar. Vielleicht wird ihm hier eine neue Aufgabe gestellt.

Als Tschingis Chan am nächsten Tage seinen Adjutanten schickt, der sich höflich nach Ye Lius Entscheidung erkundigt, erklärt der Vorgerückte Gelehrte seine Bereitschaft.

Tschingis Chan, sagt der Adjutant, werde darüber erfreut sein. Er besichtige jetzt die Kriegsmaschinen. Der Palast sei bereits ausgeräumt, die Schatzkammern würden gerade verladen. Der Vorgerückte Gelehrte möge sich bereit halten, den großmächtigen Chan durch die Bibliothek und Akademie zu führen. Der Herrscher wolle die weltberühmten Einrichtungen persönlich in Augenschein nehmen.

Gegen Mittag erscheint Tschingis Chan, begleitet von seinem Stabe. Ye Liu zeigt ihnen die Bibliothek, die Akademie, Sternwarte. Für die Bücher hat der Eroberer nur kühle Hochachtung, aber die Einrichtungen und Instrumente erregen seine Bewunderung.

In einer prachtvollen Wasserschale aus grünem Nephrit schwimmt auf einem Holzspan eine schmale, flache Nadel.

„Was bedeutet diese Nadel?" fragt der Großchan. „Warum wird diese schlichte Metallzunge in einer so kostbaren Schale bewahrt, und warum ist sie auf Wasser gelegt?"

Wortlos ergreift Ye Liu den Rand des Gefäßes und dreht es langsam um sich selbst. Die Nadel folgt der Bewegung nicht, sondern verharrt unentwegt in ihrer Lage.

Als Ye Liu mit dem Finger die Richtung der Nadel gewaltsam verändert und sie losläßt, dreht sie sich sogleich wieder in ihre frühere Richtung.

Tschingis Chan starrt auf die Zaubernadel. Sein Gefolge blickt mißtrauisch auf den Vorgerückten Gelehrten, und Marschall Tschepe, der Draufgänger, lockert verstohlen seinen Dolch, als erwarte er einen Überfall. Vielleicht fliegt die Zaubernadel plötzlich dem Chan ins Auge und bohrt sich tödlich in sein Gehirn?

Aber die Nadel schwimmt ruhig auf dem Wasser und weist nur immer in die gleiche Richtung.

„Eine Magnetnadel", erklärt Ye Liu. „Tag und Nacht und Sommer und Winter und gestern und heute und morgen: immer zeigt sie gen Mitternacht. Hast du, o Tschingis Chan, diese Zaubernadel aus

Magneteisen bei dir, so führt sie dich stets den rechten Weg. Nie kannst du in die Irre gehen, weder im Hellen noch im Dunkeln, weder in der Wüste noch in den Bergen, noch auf dem weiten Wasser."

Tschingis Chan muß den Versuch selbst machen; der Tsin-schi könnte sie alle durch ein Blendwerk getäuscht haben! Vorsichtig tippt er mit dem Finger an die Nadel. Sie zittert einige Male hin und her und bleibt dann wieder stehen wie vorher.

Jetzt wagt sich auch Tschepe Nojan an das Zauberinstrument. Er dreht die Schale so schnell um sich selbst, daß das Wasser über den Rand spritzt. Die Nadel gerät in kreisende Bewegung, doch richtet sie sich schließlich wieder in ihre frühere Lage aus und weist gelassen nach Norden.

Der Chan ist begeistert. Die Zaubernadel will er sogleich mitnehmen, sie soll stets bei ihm sein. Der tapfere Draufgänger Tschepe wird ausersehen, sie zu tragen, und mutig nimmt er die kostbare Schale an sich.

Auf einem Tisch liegt ein schwarz-weiß quadriertes Brett, auf dem eine Anzahl kunstvoll geschnitzter Elfenbeinfiguren stehen. „Ein Schachbrett, ein Spiel für Könige und Feldherrn sowie für Denker", erklärt Ye Liu.

„Du wirst es mich in Karakorum lehren. – Und hier?" Der Chan hebt einen Haufen kleiner, bebilderter Karten auf.

„Spielkarten", erläutert Ye Liu, „zum Zeitvertreib für müßige Männer."

„Also nichts für uns", sagt der Chan. „Wir haben keine Zeit für Müßiggang wie ihr Chinesen, die ihr, wie man mir erzählt hat, ganze Nächte damit verbringt und Haus und Hof und Weib und Kind verspielt. – Aber sie sind hübsch. Wie werden sie in solchen Mengen hergestellt?"

„Durch den Druck, wie die Bücher." Und Ye Liu führt den Eroberer in die kaiserliche Druckerei.

„Der Schreiber schreibt den Text auf hauchdünnes Seidenpapier, das mit der beschriebenen Fläche, also verkehrt, auf die Holztafeln geklebt wird. Der Holzschneider läßt die durchschimmernden, schwarzen Wortzeichen stehen, schneidet aber das übrige Holz weg, so daß die Wortzeichen erhaben übrigbleiben."

Ye Liu nimmt eine fertige Drucktafel und schwärzt die erhabenen Wortzeichen mit Tusche. Dann legt er ein Blatt Papier darauf und streicht mit einer Bürste darüber weg. Er hebt das Papier ab und reicht es dem Chan.

Eine sehr nützliche Erfindung. Das Verfahren ist von genialer Einfachheit und gefällt dem Chan besonders. Tausend solcher Abzüge lassen sich an einem Tage herstellen. Er überlegt, daß man auf diese Weise Hunderttausende von Blättern mit Erlassen und Verfügungen in kürzester Zeit in allen Städten seines Reiches verbreiten kann. Selbstverständlich wird die Druckerei nebst den Schreibern, Holzschneidern, Druckern und Papierfabrikanten mitgenommen.

Sie betreten die Sternwarte.

„Diese Instrumente", Ye Liu weist mit der Hand auf sie, „dienen der Beobachtung der Gestirne. Der Himmel ist eine Halbkugel, wie der Augenschein lehrt. Da er die Erde überall gleichmäßig bedeckt, muß sie gleichfalls rund sein. Hat die Sonne im Süden ihren höchsten Stand erreicht, so ist es im Norden Mitternacht, und ebenso verhält es sich mit Osten und Westen. Daraus ergibt sich die Folgerung, daß die Erde eine Kugel ist!"

Tschingis Chan reißt vor Staunen die Augen auf. Die Erde eine Kugel? Narrt ihn dieser Hüne? Glaubt er, die dummen Mongolen zum besten haben zu können? Aber Ye Lius Gesicht ist ruhig und klar. – Er, Tschingis Chan, ist am Ende der Welt gewesen und hat sich Gedanken gemacht, woher der Ozean kommt und ob auch er ein Ende hat und was dahinter ist. Und nun lehren diese Männer von Chin, die Erde sei eine Kugel. Unfaßbar!

„Wie kommt es dann, daß Häuser, Menschen, Tiere, Flüsse nicht hinunterfallen?"

Ye Lius ruhiger Baß beantwortet auch diese Frage, ohne zu zögern: „Die Himmelskugel dreht sich so rasch, daß sie auf Luft und Äther mit ungeheurer Gewalt drückt, und dieser Druck preßt alle Gegenstände unwiderstehlich gegen die Erde und hält sie auf ihr fest."

Dem Vorgerückten Gelehrten macht es offensichtlich Freude, die wissenschaftlichen Erkenntnisse seines Volkes vorzutragen. Ihm ist, als ob er Studenten unterrichte, und er fährt fort, die Himmelstheorie der Chinesen zu erklären: der Himmel sei rund, die Erde aber quadratisch; diese Ausdrücke bezögen sich jetzt aber nicht auf die Form, sondern auf die Eigenschaft! Rundheit bedeute die Zeit, das Quadratische bedeute den Raum. So könne man das Weltall ordnen. Täglich mache die Sonne einen Gradschritt am Himmel. Dar-

aus ergäben sich die Grundzahlen für die andern Himmelsgestirne.
„Dies hier" – er nimmt ein Instrument in die Hand – „ist ein Win-
kelmaß. Damit kann man – sieh, so! – Höhe und Entfernung messen
und Berge und Flüsse berechnen und ihren Lauf regeln!"

Dem Großchan schwindelt der Kopf. Ein unglaubliches Volk, ein
phantastisches Volk! Sitzen in Peking in einem Saal und messen den
Himmel und die Sterne!

„Ihr seid klug und weise wie Götter", erkennt er voll Bewunderung
an. „Um so erstaunlicher, daß ihr nicht die Erde erobert habt, sondern selbst unterworfen seid. Ich glaube, euer Himmelssohn hat
schuld daran. Er ist ein Dummkopf, ich habe es schon damals gesagt,
und hat es versäumt, auf die Stimme des Volkes zu hören."

Im Weitergehen ruft er wie beiläufig seinem Stabe zu: „Wir nehmen alles mit, alles mit!"

Als die Besichtigung beendet ist, blickt Tschingis Chan den Vorgerückten Gelehrten scharf an. „Du hast mir etwas vorenthalten –
das Wichtigste und Geheimnisvollste ... das fliegende Feuer!"

Ye Liu Chutsai lächelt. „Nicht vergessen, o Chan. Ich hielt es nicht
für so wichtig. Du kannst damit nichts erforschen ... es dient nur
der Zerstörung."

Der Zerstörung! Der Chan erinnert sich der Unterredung mit dem
Yogi, und seine Augen glitzern vor heißer Lust. Das fliegende Feuer
im Dienste Schiwas, ein Werkzeug der Vernichtung wie keines je zuvor. Er hat es selbst erlebt – in jener blutigen Nacht, da das fliegende
Feuer, wie aus Dämonenhand vom Himmel geschleudert, unter seinen Kriegern gewütet hat. Kein Schwert, kein Pfeil, keine Axt kann
so zerstören wie dieses rätselhafte, entsetzliche Element.

Und voll Spannung ersucht er den Vorgerückten Gelehrten, ihm
das fliegende Feuer vorzuführen.

Ye Liu geleitet den Chan und sein Gefolge in das Laboratorium,
das im großen Park des Kaiserpalastes ein wenig abseits liegt. Gläser,
Büchsen, Schalen, Röhren, Instrumente stehen umher. Ye Liu mischt
in einer Schale ein gelbes, ein grauweißliches und ein schwärzliches
Pulver. Schüttet das Gemisch in eine Bambusröhre, verschließt sie
mit einem festen Papierpfropfen und legt eine Lunte an.

„Wozu dient das Lampengras?"

„Der Docht leitet das Feuer langsam zum Pulver. Zündete ich es
unmittelbar an, so würde eine stechende Flamme herausfahren und
uns verbrennen."

Ye Liu befestigt die Röhre in einem eisernen Gestell und setzt sie auf den Erdboden. Dann entzündet er die Lunte. Langsam glimmt das Feuer weiter. Vorsichtig heißt er alle, sich zurückzuziehen.

Dann blitzt und knallt es plötzlich. Ein Feuerstrahl und schwarzer Rauch schießen heraus! Der Papierpropfen ist in weitem Bogen davongesaust.

Tschingis Chan und seine Krieger sind zusammengezuckt. Abergläubisch schauen sie auf den riesigen Gelehrten, der gelassen dabeisteht und ihnen bedeutet, dies sei nur ein kleines Beispiel. Aber eine größere Pulvermenge könnte ihnen allen gefährlich werden.

Die Vorführung genügt den Mongolen vollkommen, und sie sind von dieser feurigen Erfindung begeistert.

„Das wird einst die Hauptwaffe der Menschen in ihren Kriegen werden", ruft Tschingis Chan.

Und dann fügt er, auf das ganze Laboratorium weisend, hinzu:
„Wir nehmen alles mit, alles mit."

Als „alles" verladen ist, setzt sich der Riesenzug in Bewegung. Orkhon Muhuli bleibt mit zwei Tomans als Statthalter in Peking zurück, die andern reiten fröhlich und mit reicher Beute beladen heimwärts. Unzählige Wagen und Karren, hoch bepackt, knarren langsam auf der Karawanenstraße gen Sonnenuntergang. Tausende von gefangenen Männern und Frauen ziehen schicksalergeben in die ferne Sklaverei, bewacht von den Mongolen. Wer die mühselige Wanderung nicht erträgt und unterwegs zusammenbricht, wird getötet; denn Kranke kann man nicht mitschleppen.

Mütter und Kinder, Knaben und Greise läßt Tschingis Chan in Peking zurück. Die wehrhaften Männer, von denen er nur einen geringen Bruchteil als Sklaven mitnehmen kann, befiehlt er zu töten. Nicht unmenschliche Grausamkeit bestimmt ihn; er sieht es als unumgänglich an, sich den Rücken freizuhalten und dem unterjochten Lande die Möglichkeit einer Befreiung zu nehmen. Die verräterischen Überläufer der Chinesen dagegen läßt er aufhängen.

Als der Riesenzug die Berge erreicht, die das Flachland von Peking gegen Sonnenuntergang und Mitternacht abgrenzen, verweilt Ye Liu einen Augenblick und mit ihm die Beamten und Gelehrten, die Tschingis Chan für die Verwaltung und den Unterricht seines Landes gleichfalls mitgenommen hat. Der Chan hat ihnen Pferde und dem Vorgerückten Gelehrten sogar ein Sänfte angeboten, aber sie haben

alle abgelehnt; sie wollen es nicht besser haben als die gefangenen Männer und Frauen ihres Volkes, und außerdem übertäuben die Anstrengungen des Marsches den Schmerz um das verlorene Vaterland.

Sie alle, alle drehen sich um, einen letzten Blick auf ihre Heimat zu werfen. Dahinten, in weiter Ferne schon, liegt im Sonnenglanze Peking. Die Dächer der Tempel und Paläste, soweit sie nicht zerstört sind, strahlen und leuchten einen letzten Gruß herüber. Und sie erwidern ihn mit bebenden Lippen:

„Leb wohl, du blühender Garten der Mitte, du sanftes, friedliches Land, du Reich der Weisheit, Sitte und Ordnung. Wir werden dich nie wiedersehen."

Gelassen ziehen sie weiter, vorwärtsgetrieben von den Scheltrufen und Peitschen der mongolischen Eskorte. Nebeneinander wandeln die wie zum Trotz besonders vornehm gekleideten, hochgewachsenen Gelehrten und Mandarine unter ihren großen Sonnenschirmen aus roter Seide, in Schweigen versunken oder in ein Gespräch vertieft über die kosmische Ordnung: ob Lao-tse recht habe, daß das Tao

das Uranfängliche sei und aus dem „Weg" und „Sinn" und „kosmischen Gesetz" Himmel und Erde hervorgegangen seien, oder ob Kung-fu-tse recht habe, daß das Tien das Ursprüngliche sei und man vom Himmel durch das Tao zur Ordnung in Welt und Menschenleben gelange.

So verschwinden sie schließlich hinter den Bergen, und mit ihnen zieht der Geist ihres Vaterlandes und seine Weisheit und Erkenntnis, die da gipfelt in Tien und Tao, in Himmel und Weg.

In Karakorum

Umgeben von seinen vier Söhnen und den Nojanen zieht Tschingis Chan an der Spitze der Wildwasser und seines Heeres in Karakorum ein.

Jubel brandet den nach so langer Abwesenheit siegreich Heimkehrenden entgegen, und auf allen Gesichtern glänzt Freude. Gleichmütig schaut der Eroberer auf die schreiende und tobende Menge; selbstverständlich ist ihm ihre Begeisterung. Dschüdschi aber, sein Ältester, brütet wie immer finster vor sich hin, während der dicke Oktai heiter den Jauchzenden zuwinkt. Bescheiden folgen der strenge Tschagatai und der tapfere Tului.

Unermeßliche Reichtümer bringen die Mongolen aus dem Goldenen Reiche mit, und die Weiber hängen sich an die Hälse der heimkehrenden Männer und kratzen eilfertig wie pickende Hühner unter dem fingerdicken Staub und Schmutz, der die Krieger von der langen Wüstenwanderung wie eine Kruste bedeckt, funkelnden Goldschmuck und gleißende Edelsteine hervor.

Das, was die Krieger an Beute mitgebracht haben, sind nur kleine Proben. Der Hauptteil schaukelt noch auf den Kamelkarawanen, die mit den raschen Reitern nicht Schritt halten konnten und gemächlich unter sicherem Geleit durch die Sandsteppe zur Schwarzen Hauptstadt ziehen. Bald wird es keine Kriegerfrau mehr geben, die nicht kostbaren Schmuck trägt, keine Jurte, unter deren Hausgerät nicht silberne Schalen und goldene Becher funkeln.

Vor dem Lehmpalast begrüßt Burtai Gatten und Söhne: „Lange wart ihr fort. Ich freue mich, daß ihr wieder hier seid. Wunderbares haben deine Boten, mein Chan, berichtet. Am Ende der Welt seiest du gewesen. Kann das sein?"

„Es ist so", antwortet Tschingis Chan, „und die Hälfte der Welt ist mein und dein."

„Man erzählt, du brächtest das Wunder eines Weisen mit und ... hättest das Wunder einer Schönheit gefreit ... Wo sind sie, der Gelehrte und die Prinzessin?"

„Sie folgen in den Karawanen, und du wirst sie noch rechtzeitig kennenlernen."

Damit schreitet er auf den Lehmpalast zu, bei dessen Anblick ein verächtliches Lächeln in seinen Bart rinnt. Im Kaiserpalast in Peking hat er gewohnt. Was soll ihm diese elende Hundehütte aus Lehm, in der er, der freie Sohn der Steppe, sich doch niemals heimisch gefühlt hat!

„Das Haus deines Vaters beengt mich", sagt er drinnen zu Burtai.

„Einst schien es dir groß genug", erwidert sie ruhig.

„Damals war ich nur Temudschin."

„Und wie will Tschingis Chan wohnen? Will er einen Palast bauen, so groß wie der des Kaisers in Peking? Woher nimmst du die

Baustoffe, und wer versteht von deinen Mongolen eine so kühne Kunst?"

Der Chan runzelt die Augenbrauen. Er wird nicht gerne daran erinnert, daß es Dinge gibt, in denen andere Völker den Mongolen überlegen sind.

„Einen Palast will ich nicht bauen ... Ein Haus ist Hemmnis und Last, ein Stein am Bein, ein Balken, auf die Schultern gebunden ... Ein Mongole bin ich und bleibe ich! ... Ein Mongole muß frei sein, seine Wohnstatt beweglich. Kann ich ein Haus mitnehmen? In einer Jurte habe ich den größten Teil meines Lebens zugebracht. In einem Zelt will ich wieder wohnen."

So läßt er ein Kaiserzelt aufrichten von solchen Ausmaßen, wie die Mongolen es bisher noch nicht erschaut haben, aus weißem Filz, innen bespannt mit weißer Seide und behängt mit bestickten Geweben, und der Fußboden ist mit Teppichen und Fellen über und über bedeckt. Nicht umsonst hat er die Läden der Seidenhändler und die Kaufhäuser der Teppichwirker in Peking ausräumen und Hunderte von Kamelen und Lastpferden damit beladen lassen.

In diesem weißen Zelt, dessen Eingang gen Mittag schaut und vor dem ein großer, freier Platz sich dehnt, thront und wohnt der Beherrscher der halben Welt. Hier fühlt er sich wieder der Allmutter Steppe, der Heimat, nahe. Hier spürt er unter sich den nährenden Boden. Keine starre, feste Mauer kerkert ihn ein und schließt die Himmelsluft ab. Wenn er nachts auf seinem Fellager liegt, sieht er durch die Rauchöffnung die Sterne schimmern, hört er wieder den Steppenwind ums Zelt stöhnen und das Gras rauschen, und wenn die Zelttücher im Winde beben und wehen, so ist ihm, als atme seine Jurte mit ihm die heimatliche Luft.

Burtai aber bewohnt weiter ihren väterlichen Lehmpalast.

Allmählich langen die Karawanen mit der Kriegsbeute aus dem Reiche der Mitte an, und eines Tages trifft auch die Sänfte der Prinzessin ein. Silbermond wird von Tschingis Chan mit großer Höflichkeit empfangen und zu ihrem Zelt geleitet, das nicht weit von der Kaiserjurte entfernt liegt und der Prinzessin zu Ehren in der goldenen Chinfarbe gehalten ist.

Als der Chan sie allein gelassen hat, schaut sie sich um. Hier also wird sie ihr ferneres Leben zubringen – wenn man dies noch Leben nennen kann. Ein Palast ist ihre Heimat gewesen, nun wird sie zwischen engen Zeltwänden hausen. Und doch ist sie zufrieden, endlich zur Ruhe zu kommen. Wie lange hat ihre Reise gedauert? Sie weiß nicht, sind es Wochen, Monate oder Jahre gewesen. Die Gleichförmigkeit der Wüsten- und Steppenreise floß zusammen zu einem einzigen, endlosen Tag, und die Sänfte schaukelte Tag und Nacht und Nacht und Tag, im Wachen und im Schlafen. Alle drei Tage wurde nachts das Zelt aufgeschlagen, da konnte sie die steifen, schmerzenden Glieder dehnen und recken, sich lang ausstrecken und ruhen. Aber am frühen Morgen ging es weiter durch Sand und Staub und niedriges Gras und wieder Sand. An einsamen Flüssen standen ragende Pappeln, biegsame Weiden, flirrendes, dürres Schilf. Ab und zu jagten in der Ferne Antilopenherden dahin, verfolgt von Wölfen. Wilde Esel, Yaks und wilde Kamele begegneten ihnen, schauten sie böse und mißtrauisch an und trotteten dann davon. Dunkelgraubraune Geier und krächzende Raben hockten auf Tierkadavern und mästeten sich. Aus der Steppe hoben sich steinige Hochebenen aus rotgeflammtem, schwarzgestreiftem Granit. Dann wieder breitete sich ein armseliger Teppich von dürrem Moos und kargen Kräutern. Niedriges, scharfes Gras sticht hart und spitz wie Nadeln. Tümpel faulen, bedeckt von Algen, umrankt von blauen Schwertlilien. Ermüdet vom eintönigen Schauen, sank sie zurück in stundenlange Halbträume. Die weiß und rosa schimmernden Gärten ihrer Heimat am Tsing-ho und Hoang-ho tauchten vor ihr auf, Kirschen und Aprikosen blühten, und sie hörte überdeutlich die Silberglöckchen vom Willkommenstempel des Flusses melodisch läuten.

Dann verwehte der Heimatstraum vor der rauhen Wirklichkeit, die Sänfte schwankt über harte, öde Tafelflächen, an deren Fuß Tamarisken wachsen.

Die Prinzessin Silbermond erwacht aus ihrer Versunkenheit und besinnt sich. Jetzt also ist sie in ihrer neuen Heimat.

Das Lied „Verzweiflung" der Dichterin Ly-Han kommt ihr plötzlich in den Sinn:

„Ich sitze wohl seit Ewigkeiten hier am Fenster.
Neigt sich der Tag noch immer nicht zum Ende?
Der Regen tanzt wie schleiernde Gespenster.
Die Dämmerung streckt aus die grauen Hände.
Die Nacht kommt endlich – schwarz und jeder Hoffnung bar.
– – – In mir bleibt alles, wie es war. – –"

Es wird Zeit, sich fertig für den Empfang bei der Kaiserin zu machen. Was mag das für eine Frau sein? Roh und schmutzig, eine häßliche, wilde Barbarin?

Silbermond schickt eine ihrer Zofen nach Wasser. Ein kleines Gefäß wird ihr gebracht. Wie kann sie sich in diesem Näpfchen vom monatelangen Reisestaub säubern?

Sie schickt die Zofe zum andern Mal und erhält nun reichlich Wasser. Doch ist man über solche Ansprüche verwundert und läßt ihr bedeuten, Wasser sei im Lande der Sandsteppe eine Kostbarkeit, mit der man sparsam umginge.

Die Prinzessin, an tägliche warme Waschungen gewöhnt, schaudert. Auf wieviel muß sie hier verzichten!

Als sie sich zum Empfange gekleidet und geschmückt hat, wird sie in Gesellschaft ihrer Kammerfrau zu Burtai geleitet.

Auf hohen Kissen thront Tschingis Chan. Etwas tiefer zu seiner Seite Burtai. Sie ist die Kaiserin, die Mutter der Prinzen, sie bleibt die Hauptfrau und Herrin der Jurte. Mag die Prinzessin Silbermond aus dem chinesischen Kaiserhaus stammen, mag ihre Schönheit noch so groß sein, an Burtais Stellung ändert das nichts. Sie ist die erste Gattin, ihr gebührt die höchste Würde.

Burtai empfängt die Nebenfrau mit Freundlichkeit und Zurückhaltung. Eifersucht verspürt sie nicht; sie ist von jeher daran gewöhnt, Nebenfrauen zu dulden. Auch ist ihr Gefühl für den Chan noch immer zwiespältig: bei aller Nähe ist er ihr fern, wie er ihr bei aller Ferne auch wieder nah ist.

„Sei willkommen bei uns", sagt Burtai mit sanfter Stimme. „Die fremde Blume ist aus dem Garten der Mitte in die Schwarze Sandstadt verpflanzt worden. Möge sie hier Wurzel fassen, blühen und gedeihen."

Tschingis Chan schließt sich dem Wunsche der Kaiserin an: „Mein Reich umfaßt auch den Garten der Mitte. Mögest du dich also zu Hause fühlen, hier wie dort und überall, wo mein Wille herrscht."

Schweigend verneigt sich Prinzessin Silbermond zum Zeichen ihres Dankes.

Nun, da die Begrüßung stattgefunden hat, erhebt sich der Chan und überläßt die beiden Frauen sich selbst.

Gleich darauf beurlaubt Burtai das Gefolge. Die beiden Frauen sind miteinander allein. Nur eine ältere Chinfrau, die in Karakorum geboren und beider Sprachen mächtig ist, bleibt als Dolmetscherin zugegen. Sie ist der Prinzessin als Vertraute beigegeben und unterweist sie in der mongolischen Sprache.

Burtai betrachtet still die Prinzessin, die bisher noch kein Wort gesprochen hat und mit fast geschlossenen Augen regungslos dasitzt. Allmählich regt sich in ihrem Herzen ein warmes Mitgefühl mit der Landfremden, Entwurzelten, Einsamen, deren zarte Schönheit sie rührt.

„Du bist traurig, Prinzessin", sagte Burtai teilnahmsvoll. „Auch mein Volk ist vom Großen Chan unterworfen. Meinen Vater und Bruder hat er besiegt ... beide sind auf der Flucht ermordet worden. Karakorum, seine Hauptstadt, war die Stadt meines Vaters und meiner Ahnen."

Silbermond schlägt die Augen auf. Staunen steht in ihnen: sie trägt ihr Schicksal nicht allein, sie teilt es mit einer anderen – mit der Hauptfrau, der Kaiserin.

Zum ersten Male öffnen sich ihre rotgefärbten Lippen, und sie fragt mit ihrer singenden Stimme: „Auch du bist die Gattin deines Feindes?"

Burtais Augen streifen prüfend die Dolmetscherin. Diese ergreift Silbermonds Hand und neigt ihre Stirne darauf: „Eine Chinfrau verrät niemals ihre Herrin." Burtai und Silbermond können der Verschwiegenheit der Dolmetscherin vertrauen.

„Er ist nicht mein Feind", begütigt Burtai, „wie er auch nicht der deine ist. Er ist wie der Sturm, der weht, wie er muß, er kann nicht anders. Was der Himmel mit ihm vorhat, ich weiß es nicht. Aber der Erfolg begleitet ihn."

„Der Himmel hat nur einen wahren Sohn ... und Tschingis Chan ist nicht der Tien-tse", sagt Silbermond leise.

„Die Mongolen aber glauben an ihn und sagen, er sei ein Bogdo! Ein kleiner Stammeshäuptling war er, verfolgt und gejagt von seinen Feinden. Jetzt ist er der Beherrscher der halben Welt. Zerstampft war die Gobi, gerötet von Bruderblut. Geeint ist sie jetzt, ein starkes, mächtiges Reich. Muß er den Völkern nicht ein Gottgesandter scheinen?"

Die Prinzessin schüttelt fast unmerklich den Kopf. „Ist er den Mongolen ein Bogdo – was ist er uns, denen vom Goldenen Chin? Wo sind, die wir lieben?"

Burtai horcht auf. Die leisen Worte der Prinzessin bewegen ihr Herz. „Wo sind, die wir lieben?" Hinter der Trauer Silbermonds um ihr verlorenes Vaterland schwingt noch persönliches Leid ... sie spürt es mit feinem Frauengefühl.

„In deiner Heimat sind die Frauen nur die Dienerinnen des Hauses. Hier bei uns sind sie die Herrinnen der Jurte", sagt Burtai tröstend.

„Lieber in der Heimat Dienerin eines geliebten Mannes, als in der Fremde Herrin im Zelte eines ungeliebten", erwidert die Prinzessin.

Herzlich ergreift Burtai der Prinzessin Hände und streichelt sie. „Laß uns Freundinnen sein! Man hat mich gelehrt, alle Menschen seien Gottes Kinder. Wir wollen Schwestern sein."

Zum ersten Male seit jener unendlich fernen Zeit, da die Prinzessin Silbermond sich für ihr Vaterland geopfert hat, findet sie Teilnahme, ja Herzlichkeit. Die Starre ihres gequälten und verschlossenen Herzens löst sich, und wenn sie auch zu sehr Prinzessin und Chinesin ist, um sich nicht zu beherrschen, so zittern ihr doch die Lippen, als sie das Angebot Burtais annimmt. Haupt- und Nebenfrau fühlen sich nicht als Rivalinnen um die Gunst des Herrschers, sondern als Schwestern. Ähnlich ist ihr Schicksal, wenn auch das Burtais sich zum Guten gewandt hat, da sie im Lande ihrer Väter verbleiben durfte und ihr Herz nicht einsam schlägt – ihr blühen vier stattliche Söhne. Freilich – Dschüdschi. Doch auch er ist ihr Sohn. Das Herz von Silbermond aber, wo mag es weilen in Sehnsucht und Gram?

Immer neue Karawanen treffen ein mit Kriegsgefangenen und reicher Beute, und die eingebrachten Fremden übervölkern schließlich die Schwarze Stadt. Hochgewachsene chinesische Gelehrte wandeln gemessenen Schrittes unter ihren rotseidenen Sonnenschirmen oder Fächer schwingend durch die Straßen, vornehme Mandarine verrichten Verwaltungs- und Beamtendienste, und die geschickten, fleißigen Handwerker aus Peking überschütten die Stadt mit begehrten Waren. Handel und Tausch blühen in Karakorum wie nie zuvor.

„Jenen emaillierten Teller aus Kupfer – gib ihn mir gegen diesen geschnitzten Becher aus grünem, durchscheinendem Jade." So die Frauen.

„Jenen Dolch mit der eingelegten Klinge – tausch ihn mir gegen dieses Messer mit dem gelblichen Nephritgriff." So die Männer.

Mächtig wächst Karakorum, die Wälle werden durchbrochen, außerhalb des Weichbildes entstehen Siedlungen, so daß neue Schutzwälle gezogen werden müssen.

Auch Ye Liu Chutsai ist endlich eingetroffen, ungeduldig erwartet von Tschingis Chan, der ihm ein Haus aus Holz und Lehm hat aufrichten lassen, gleichsam die „Kaiserliche Akademie von Karakorum". „Hier sollst du wohnen und mir helfen, mein gewaltiges Reich zu regieren. Zum Erobern braucht man Faust und Schwert – zum Regieren Weisheit und Wissen." So ähnlich hat der Chan schon einmal zu ihm gesprochen, damals, bei der Eroberung von Peking.

Der Vorgerückte Gelehrte bezieht seine neue Wohnstätte, auch er ist zufrieden, endlich zur Ruhe zu kommen. Sorgfältig und liebevoll richtet er die Büchersäle ein, damit die wertvollen, mitgeschleppten Geistesschätze endlich wieder Ordnung und einen würdigen Aufenthalt finden. Beinahe überkommt ihn ein glückliches Gefühl, als er in den Truhen seine vertrauten Freunde unterbringt, und behutsam streichelt seine Hand die Lieblinge: das in gelbe Seide gebundene Li-gi, das grüne Buch der Lieder, das blaue Buch der Wandlungen, das Scharlachbuch und all die andern Träger und Bewahrer von Wissen und Weisheit, von Tien und Tao, von Himmel und Weg.

Die Instrumente zur Himmelsbeobachtung und die Meßgeräte für Erde, Flüsse und Berge stellt er in einem andern Raum auf, und ein dritter dient als Laboratorium, für das Tschingis Chan eine besondere Vorliebe zeigt. „Nimm dir als Gehilfen, wen du magst und so viele du brauchst", sagt er zu Ye Liu, „unterweise sie, und laß Pulver für fliegendes Feuer bereiten, soviel du kannst."

Nachdem der Vorgerückte Gelehrte seine Arbeitsstätte eingerichtet hat, nimmt er sein gewohntes, früheres Leben wieder auf, als weile er nicht in Gefangenschaft in einem fremden, unwirtlichen Lande, sondern am Kaiserhof in Peking.

Genau nach den uralten, heilig gehaltenen Vorschriften des Buches der Sitte erhebt er sich beim ersten Hahnenschrei von seinem schlichten Lager, wäscht sich, spült sich, wie das Li-gi es vorschreibt, den Mund und kämmt sich. Das in einen Knoten gewickelte Haar umwindet er mit einem Seidenband und befestigt es mit einem Haarpfeil, die übrigen Haare bürstet er hinter die Schläfen. Die tatarische Sitte des Zopftragens, die vor hundert Jahren die fremden Eroberer in Nordchina als Zeichen der Unterwerfung eingeführt haben, ist ihm verhaßt, und er trägt sich noch immer „altchinesisch".

Hat er sich angekleidet und das fußlange, bunte Gewand mit dem violetten Überwurf, auf dessen Brustseite der gestickte Drache prangt, angelegt und die schwarze Kappe mit der Pfauenfeder auf den Kopf gesetzt, dann bindet er zum Schluß den breiten Gürtel um, in den er die täglichen Gebrauchsgegenstände steckt, vor allem die Notiztafel. An die linke Seite hängt er das Wischtuch, den Schleifstein, die kleine Ahle aus Elfenbein, um Knoten zu lösen, und den metallenen Brennspiegel. An die rechte Seite gehört die Röhre mit Schreibgeräten, das Messer in der Scheide und der Feuerbohrer für bewölkte Tage, an denen der Brennspiegel den Dienst verweigert.

So fertig angezogen, geht er nach abwechslungsreichem Frühstück, bei dem er Suppe, Grütze, Gemüsebrei, Reis und Hirse und, falls er sie bekommt, auch Datteln und Honig verzehrt, an sein Tagewerk.

Kaum sind die Gehilfen, fast durchweg Chinmänner, zur Bereitung des fliegenden Feuers angelernt und die Laboratoriumsarbeiten in Gang gekommen, da bescheidet Tschingis Chan den Vorgerückten Gelehrten zu sich: das vergrößerte Reich bedürfe der Neuordnung. Der Tsin-schi möge bereit sein.

Ye Liu spannt hauchfeines Papier auf ein dünnes Brett, nimmt schwarze und rote Tusche und begibt sich zum Kaiserzelt.

Tschingis Chan thront auf hohen Kissen, um ihn herum im Halbkreis seine Nojane.

Er stellt ihnen den Vorgerückten Gelehrten als seinen Ratgeber vor und macht ihn mit den Heerführern und Würdenträgern bekannt. Sie, die nur mittelgroß sind, deren schüttere Bärte kurz und struppig hängen und deren Stimmen hoch fisteln, staunen über die Höhe seines Wuchses, die Länge und seidige Dichte seines wallenden Bartes und die dröhnende Tiefe seines Basses, aber ihre Gesichter bleiben kühl und undurchdringlich.

Der Große Chan äußert seine Wünsche: er brauche eine Berechnung der Entfernungen seines Reiches, der Anzahl der Statthalterschaften und der Ordus, der Poststraßen und der Standorte für die Staffelreiter sowie der Stärke der dort notwendigen Mannschaften.

Ye Liu läßt sich auf eine einladende Handbewegung des Chans auf einem Kissen gegenüber seinem neuen Herrn nieder, nimmt einen Pinsel aus der Bambusröhre, die die Schreibgeräte enthält, taucht ihn in die schwarze Tusche und macht auf die Mitte des Zeichenbrettes einen dicken Punkt. Dies sei die Schwarze Stadt. Am Rande des Papierbogens zieht er ein großes Viereck als Reich Tschingis Chans und grenzt innerhalb des großen Vierecks die einzelnen Länder und Völker durch kleinere Quadrate ab. Die Residenzen der Statthalter bezeichnet er durch rote Punkte und verbindet sie mit Karakorum durch rote Linien, die Poststraßen, auf denen er die Standorte der Meldereiter durch kleine Kreuze markiert.

Bei jeder Kurierstation wird die Stärke der Belegschaft und die Anzahl der vorhandenen sowie der von den Ordubewohnern zu stellenden Pferde und Mannschaften vermerkt.

Die notwendigen Angaben dazu erfragt er von den anwesenden Nojanen und Statthaltern, ebenso erfährt er von ihnen die zeitlichen Entfernungen der einzelnen Straßen und Standorte und berechnet so die Gesamtstrecken.

Den Chinesen ist eine solche Übersichtstafel, eine Art Landkarte, nichts Neues. Die Mongolen aber starren auf das Blatt Papier, auf das der Vorgerückte Gelehrte das Reich Tschingis Chans gebannt hat, wie auf ein Zauberwerk. Heimlich fürchten sie, der bärtige Riese könnte sich mit der Tafel davonmachen und somit die ganze Mongolei stehlen. Vorsorglich pflanzen sich einige von ihnen vor dem Zeltausgang auf, um den Länderraub zu verhindern, und sie sind erst beruhigt, als Ye Liu die Tafel dem Chan überreicht.

Entzückt hält Tschingis Chan sie in seinen kleinen, breiten Händen. „Ein riesiges Spinnennetz hast du gepinselt, und ich bin wie die gefräßige Spinne, die beutelüstern in der Mitte hockt. Meinst du es nicht so?"

Die Nojane lachen und widersprechen: „Ein Tiger ist der Große Chan, ein reißender Wolf, ein wilder Yakbüffel, ein kühner Adler, eine weise Schildkröte – nicht eine feige Spinne."

Diese Tafel, die ihm eine deutliche Vorstellung seines Reiches vermittelt, verwahrt Tschingis Chan in seinem Zelt, und oft sitzt er stundenlang über sie gebeugt, in Nachdenken versunken. Dann fährt sein Finger hin und her über Länder und Straßen und Ordus. Zuletzt aber gleitet er stets wie unter einem inneren Zwange nach Westen. Gen Sonnenaufgang kennt er die Welt bis zur Grenze des Ozeans. Aber wie mag die Erde nach der anderen Seite hin aussehen, gen Sonnenuntergang – jenseits des Daches der Welt, das sich als unübersteigbarer Wall bis in die Wolken auftürmt und den Blick versperrt?

Und er grübelt und sinnt.

Häufig versammelt er seine Nojane und Heerführer um die Tafel, stellt bestimmte Fragen, erkundigt sich genau, ob der und der Fluß durchschwimmbar, ob jenes Gebirge übersteigbar sei, wo es Pässe und Übergänge gäbe. Dann überlegt er lange, trifft Anordnungen oder diktiert seinem uigurischen Schreiber Tatatunga Befehle, die das Siegel seines Chas-bao tragen und von den Meldereitern auf den vorgezeichneten Verbindungsstraßen in ununterbrochenem Staffelritt an ihren Bestimmungsort befördert werden.

Mutige Kaufleute läßt er kommen. Gen Sonnenuntergang sollen sie ziehen und versuchen, Wege und Pässe über das Dach der Welt zu finden. Eisige Kälte und furchtbare Schneestürme dürften sie ebensowenig fürchten wie die dräuenden Geister, sie sollten hinabsteigen in die blühenden Ebenen jenseits der Berge und dann zurückkehren und ihm berichten, was sie gesehen und gehört ... von den Ländern dort und Städten, von den Herrschern und Kriegern, von ihren Waffen und Ausrüstungen, von Befestigungen, Straßen, Wegen und Flüssen. Reiche Belohnung wird ihnen verheißen.

Bald pilgern vierhundert entschlossene Kaufleute mit Kamelen und Tragpferden gen Westen zum Dach der Welt.

Ye Liu sitzt in seiner Bibliothek.

Es ist ein trüber, eisiger Winterabend. Die „Sie-ärgert-den-Wind-tot"-Laterne erleuchtet nur schwach den Raum und hebt lediglich das Schreibbrett des Vorgerückten Gelehrten wie einen hellen Fleck aus schwarzem Hintergrund. Emsig fährt der Schreibpinsel über das Papier. Dann läßt Ye Liu die Hand sinken, stützt den Kopf auf und sinnt ins Dunkel.

Wie lange mag er schon in Karakorum sein? Damals, als Peking fiel, war Sommer, und die Sonne brannte. Nun ist Winter, und die Gräser sind verwelkt. Die Tage sind kalt und die Nächte schaurig. Grau ist der Himmel wie sein Herz, und der Schnee fällt unaufhörlich. Sein Diener hält ununterbrochen ein übel qualmendes Mistfeuer in Gang, das zum Husten reizt und die Augen brennt. Sehnsüchtig denkt er an das schöne Peking. Da saß er an kalten Tagen auf seinem Kang, und die ziegelsteinerne Ruhestätte war innen mit Hirsestroh geheizt. Angenehme Wärme verbreitete sich, und das Zimmer war behaglich.

Aus den dunklen Ecken steigt das Bild der Prinzessin Silbermond auf. – Wie mag es ihr ergehen? Er hat sie noch nicht gesehen, auch kaum etwas von ihr gehört. Man spricht nicht von den Frauen des Chans. Nur daß sie in dem goldgelben Zelt nicht weit von der Kaiserjurte wohne und daß sie oft die Kaiserin Burtai im Lehmpalast besuche, hat er erfahren. Was mag das für eine Frau sein? Ob Silbermond überhaupt weiß, daß auch er sich hier in Karakorum befindet?

Wie traurig ist sein Leben, wie verlassen sind seine Abende! Ihm fällt eine Stelle ein aus dem „Buch der merkwürdigen Mitteilungen":

„Mein Haus ist kalt und öde, und dort wache ich, mit meinem Pinsel pflügend. Ich bin hin und her geschleudert worden, wie der Wind weht, einer Blume gleich, die in den Staub fällt. Aber die sechs Pfade der Wanderung sind fürwahr unerforschlich, und ich habe kein Recht zu klagen. Gleichviel: die Mitternacht trifft mich bei der erlöschenden Lampe, dieweil der Sturm seine traurige Weise pfeift; und auf meinem freudlosen Tische flicke ich meine Geschichten zusammen. Ach, ich bin wie der Vogel, dem es vor dem Winterfrost graut und der keine Zuflucht in den entlaubten Zweigen findet; bin wie die Grille, die den Mond anzirpt und sich an die Tür schmiegt, um ein wenig Wärme zu erhaschen. Denn wo sind, die mich lieben?"

Schwermütig wiederholt er: „Wo sind sie?"

Tschingis Chan sitzt zur selben Stunde gleichfalls am rauchenden Mistfeuer im Kaiserzelt mit dem Marschall Ssubotai und seinem uigurischen Staatssekretär Tatatunga. Orkhon Muhuli regiert als Statthalter in Peking, und Tschepe Nojan ist nicht erschienen. Der Draufgänger ist heute krank und hat den Schamanen holen lassen. Der hat ihm nach der Beschwörung einen Heiltrank gegeben. Nun schläft Tschepe in seiner Jurte und darf nicht gestört werden.

Als Ersatz für die beiden fehlenden Orkhons hat der Große Chan seinen Halbbruder Belgutai und den getreuen Jugendfreund Bordschu, beide zur Schar der Wildwasser gehörig, geladen.

„Kütschlük", sagt der wortkarge Chan.

Ssubotai nickt schweigend. Er weiß Bescheid. Das ist jener kühne Rebell, der den alten Kurchan, den Kaiser von Kara-Kitan, entthront und sich zum Herrscher aufgeschwungen hat über das Türkvolk der West-Uiguren, die in den reichen Städten Kaschgar und Chotan wohnen.

Belgutai, klein, breitschultrig, mit kurzen, krummen Reiterbeinen, kraust vor angestrengtem Denken seine niedrige Stirne, in die ihm die schwarzen Haare wie eine Zunge aus Maulwurfsfell gewachsen sind. Er ist zu den kühnsten Kriegstaten ebenso stürmisch bereit, wie er vor jeder Denktätigkeit störrisch bockt. Ratlos und fast ungeduldig blickt er zum Chan auf. Wer Kütschlük ist, weiß er natürlich. Aber was soll's mit ihm?

Bordschu ahnt seine Gedanken. Er legt den Finger an die Lippen und bedeutet ihm, ruhig und aufmerksam zu warten, bis der Chan zu sprechen gewillt sei.

Tschingis Chan hält vor sich auf den Knien das Tafelbrett mit dem Netz seines Reiches. Sein Finger sucht einen Strich. Jetzt hat er ihn gefunden: das Gebirge Tien-schan. Von ihm gleitet er abwärts nach Süden. Da öffnet sich das große Tarimbecken mit Kaschgar und Chotan.

„Erzähle von Kaschgar", fordert er Tatatunga auf.

„Die Stadt liegt in fruchtbarer Gegend auf dem steilen Uferrand des Kisil-su und ist durch dicke Lehmmauern geschützt. Die Einwohner, fromme Mohammedaner, wirken Silber- und Goldstoffe, Teppiche, Seide und Baumwolle. Reich ist die Stadt, und kunstfertig sind die Menschen."

„Gehorchen sie willig ihrem neuen Herrn?"

„Sie hassen ihn wie der Yak den Wolf", entgegnet der Staatssekretär. „Kütschlük bekämpft den Islam. Der Imâm von Chotan hat für Mohammed den Glaubenstod erlitten. Der Haß gegen Kütschlük schwelt wie ein Feuer unter der Asche."

„Und Fürst Arslan, Chan von Almalik?"

„Auch er ist Kütschlük feind."

Tschingis Chan nickt zufrieden, während seine breite Hand den braunrötlichen Bart pflügt. Die andern verharren in ehrfürchtigem Schweigen. Sie wissen, der Kaiser faßt einen entscheidenden Entschluß.

Plötzlich befiehlt der Große Chan ohne ein weiteres Wort der Erklärung: „Tschepe Nojan führt! Belgutai und Bordschu übernehmen als Unterbefehlshaber zwei Tomans! Du, Orkhon", wendet er sich an Ssubotai, „hältst mit einer Toman die Merkit in Schach, die ewig Unruhigen, falls sie Miene machen sollten, die Gelegenheit zu benutzen und Tschepe in den Rücken zu fallen."

„Tschepe ist krank", wagt Belgutai einzuwerfen, in der Hoffnung, selbst den Oberbefehl zu erhalten.

„Wenn er den Befehl zum Reiten bekommt, wird er gesund sein", weist Tschingis Chan den Vorlauten zurück.

Es ist recht spät und für heute genug. Der Chan verabschiedet seine Getreuen.

Als sie sich entfernt haben, tritt er aus dem Zelt in die dunkle Nacht hinaus. Die eisige Luft kühlt seine heiße Stirne und tut ihm wohl. Er hat heute den ganzen Tag im Zelt verbracht und seine Pläne geschmiedet. Er verlangt nach Entspannung.

Also zu Huduk, der kleinen, breithüftigen Merkitprinzessin.

Als er am Hause Ye Lius vorbeischreitet, sieht er noch Licht. Trübe flimmert der Schein der geölten Papierlaterne durch die Fugen des Fensters. Er späht hinein. Über das Schreibbrett gebeugt, sitzt der Tsin-schi in tiefem Sinnen.

Rasch tritt Tschingis Chan ein.

„Du arbeitest noch so spät? Was schreibst du?"

Ye Liu verneigt sich. „Ich schreibe die Geschichte meines Landes, die Taten und ... Leiden der Goldenen Kaiser."

„Da erzählst du auch von mir?"

„Ja, o Tschingis, soweit du dazu gehörst."

Der Chan wehrt ab: „Nicht ich gehöre in die Geschichte des Reiches Chin, sondern das Reich Chin gehört in die meine!"

„Wie man es nimmt, o Chan."

Der Chan kämmt seinen Bart.

„Habt ihr viele solcher Bücher?"

„Wir haben viele: das Schu-king, das Sse-ki und die Reichschroniken."

„Wenn die Asche der Goldenen Kaiser längst verweht ist wie der Staub der Wüste, wird man noch von ihnen wissen ... Von den Mongolen berichten nur die flüchtigen Lieder der Sänger ... Noch nach tausend Jahren soll die Nachwelt von mir und meinen Taten reden und sie bewundern! Du wirst, o Vorgerückter Gelehrter, das ‚Altan debter‘ schreiben, das Goldene Buch von den Taten des Herrschers der Welt!"

Ye Liu verneigt sich gehorsam. Doch er könne das Goldene Buch, wie der Chan es betitelt wissen wolle, erst mit dem Kriege gegen das Reich Chin beginnen. „Was du vorher vollbracht, ist mir unbekannt", fügt er erklärend hinzu, obwohl er weiß, daß nichts den Chan so wurmt wie dieser Hinweis.

„Laß dir erzählen von meinen Nojanen und Kriegern, von den Alten und Sängern, von den Wildwassern und Heerführern ... Auch die Kaiserin wird dir vieles berichten. Sie ist meine lebendige Chronik, sie hat alles miterlebt ... Sie will dich kennenlernen. Bald wird sie dich empfangen."

212

Tschingis Chan verläßt den Vorgerückten Gelehrten und schreitet in die Nacht hinaus.

Ye Liu ist auf einmal froh gestimmt. Bald wird er der Kaiserin Burtai vorgestellt werden. Vielleicht erfährt er etwas von Silbermond.

Tschingis Chan tritt lautlos ins dunkle Zelt der Merkitprinzessin Huduk.

Das Zelt ist leer. – – –

Der Chan zieht hörbar die Luft durch die Nüstern und kämmt mit ein paar heftigen Strichen seiner gekrümmten Finger den braunrötlichen Bart.

Dann fühlt er nach dem haarscharfen Dolch, den er immer in silberner Scheide bei sich trägt, und wirft sich auf Huduks weiches Felllager.

Allmählich schläft er ein.

Noch ist es dunkel, aber der Morgen kann nicht mehr fern sein. Da schleicht Huduk auf unhörbaren Sohlen ins Zelt.

Rasch ins Bett! Niemand hat etwas gemerkt. – Der Chan hat heute nacht Kriegsrat.

Wie sie unter die Felle schlüpfen will, stößt sie auf den Körper eines Mannes.

Der Chan?

Grauen springt sie an. Todesangst lähmt sie. Zitternd verharrt sie.

Der Mann im Bett rührt sich nicht.

Huduk wagt nicht, sich zu bewegen, aus Furcht, es könne etwas Schreckliches, Unvorstellbares geschehen ... eine Hand aus dem Dunkel nach ihr greifen ... sie packen ...

Die Zeit dehnt sich zur Ewigkeit. Dumpf rauscht das Blut in ihren Ohren, rote Funken tanzen vor ihren Augen. Endlos währt dieses furchtbare Warten. Das Entsetzen droht im dunklen Raum.

Der Mann im Bett rührt sich nicht. Er spannt sie auf die Folter ungewisser Angst. O wie er es versteht, qualvoll die Seele zu martern!

Endlich verläßt sie die Kraft, ihre Nerven ertragen die Spannung nicht länger. Ihre Glieder beginnen zu schlottern. Eisige Kälte rinnt durch ihre Adern und faßt ihr Herz an. Stöhnend sackt sie zusammen, sinkt mit einem Seufzer zurück auf den Fußboden.

Kalt tropft eine Stimme durch das Zelt: „Wo warst du?"

Der Leib Huduks krümmt sich vor Schreck. Aber wenigstens ein menschlicher Laut, eine Stimme. Nur nicht diese entsetzliche, unheimlich drohende Stille!

Sie kann nicht antworten, der Hals ist ihr wie zugeschnürt. Was soll sie tun? Soll sie den Geliebten verraten? – Dann sterben zwei!

Langsam zieht der Chan den Dolch aus der Scheide. Huduk hört das schirfende Geräusch, schreit plötzlich gellend auf.

Dann wieder Stille.

Nach langer Zeit ertönt abermals die kalte, befehlende Frage: „Wo warst du?"

Sie spürt, wie sich der Dolch ihr im Dunkeln nähert. Von Todesgrauen geschüttelt, stammelt sie mit klappernden Zähnen: „Bei ... Tschepe."

Jetzt! Jetzt geschieht es! Halb bewußtlos, fühlt sie schon, wie das kalte Eisen ihr die Kehle durchschneidet.

Aber es geschieht nichts. – Und sie wartet in qualvoller Spannung, daß die Marter endlich ein Ende nehme. Doch wieder nur endlose, dunkle Stille.

Da steckt der Chan den Dolch in die Scheide und steht auf.

Ohne ein Wort zu sagen, verläßt er das Zelt.

Am nächsten Morgen bescheidet Tschingis Chan den Marschall Tschepe Nojan zu sich.

Er empfängt ihn freundlich wie immer. „Wie geht es dir, Orkhon?"

„Besser, mein Chan. Ich bin wieder gesund."

„Du siehst aber schlecht aus, als hättest du die Nacht unruhig verbracht."

Verlegenheit überzieht das Gesicht des Orkhons, doch der Chan scheint es nicht zu bemerken. Ruhig entwickelt er dem Marschall den Plan des Kriegszuges gegen Kütschlük und übergibt ihm das Oberkommando.

Als Tschepe sich verabschiedet und gerade das Kaiserzelt verlassen will, ruft ihn der Chan noch einmal zurück.

„Huduk, die Merkitprinzessin ..., wie gefällt sie dir?"

Wie vom Blitz getroffen, starrt der Orkhon den Chan an.

„Ich schenke sie dir", sagt Tschingis Chan gleichgültig.

Tschepe reißt sein Gewand über der Brust auf und öffnet den Kettenpanzer, den er stets trägt, ein Beutestück, das er bei der Eroberung Pekings einem hohen chinesischen Offizier abgenommen hat.

214

Schweigend hält er dem Chan sein Schwert hin und erwartet mit entblößter Brust den Tod.

Tschingis Chan schüttelt den Kopf.

„Geh", sagt er, „es ist erledigt. Es war ein Fehler von mir, ein Weib von so geringem Wert zur Frau zu wählen."

Und wendet dem Orkhon den Rücken.

Tschepe Nojan stolpert hinaus.

Die Karawane

Ye Liu ist zum Empfang geladen. Er soll der Kaiserin vorgestellt werden.

Im Kaiserzelt thront im Diamantsitz Tschingis Chan, ihm zur Seite Burtai. Im Hintergrund hocken die hohen Nojane und Tar-Chane in ihren langen, bestickten, pelzverbrämten Terliks, in den Gürteln kostbare Dolche. Ihnen allein ist das Vorrecht verliehen, beim Chan bewaffnet zu erscheinen. Allen andern ist selbst das Mitbringen eines Stockes verboten.

Tschingis weist dem Tsin-schi mit einer Handbewegung den Platz ihm gegenüber an. Dann läßt er zu Ehren des Gastes nach chinesischer Sitte in flachen, buntbemalten Porzellanschalen Tee reichen.

Man schlürft schweigend das heiße Getränk und schaut dabei vor sich nieder, und so bemerkt niemand, wie der Vorgerückte Gelehrte nur mit großer Überwindung den Trunk hinabwürgt. Er ist es nicht gewohnt, den Tee versetzt mit ranziger Butter und Salz zu trinken.

Nach dieser Zeremonie, die jedem Gelegenheit geben soll, sich zu sammeln, ergreift der Chan das Wort und wendet sich freundlich an Ye Liu.

„Die Kaiserin", sagt er und weist auf Burtai, „wünscht, dich endlich kennenzulernen. Viel Rühmenswertes hat sie von dir vernommen. Du magst ihr von deinem wunderbaren Lande erzählen und ihr die Zauberdinge zeigen, die wir mitgebracht haben ... Die Magnetnadel habe ich ihr schon selbst vorgeführt."

Ye Liu Chutsai verneigt sich und sieht Burtai an.

Sein Gesicht bleibt unbewegt, aber er ist doch sehr erstaunt, die Gattin des Chans so anders zu finden, als er sie sich vorgestellt hat. Eine Frau von eigenartiger Schönheit sitzt vor ihm, mit grauen, leicht verschleierten Augen, gekleidet in den langen, rotgelben, hemd-

215

artigen Chalat, den sie auf der rechten Schulter zugeknüpft hat und der beiderseitig bis zu den Knien geschlitzt ist. Eine seidene Schärpe umschließt ihre schmale Hüfte. An den Füßen trägt sie die üblichen, vorne hochgebogenen Gutul, aber aus feinstem Leder.

Burtai schaut auf den hochgewachsenen Gelehrten im prächtig bestickten Seidengewand. Klar und ruhig ist sein Gesicht, freundlich und klug sind die Augen. Und was für einen langen, seidendichten Bart er trägt!

Als Ye Liu aber den Mund öffnet, fährt sie doch ein wenig erschrocken zusammen bei dem unerwartet tiefen Gong-Klang seines Basses.

„Die Kaiserin möge über mich befehlen", sagt Ye Liu höflich, „ich stehe ihr jederzeit zu Diensten."

Burtai hat mit einem Blick die Kleidung des Tsin-schi überflogen.

„Schau! Das Wischtuch!" flüstert sie dem Chan zu und lächelt verstohlen. „Der hat bestimmt noch nie in seinem Leben auf einen Teppich gespuckt."

Der Chan knurrt halb ärgerlich, halb gutgelaunt, sie aber fragt und zeigt dabei auf den glänzenden Metallspiegel, der an Ye Lius Gürtel hängt: „Die Männer von Chin sind eitel wie Frauen?"

Ye Liu lächelt. „Dieser Spiegel dient dem Nutzen, nicht der Eitelkeit."

Er löst den Spiegel vom Gürtel, fängt die Frühlingssonne, die durch den Zelteingang flimmert, auf und richtet den Strahl auf einen Zipfel seines Tuches. Sofort kräuselt sich ein Rauchwölkchen hoch, und im nächsten Augenblick züngelt eine kleine Flamme empor, die Ye Liu mit seinen Fingern rasch ausdrückt.

Die hohen Nojane und Tar-Chane im Hintergrund nicken anerkennend, und Burtais graue Augen leuchten vor Überraschung auf. Als Ye Liu ihre Freude bemerkt, erbittet er sich die Erlaubnis, der hohen Frau den Brennspiegel schenken zu dürfen.

Dankend nimmt sie an.

Da er, um das Geheimnis seines Spiegels zu enthüllen, sein kostbares Tuch verbrannt habe, möge er als Gegengabe das ihre annehmen.

Sie zieht ihr seidenes, bemaltes Tüchlein hervor und reicht es ihm, erfüllt von heimlichem Stolz, dem vornehmen Chinfürsten damit zugleich ihre Bildung und feinere Sitte zu beweisen.

Wie der Vorgerückte Gelehrte das Geschenk im weiten Ärmel

seines Gewandes birgt, berührt er Silbermonds Fächer, jenes Liebespfand, das er noch immer bei sich trägt und das er nicht „in die Truhe" geworfen hat.

Silbermond, o Silbermond...

Da ertönt von dem freien Platz draußen vor dem Kaiserzelt Stampfen und lautes Rufen, Schellengeklingel und Lärmen.

Bordschu, der das Ehrenamt eines kaiserlichen Waffenträgers ausübt und seinen Sitz dicht hinter dem Chan einnimmt, übergibt auf einen Wink seines Herrn das edelsteingezierte Schwert an Belgutai und eilt hinaus.

Alsbald meldet er die Ankunft jener großen mohammedanischen, wohl über hundert Kamele und Tragpferde starken Karawane aus dem fernen Westen, die nach dem Eilbericht der Staffelpost vor einiger Zeit die Grenze zum Reiche Tschingis Chans überschritten hat.

„Unsere Reiter haben sie geleitet und ... beobachtet", fügt er leise hinzu.

Der Chan läßt den Führern der fremden Kaufherren seinen Will-

217

kommensgruß entbieten und vergönnt ihnen die Gnade, sein Angesicht schauen zu dürfen.

Man untersucht sie sorgfältig nach Waffen und führt sie dann dicht an dem großen, am Zelteingang brennenden Feuer vorbei.

Überrascht zucken die drei Mohammedaner vor den züngelnden Flammen zurück und schauen unsicher um sich. Der Sinn solcher barbarischen Bräuche ist ihnen unverständlich. Wüßten sie, daß die lodernden Flammen die bösen Dämonen, die sich vielleicht in den Fremden verborgen halten, zurückscheuchen sollen, sie würden verächtlich lachen über den finstern Geisterglauben.

Nun nimmt sie Bordschu in Empfang und geleitet sie zu kleinen Tischen, auf denen ihnen Erfrischungen angeboten werden. Mit Genuß trinken sie, obwohl Mohammedaner, den schäumenden Kumysch. Der Prophet hat ihnen zwar den Wein, aber nicht die gegorene Stutenmilch verboten.

Unterdessen hat Tschingis Chan, ohne die Fremdlinge auch nur mit einem Blick zu streifen, den Vorgerückten Gelehrten an seine rechte Seite befohlen.

„Meine Klugheit kann mir nicht nahe genug sein", sagt er und berechnet dabei, wie sehr der Anblick dieses ebenso prächtigen wie gewaltigen Ratgebers sein eigenes Ansehen in den Augen der fremden Kaufleute erhöhen müsse.

Als die Gäste sich gestärkt haben, werden sie vor den Gewaltigen geführt, und man bedeutet ihnen, auf den hingebreiteten Teppichen niederzuknien; nur in dieser ehrfurchtsvollen Haltung dürften sie zum Herrn der Welt sprechen. Auch sollten sie nicht ungefragt reden und sich in ihren Antworten kurz fassen. Beim Kaufhandel hätten sie jegliches Feilschen zu unterlassen; der Chan bezahle gut, aber Betrügern würden die Waren ohne Bezahlung weggenommen! Widerspruch gegen den Herrscher sei eine Beleidigung.

Widerwillig bequemen sich die drei zu dieser knienden Ehrerbietung, die sie sonst nur Allah und Mohammed und höchstens noch ihrem Sultan-Schah erweisen.

Durchdringend mustert Tschingis Chan die Kaufleute. Sie gefallen ihm, diese drei selbst in der knienden Haltung noch stolzen Männer.

„Wer seid ihr, und wo kommt ihr her?"

Der Älteste von ihnen, ein hochgewachsener Perser mit weißem Bart und klugen, dunklen Augen, antwortet voll Würde: „Ich heiße Machmud Jalwadsch aus Samarkand, dieser da ist Ali Chodscha aus

Buchara und jener Jussuf aus Otrar. Wir sind Untertanen des großen Schahs von Châresm, des mächtigen Sultans Mohammed Ala-ed-din, des ,Schatten Gottes auf Erden', der da herrscht über Châresm und Chorassan, über Persien und Turkestan und dessen Reich sich dehnt vom Aralsee bis zum Indischen Ozean und vom Dach der Welt bis gen Bagdad. Wir bringen reiche Geschenke und wünschen mit dir, o Chan, dem über der Gobi so glänzend aufgegangenen Stern, Handel und Tausch zu treiben."

„Dach der Welt." Der Chan horcht auf, und ein lauernder Blick schießt zu den Fremden hinüber.

„Ihr habt das Dach überstiegen?"

„Du sagst es, o Tschingis Chan. Ein Saumtierpfad führt hinüber, im Sommer beschwerlich, im Herbst gefährlich, im Winter unmöglich."

Der Chan ist mit der kurzen Antwort, die alles enthält, was er wissen will, äußerst zufrieden. Seine strenge Miene lockert sich zu Wohlwollen, und er begehrt nunmehr, die Geschenke zu sehen.

„Zwei Hälften hat die Welt", sagt er, „Sonnenaufgang und Sonnenuntergang, und der Mittag scheidet beide. Er steht gerade über dem Dache der Welt! Ich bin der Herr des Morgens, euer Sultan ist der Herr des Abends. Friede und Freundschaft sei zwischen uns! – Laßt sehen, was euer Reich bietet."

Da lassen die drei Kaufherren von ihren zahlreichen Dienern die Gaben ihres Landes hinbreiten: Biegsame Stahlklingen aus Damaskus funkeln den Chan an. Feingeschmiedete Kettenhemden versprechen, sich fast so glatt wie Seide dem Körper anzuschmiegen. Runde Schilde mit kunstvollen Figuren und reich verschlungenen Ornamenten sind ebenso nützlich, wie sie prächtig anzuschauen sind. Dazu lassen die Mohammedaner Gold- und Silberschmuck durch die Hände fließen, breiten bunte Teppiche aus Buchara aus und häufen Stapel von köstlich weichem, rotem Leder auf.

Für die Frauen des Chans haben sie Brokate und schimmernde Leinwand aus Samarkand, Zobel und Hermelin, Elfenbein und Edelsteine und die Wohlgerüche von Ambra, Benzoe, Weihrauch und Myrrhen mitgebracht.

Doch wo sind die Frauen des Chans? Man hole sie herbei, daß sie ihre Gaben in Empfang nehmen und ihre Augen und Hände daran weiden!

Ye Lius Herz beginnt schwer und hart zu klopfen ...

Tschingis und Burtai beschauen und befühlen, prüfen und betasten die Geschenke sehr genau, und auch die Nojane treten hinzu und helfen bei der Begutachtung. In ihrer aller Augen glimmt lüsterne Freude und heiße Begierde nach diesen überaus kostbaren Dingen, die ihre karge Heimat ihnen vorenthält.

Der Zeltvorhang wird aufgehoben, und herein trippeln in kindlich-glücklicher Erwartung die zahlreichen Nebenfrauen Tschingis Chans: die Prinzessinnen aus den Herrscherhäusern der unterworfenen Völker und die Töchter der befreundeten mongolischen oder benachbarten Stammesführer. Sofort stürzen sie sich auf die ausgebreiteten Schätze, und trotz der gebieterischen Gegenwart des Chans beginnt halblautes, lustiges Schwatzen und heiteres Kichern. Sie sind Frauen, und so bereitet ihnen das Tauschen noch größere Freude als das Besitzen. Unablässig und niemals endgültig wandern die Kostbarkeiten von Hand zu Hand, und sind sie endlich zur ursprünglichen Besitzerin zurückgekehrt, so werden sie mit strahlender Seligkeit ans Herz gedrückt. Sie sind fest entschlossen, sich nun von diesem Kleinod nicht mehr zu trennen. „Dies ist doch das Richtige für mich." Und dann gleitet der Blick verstohlen auf den Zobel der Nachbarin. „Zobel kleidet mich eigentlich noch besser als Hermelin" – und jene findet, daß ihr Hermelin doch mehr zusage als Zobel. Und von neuem geben sie sich dem immer befriedigenden und niemals befriedigten Genuß des Tauschens hin.

Jedesmal, wenn der Zeltvorhang aufliegt, blickt Ye Liu nach dem Eingang hinüber in mühsam beherrschter Unruhe. Plötzlich zuckt er zusammen, als habe er einen Schlag erhalten. Da steht sie, die ewig Geliebte, die Prinzessin Silbermond, die er seit dem bitteren Abschiedstage in Peking nicht mehr gesehen hat. In ihrer leidvollen Zartheit erscheint sie ihm schöner denn je, und in dem blassen Gesicht leuchten ihre Augen noch größer und schwärzer. Wie erstarrt sitzt Ye Liu da, nur sein langer Bart zittert leise.

Silbermond schaut sich nicht im Zelte um. Teilnahmslos betrachtet sie die Gaben, obwohl Burtai liebevoll die schönsten Dinge für sie ausgesucht hat.

Alle sind mit der Begutachtung und Prüfung der Waren beschäftigt, der Chan spricht mit den Kaufleuten und Nojanen, und Burtai plaudert mit den andern Frauen. Nur Silbermond steht allein.

Da schlägt sie die Lider auf, und ihr Blick trifft gerade in die Augen Ye Lius. Hat sie geahnt oder erwartet, daß sie ihn heute hier sehen würde? Ihre Augen ruhen tief in den seinen. Langsam zieht der Vorgerückte Gelehrte aus seinem weiten Ärmel den Fächer hervor, das Geschenk, das er nie von sich läßt, und während er ihn leise hin und her bewegt, neigt er grüßend sein Haupt.

Da löst sich der tiefe Ernst ihres Gesichtes. Ein vertrautes Lächeln umspielt ihre Lippen, und ihre langen Wimpern senken sich zum Gegengruß.

Dann wendet sie sich um und verläßt rasch und unbemerkt das Kaiserzelt. –

Der Chan ist mit der Prüfung und Besichtigung zu Ende. Wohlwollend nimmt er die Geschenke an, erteilt den Fremden aus dem Reiche des Westens die Erlaubnis zum Handel mit dem Reiche des Ostens und verheißt ihnen Sicherheit und Schutz.

Für heute entläßt Tschingis die Kaufherren, und sie begeben sich auf den Marktplatz von Karakorum, wo nun ein lebhafter Tauschhandel beginnt.

Tatatunga hat ein genaues Verzeichnis der Geschenke und erstandenen Waren angelegt, und die Fremden werden reich bezahlt mit Silber, Jade und Nephrit, mit weißen Kamelhaarfellen und dem schwarzweißen Pelz des seltenen Bambusbären.

Als die drei abreisen, gibt Tschingis Chan ihnen Geschenke an den Sultan mit: Gewänder und Kleider aus grüner und weißer Wolle, Achatsteine und Silbergefäße mit tatarischem Moschus.

„Ihr seid Türken?“ fragt er sie beim Abschied.

„Nein, o Tschingis Chan, wir sind Perser. Aber unser Sultan und seine Wesire entstammen dem Türkvolk.“

„So liebt euer Schah die Türken?“

„Nein, erhabener Herrscher, er fühlt sich als Perser und liebt persische Weisheit und Dichtung. Die Türken aber verachtet er und nennt sie Barbaren.“

„Seltsame Menschen“, denkt Tschingis Chan, „dieser Sultan ebenso wie der Kaiser von China: beide stammen aus fremdem Eroberergeschlecht, beide verleugnen ihre Herkunft und suchen ihren Stolz darin, dem unterworfenen Volke anzugehören.“

Dem Ältesten von ihnen, Machmud Jalwadsch, händigt er eine Botschaft aus an den Châresm-Schah, die der uigurische Staatssekretär Tatatunga säuberlich auf chinesisches Seidenpapier aufgeschrieben hat:

„Tschingis Chan, der Herr des Ostens, wünscht mit Sultan Mohammed Ala-ed-din, dem Herrn des Westens, in Frieden und Freundschaft zu leben. Ich tue dir kund, o Schatten Gottes, daß ich bereits den Sohn des Himmels, den großen Kaiser von Chin, besiegt und auch viele Türkvölker unterworfen habe. Zwischen uns aber sei keine Feindschaft! Ich wünsche dir, mein lieber Junge, alles Wohlergehen und liebe dich, als wärst du mein Sohn."

Die Karawane bricht auf, in der Ferne verhallt ihr Lärmen, Stampfen und Schellengeklingel, und mit ihr zieht diese Botschaft Tschingis Chans, gleichsam der erste Pfeil, den er über das Dach der Welt hinüberschießt in jenes gesegnete, westliche Land, das ihn lockt wie der glutrote Glanz der abendlichen Sonne, wenn sie hinter den hohen, weißen Bergen hinabtaucht, um jenseits des Daches der Welt die blühenden Fluren und prangenden Gefilde zu vergolden im Reiche des Schahs.

III

DER GOLDENE LÖWE

Sultan Mohammed Ala-ed-din, der Schah des Reiches Châresm und „Schatten Gottes auf Erden", läuft wütend in seinem Palast in Buchara auf und ab. Tritt in die gewölbte Fensternische, lehnt sich an das eiserne Rankengitter und schaut über die prangenden Gärten der Stadt und das weite, fruchtbare Tal des Serefschan, der in der Tiefe rauscht. Drohend schüttelt er die Fäuste. Zorn kocht in ihm, wilde Gedanken durchjagen sein Herz, und bald bricht er in heftige Verwünschungen aus, bald sinnt er ihnen in stummer, ohnmächtiger Wut nach.

Wenn nicht dieser furchtbare Schneesturm und die grimmige Kälte oben auf dem Hochpaß des Elwend ihm den Übergang gesperrt und seine Ritter zur Umkehr gezwungen hätten – beim Barte des Propheten, er hätte diesen Intriganten, den Kalifen von Bagdad, von seinem Throne gestoßen! – Nun lacht sich dieser Ränkeschmied ins Fäustchen! – Zwar hat er, Sultan Mohammed, ihn für abgesetzt erklären lassen – er erkennt den Kalifen nicht mehr an als geistliches Oberhaupt aller Rechtgläubigen! Aber solange sein Arm den Widersacher nicht erreicht, bleibt die Absetzung eine leere Geste, und der Kalif kann seine Intrigen weiterspinnen und die andern Herrscher der Gläubigen und Ungläubigen gegen ihn aufhetzen. Sogar den sagenhaften Mongolenherrscher, diesen Tschingis Chan, hat er zu einem Bündnis zu gewinnen gesucht.

„Allah, du bist groß! Was habe ich dir getan, daß du diesen Hund vor meinen Händen errettet hast? Bin ich nicht ein Rechtgläubiger?" Halblaut murmelt der Sultan vor sich hin: „Lâ ilâha illâ 'llâhu – es gibt keinen Gott außer dir! Wa Muhammadun rasûlu – 'llâhi – und Mohammed ist dein Prophet. – Warum also zürnst du mir?"

Er versinkt in finsteres Brüten. Sollte es wegen ... Medschid sein? Es ist wahr, er hat den frommen Büßer in der Weinlaune kurzerhand hinrichten lassen. Die Freunde haben ihren Spaß getrieben beim Weine, haben gestichelt, der heilige Mann sei der Geliebte der Sultanmutter – und er, der Sultan, hat in der Trunkenheit diesen lächerlichen Unsinn geglaubt. Als ob der ausgedörrte Mumienleib dieses Asketen überhaupt noch einen Tropfen Blut enthalten hätte! Verwünscht sei der Wein! Der Prophet hat ihn nicht umsonst verboten. Verwünscht auch der Jähzorn, der ihn zur unseligen Tat getrieben! Die Trunkenheit war bald verflogen – auf Rausch folgte Reue –, aber der Tote blieb tot. Eine Schüssel voller Gold und Edelsteine hat er der Moschee als Sühnegabe dargebracht, doch der Imâm hat das Geschenk zurückgewiesen. „Behalte das Blutgeld!" hat er die Frechheit gehabt auszurufen und mit Allahs Rache gedroht.

Der Kalif von Bagdad, der Büßer Medschid und der Imâm der Moschee: die Geistlichkeit macht ihm viel Sorgen.

Aber warum soll er sich grämen? Das Leben auf der Erde ist schön – im Paradies wird es noch wonniger sein. Bald naht die Stunde des Gebetes, und der Muezzin ruft vom Minarett die Gläubigen zur Andacht. Ist diese fromme Pflicht erfüllt, dann sinkt der heitere Abend herab, Freunde und Gäste kommen, und man wird leben und lieben, trinken und fröhlich sein. Der Wein verscheucht die Sorgen, und der Prophet, der so viele große Sünden erläßt, wird auch diese kleine verzeihen; man wird dafür den Armen doppelt spenden. – Musik wird erklingen, Tänzerinnen werden Augen und Sinne ergötzen, und die Dichter werden Geist und Herz erquicken und die Freude durch treffende Worte und klingende Verse ins Bewußtsein rufen. Ach, die Dichter! Sultan Mohammed Ala-ed-din kennt die Poesie und liebt sie über alles. Dichter streuen diamantenen Glanz über das Leben, und ihre Lieder vergolden die Tage. Verse fallen ihm ein, und er spricht sie beglückt vor sich hin:

> „Herz, was grämst du dich um Leiden?
> Bald wirst von der schönen Welt du scheiden.
> Darum laß uns Liebe, Wein und Sang genießen,
> ehe Gräser aus der Asche sprießen."

Da hallt von Minarett zu Minarett durch Buchara der langgezogene Ruf der Muezzin und ruft die Gläubigen zum Gebet. In den engen Häusern der Innenstadt wie in den weiten Palästen der Außenstadt knien die Moslems nieder, das Angesicht gen Mekka gewandt, und auch der Sultan sinkt auf den kostbaren Gebetsteppich und verrichtet voll Eifer die vorgeschriebene Andacht.

Wie froh schlägt das Herz nach erfüllter, frommer Pflicht! Leichtfüßig eilt der Sultan in das üppige Gemach zu Aischa, der morgenschönen, die er von allen seinen Gattinen gegenwärtig am meisten liebt.

Aischa liegt auf einem niedrigen, weichen Diwan, in schwellende Kissen vergraben, die schlanken Beine in weite, dünnseidene Pluderhosen gehüllt, an den nackten Füßen rotseidene Pantöffelchen. Ein grüner Gürtel umschließt die schmalen Hüften, und ein rotes, gold-besticktes Jäckchen bedeckt kaum die junge Brust. Rosafarbene Ampeln schaukeln an himmelblauen Schnüren und gießen ihren Schein über die junge Frau, die Süßigkeiten nascht und mit ihrer Zofe Schach spielt.

Als der Sultan das Gemach betritt, verschwindet die Dienerin geräuschlos.

„O du süße Dattel meines Lebens, du zierliche Gazelle, du zucker-reiche Melone", kost Mohammed Ala-ed-din und küßt die schmalen Gelenke ihrer weißen Füße.

Gleichmütig läßt sich Aischa die Liebkosungen gefallen, dann fragt sie gedehnt: „Was hast du mir mitgebracht?"

Der Sultan, vom Anblick ihrer Schönheit entzückt, schaut verdutzt auf. Erst gestern nacht hat er smaragdgetupfte, goldene Knöchelspangen um die feinen Fesseln gewunden.

„Ach, du liebst mich nicht mehr", schmollt Aischa.

Leidenschaftlich beteuert er seine unauslöschliche, ewige, einzige, grenzenlose Liebe.

„Bin ich die einzige, die du beglückst?" fragt sie lauernd.

„Beim Barte des Propheten! Von allen meinen Frauen bist du die einzige."

„... von allen deinen Frauen! Wie aber steht es mit Fatime, der Tänzerin?"

Der Sultan zögert erschrocken einen Augenblick. Woher weiß sie das? Wer hat es ihr verraten? Schon hat ihn Aischa mit ihren scharfen Zähnen heftig in die Lippe gebissen.

„Du kleiner Schakal!" schreit der Sultan auf.

Sie lacht boshaft und wirft ihm ein Kissen nach dem andern ins Gesicht, zerrt ihn am Bart und versetzt ihm Nasenstüber. Der Sultan bettelt und verspricht ihr das Blaue vom Himmel.

Da richtet sich Aischa rasch auf. „Gib mir den Sultansring von deinem rechten Zeigefinger."

„Das Zeichen meiner Macht? Bist du wahnsinnig?"

„Gib, gib", schmeichelt sie und dehnt sich verführerisch. „Irgend jemand wird ihn dir doch einmal nehmen."

Der Sultan will aufbrausen – aber Aischa ist zu schön. Ihn verläßt jede Besinnung. Während alle seine Sorgen in Aischas Armen zerschmelzen, zieht sie dem Verzückten unbemerkt den Sultansring vom Finger, jenen tiefblauen Türkis, in den ein goldener Löwe eingelegt ist, der in seiner rechten Pranke einen krummen Türkensäbel schwingt. Der Säbel aber besteht aus einem Splitterchen vom heiligen Schwarzen Stein, der in der Kaaba in Mekka aufbewahrt wird und den nach dem Glauben des Islams einst der Engel Gabriel in Gottes Auftrag dem Erzvater Abraham überbracht hat.

Zur selben Stunde steigen die Kaufherren Machmud Jalwadsch, Ali Chodscha und Jussuf, deren Karawane am Mittag dieses Tages in Buchara angelangt ist, zum Palaste des Sultans empor. Sie lassen die siebentorige Innenstadt, wo die Speicher und Bazare liegen, hinter sich und wenden sich nach Westen zum Dschuj Molian, dem schönsten der elf breiten Kanäle, die Stadt und Land künstlich bewässern. An den von weiten, blühenden Gärten gegürteten Ufern erheben sich die Paläste des Sultans und seiner Großen. Die drei Kaufherren durchschreiten Obst- und Orangenhaine, Myrtenwaldungen, Alleen von Maulbeerbäumen, Wein- und Rosengärten, bis sie am Palast des Sultans die Wache empfängt.

Sie werden in den großen Audienzsaal geführt, dessen zierliche Stalaktitengewölbe zu einer hohen Grottenkuppel zusammengewachsen sind. Reich ornamentierte, mit Arabesken verzierte Hufeisenbogen ruhen auf schlanken, runden Säulen. Wie steinerne Bäume streben in langen Reihen die Pfeiler empor, die sich oben verflechten wie die verzweigten Wipfel eines Waldes.

Neben dem Sultanssitz steht ein hoher Lichtträger, eine aus Zedernholz geschnitzte, kugelgekrönte Pyramide, aus deren Seitenflächen unzählige Arme mit Lampen ragen. Das Knistern der wehenden Flämmchen erfüllt die Stille des Saales, und der rauchige Dunst des verbrennenden Öles vermischt sich mit den süßlichen Schwaden von Ambra, Benzoe und Weihrauch, die in offenen, kunstvoll getriebenen Schalen verschwelen.

Diwane und Taburetts sind neben niedrigen Prunktischchen an den Wänden aufgestellt. Denn hier pflegt der Sultan mit seinen Freunden und Gästen die Abende und Nächte festlich und fröhlich zu verbringen.

Noch ist der Saal fast leer, nur der Geheimwesir, einige Wesire und Emire stehen wartend und plaudernd um den seidengepolsterten Thronsitz herum. Bescheiden halten sich die Kaufleute im Hintergrund.

Jetzt tritt der Sultan raschen Schrittes ein. Er begrüßt seine Würdenträger und Minister und läßt sich sichtlich guter Laune auf dem Sessel nieder. Der kleine Schakal Aischa hat ihn erquickt und die trüben Gedanken vertrieben.

Die drei Kaufherren werden vor ihn geführt. Sie bezeugen ihre Ehrfurcht durch dreimaliges Berühren des Fußbodens mit ihren Stirnen und überbringen dann stehend ihre Botschaft. Gnädig hört der Sultan ihrem Bericht zu.

Sie kämen weit her von Osten aus dem Lande des sagenhaften Tschingis Chan.

„Ragt sein Palast so hoch und prächtig wie der meine?"

Sie schütteln verneinend die Köpfe. „Er lebt, o Sultan, in einem Zelt."

Der Schah von Châresm und seine Emire und Wesire brechen in schallendes Gelächter aus.

„Tragen seine Ritter schimmernde Rüstungen und eherne Helme?"

„Sie tragen, o Sultan, Koller aus gehärtetem Kuhleder und auf dem Kopfe Filzkappen, die sie mit Tüchern festbinden. Es sind auch keine Ritter, sondern kleine, gelbe Ponyreiter."

Der Sultan erheitert sich immer mehr und schlägt sich vor Vergnügen auf die prallen Schenkel.

„Lieben jene gelben Mongolen Musik und Tanz, Weisheit und Dichtkunst?"

„Sie können, o Sultan, nicht lesen noch schreiben. Ihre Musik ist Lärm, ihr Tanz Stampfen, ihre Weisheit besteht im Zerstören, und ihre Dichter quäken rohe Worte ohne Kunst und Form."

„Also Barbaren", sagt der Schah verächtlich. – „Und was will er von mir, der gelbe Chan?"

„Friede, Freundschaft und Handelsverkehr", antwortet Machmud Jalwadsch und überreicht dem Schah ehrerbietig den auf Seide gemalten Brief Tschingis Chans.

Neugierig blickt der Sultan auf die Schrift. „Sagtest du nicht, sie könnten nicht lesen noch schreiben?"

„Es sind Uiguren und Chinesen, die dem Mongolenkaiser diese Dienste leisten."

„So ist es wahr", fragt der Sultan maßlos erstaunt, „daß dieser Barbar das uigurische Türkvolk und das mächtige Chinreich unterworfen hat?"

„Es muß wohl wahr sein", erwidert Machmud. „Wir sahen neben ihm seinen Ratgeber, den vornehmen Chinfürsten Ye Liu Chutsai, einen Riesen von Wuchs. Und den Brief schrieb der Staatssekretär Tatatunga, ein Uigure aus dem Reiche des Idikut."

Der Sultan schüttelt den Kopf, und der Geheimwesir, die Wesire und Emire schütteln mit. Wie ist es möglich, daß ein Steppenreiter, der in einem Zelt wohnt und sich eine Filzkappe mit Tüchern festbindet, so mächtige Reiche unterworfen hat?

Dann liest er den Brief. Anfangs ist sein Gesicht ruhig, dann wird es finster. Bald aber hellt es sich wieder auf, und der Sultan lacht fröhlich heraus: „Dieser gelbe Viehtreiber", schnauft er verächtlich, „nennt mich ‚lieber Junge' und begrüßt mich als ‚seinen Sohn', als ob ich sein Vasall wäre. Nur ein Barbar kann so dumm und frech schreiben."

Mohammed Ala-ed-din lobt die drei Kaufherren für ihren Bericht und schenkt jedem einen Beutel voll Geld. Am nächsten Tage sollen sie wiederkommen, um ihm weitere Kunde von dem Wüstenkaiser zu bringen und ihm seine Geschenke zu übergeben.

Damit entläßt er sie in Gnaden.

Mittlerweile haben sich des Sultans Freunde und Gäste versammelt. Auf den seidenen Diwanen liegen die reich gekleideten Männer behaglich hingestreckt oder hocken im Türkensitz auf den Taburetts. Zimbeln und Flöten erklingen, und Tamburins schlagen auffordernd den Takt.

Schöne Odalisken in hauchdünnen Schleiern winden sich im Reigen.

Wein strömt aus silbernen, bauchigen, langhalsigen Kannen in goldene Becher, die auf Untersätzen stehen.

An einem der niedrigen Prunktischchen spielt der dicke, bewegliche Geheimwesir Karadscha Schach mit dem Statthalter von Dschend, dem prahlerischen Kutluk Chan.

Karadschas listige Mausaugen laufen unruhig über das Brett.

„Matt!" frohlockt Kutluk, und sein Lauern verwandelt sich in Schadenfreude.

Aber der Geheimwesir hat rasch mit einer unmerklichen Bewegung den Läufer ein Feld weiter geschoben, so daß er die angreifende Königin schlägt.

Kutluk stutzt. „Mich deucht", sagt er boshaft zwinkernd, „die Figuren hätten eben noch anders gestanden. Deine Läufer laufen auf schiefen Wegen, alter Gauner."

Karadscha grinst geschmeichelt. „Hältst du still, wenn dir Gefahr droht? Du trollst dich feige auf Schleichpfaden davon, alter Schmuggler."

Beide trinken einander zu. Sie kennen sich.

In einer andern Ecke rollen die Würfel, und die Brettsteine klappern im Tricktrack.

„Pasch!" sagt Timur Melik, ein untersetzter Mann mit schwarzem, hängendem Schnurrbart, einer der kühnsten Heerführer des Sultans. Er zählt nach der Spielregel zu den geworfenen Augen noch die Kehrseite hinzu und wirft die Steine seines Gegners energisch aus ihrer Stellung.

Sein Gegenspieler ist Kök Chan, der Kommandant von Buchara, ein Uigure, der zum Schah von Châresm geflohen ist und sich in seinen Dienst gestellt hat, um der Herrschaft des verhaßten Tschingis Chan zu entgehen. Gleichmütig nimmt er den Verlust hin. „Es kommt nicht darauf an zu gewinnen", sagt er, „sondern darauf, bis zum Ende tapfer zu kämpfen."

Beide trinken einander voll Achtung und Kameradschaft zu.

Die Odalisken gesellen sich zu den spielenden, trinkenden und plaudernden Männern, schauen ihnen zu und zwitschern in ihre Unterhaltungen heitere, anmutige Leichtigkeiten hinein:

> „Glücklich, wer nur Liebe sät!
> Zu Staub wird, was aus Staub entsteht.
> Die Blume, die am Morgen glüht,
> ist vor dem Abend schon verblüht.
> Drum glücklich, wer nur Liebe sät,
> eh' seinen Staub der Wind verweht."

Der Sultan, ein leidenschaftlicher Freund von Gedichten und Geschichten, hört mit großem Vergnügen dem berühmten Moslicheddin Sadi zu, der soeben seine gereimte Erzählung beendet. Lauter Beifall belohnt den persischen Dichter.

„Deine Dichtung *heißt* nicht nur Gulistân", ruft der Sultan begeistert, „sie *ist* auch ein Rosengarten – wie dunkle, rote Rosen blühen deine Verse." Und er schenkt ihm seinen goldenen Becher.

Dann schaut er sich suchend um, bis er hinten im Saale, an eine Säule gelehnt, die stille Fatime, die schönste der Tänzerinnen, erblickt. Er zögert einen Augenblick – ängstlich denkt er an Aischa, den kleinen Schakal. Doch rasch ermannt er sich und winkt sie zu sich. Fatime sinkt gehorsam auf den Teppich zu seinen Füßen nieder, und seine Hände spielen mit ihren Haaren.

Karadscha, der Geheimwesir, schießt von seinem Schachtischchen aus unter halb gesenkten Lidern einen hastigen, lauernden Blick hinüber.

„Einen Willkommensspruch meinen Freunden und Gästen", ruft der Sultan voll Festglück laut in den Saal. „Seid heiter und fröhlich, wie ich es bin.

> Ich bin ja nicht der erste,
> der in Sünde kam,
> nachdem schon Vater Adam
> den süßen Apfel nahm."

Während stürmischer Jubel ertönt, schreit der Sultan in das Getümmel: „Die Runde geht weiter an ..." Er sucht die Gesellschaft ab, bis sein Auge auf Timur Melik fällt, der durch seine Tapferkeit ebenso bekannt ist wie durch seinen Mangel an poetischen Einfällen. Es kitzelt den Sultan, den unerschrockenen Heerführer in Verlegenheit zu bringen. „Die Runde geht weiter ... an Timur Melik."

Der untersetzte Mann springt auf, streicht sich den hängenden Schnurrbart, überlegt einen Augenblick und schmettert dann seinen Spruch hinaus:

> „Ein Mann ist wie ein Schwert.
> Einst wird der Rost es fressen.
> Doch seine scharfen Streiche
> wird nie die Welt vergessen."

Jubel und schadenfrohes Gelächter ertönen. Karadscha, der den geraden, offenen Heerführer nicht leiden kann, beeilt sich, seinem Herrn beizuspringen und sich dadurch seinen besonderen Dank zu verdienen.

„Was sind das für Streiche?" ruft er, „Knaben- oder Jungenstreiche?"

„Das ist gleich", schreit Timur Melik, „wenn's nur keine Schurkenstreiche sind!"

Der Sultan klatscht entzückt auf seine strammen Schenkel. Spitze Reden liebt er über alles, besonders, wenn sie einen andern zur Zielscheibe nehmen. „Was hast du zu erwidern, Karadscha?"

Karadscha lächelt verbindlich. „Wäre ich ein Geheimwesir, wenn ich nicht schweigen könnte?"

„Matt!" schreit der Sultan boshaft. „Karadscha ist matt! Timur hat gewonnen!"

„Siegespreis!" brüllt die Runde der Gäste, und Karadscha verkneift sich seinen Ärger und sucht nach einem Geschenk, mit dem er Timur demütigen kann. Der reiche Geheimwesir holt einen Beutel voller Goldtomans hervor und wirft ihn dem wenig begüterten Timur Melik hinüber.

„Der Reichtum macht den Mann", ruft er herablassend.

Jeder versteht den beleidigenden Sinn dieser Geste, und es wird einen Augenblick totenstill in der Halle.

Der Beutel ist Timur gerade vor die Füße gefallen. Ohne die Goldtomans auch nur eines Blickes zu würdigen, gibt der Heerführer ihnen einen verächtlichen Tritt, daß sie weit in den Saal hineinfliegen.

Karadscha versucht, über diese unverhüllte Verachtung zu lächeln.

Der schon halbbetrunkene Sultan aber begreift den ganzen Vorgang nicht mehr. In ihm bleibt nur der Spruch seines Geheimwesirs haften, und er benutzt ihn, zur Unterhaltung eine Rundfrage an die Gesellschaft zu richten.

„Was macht den Mann?" ruft er mit schwerer Zunge und wendet sich dabei an Kök Chan.

„Nicht der Reichtum, sondern der Mannesmut", erwidert, ohne zu zögern, der Kommandant von Buchara und gibt die Frage an Kutluk weiter, der des Mannes Wesen im Willen zur Macht sieht.

Und nun gehen die Antworten reihum und nennen als die hervorstechendsten Mannestugenden: Frömmigkeit, Tapferkeit, Weisheit und Frauengunst, bis die Reihe an den Dichter Moslicheddin Sadi kommt.

Seine grauen Augen leuchten im flackernden Schein der tausend Lampen, und der alten Persertugenden eingedenk ruft er kraftvoll in den Saal:

„Des Herzens Adel macht den Mann,
und Reichtum ändert nichts daran.
Denn ist ein Schurke noch so reich,
er bleibt ein Schurke! Merkt es euch!
Der Edle doch, ob Gold ihm fehle,
bleibt edel stets durch seine Seele!"

Jubel rauscht auf, und die Hoheit dieser Gesinnung rührt die Herzen der stolzen Männer an. Wenn sie auch ihr Leben im Genuß verbringen, so sind sie doch, ob Perser oder Türken, die ritterlichen Kämpfer des Islams, dessen Tugenden in vielen von ihnen glühen. Und so sitzt in dieser seltsam gemischten Gesellschaft der Edle neben dem Schurken und der Tüchtige neben dem Entarteten.

Begeistert stimmen die Männer zu, und am lautesten tut sich hervor ... der Geheimwesir Karadscha.

Der Sultan ist gerührt. Schwankend erhebt er sich, torkelt auf Sadi zu und sinkt schluchzend an des Dichters Brust.

„Welche Gabe ist deiner Verse wert, o Sadi, du Kleinod, der du mich arm dichtest?" lallt er. „Ich habe keinen goldenen Becher mehr, dich würdig zu belohnen ..."

Da fällt sein Auge auf Fatime, und ihm kommt ein, wie ihn deucht, äußerst kluger Gedanke.

„Die schönste der Frauen, die sanfte Gazelle, das Juwel unter den Tänzerinnen: Fatime, sie sei dein! – Das heißt: Heute gehört sie noch mir. – Von morgen ab schenk' ich sie dir!"

Und er hofft, mit dieser Gabe zugleich Aischas Eifersucht zu besänftigen.

Fatimes dunkle Augen glänzen. Das Los einer Huri besteht im Wechsel des Geschickes und der Gunst des Liebhabers. Darf sie aber als Sklavin Sadi, dem Dichter, dienen, für den ihr Herz schon lange schlägt, so sei der Prophet gelobt! Ein besseres Kismet wünscht sie sich nicht. Nur diese eine Nacht in des Sultans Armen muß sie noch überstehen.

Was in Sadi vorgeht, ist nicht zu erraten. Höflich dankt er dem Schah für die Gabe, und seine grauen Augen haften einen Augenblick auf Fatimes Gesicht, das ihm hoffnungsvoll zugewandt ist.

Da tritt unvermutet Kair Chan, der Kommandant der Grenzfestung Otrar, in den Saal. Er wird jubelnd begrüßt und neugierig umringt.

„Was bringst du Überraschendes, daß du dich persönlich auf den weiten Weg gemacht hast?" fragt der Sultan gespannt.

Kair Chan bittet um eine vertrauliche Unterredung, und der Sultan führt ihn in eine Seitennische, nachdem er den Geheimwesir herbeigewinkt hat.

Der Kommandant von Otrar berichtet kurz, daß vierhundert Kaufleute des Mongolenkaisers Tschingis Chan in der Grenzfestung eingetroffen wären mit einer reichen Karawane, scheinbar um Handel zu treiben. In Wirklichkeit seien es Spione. Er hätte sie überwachen lassen und erfahren, daß sie mit verstohlener, aber scharfer Aufmerksamkeit die Wege, Befestigungen, Zugänge, Stärke der Besatzung und Ausrüstung ausgekundschaftet hätten. Er sei unverzüglich hergeeilt, um des Sultans Entscheidung anzurufen und auszuführen, bevor jene das Land verlassen hätten.

Der Sultan ist ernüchtert, doch ganz ist der Weinnebel aus seinem Schädel noch nicht verflogen, und er stiert ratlos seinen Geheimwesir an.

Karadscha blickt rasch auf Kair Chan, der ihm heimlich zunickt.

„Erhabener Sultan", sagt Karadscha geschmeidig, „du bist zu weise, als daß ich mich vermessen dürfte, dir zu raten. Dein Entschluß ist zweifellos ebenso schnell wie tapfer und weitsichtig gefaßt, und du bist zu stolz und mächtig, um dich von jenem Wüstenkaiser verhöhnen zu lassen, der dich ‚lieber Junge' nannte! Er darf dich weder ungestraft beleidigen noch deinen erhabenen Thron durch Spione in Gefahr bringen. Ich weiß, du wirst sie ohne Schwäche hinrichten lassen."

Die Weinfröhlichkeit schlägt bei dem Trunkenen in rasende Wut um. „Ja", schreit er und fuchtelt drohend mit den Fäusten, und seine Augen sind blutunterlaufen, „die Köpfe ab! Die Köpfe ab! — Du bist zwar ein Schurke, Karadscha, aber ein schlauer Schurke und daher einigermaßen imstande, meine erhabenen Gedanken, wenn auch nur von ferne, zu ahnen. Du aber, Kair Chan, laß diese Hunde meines ‚lieben Vaters' sofort enthaupten! Nicht einer darf entrinnen!"

Und nun wird der Sultan wieder vergnügt. „Kommt, ihr Schurken, darauf müssen wir trinken."

Noch lange zieht sich das Gelage hin, und als endlich Sultan Mohamed Ala-ed-din das Fest, stolpernd und an Fatime geklammert, verläßt, da hat der Schatten Gottes seinen verhängnisvollen Befehl schon wieder vergessen.

Langsam verlöschen die Lampen, und der Saal wird dunkel und dunkler. Die Gäste wanken in kleineren und größeren Gruppen aus der Halle. Unbemerkt zieht Karadscha seinen Freund Kair Chan beiseite. „Die Hälfte für mich", flüstert er.

„Wenn du ein Viertel erhältst", gibt Kair leise zurück, „so hast du schon mehr als genug. Die Karawane ist reich an Schätzen."

„Es sind keine Spione!" zischt Karadscha. „Dich verlangt nur nach ihrem Reichtum!"

„Was geht's dich an?" faucht Kair Chan böse. – Und nach einer Weile: „Du sollst ein Drittel erhalten."

„Die Hälfte!" beharrt der Geheimwesir, „oder es sind keine Spione, und der Sultan wird seinen Befehl zurückziehen."

„Also die Hälfte", willigt Kair Chan grimmig ein. „Sind es nun Spione?"

„Äußerst gefährliche!" grinst Karadscha durch die Zähne.

Der Palast liegt in tiefem Schlafe. Nur des Sultans Leibgarde wacht.

Aus der dunklen Nische eines einsamen Ganges klingt verhaltenes Flüstern.

„Wo ist der Sultan?" fragt Aischa mit mühsam unterdrückter Heftigkeit.

„Bei der sanften Gazelle", antwortet Karadscha.

„Morgen ist sie verschwunden! Hast du mich verstanden?"

Karadscha überlegt. Er zögert. Wenn der Sultan ihnen auf die Spur kommt!

„Er hat sie verschenkt an Moslicheddin Sadi, den Dichter", sagt er beruhigend.

„Im Rausch!" zischt Aischa. „Wenn er wieder nüchtern ist, wird er sie zurückverlangen. Ich will seine Gunst nicht teilen! Will ihn allein beherrschen! – Wirst du es also tun? Sonst bist du die längste Zeit Geheimwesir gewesen!" Aischas Augen funkeln, und ihre Stimme droht.

„Ich werde es tun ... Der Serefschan ist ein kühles Grab."

„Grab? Wer hat etwas von Umbringen gesagt, du Schurke?"

„Ich versprach mich, Herrin!" entschuldigt sich Karadscha und grinst unverschämt. „Wollte sagen: Der Serefschan ist ein kühler Graben, und Fatime wird morgen verschwunden sein."

Aischa sieht ihn plötzlich kalt an: „Wenn ihr etwas geschieht, so kommt ihr Blut über dich!"

Karadscha verneigt sich. „Es wird ihr nichts geschehen – nur wird man sie nie mehr finden. Aber wie beglaubige ich meinen Auftrag? – Sie umzubringen, dazu bin ich allein imstande", fügt er voll Hohn hinzu, „aber sie verschwinden zu lassen, dazu brauche ich Helfer."

„Hier ist der Sultansring!" Aischa läßt das Kleinod der Macht in die Hand des Geheimwesirs gleiten und ist im nächsten Augenblick verschwunden.

Ungläubig blickt Karadscha auf den goldenen Löwen im blauen Türkis. Es ist tatsächlich der Ring des Sultans. Voll höchster Anerkennung küßt der Geheimwesir seine Fingerspitzen: das ist ein Teufelchen, ein wilder Schakal! Sie ist ihm über, von ihr kann selbst er noch lernen.

Wenig später erscheint Karadscha beim Hauptmann der Palastwache.

„Befehl des Sultans: Fatime, die Tänzerin, muß morgen verschwunden sein! Der Sultan verbietet, ihn jemals daran zu erinnern! Wirst du gefragt, so weißt du von nichts. Prüft der Schah deine Verschwiegenheit, so denke daran und hüte deine Zunge! Das ist der ausdrückliche Befehl des Herrn!"

Damit zeigt er den Ring des Sultans vor.

Der Hauptmann erkennt das Sinnbild der Macht und verneigt sich mit über der Brust gekreuzten Armen.

„Ich werde es tun und schweigen", gelobt er gehorsam. „Dolch oder Wasser?"

„Wer hat etwas von Umbringen gesagt, du Schurke!" fährt Karadscha den Hauptmann an. „Dein Auftrag lautet nur: Fatime, die Tänzerin, soll morgen verschwunden sein! Wenn ihr etwas geschieht, so kommt ihr Blut über dich!"

Der Hauptmann stammelt erschrocken: „Es wird ihr nichts geschehen – nur wird man sie nie mehr finden."

„Zur Belohnung für treue Dienste!" Der Geheimwesir wirft ihm den Beutel mit Goldtomans zu, den Timur Melik so hochmütig verschmäht und den Karadscha mit flinkem Griff wieder an sich genommen hat.

Der Morgen graut, als Fatime, tief verschleiert, den Palast verläßt. Im dunklen Portal wird sie plötzlich gepackt. Ein Dolch blitzt drohend auf. Der Hauptmann steht vor ihr.

„Ein Laut, und du bist des Todes! Gehorchst du, so geschieht dir nichts!"

„Was habe ich getan?" flüstert Fatime entsetzt, und ihre dunklen Augen füllen sich mit Tränen.

„Befehl des Sultans! – Es tut mir leid", fügt der Hauptmann hinzu, der selbst nicht weiß, was er tun soll.

Fatime zittert am ganzen Leibe, aber sie ergibt sich widerstandslos in ihr Schicksal. Kismet! Allah hat es so bestimmt.

Der Hauptmann hüllt sie rasch in seinen Mantel und schlingt einen Turban um ihre Stirn. Dann faßt er sie beim Arm und führt sie fort.

„Wohin bringst du mich? Was willst du mir tun?" fragt sie bebend. Ihre schönen Augen flattern vor Angst.

Er weiß es selber nicht und denkt krampfhaft nach. Aber ihm fällt kein rettender Gedanke ein.

Plötzlich durchzuckt ein Gedanke die Tänzerin: „Ich ahne, wohin du mich bringst! Zu Moslicheddin Sadi."

Der Hauptmann bleibt verwundert stehen. „Warum gerade zu ihm?"

„Weil der Sultan mich ihm geschenkt hat ... von heute an bin ich seine Sklavin." Die schreckliche Angst weicht, und Hoffnung keimt in ihr auf.

Der Hauptmann ist beglückt. Natürlich, das ist des Rätsels Lösung! Darum will der Sultan von der früheren Geliebten nichts mehr hören noch sehen. Beim Propheten, so ist es, so muß es sein! Frohgemut lenkt er seine Schritte zum Hause des Dichters.

Sadi wird aus tiefem Schlaf geweckt. Sein Diener meldet den Hauptmann der Leibgarde. Eilig wirft sich der Dichter in seine Kleider und empfängt den Offizier, hinter dem sich eine vermummte Gestalt verbirgt.

Der Hauptmann meldet kurz den Befehl des Sultans: „Diese Frau soll von heute ab verschwunden sein, über den Befehl aber muß unverbrüchliches Schweigen bewahrt werden!"

Er wendet sich um und zieht der Gestalt den Turban von der Stirn. Fatime sinkt dem überraschten Sadi zu Füßen.

„Behalte mich, Herr, und beschütze mich!"

Freundlich streicht Sadi ihr über die Haare. „Sei unbesorgt, dir wird kein Leid widerfahren."

Dann fragt er den Hauptmann, was die Geheimtuerei bezwecke, da der Sultan ihm die Tänzerin doch offen vor allen Gästen geschenkt habe?

„Ich kenne des Sultans Gründe nicht, noch deute ich an seinen Worten. Er hat seinen Ring geschickt, sein Wille ist also offenbar."

Der Hauptmann nimmt Mantel und Turban an sich und verabschiedet sich, froh, seinen heiklen Auftrag erledigt zu haben.

Sadi heißt die noch immer vor ihm kniende Fatime willkommen und hebt sie auf. „Du sollst es gut bei mir haben. Ich werde dich in einem abgelegenen, behaglichen Gemach meines Hauses verborgen halten, bis der Sultan geruht, seinen unverständlichen Befehl zu widerrufen."

Am späten Vormittag erwacht der Sultan mit schwerem Kopf. Mühsam richtet er sich auf und reibt sich die Augen. Dunkel kommt ihm die Erinnerung, als hätte er gestern einen schlimmen Auftrag erteilt, aber er kann sich an nichts besinnen. Hoffentlich hat er nicht in der Trunkenheit wieder jemanden enthaupten lassen? – Doch! Mit Hinrichtung muß es etwas gewesen sein – aber um wessen Kopf ging es? – Handelte es sich nicht um Fatime? –

Der Angstschweiß bricht ihm aus. Jäh fährt er hoch. „Karadscha soll sofort kommen!" schreit er seine Diener an.

Als der Geheimwesir das Gemach betritt, brüllt der Sultan: „Habe ich gestern ein Todesurteil verhängt?"

„Ja, Herr."

„Verfluchter Hundesohn, über wen?"

„Über die vierhundert Spione des Tschingis Chan."

Der Sultan ist beruhigt. Nicht über Fatime! Allah sei gepriesen! Nur über diese vierhundert Viehtreiber. Immerhin – das kann böse Folgen haben.

„Warum hast du mir nicht abgeraten, Schurke?" fährt er den Wesir an.

„Ich habe dir dringend abgeraten, Herr, aber du wolltest nicht auf mich hören", lügt Karadscha mit der Miene gekränkter Unschuld.

„Dann wäre dies das erste Mal, daß du nicht zum Bösen geraten hättest. – Rufe sogleich Kair Chan!"

„Zu spät, Herr! Noch in der Nacht ritt er mit seinem Gefolge fort!"

Jage einen Eilboten auf meinem schnellsten Hengst hinterher!"

„Er hat zu großen Vorsprung, Herr, wir holen ihn nicht mehr ein ... Schließlich handelt es sich um Giaurs, die dich beleidigt und bespitzelt haben."

Der Sultan läßt den Kopf sinken. Der böse Wein hat an allem schuld. Nun, man kann es nicht mehr ändern, möge es also gehen, wie Allah will.

Plötzlich fährt der Sultan hoch. „Was ist mit Fatime? Habe ich sie auspeitschen lassen?"

„Du hast sie dem Moslicheddin Sadi geschenkt."

Erleichtert atmet der Sultan auf. „Hab' ich? – Nun, ein Geschenk im Rausch gilt nicht! Hole sie zurück!"

„O Schatten Gottes auf Erden – Fatime ist verschwunden. Wahrscheinlich konnte sie die Trennung von deiner Herrlichkeit nicht ertragen, wollte keinem sterblichen Manne angehören, nachdem sie in deinen Götterarmen gelegen ... sie ist verschwunden ... vielleicht entflohen ... aus Gram."

Die Erklärung schmeichelt dem Sultan, erweckt aber auch sein Verlangen. „Hat man nach ihr gesucht?"

„Bis jetzt vergeblich."

Der Sultan läßt den Hauptmann der Palastwache kommen.

„Der Schah will meinen Gehorsam prüfen und meine Verschwiegenheit auf die Probe stellen", denkt der Offizier. „Er soll gut bedient werden."

Und so erklärt er auf alle Fragen immer nur, er wisse nichts, gar nichts, nicht das geringste. Ja, sie habe im Morgengrauen den Palast verlassen. Er habe nichts weiter gehört, nichts gesehen, er habe keine Ahnung, wohin sie sich begeben haben könnte, der Sultan dürfe zu der Zuverlässigkeit seines Hauptmanns vollstes Vertrauen haben.

Er wird entlassen und ist nun doch froh, dem Verhör entronnen zu sein. Des Sultans Fragen haben so echt und forschend geklungen, daß er fast an dem Schweigebefehl irre geworden wäre. Ein Glück, daß er sich nicht verraten hat! Und er hofft, bei der nächsten Beförderung bevorzugt zu werden.

Der Sultan ist über Fatimes Verlust betrübt, schaut in seine leeren Hände und knetet seine runden, kräftigen Finger. Karadscha bemüht sich, ihn zu trösten: „Eine Tänzerin ... Was geht es die Sonne an, wenn ein Lichtlein erlischt ..."

Plötzlich fährt der Sultan auf. „Mein Ring, Karadscha! Mein Ring ist weg!" Und er starrt auf den leeren Zeigefinger.

„Unmöglich, Herr, vorhin noch sah ich ihn an deiner Hand."

„Du lügst!"

„Ich irre mich nicht, ich sah ihn genau."

„So muß ich ihn hier verloren, vielleicht in der Erregung abgestreift haben."

Der Geheimwesir bückt sich, und schon nach kurzem Suchen ruft er erfreut: „Sieh, Herr, da liegt er zu deinen Füßen." Und hebt ihn auf und überreicht ihn dem Sultan.

„Ich dachte schon, man hätte ihn mir entwendet", murmelt der Schah halblaut vor sich hin und streift das Sinnbild der Macht wieder auf den Finger.

Als der Sultan am Spätnachmittag Aischas Gemach betritt, wird er mit Zärtlichkeit empfangen.

Erstaunt, den wilden Schakal so zahm zu finden, forscht er besorgt: „Ist mein Angorakätzchen krank?"

„Nicht krank – ich bin dir dankbar, mein geliebter Mohammed."

„Dankbar? Wofür?"

„Verstelle dich nicht! ... Ich weiß sehr wohl, daß du sie mir zuliebe geopfert hast."

Des Sultans Erstaunen wächst. „Gibst du mir Rätsel auf? Wen soll ich geopfert haben?"

„Nun, Fatime, die dumme Gazelle."

„Beim Barte des Propheten, ich weiß von nichts, habe mit der Sache nichts zu schaffen."

„Tut es dir schon leid?" sagt Aischa verächtlich.

„Was soll mir leid tun?" fragt er ratlos.

„Feigling!" faucht sie, und als er den Versuch macht, sie zu streicheln, krallt sie ihre spitzen Nägel nach ihm.

Erschrocken fährt der Sultan zurück und stammelt kleinlaut, es sei ja alles gut, Fatime sei verschwunden, Aischa möge lieb sein.

„Du gibst also zu, Fatimes Verschwinden veranlaßt zu haben? Übrigens weiß es bereits der Hof und die ganze Stadt. Bist du nicht kühn und stolz genug, für deine Tat einzustehen? Wer den Kalifen abgesetzt, wer den frommen Büßer Medschid umgebracht hat, sollte der so klein sein, sich Gewissensbisse wegen einer Tänzerin zu machen? Warum also leugnest du?"

Da beschließt der Sultan, lieber zu schweigen. Man glaubt ihm doch nicht, und es würde auch seine Würde erschüttern, wenn man wüßte, daß es am Hofe Mächte gibt, die ohne sein Wissen und ohne seinen Befehl handeln. Ihm kann es gleich sein, was man denkt, und wenn Aischa ihn für den Urheber dieser rätselhaften Angelegenheit hält, so kann es ihm nur lieb sein.

Er widerspricht also nicht mehr, schweigt und tut geheimnisvoll. Es dauert nicht lange, da ist es wirklich ein öffentliches Geheimnis, der Sultan habe aus Angst vor Aischas Eifersucht Fatime umbringen lassen. Damit ist die Angelegenheit erledigt. Jedermann vermeidet, noch von der Tänzerin zu sprechen oder gar nach ihrem Verbleib zu forschen.

Das Gerücht dringt auch zu Sadi, dem Dichter, und bestätigt ihm die Angaben des Hauptmanns der Palastwache, er habe ihm Fatime im Auftrage des Sultans überbracht. Ungestört und ohne Bedenken erfreut er sich des holden Besitzes und hütet seinen Schatz.

Bunt und verschlungen sind die Fäden des Schicksalsteppichs im Reiche Châresm, und es sind allzu viele Hände, die daran weben.

Die Enkel

Im weißen Kaiserzelt zu Karakorum wird ein Familienfest gefeiert: Tului, dem vierten Sohne Tschingis Chans, ist der zweite Sohn geboren worden, und diesem jüngsten Enkel des Großen Eroberers haben die chinesischen Astrologen und uigurischen Sterndeuter eine bedeutsame Zukunft geweissagt.

Tschingis Chan hat seine sämtlichen Angehörigen um sich versammelt und seine höchsten Nojane, Orkhons und Tar-Chans geladen, um die Geburt dieses verheißungsvollen Knaben gebührend zu feiern.

Auf seinem weißen Fell thront der Große Chan. Schweigend schaut er auf den Säugling, der im Schoß seiner Mutter ruht, und überdenkt Vergangenheit und Zukunft. Er zählt an den Fingern nach und findet, daß er in der Mitte der fünfziger Jahre seines Lebens sein müsse. Seine Haut ist von Stürmen und der Steppensonne zu gelbem Leder gegerbt. Tiefe Falten durchpflügen sein Gesicht. Aber seine Augen blicken noch scharf und klar wie die spähenden Lichter eines Adlers.

Obwohl ein Familienfest begangen wird, herrscht strenge Hofsitte. Lautes Sprechen ist verpönt, und ergreift der Chan selbst das Wort, so verstummt sofort jegliches Gespräch. Jetzt aber sitzt er verschlossen und in Gedanken vertieft da, und die Unterhaltung der Männer und Frauen fließt gedämpft, wenn auch lebhaft dahin.

Des Chans Blick schweift nach rechts, wo nach alter Mongolensitte die Männer ihre Plätze haben. Geburt und Rang bestimmen die Reihenfolge. Die Standesunterschiede bleiben streng gewahrt. Sein

Auge überfliegt die Gesichter der vier Söhne. Aus ihnen kommt ihm der Erbe. Wem von ihnen soll er dereinst seine Nachfolge anvertrauen? Dschüdschi, der „Gast", ist tüchtig und tapfer, aber zu mürrisch und finster. Sein Liebling Tschagatai besitzt Strenge und Gerechtigkeit, aber er ist dickköpfig wie ein Büffel, sein Starrsinn verrennt sich in Unmöglichkeiten und reizt zu Widerspruch. Der dicke Oktai ist umgänglicher als seine Brüder, dabei schlau und gewandt, doch zu gutmütig und friedfertig und ohne rechten Ernst und Würde. Tului, der Jüngste, ist ein kühner, unvergleichlicher Krieger, aber ohne den Weitblick des Herrschers.

Tschingis Chan schüttelt das Haupt. Eroberer und Herrscher in einem ist keiner. So scheint ihm Oktai noch der geeignetste zu sein, und der kriegerische Eroberer erkürt in der Einsamkeit seines Herzens zu seinem Erben den unkriegerischsten seiner Söhne. Oktai braucht ja nicht mehr zu erobern – das ist Tschingis Chans Weltsendung –, sein Nachfolger soll nur das vielfältige, völkerbunte Reich zusammenhalten und bewahren. Ye Liu Chutsai wird als getreuer Ratgeber Oktai zur Seite stehen und ihn mit Weisheit und Bedacht lenken. Die drei anderen Söhne sind zu selbstbewußt, um auf den chinesischen Gelehrten zu hören. Der bequeme Oktai dagegen wird dem klugen Tsin-schi nur allzugern die Zügel überlassen. Und auch das ist ein Grund, Oktai zum Thronfolger zu erwählen.

Der Chan ist mit sich im reinen. Sein Herz öffnet sich der Festfreude, und er wendet wohlgemut das Haupt nach links, wo die Frauen, die Lust seines Herzens, ihre Plätze haben: Burtai, Silbermond und einige bevorzugte Nebenfrauen, sowie die Schwiegertöchter, unter denen die schöne und anmutige Organa, Tschagatais Gattin, sich der besonderen Gunst des Chans erfreut.

In seinem Rücken aber, im Hintergrund des Zeltes, weiß der Kaiser seine Getreuen und Paladine.

Die Gäste sind eifrig in Schwatzen und Schmatzen, in Essen und Trinken vertieft. Die Jahre der einfachen Hofhaltung sind längst vorbei, und chinesische Köche haben geradezu mit Wissenschaft und Kunst ein ausgesuchtes Mahl bereitet, bei dem Suppen und vielerlei Braten, Geflügel und Fische, Ragouts und Backwerk, Kuchen und Leckereien, Nüsse und Obst in bunter Folge wechseln. Nur der Große Chan bleibt der einfachen Mongolenspeise aus geröstetem Mehl, Butter, Käse und saurer Milch treu: er ißt Tsamba und trinkt dazu Kumysch aus dem Lederschlauch, während die andern Buttertee aus feinsten Porzellanschalen schlürfen und Reiswein aus kupfernen Dombos in silberne Becher rinnen lassen.

Tschingis Chan kämmt nachdenklich seinen braunroten Bart. Der Überfluß, der üppige Reichtum gefallen ihm recht gut, wenn er nur nicht seine Krieger allmählich verweichlichte! Auch die Kleidung seiner Mongolen ist schön und kostbar geworden. Die Männer haben kunstvoll bestickte Terliks angelegt, die mit Pelzwerk verbrämt sind. Goldplattierte und mit gleißenden Edelsteinen besetzte Gürtel werfen funkelnden Glanz. Ye Liu prangt in einem Seidenkleid mit violettem Überwurf, auf dessen Brustseite sich ein goldener Drache ringelt, und auf seiner schwarzen Seidenkappe wippt die Pfauenfeder, das Zeichen seines hohen Ranges. Doch bei ihm ist es die gewohnte, vornehme Tracht seines Heimatlandes. Unwillkürlich schaut der Chan an sich selbst hernieder: er trägt wie stets seinen einfachen Terlik aus Wildleder, der schon recht abgeschabt ist. Tut nichts, er liebt den alten Kittel.

Und nun gar die Frauen! Sie haben sich in Chalats aus feinster, bemalter Seide, in schwarzen Zobel und weißen Hermelin gehüllt, und ihre funkelnden Diamanten und Edelsteine schimmern wie Sterne.

Sein Blick sucht die Schar der Enkel. An der Seite des Riesenzeltes hocken sie, mehr als zwei Dutzend Knaben und Mädchen, und versuchen, sich gut zu benehmen; denn die Zucht ist hart, und die Klopfpeitschen aus Leder dienen nicht nur der Erziehung wilder Pferde. Doch sie essen und schmatzen nach Herzenslust und müßten keine Kinder sein, wenn sie sich nicht heimlich vergnügten, sich pufften und knufften, sich neckten und kitzelten und sich die besten Leckerbissen wegnähmen. Wird das Kichern zu laut oder platzt eins gar prustend oder quäkend heraus, so fährt nur ein warnender Blick der Mutter oder ein drohender des Vaters über sie hin, und rasch ducken sie sich, als wollten sie sich unsichtbar machen, und ihre Gesichter nehmen einen unschuldigen Ausdruck an.

Tschingis Chan bricht sein Schweigen und heißt den jüngsten Enkel willkommen:

„Kubilai sollst du heißen, und wenn die Sprüche der weisen Männer, die das Schicksal aus den Sternen lesen, in Erfüllung gehen, wird dein Name einst neben dem meinen genannt werden."

Das Fest hat seinen Höhepunkt erreicht, und der Chan winkt dem Sänger, durch sein Lied der Feier die rechte Weihe zu geben.

Alle sitzen erwartungsvoll da. Nur Dschüdschi, der „Gast", starrt wie stets finster und verschlossen vor sich hin. Oktai aber lehnt sich behäbig zurück. In seinem massigen Körper wohnt eine behagliche Seele, die an künstlerischen Darbietungen aller Art, an aufregenden Vorführungen, Sängern und Pferderennen, an chinesischen Gauklern und türkischen Ringkämpfern ihr Ergötzen findet. Ziehen gar chinesische Schauspieler durch Karakorum, wie das seit der Eroberung des Chinreiches gelegentlich der Fall ist, so versäumt Oktai keine Vorstellung, und besonders bevorzugt er Schauspiele gräßlichen oder frivolen Inhaltes. Wie gebannt starrt er dann auf die verbrecherischen Bösewichte mit ihren kalkweißen Gesichtern oder die grell geschminkten „Grünen Damen", die verführerischen Mädchen mit den leichten Sitten.

Auch dem Reiswein ist er ergeben. Zwei Dombos hat er bereits geleert. Als er sich anschickt, zur dritten kupfernen Flasche zu greifen, winkt ihm Turakina, seine Gemahlin, energisch zu. Oktai soll Vernunft annehmen. Er aber, der nicht den geringsten Wert auf würdiges Benehmen legt, schaut sie nur mit seinen in Fett gepolsterten, kleinen Augen verschmitzt an und grinst. Organa, Tschagatais Gattin, die das eheliche Zwischenspiel bemerkt hat, wendet sich tröstend an ihre Schwägerin:

„Laß nur, Turakina, auch ein scherzhafter Mann hat seine Vorzüge; man kann ihn leichter lenken. Unsere Männer sind leider härter geschmiedet, und mein Tschagatai hat, wie du weißt, einen Dickkopf wie ein Yakstier. Du glaubst nicht, wie schwer manchmal mit ihm auszukommen ist."

„Immerhin ist er streng und energisch", tuschelt Turakina zurück, „Oktai aber ist viel zu bequem, auch nur seinen eigenen Sohn im Zaume zu halten, und wenn ich nicht ab und zu zur Peitsche griffe, würde Kujuk sich wie ein wilder Esel aufführen."

Mittlerweile hat Argun, der Sänger, die Pi-pa gestimmt. Jetzt tritt er vor den Chan, unterm Arm das goldene, edelsteinbesetzte Saiteninstrument, des Kaisers kostbares Eigentum, das Tschingis Chan von chinesischen Handwerkern nach ihren heimatlichen Vorbildern hat anfertigen lassen und das er stets in seinem Gewahrsam behält. Nur in seiner Gegenwart darf es der Sänger spielen.

Still wird es im weißen Zelt. Argun beginnt. Die Weisen der Sänger und Dichter erklingen nicht mehr im eintönigen Sprechgesang wie in des Chans Jugendzeiten. Man ist bei den kunstbegabten Chin-männern, die aus der Musik eine Wissenschaft gemacht haben, in die Schule gegangen und hat von ihnen Melodie und rhythmisches Zeitmaß gelernt.

In gleichmäßigen, langausgehaltenen Tönen singt Argun mit hoher, durchdringender Stimme:

> „Wie ein Adler stößt herab dein scharfer Flug.
> Nie ist die Welt dir weit genug.
>> O Temudschin Eisenschwert!
> Die Welt ist dein Zeltplatz, die Menschen dein Heer.
> Brichst du ab dein Zelt, ist die Erde leer.
>> O mein Bogdo!
> Einst wirst du Ordu, Jurte und Steppe meiden.
> Was wird von deinem Leben bleiben?
>> O Tschingis Chan!
> Dein Ruhm wird bleiben, dein Mut, deine Kraft,
> und das Reich der Welt, das du kühn erschafft.
>> O Kaiser der Welt!"

Langsam streicht sich Tschingis Chan über das Gesicht. – Was wird sein, wenn er nicht mehr ist?

Die Männer stampfen, die Weiber klatschen im Takt, und alle wiederholen den Schlußruf: „O Temudschin – O mein Bogdo – O Tschingis Chan – O Kaiser der Welt!"

Da gibt der Große Chan die Erlaubnis zur Lockerung der Hofsitte, indem er sich erhebt und seinen Platz verläßt. Auch die andern stehen auf und gruppieren sich zwanglos. Schneller kreisen die Kumyschschläuche und Dombos, lauter lachen die Frauen, lärmen die Männer. Musik ertönt, und die Krieger beginnen den Tanz, daß das Zelt bebt.

Auch die Kinder schlüpfen aus ihrer gesitteten Haltung wie Vöglein aus dem Ei und toben und schreien. Sie haben am Kumysch und Reiswein hier und da nippen dürfen, und das feurige Getränk hat ihren Übermut entfesselt.

Ye Liu steht in dem frohen Getümmel allein und unbeteiligt. Er träumt von den schönen Feiern in seiner fernen, zerstörten Heimat, denkt an das letzte Fest, das er dort hat begehen dürfen, das Insektenfest, als ihm Silbermond den Fächer schenkte. Drüben sitzt sie bei Burtai, und ihm klopft das Herz schwer von Sehnsucht und Leid.

Er zieht Silbermonds Liebespfand aus dem Ärmel und fächelt sich die heiße Stirn.

Da tritt Tschingis Chan zu ihm.

„Warum hältst du dich abseits, Vorgerückter Gelehrter? Du beherrschst nun unsere Sprache. Falls du Heimatklänge vorziehst, warum redest du nicht mit der Prinzessin Silbermond? Sicherlich kennst du sie."

Ye Liu lächelt verloren und nickt. „O ja, Großer Chan, ich kannte sie einst . . . Aber jetzt ist sie die Gattin des Chans."

„Auch Burtai ist meine Gattin – und doch sprichst du mit ihr."

„Ein fremder Garten weckt keine Erinnerung . . ."

Der Chan stutzt, schaut ihn scharf und prüfend an. Dann sagt er rasch:

„Neugierde ziemt sich nicht für einen Chan . . . Nun aber weiß ich, du bist mein redlichster Diener und Ratgeber, mein Kanzler und Freund."

Damit wendet er sich den Kindern zu. Er läßt seine sämtlichen Enkel in einer Reihe antreten und mustert befriedigt die zahlreiche Schar, gesunde, kräftige Knaben und vor Verlegenheit kichernde Mädchen.

„Was habt ihr gelernt?" fragt er.

Sie haben vor dem Chan große Ehrfurcht und winden und drehen sich ängstlich hin und her.

Da ermannt sich Kujuk, der wilde Esel, Oktais und der Turakina ungezügelter Knabe. Er könne Schauspielerkünste vorführen, erklärt er dreist, ermuntert durch die zustimmenden Grimassen, die ihm sein Vater zum Ärger Turakinas heimlich schneidet.

„Laß sehen", sagt der Chan kurz.

Kujuk stellt sich in Positur, schlägt Rad und macht Luftsprünge, läuft auf den Händen, ahmt Tierstimmen nach. Schließlich klettert er wie ein Affe an den Tauen hoch, die das Kaiserzelt halten, obwohl es aufs strengste verboten ist, sie zu berühren, schwingt sich von Seil zu Seil, bis er sich mit kühnem Schwung auf seines Vaters stämmige Schultern hinabschnellt, so daß Oktai vom jähen Anprall fast zu Boden taumelt.

Die Gäste freuen sich wie die Kinder, schreien und klatschen. Niemand aber ist auf Kujuks Künste stolzer als sein Vater.

„Und du?" wendet sich der Chan an Batu, seinen ältesten Enkel, Dschüdschis Sohn, ohne zu Kujuks Vorführungen durch Lob oder

Tadel Stellung zu nehmen, was Turakina wohl bemerkt. Und sie beschließt, es zu Hause ihrem Gatten und Sohn nachdrücklich vorzuhalten.

Der verschüchterte Sohn des finsteren Dschüdschi stammelt, er könne mit dem Bogen schießen.

Gelächter ertönt. Schießen können sie alle, sogar die Frauen.

Mit einer Handbewegung fordert der Chan Schweigen.

„Zeige deine Kunst", befiehlt er.

Oktai rollt sich trotz seiner Rundlichkeit flink wie ein Igel in eine Ecke des Zeltes und hängt hier, weithin sichtbar, seinen diamantverzierten Fingerring auf.

„Wenn du da hindurchschießt", spottet er, „dann darfst du den Ring behalten."

Dschüdschi bricht sein mürrisches Schweigen und nimmt sich des Sohnes an: „Laßt erst Chassar, den besten Schützen, es vormachen!"

Der Bruder des Chans tritt vor. Im Gefühl seiner Meisterschaft stellt er sich gewichtig hin, prüft die Sehne, läßt sie ein paarmal federn. Dann legt er den Pfeil auf, zielt unter atemloser Stille und schießt.

Der Pfeil trifft genau auf den schmalen Rand des Ringes, so daß dieser hoch auffliegt.

„Ausgezeichnet!" lobt Tschagatai. „Nur um Haaresbreite verfehlt, das heißt bei dem kleinen Ziel so gut wie getroffen."

Auch die Nojane murmeln ihre Anerkennung zu dem Meisterschuß.

Herablassend reicht Chassar dem Großneffen Bogen und Pfeil.

Als Batu die Waffe in der Hand fühlt, weicht alle Schüchternheit von ihm. Ruhig und gesammelt zielt er, und plötzlich zischt der Pfeil mitten durch den Ring.

Tosender Beifall brandet auf, die sonst so beherrschten Mongolen sind nicht wiederzuerkennen. Hart ist das Leben, selten sind die Feste, selten der Frohsinn. Nun halten sie sich für die lange Zeit der Kargheit schadlos und genießen das Festglück mit überschäumender Ausgelassenheit.

Selbst über Dschüdschis Gesicht fliegt ein Freudenschimmer. Tschingis aber zieht den Enkel an den Ohren – eine äußerst seltene Freundlichkeit bei ihm. Verlegen und hochbeglückt verbirgt sich der Knabe im Hintergrund des Zeltes.

In diesem Augenblick meldet der Offizier der Zeltwache, es seien Boten angelangt vom Orkhon Tschepe.

Wichtiger als jedes Fest sind die Angelegenheiten des Reiches. Die Boten werden sogleich vor das Angesicht des Chans geführt.

Kniend melden sie, Orkhon Tschepe übersende dem Großen Kaiser dreifache Botschaft.

Zum ersten habe der Orkhon den Auftrag Tschingis Chans ausgeführt und den Chan Kütschlük besiegt. Die West-Uiguren seien unterworfen und ihr Reich Kara-Kitan erobert!

Unter dem tosenden Jubel der Gäste legen sie zur Beglaubigung der Siegesnachricht dem Kaiser ehrerbietig einen ledernen Sack zu Füßen.

Gespannt schauen alle ihn an. Was mag er enthalten? Schmuck? Kostbarkeiten? Ein Wunder des zauberhaften Westens?

Gelassen und ohne ein Zeichen der Neugierde winkt der Chan seinen Enkeln zu und erlaubt ihnen, den geheimnisvollen Ledersack zu öffnen.

Scheu vor dem unbekannten Inhalt zögern die Knaben. Da wirft Tului einen scharfen Blick auf seinen Sohn. Ängstlich tritt der fünfjährige Mangu heran und löst zaudernd die lederne Verschnürung. Voll Überwindung faßt er in die dunkle Höhlung. Schaudernd fühlt er etwas Weiches, Feuchtes, unangenehm Klebriges. Die Knabenhand zuckt zurück. „Schlangen", denkt Mangu, „gegen deren giftigen Biß hilft aller Mut nicht."

„Feigling!" zischt Tului und tastet zum Ledergürtel. Da beißt der kleine Mangu die Zähne zusammen. Mit geschlossenen Augen greift er zitternd hinein – und zieht ein abgeschlagenes Menschenhaupt hervor. Das verweste Gesicht ist mit geronnenem Blut verschmiert, und die Haare sind verklebt. Weit aufgerissen starren die gebrochenen Augen.

Es ist Kütschlüks Kopf, noch im Tode grinst sein Mund höhnisch und bleckt verächtlich die Zähne.

Dem entsetzten Knaben fällt der Kopf aus der Hand und rollt auf den Teppich.

Tschingis Chan nickt. „Marschall Tschepe weiß seine Botschaft in überzeugende Form zu kleiden", sagt er mit grimmigem Humor. „Wir fürchten nicht, daß Kütschlük uns noch fürderhin Schwierigkeiten bereiten wird. – Den Kopf für die Hunde! – Und wann gedenkt der Sieger heimzukehren?"

Verlegen berichten die Boten, der Orkhon beabsichtige vorläufig nicht, nach Karakorum zu kommen.

Der Chan runzelt die Stirn. Hat der Sieg den Draufgänger übermütig gemacht? Müssen nicht alle den Grund für sein Fernbleiben ahnen? Zwar weiß niemand, wodurch Huduk sich die Ungnade des Chans zugezogen hat; aber allen ist bekannt, daß er die Merkitprinzessin verschenkt hat. Bleibt Tschepe weiter von Karakorum abwesend, so gibt es nur eine Erklärung dafür. Wenn auch niemand wagt, sie auszusprechen – sie zu denken kann keinem verwehrt werden.

Ye Liu senkt einen Augenblick die Augen zu Boden. Huduk und Tschepe haben es also gewagt... Und er blickt auf die Prinzessin Silbermond.

Sogleich schämt er sich seines Gedankens.

„Eure zweite Botschaft!" herrscht der Chan die Kuriere an, und seine Hand greift nach der Knute.

Erschrocken weichen die Reiter zurück. Der Blitz des Jähzorns pflegt wahllos zu zucken und den ersten besten zu treffen.

In ängstlicher Hast melden sie: „Der Orkhon sendet dem Großen Chan als Zeichen seiner Dankbarkeit und Ehrfurcht tausend herrliche Rappen, die er auf den Bergsteppen hat zusammentreiben lassen."

„Wo sind sie?"

„Sie tummeln sich vor den Wällen der Stadt, feurige und mutige Tiere, die deine Krieger nur mit Mühe in Ordnung halten. Sämtliche tausend Rappen tragen eine Blesse."

Der Chan horcht auf. Tausend schwarze Pferde, alle mit einem weißen Strich auf Stirn und Nase?

Seine Gedanken fliegen zurück zu jenem Tage ferner Jugendzeit, da Tschepe, damals noch Angehöriger eines feindlichen Ordus, von den Wildwassern eingebracht worden war. „Hätte ich ein besseres Pferd gehabt, nimmer würdet ihr mich gefangen haben", hatte Tschepe sich gerühmt. Da hatte er, Temudschin, ihm ein ausgezeichnetes Roß gegeben – einen Rappen mit einer Blesse. Tschepe sprengte davon, daß der Sand stob, und entkam. Bald aber kehrte er von selbst zurück, besiegt von der Großmut des Chans, und diente ihm seither in Treue.

Die Erinnerung an dieses Jugenderlebnis stimmt den Chan milde, und seine Antwort an Tschepe, die er den Reitern zu übermitteln befiehlt, lautet: Tschingis Chan sei über die tausend Blessen erfreut und gedenke des Orkhons in Gnaden. Doch möge Tschepe bei seinen kriegerischen Erfolgen nicht übermütig werden!

„Die dritte Botschaft!"

Die Reiter senken bekümmert die Köpfe.

„Muß ich noch einmal fragen?"

„Großer Chan, laß uns die Botschaft nicht entgelten! Schreckliches ist geschehen. Die vierhundert Kaufleute, die du ins Reich des Westens gesandt hast, leben nicht mehr! Der Sultan von Châresm hat sie sämtlich enthaupten lassen bis auf einen, daß er dir die böse Kunde vermelde! Diesen einen hat Tschepe auf dem Wege längs des Flusses Tarim aufgefangen. Da der Orkhon die Schandtat nicht glauben wollte, schickte er in deinem Namen eine Gesandtschaft zum Sultan-Schah, um Rechenschaft zu fordern. Auch den Führer dieser Gesandtschaft hat Mohammed Ala-ed-din köpfen, den übrigen aber Haar und Bart scheren lassen und sie so der Verachtung preisgegeben. Draußen stehen sie. Denn sie wagen nicht, geschändet vor dein erhabenes Angesicht zu treten."

Der Chan fährt mit der kleinen, breiten Hand in den Bart. Seine Lippen murmeln: „Im Himmel: Gott. Auf Erden: Tschingis Chan! ... Es gibt nur eine Sonne am Himmel – nur einer kann Kaiser sein auf Erden ..."

Plötzlich brechen aus ihm Wut und Zorn: „Euer Blut ist geflossen. Jeder Tropfen wird mit Strömen Blutes gesühnt werden! Eure Häupter sind gefallen. Jedes Haar wird mit tausend Köpfen bezahlt werden!"

Noch in derselben Nacht sprengen Hunderte von Schellenreitern auf den Kurierstraßen in alle Richtungen des Reiches, und wo man, bei Tag oder bei Nacht, in den Ortschaften von ferne das Glöckchen hört, stellt man schleunigst frische Pferde bereit, damit die Reiter ungesäumt weiterrasen können. Todesstrafe steht auf Unterlassung dieses Hilfsdienstes!

Wohin die Reiter sprengen, weisen sie das Chas-bao Tschingis Chans vor, die Schildkröte mit den beiden verschlungenen Drachen, und bieten die Heerführer und Stammesfürsten, die Orkhons und Tarchans, die Nojane und Krieger zum Heerbann auf:

„Im Frühjahr, wenn Tag und Nacht sich die Waage halten, versammelt euch am Salzsee Bodschante! Jeder Mann hat vier Ersatzpferde mitzubringen, dazu zwei Bogen, Köcher mit Schutzklappe, Säbel, Axt und Lasso, Feldflasche, Futtersack für Mann und Roß,

Kochgeschirr, Dörrfleisch und Trockenmilch! – Wir reiten gen Sonnenuntergang!"

An den Sultan-Schah von Châresm aber sendet Tschingis Chan nur die bündigen Worte:

„Du hast den Krieg gewollt. Was das Schicksal bestimmt hat, wird geschehen, und niemand weiß, wie das Ende sein wird."

So hat Tschingis Chan den Grund für den Krieg gegen den Kaiser des Westens. Aber bedarf er dazu überhaupt eines Vorwandes? Der Himmel hat ihm die Macht gegeben, damit er sie brauche!

– Und er wird sie brauchen! –

Gottes Geißel

Bis an die Wolken türmt sich das Tien-schan, das Himmelsgebirge, das seinen Namen nicht umsonst trägt. In schauriger Höhe starren die Schneegipfel, über die Abgründe schieben sich ungeheure Gletscher. Keines Menschen Fuß hat je die weiße Einsamkeit betreten, kein Tier wagt sich in die tödliche Eisöde.

Nur zwei Pässe führen über das Gebirge. Über den Terek marschiert Dschüdschi, der sich am Tarimfluß mit Tschepe Nojan vereinigt hat. Tschingis Chan zieht mit der Hauptarmee das Ilital hinauf. Mehr als eine halbe Million Menschen und Tiere kriechen ameisengleich den verschneiten und vereisten Saumpfad empor. Endlos dehnt sich der Zug. Im Eissturm heulen die Dämonen, dumpf donnern die Lawinen.

In schweigendem Grauen setzen die Krieger Schritt vor Schritt und ziehen keuchend die gleitenden Pferde und Kamele am Halfter nach. Die Kälte lähmt Mann und Tier. Die Rinder, als lebender Proviant mitgeführt, brüllen unablässig vor Hunger und Erschöpfung.

An den Zotteln der kleinen Pferde baumelt dickes Eis, die gefrorenen Mähnen klingeln gegeneinander. Die Schnauzbärte der Männer hängen wie vereiste Tannenzapfen herab und pendeln schwer hin und her.

Die Haut platzt den Pferden und Rindern im grimmigen Frost, Blut tropft ihnen aus dem Maul und rinnt den Kriegern aus der Nase. Der Mann, der fällt, bleibt liegen. Das Tier, das zusammenbricht, wird sofort geschlachtet. Knochen bezeichnen die Spur des unerhörten Heerzuges.

Aber ein Wille treibt Tier und Mensch unaufhaltsam vorwärts, der Wille Tschingis Chans. In seinen Zobelpelz gehüllt, sitzt er in starrer Haltung auf seinem weißnasigen Rappen Chara. Nachts kriechen die Mongolen in dicke Felle und vergraben sich im Schnee. In diesen Betten schlafen die Männer tief und fest, und am nächsten Morgen erwachen sie frisch und neu gestärkt.

Wochen- und monatelang schiebt sich der Heerwurm unter furchtbaren Strapazen über das Tien-schan. Eines Tages ist es geschafft, das Himmelsgebirge ist überwunden. Schweigend schauen die Krieger hinab in das weite Land des Westens, das sich zu ihren Füßen lockend dehnt.

„Das ist die andere Hälfte der Welt, sie fehlte mir noch zu meinem Reich", sagt Tschingis Chan mit tiefer Genugtuung zu dem neben ihm reitenden Ye Liu Chutsai.

Beschwingt eilen die Mongolen die Paßstraße hinab, jeder Schritt führt sie in wärmere Täler. Laue Frühlingswinde umfächeln sie, Bäume und Blumen blühen.

Ihre Brust schwillt vor Abenteuerlust. Sie kriechen aus ihren dumpfigen Fellen, binden die gehärteten Lederpanzer um, stülpen die harten Kappen auf, spitzen Pfeile und Lanzen, prüfen Bogen und Sehne, schärfen Schwerter und Äxte.

Tschingis Chan besichtigt in einem breiten, lieblichen Tale sein Heer. Dann spricht er zu seinen Kriegern:

„Wir sind im Lande des Feindes, der unsere Männer getötet und unsere Gesandten geschändet hat. Meine Siege sind eure Siege, meine Beute ist eure Beute. Die besten Waffen, die schnellsten Pferde, die schönsten Frauen werdet ihr haben. Das ist euer Lohn. – Wer aber Dienst und Gehorsam vernachlässigt, den trifft der Tod!"

In vier gewaltigen Strömen fluten die Mongolen ins Reich Châresm: die erste Heeresgruppe führt Dschüdschi, die zweite befeligen Tschagatai und Oktai, die dritte Tschepe Nojan und Ssubotai, und die vierte, die Hauptarmee, führt Tschingis Chan selbst, begleitet von seinem jüngsten Sohne Tului und seinem chinesischen Kanzler.

„Ratgeber und Freund", wendet sich der Große Chan zu Ye Liu Chutsai, „schreibe auf, was du siehst, was du hörst, was geschieht, damit die späteren Geschlechter staunend erfahren, welche Schwierigkeiten wir überwunden haben, und mit Bewunderung von den Taten des Herrn der Welt lesen."

Schah Mohammed Ala-ed-din nimmt hochgemuten Abschied von seinem Harem. Tapfer umarmt er eine nach der andern, von der schon ältlichen, dicken Hauptfrau bis zur taufrischen Aischa.

„Mit euren Küssen auf den Lippen will ich kämpfen", sagt er gerührt, „und für euch, meine Schönen, wenn es sein muß, sterben!"

Aischa lacht auf. „Unser Sultan und Herr liebt große Worte für kleine Dinge. Nenne die Züchtigung der elenden Fellbarbaren nicht ‚Kampf'! Wie feige Hunde wirst du sie vor dir hertreiben. Laßt eure Schwerter zu Hause, und nehmt Peitschen mit! Lebendig will ich jenen Tschingis Chan haben! Er soll mein Leibsklave sein und mir die Schuhriemen lösen!"

Die Haremsweiber trocknen ihre Abschiedstränen und glucksen vor Vergnügen. Wie einen Bären werden sie den bösen Mongolen aufputzen und tanzen lassen.

Mohammed Ala-ed-din zieht mit der großen Schar schimmernder Ritter zum Oberlauf des Syr, der die nördliche Grenze des Reiches Châresm bildet. Hier wird er die frechen Eindringlinge empfangen und sie zusammenhauen!

Seidene Fahnen wehen, Trompeten und Zimbeln erschallen, blanke Helme blitzen, Krummsäbel rasseln, Kettenpanzer klirren. Stolz wogt die erlesene Ritterschaft des Islams dahin, kampfeslustig und siegessicher leuchten ihre Augen. An der Spitze reitet der Sultan, neben ihm sein ältester Sohn, Prinz Dschelal-ed-din, ein kleiner, kühner, rassiger Jüngling mit schwarzem Schnurrbärtchen, der sich nur auf drei Künste versteht: Trinken, Reiten, Kämpfen. Diese aber beherrscht er meisterhaft.

Nach wenigen Wochen schon jagen Boten nach Buchara und Samarkand und zu allen Städten des großen Reiches Châresm. „Sieg!" künden sie jauchzend. „Der Sultan-Schah hat gesiegt! Des Mongolenchans ältester Sohn, Prinz Dschüdschi, ist geflohen. Der Sultan und Prinz Dschelal-ed-din haben wie persische Löwen gekämpft, und die Tapferkeit der Ritter ist unvergleichlich gewesen."

Auf Freudenfesten und Siegesfeiern jubelt das Land. Alle Paläste und Häuser sind bekränzt und mit seidenen Teppichen behängt. Die Frauen umwinden ihre Stirnen mit Blumen, und auf ihren roten Lippen liegt Lachen. Selbstbewußt schreiten die daheimgebliebenen Männer einher.

„Ja, wir Männer!" sagen sie voll Stolz.

Der Sultan bezieht eine neue Stellung hinter dem Südufer des Syr. Seine Front wird vom Fluß gedeckt, der den Barbaren den Übergang sperrt. Seinen Rücken aber schützen die gewaltigen Festungen Buchara und Samarkand.

Seinen Geheimwesir hat er mit zehntausend Mann in die Grenzfestung Otrar beordert zur Unterstützung des Kommandanten Kair Chan. Karadscha hat sich zuerst gesträubt. Viel lieber will er im schönen Buchara bleiben, als in die gefährliche Grenzfestung ziehen. Aber der Sultan hat gedroht. Mißmutig gehorcht Karadscha, nicht ohne tückische Hintergedanken.

Der Sultan ist nämlich vorsichtig geworden. Der erste Zusammenstoß mit den Mongolen hat ihm zu denken gegeben. Zuviel Tote hat ihn dieser „Sieg" gekostet. Wie die Teufel sind die kleinen, struppigen Reiter dahergebraust und haben ihre langen, schweren Säbel mit wilder Kraft und erstaunlicher Treffsicherheit geschwungen. Fast bis in sein Zentrum sind sie vorgestoßen! Dabei hatte er nur ihre Vorhut zu bestehen und war ihnen an Zahl dreifach überlegen gewesen. Er zieht es vor, sich mit der Hauptmacht des Tschingis Chan nicht in offene Feldschlacht einzulassen.

Aber an der starken Kette der vielen befestigten Städte, die das Ufer des Syr schützen, muß der Ansturm der Mongolen zerbrechen.

So wartet Sultan Mohammed in sicherer Stellung, doch kein Feind läßt sich sehen.

„Die Kunde von ihrer ersten Niederlage ist den Fellbarbaren offenbar in die Knochen gefahren", prahlt der Sultan und läßt aus Buchara und Samarkand Wein, Tänzerinnen und Musikanten kommen, und die Ritter verbringen Tag und Nacht in Saus und Braus. Ein wahrhaft vergnüglicher Krieg!

Auch Aischa erscheint eines Tages im Kriegslager und besichtigt neugierig des Sultans üppiges Seidenzelt.

„Das sieht ja aus wie ein Harem", sagt sie spöttisch. „Ihr lebt hier noch lustiger als in euren Palästen. – Und wo hast du meinen Leibsklaven, den Menschenfresser Tschingis Chan?"

Der Sultan verspricht ihr, den Bösewicht eigenhändig zu fangen. Falls er nämlich nicht schon längst auf und davon und über alle Berge sei! „Ich fürchte, ich fürchte, wir warten hier vergebens und werden ihn niemals zu sehen bekommen."

Auf den hohen Mauern der Festung Otrar stehen Kair Chan und Karadscha neben ihren Rittern und schauen lachend hinab auf die zahllosen kribbelnden, kleinen, breitschultrigen Teufel mit den gelben Gesichtern, den kurzen Beinen und den schwarzen Haaren. Und könnten sie klettern wie Katzen, nie und nimmer wird es ihnen gelingen, die steilen Wände zu erklimmen.

Untätig und neugierig schaut Kair Chan zu, wie die Mongolen in unermüdlicher Arbeit die tiefen Gräben mit Erde, Steinen, Geröll und Reisig füllen. Bäume werden gefällt und von den kunstfertigen chinesischen Handwerkern zu Sturmleitern gezimmert. Mongolische Scharfschützen halten die Belagerten in Schach, die endlich den Ernst ihrer Lage begreifen und ihrerseits die Belagerer mit Pfeilen bespikken und Steine und brennenden Schwefel auf sie hinabwerfen. Da stellen die Mongolen außerhalb der Reichweite der Belagerten die Wurfmaschinen auf, und die chinesischen Artilleristen berechnen die Entfernungen und Flugbahnen und schleudern Blöcke und Balken, die Breschen in die Mauern schlagen und die Zinnen zertrümmern. Hunderte der Verteidiger stürzen getroffen zu Boden. Eisentöpfe mit brennendem Naphtha fliegen über die Mauern auf die Dächer der Stadt und entfachen Feuersbrünste.

Ein breiter Flußarm des Syr schützt die Südmauern der Stadt. Tag um Tag und Nacht um Nacht häufen die Mongolen Steine, Sand und Geröll hinein. Zuerst haben die Châresmier gespottet über diese fruchtlose Spielerei, wie törichte Knaben Steine ins Wasser zu werfen. Dann aber sahen sie die Steine emporwachsen und sich aus dem Strom wie der massige Rücken eines riesigen Flußtieres heben. Ein Damm bildet sich, dehnt sich in die Breite und streckt sich in die Länge, versperrt schließlich wie ein tückischer Wegelagerer dem Strom die gewohnte Bahn und zwingt ihn in ein neues Bett, das er sich erst mühsam wühlen muß.

Die Mauern der Südstadt aber liegen eines Tages nackt und bloß da, feucht überzogen von Schneckenhäusern und grünen Algen.

Was muß dieser Tschingis Chan für ein Mensch sein, daß seine Krieger die Flüsse aus ihrer Bahn lenken!

Schrecken und Mutlosigkeit ziehen in die Herzen der Belagerten ein, und sie ahnen, welch einen furchtbaren Gegner sie vor sich haben.

Angst beschleicht den Geheimwesir. „Ich fürchte, wir werden Otrar nicht halten können", würgt er heiser heraus.

„Wir müssen, und wir werden!" erwidert kurz der Kommandant.

„Wenn sie die Festung mit Gewalt nehmen, kostet es unsere Köpfe! Laß uns Otrar freiwillig übergeben!"

„Niemals!" schreit Kair Chan.

Karadschas Mausaugen glitzern. „Sie werden dich entsetzlich martern und foltern. Denn du warst es, der ihre vierhundert Kaufleute hat umbringen lassen."

„Es waren Spione!"

„Fängst du das Spiel von neuem an? Spione oder nicht, sie sind ermordet ... und du bist schuld daran. Ich habe nichts damit zu schaffen ... mir wird man nichts tun."

Verächtlich schaut Kair Chan auf den schlotternden Geheimwesir:

„Du hast um die Hälfte des Blutgeldes dem Sultan die Hinrichtung der Vierhundert geraten, so trägst du auch die Hälfte der Schuld! Mitgefangen – mitgehangen! Erstürmen sie die Stadt, so werden sie mich spießen. Aber dich nehme ich mit, Brüderchen!"

In der Nacht wird im Lager der Mongolen Alarm getrommelt. Aus den Zelten stürzen die Krieger. Tausende von Fackeln leuchten auf.

Tschagatai und Oktai fahren aus dem Schlaf. Sie sind die Oberkommandierenden dieser Heeresgruppe und leiten die Belagerung von Otrar.

Während Tschagatai den Lederhelm aufstülpt und mit dem Schwert in der Hand hinausrennt, dehnt und reckt sich Oktai und flucht über die Störung. Träge macht er sich fertig und tritt aus dem Zelt.

„Ein Überfall?" fragt er den Offizier der Zeltwache.

„Es scheint, sie machen einen Ausfall aus der Stadt."

Da kehrt Tschagatai schon zum Feldherrnzelt zurück. „Überläufer", ruft er dem Bruder von weitem zu. „Ihr Anführer wird hierher gebracht."

Bald darauf führt eine Gruppe mongolischer Krieger einen vornehmen Türken in prächtiger Kleidung, behängt mit Gold und reichem Schmuck, herbei.

Der Überläufer neigt sich dreimal tief zu Boden, indem er seine Hand an die Stirne legt.

„Wir sind die Söhne des Großen Chans", läßt Tschagatai ihm durch einen Dolmetscher verkünden. „Und wer bist du?"

Geschmeidig schüttelt der Türke einen Schwall honigsüßer Worte aus.

„Ich bin Karadscha, der Geheimwesir des Sultan-Schahs von Châresm, den Allah strafe und verfluche! Mit Bewunderung habe ich den
Mut und die Kühnheit eurer Krieger beobachtet, und ich habe Otrar
verlassen, weil ich mit dem Kommandanten verfeindet bin, jenem
schurkischen Mörder, der eure vierhundert Kaufleute hat hinrichten
lassen. Oh, wie habe ich den Sultan gewarnt und beschworen, wie
jenen Kair Chan gebeten und bestürmt, eure unschuldigen Stammesgenossen zu schonen! Es hat nichts geholfen! Daher bin ich nun mit
tausend meiner Getreuen heimlich aus Otrar entwichen, um dem erhabenen Tschingis Chan, dem großen Kaiser der Welt, meine Dienste
anzubieten. Nehmt mich, vieledle Söhne des Großen Chans, in Gnaden auf. Mit Ergebenheit und Treue will ich es euch lohnen."

Tschagatai und Oktai werfen sich einen Blick zu.

„Wie willst du uns nützen?"

„Ich kenne die Befestigungen und Zugänge, die Stärke der einzelnen Mauerabschnitte und ihrer Besatzung. Ich weiß, wann und wo
die Ablösungen erfolgen und wo schwache Stellen sind. An manchen
Punkten steht nur ein einzelner Posten. Geheime Mauerpforten sind
mir bekannt und Schleichwege durch die Wälle. Das alles werde ich
euch verraten, wenn ihr mir Leben und Sicherheit versprecht."

„Wir versprechen es", sagt Tschagatai und lädt Karadscha ein, ihm
ins Feldherrnzelt zu folgen.

Speisen und Wein werden aufgetischt, die Generale der Mongolen
erscheinen, und bald haben sie sich mit dem Überläufer verbrüdert.

Karadscha kramt sein ganzes Wissen über Otrar aus. Aufmerksam hören die Mongolen zu, fragen hin und wieder und nicken. Bald
sind sie mit der Festung bis ins kleinste vertraut.

„Nun", fragt Karadscha liebenswürdig, „glaubt ihr jetzt an meine
Redlichkeit und Treue euch gegenüber?"

Tschagatai runzelt die Brauen. „Wie sollten wir einem Schurken
trauen, der sein eigenes Volk verrät!"

Karadscha wird bleich. „Ihr habt mir Leben und Sicherheit versprochen", stammelt er.

„Hast du dein Versprechen gegen deinen Sultan und dein Volk
gehalten?" fragt Tschagatai verächtlich. „Einem Verräter halten wir
kein Versprechen!"

Er ruft dem Offizier der Zeltwache zu: „Laß diesem treulosen
Schurken und seinem verräterischen Gefolge die Köpfe abschlagen!"

Jammernd fällt Karadscha auf die Knie und fleht: „Gnade! Gnade,

259

erhabener Fürst! Habe Erbarmen mit deinem unwürdigen Knecht! Laß mich leben! Du weißt noch längst nicht alles... Der Sultan steht mit der Hauptmacht am Südufer des Syr, die Stärke seiner Truppen..."

Angewidert unterbricht ihn Tschagatai. „Das wissen wir bereits. Dazu brauchen wir dich nicht. – Führt ihn hinweg und tut, wie ich befohlen!"

Der zappelnde und wimmernde Geheimwesir wird an Händen und Füßen hinausgeschleift und samt den tausend Überläufern enthauptet.

Am nächsten Morgen schleudern die Wurfmaschinen statt der Steine und Balken tausendundeinen blutige Köpfe über die Mauern von Otrar. Man erkennt Karadschas Haupt und bringt es vor Kair Chan. Der stößt es verächtlich mit dem Fuß beiseite.

„Ihm ist geschehen, wie er es verdient hat! In die Kloake mit dem Kopf!"

Der Sturm auf die Festung beginnt, und Karadschas Angaben kommen den Mongolen zustatten. Die Wurfmaschinen schleudern ohne Unterbrechung, und das fliegende Feuer, bisher aufgespart, rast durch die Luft. Die Raketen zischen und sprühen und setzen alles in Flammen. Als lebende Fackeln stürzen Menschen durch die Gassen. Auf den Sturmleitern steigen die gelben Krieger empor. Lassos fliegen um die Mauerzinnen, wie Katzen klettern die Mongolen an ihnen hinauf. Tapfer schießen, fechten, stoßen, schlagen die Verteidiger. Hunderte von Mongolen fallen in die Tiefe und zerschmettern. Tausende klimmen von neuem empor.

Otrar fällt. Mit ein paar Soldaten verteidigt sich Kair Chan auf dem Dach eines Hauses. Alle Pfeile sind verschossen, alle Speere verworfen. Da reißen sie die Ziegelsteine aus den Wänden und knallen sie den Feinden auf die Köpfe.

Zuletzt lebt nur noch Kair Chan mit zwei Mann. Sie werden überwältigt und gebunden vor die Söhne des Chans geführt.

Mit Kair Chan soll geschehen, was Tschingis Chan befohlen hat: „Gieriger Durst nach Gold trieb Kair Chan, meine vierhundert Kaufleute umbringen zu lassen. Wenn ihr ihn fangt, gebt ihm genug Gold zu trinken!"

Über loderndem Feuer wird in einem kleinen Topf Gold geschmolzen.

Aufrecht, doch mit unruhig schweifenden Augen sieht der Gefangene den seltsamen Vorbereitungen zu. Was hat man mit ihm vor? Er ahnt Fürchterliches, und beim bloßen Gedanken daran gerinnt ihm das Blut.

Auf einen Wink Tschagatais wird Kair Chan in die Knie gezwungen und festgehalten. Zwei Mongolen biegen ihm den Kopf in den Nacken und sperren ihm mit der Breitseite ihrer Dolche den Mund auf.

Gespannt tritt Oktai hinzu. Seit jeher ist er ein Freund gräßlicher Schauspiele, die auf ihn einen eigentümlichen Reiz ausüben.

Was er nun sieht, läßt ihn doch vor Entsetzen schaudern.

Dem Gefangenen wird das glühende, flüssige Gold in den Rachen gegossen! –

„So", sagt Tschagatai, „jetzt wird er, denke ich, vom Golde genug haben."

Nachdem die grausige Strafe an dem Schuldigen vollzogen ist, befehlen die Brüder die Plünderung und Zerstörung der Stadt:

„Die tauglichen Männer und Handwerker zur Fron! Die jungen Weiber zum Dienen! Alles übrige wird niedergehauen!"

So fällt eine Festung nach der andern, und alle erleiden das gleiche, furchtbare Schicksal wie Otrar.

Nur der Sultan-Schah ahnt nichts vom Untergang seiner blühenden Städte. Sorglos und vergnügt wartet er noch immer auf den Feind und vertändelt seine Tage und Nächte mit Spiel und Wein.

Eines Tages melden ihm Streifposten, von Osten rücke ein großes Heer der Mongolen heran. Es sind die Marschälle Tschepe und Ssubotai, die nach der Eroberung von Binaket und Chodschend in Eilmärschen auf Samarkand vorstoßen.

Die Weiber und Musikanten werden schleunigst nach Buchara zurückgeschickt, die seidenen Fahnen entrollt, begeistert Heldenlieder angestimmt. Die Ritter sind in Bereitschaft und zittern vor Kampfeslust.

Da kommt neue Kunde: Von der andern Seite, von Westen her, rücke gleichfalls ein ungeheures Mongolenheer heran, die Hauptarmee unter Tschingis Chan.

Während die Châresmier ihre Tage und Wochen verwarteten, hat der Große Chan die Zeit benutzt, durch einen weiten Umgehungsmarsch den Sultan in die Zange zu nehmen.

Entsetzen packt die Islamritter vor der überlegenen Kriegskunst dieses ungeschlachten Hordenführers. Überstürzt eilt der Sultan mit der Hauptmacht nach Samarkand zurück. Erst in dieser starken Festung fühlt er sich wieder sicher.

Die andere Hälfte seines Heeres wirft er nach Buchara. Beide Festungen sind mit Proviant für viele Monate versorgt, bergen eine Menge Kriegsmaterial und werden von einer starken und erlesenen Ritterschaft verteidigt.

Die Orkhons Tschepe und Ssubotai legen sich vor Samarkand. Tschingis Chan aber schließt den Ring um Buchara.

Hier erblickt Aischa von der Mauer herab zum ersten Male den Mann, den sie sich vom Sultan zum Leibsklaven ausbedungen hat. Sie möchte Mohammed Ala-ed-din bitten, ihn nun, wie versprochen, eigenhändig zu greifen, aber der Sultan ist leider nach Samarkand geeilt, wo sich auch seine übrigen Frauen befinden.

„Was wirst du tun?" fragt sie Kök Chan, den tapferen Uiguren, der einst hierher geflüchtet ist, um sich nicht dem Großen Chan unterwerfen zu müssen.

Der Kommandant erwidert siegessicher:

„Zum ersten Male haben sie ein geschultes Heer vor sich. Gegen unsere gepanzerten Ritter kommen jene Fellreiter nicht auf. Ich will Buchara die Leiden einer Belagerung ersparen und werde die Mongolen in offener Schlacht vernichten."

Am frühen Morgen zieht er mit zwanzigtausend Rittern aus den Toren, dem an Zahl ihm weit überlegenen Tschingis Chan entgegen.

Am späten Abend rettet er mit Mühe und Not nur jämmerliche Reste in die Stadt und verbarrikadiert sich hier in der hochgelegenen Zitadelle.

Die Stadt selbst ist somit verloren, und wohl oder übel beschließt der hohe Rat, Buchara der Gnade des Großen Chans auszuliefern.

„Es ist die Stadt der Akademien und Bibliotheken. Schone sie!" bittet Ye Liu, und Tschingis Chan nimmt die Unterwerfung gnädig an und verspricht Schonung, wenn allen seinen Befehlen unbedingt gehorcht werde.

Am folgenden Tage öffnen sich die Tore, und Tausende und aber Tausende von mongolischen Reitern überschwemmen Straßen und Gassen. Sie durchsuchen die Lagerhäuser und schleppen Proviant und Futter heraus. Sie dringen in die Wohnungen und Paläste und beschlagnahmen Lebensmittel, wobei sie der Versuchung nicht widerstehen, schon hier und da sich Schmuck und Kostbarkeiten anzueignen. Sie brauchen nicht zu fordern oder zu rauben – man gibt ihnen gern und willig, sofern man nur diese schrecklichen Teufel recht schnell loswird.

Tschingis Chan reitet mit Tului und den Wildwassern durch die Stadt. Er sucht den Palast des Sultans. Da erblickt er ein stattliches, prachtvolles Gebäude: hohe, reich ornamentierte Pfeiler tragen eine mächtige Kuppel. Er lenkt, begleitet von seinem Gefolge, seinen weißnasigen Rappen durch ein hohes, mit durchbrochenen Arabesken verziertes Hufeisentor in einen riesigen Säulenhof, in dem eine dichte Menschenmenge versammelt ist, um hier beieinander Trost und Hilfe zu finden. Farbige Glasuren und bunte Fayencen leuchten von den Wänden, kostbare Teppiche mit kunstvollen Stickereien hängen hernieder.

Tschingis Chan hält an und mustert die Menge, die sich in angstvollem Schweigen herdenhaft zusammendrängt.

Ein alter, hochgewachsener, weißbärtiger Imâm mit grünem Turban tritt vor den Mongolenkaiser.

„Ist dies der Palast eures Sultans?" fragt Tschingis Chan.

„Nein, erhabener Herrscher", antwortet der Imâm, „dies ist die Freitagsmoschee."

„Moschee? Was ist das?"

„Es ist das Haus Allahs, des einigen und ewigen Gottes."

Damit erhebt der Alte seine Stimme, und die Menge fällt ein, und gewaltig braust durch die Kuppel der Moschee der eintönig-langgezogene Gesang: „La ilâha illâ 'llâhu, wa Muhammadun rasûlu – 'llâhi . . ."

Tschingis Chan steigt vom Pferd, und alle Mongolen folgen dem Beispiel ihres Herrn.

„Und was bedeutet jenes schön geschnitzte Holzgerüst?"

„Es ist die Kanzel, von der herab der Chatîb das heilige Glaubensbekenntnis und die Gebete des Korans verkündet."

Tschingis Chan schreitet auf die Kanzel zu und besteigt sie. Todesstille herrscht, als er spricht und der Dolmetscher seine Rede wiedergibt:

„Hört mich an, Leute von Buchara! Große Schuld habt ihr auf euch geladen. Hättet ihr keine schlimmen Sünden begangen, so würde Gott euch nicht in meine Hand gegeben haben! So aber hat er mich hergesandt, euch zu züchtigen. Denn wisset, daß ich Gottes Geißel bin und die Peitsche seines Zornes! – Gebt heraus alle eure

Schätze, sowohl die offenen wie die versteckten. Wer sie mir aber vorenthält, der ist des Todes! –

Ihr aber", wendet er sich an seine Krieger, „laßt euch sagen: das Gras ist gemäht – nun sammelt und erntet!"

Und sie sammeln und ernten, nicht nur in den Magazinen und Speichern, sondern auch in den Palästen und Wohnhäusern. Mit Schmuck, goldenen Halsketten und silbernen Armbändern, mit edelsteinbesetzten Ringen und goldplattierten Gürteln, mit seidenen Kleidern und edelmetallenem Gerät schwer beladen, ziehen sie durch die Straßen.

„Wir brauchen Ställe für unsere Pferde!"

„Sie haben Akademien und Bibliotheken mit Fußböden aus bunten Steinen. Da stellt die Pferde ein!"

„Wir brauchen Streu für unsere Tiere."

„Es ist genug Papier da, weich und warm!"

„Schont unsere kostbaren Bücher!" flehen die Gelehrten und Weisen.

„Wozu? Wir können doch nicht lesen."

Und sie zerfetzen die wertvollen Schriften in kleine Schnitzel. Die Pferde und Kamele wälzen sich behaglich auf persischen Dichtern und arabischen Philosophen.

„Wer bist du?"

„Ein Molla."

„Nun gut, Stern der Wissenschaft, Leuchte der Gelehrsamkeit, füttere unsere Pferde und Kamele und kehre ihren Unrat hinaus!"

Ye Liu wandelt durch die Straßen von Buchara. Soweit er es vermag, sucht er das harte Los der Einwohner zu mildern.

Aus einem abseits gelegenen, stillen Haus ertönen klagende Rufe. Er versteht die fremde Sprache nicht, aber der flehende Klang dringt ihm zu Herzen.

Rasch tritt er ein. Da sieht er, wie mehrere Mongolen unter Führung eines Offiziers eine schlanke, sehr anmutige Frau bedrängen, während andere einen hochgewachsenen Mann, dem Aussehen nach einen Perser, gepackt halten und ihn mit Knuten bearbeiten. Zerrissene Bücher und Papiere liegen verstreut auf dem Fußboden. Das Schreibzeug ist umgestürzt, die dunkle Farbtinte rinnt über den Teppich.

Als die Mongolen den Vorgerückten Gelehrten und Kanzler erblicken, wie er, riesenhaft und im kostbaren Gewand, die Hand gebietend erhebt, halten sie inne.

„Was tut ihr hier?" fragt Ye Liu.

„Wir fahnden nach Kostbarkeiten", erklärt der Offizier widerwillig, und ein Soldat fügt grinsend hinzu: „Sie haben ihre Edelsteine und Perlen sicher in dem Papierzeug versteckt, oder das Weib hält sie an ihrem Leibe verborgen, und der Mann will nicht dulden, daß wir die Schöne durchsuchen..."

Ye Liu sieht die zarte Schönheit der Frau und das feine vergeistigte Gesicht des Mannes. Die beschriebenen Papiere, die umgeworfene Tinte... sicher hat er einen Gelehrten oder Dichter vor sich.

„Laßt sie frei!" befiehlt er mit seinem dröhnenden Baß. Zögernd gehorchen die Krieger.

Der Perser verneigt sich tief vor dem Chinesen, zeigt auf sich und sagt: „Moslicheddin Sadi", und auf die Frau deutend: „Fatime". Und dann spricht er in seiner wohllautenden Sprache unverständliche Sätze, die Ye Liu an ihrem bewegten Klange als Worte des Dankes erkennt. Der Vorgerückte Gelehrte spürt hinter den Worten des Persers die gemeinsame Sprache der Menschlichkeit. Beide Männer reichen sich die Hände. Zwei Brüder im Geiste sind sich begegnet und haben sich erkannt.

Die holde Fatime aber sinkt ihrem Retter zu Füßen und neigt ihr Haupt auf die Erde.

Ye Liu fordert die Soldaten auf, sofort das Haus zu verlassen und eine Schutzwache vor die Türe zu stellen. „Ihr haftet für die Sicherheit dieser beiden, bis ich die Entscheidung des Großen Chans selbst angerufen habe!"

Da begehrt der Offizier auf und will Hand an Fatime legen, aber eine gewaltige Ohrfeige von der Riesenhand Ye Lius schleudert ihn in die Ecke.

Drohend taumelt der Getroffene mit seinen Leuten von dannen. Doch die zwei Krieger, die der Kanzler bezeichnet, beziehen aus Angst und Ehrfurcht vor der Kraft des Vorgerückten Gelehrten gehorsam ihre Türwache.

„Ye Liu Chutsai?" fragt der Perser. Man hat auch am Sultanshofe von dem sagenhaften chinesischen Hünen und Weisen, dem Kanzler des Mongolenkaisers, vernommen. Schon an dem gestickten Drachen auf der Brust ist er erkennbar. Freundlich zustimmend nickt Ye Liu.

So also sieht er aus, der gute Geist der Mongolen. Tschingis Chan aber ist ihr böser ...

Als Ye Liu den Entscheid des Chans über den persischen Dichter und seine Fatime einholen will, zeigt sich der Kaiser schon unterrichtet. Der geohrfeigte Offizier hat bereits Beschwerde eingelegt.

Der Chan kennt seinen Ratgeber Ye Liu gut genug, um auf ein langes Verhör zu verzichten. „Warum hast du meinem Kanzler den Gehorsam verweigert?" fragt er drohend.

Der Offizier entgegnet trotzig: „Wir sind Mongolen, er aber ist ein Chinmann!"

Da bricht des Großen Chans gefürchteter Jähzorn los: „Du wagst es, dich dem Mann zu widersetzen, den ich selbst zu meinem Kanzler gemacht habe! Das ist Ungehorsam gegen mich! Darauf steht der Tod!"

Und er läßt den Offizier ohne Gnade kurzerhand hinrichten.

Den Tsin-schi aber fragt er: „Kann uns der Perser von Nutzen sein?"

„Er kann es", erwidert Ye Liu, ohne zu zögern. „Er wird deine Geschichte auf persisch erzählen, damit auch die Länder des Westens Gottes Geißel fürchten und den Kaiser der Welt bewundern lernen."

Der Chan streicht befriedigt den Bart. „So bleibe er verschont! Nimm ihn und das Weib mit!"

Im Sultanspalast schlägt Tschingis Chan sein Quartier auf. Den Herrscher der Gläubigen hat er hier nicht gefunden. Dafür haben seine Krieger einen andern Fang gemacht: Aischa, eine der Frauen des Schahs.

Sie hat sich schön gemacht, als sie zum Chan geführt wird, die schlanken Beine in dünnseidene Pluderhosen gehüllt, die nackten Füße in goldene Pantöffelchen gesteckt, sich in ein enganliegendes Jäckchen gepreßt.

Ein bißchen ängstlich ist ihr zumute, aber nicht sehr. Sie versteht es, Männer zu behandeln.

Tschingis Chan empfängt sie allein. Er hockt mit untergeschlagenen Beinen auf einem Diwan.

Schweigend weist er auf ein Fell zu seinen Füßen.

Sie läßt sich nieder und betrachtet ihn verstohlen. Er sieht gar nicht böse und gefährlich aus. Mit diesem ruhigen, älteren Mann wird sie fertig werden. Aber warum hat er keinen Dolmetsch bei sich? Wie sollen sie sich verständigen, wie soll sie ihn durch Witz und Geist bezaubern?

Da greift er sie bei den Armen und zieht sie zu sich heran.

„Nun ist es aber genug, du Wüstentölpel", sagt Aischa laut.

Tschingis Chan packt sie mit festem Griff, daß ihre Gelenke krachen und sie vor Schmerz aufschreit, und wirft sie auf den Diwan.

Gleich darauf verläßt er sie ohne ein Wort und einen Blick. Knirschend über die Demütigung, bleibt Aischa auf dem Diwan liegen, und Tränen der Wut und Scham stürzen ihr aus den Augen.

Eine Weile später tritt ein Dolmetsch herein und teilt ihr mit, sie habe dem Großen Chan ausnehmend gefallen; er nehme sie mit, und sie habe von jetzt ab bei ihm zu bleiben.

Kök Chan hat mit der kleinen Schar unentwegter Kämpfer, die ihm geblieben ist, von der Zitadelle aus fortwährend die Mongolen beunruhigt und ihnen Verluste zugefügt. Durch verborgene Pforten und unterirdische Gänge verlassen die islamischen Ritter Nacht für Nacht die umlagerte Hochburg, schleichen sich in größeren Trupps in die Stadt und überfallen die schlafenden Feinde, einzelne Wachen und Posten.

Tschingis Chans Kundschafter entdecken bald, daß die Einwohner der Stadt gemeinsame Sache mit der Besatzung der Burg machen, sie nicht nur mit Waffen und Lebensmitteln versorgen, die sie in Schlupfwinkeln versteckt halten, sondern sich auch an den Plänkeleien und Scharmützeln beteiligen.

Da befiehlt der ergrimmte Mongolenkaiser den Sturm auf die Zitadelle, und trotz tapferster Gegenwehr wird sie in kurzer Zeit genommen.

Das kleine Häuflein der Besatzung wird bis auf den letzten Mann niedergehauen, Kök Chan stirbt unter grausamen Martern.

„Weiter!" heißt die Losung. „Dem Sultan nach!"

Tschingis Chan läßt Buchara räumen und anzünden. Tag und Nacht brennen Moscheen und Paläste, Häuser und Speicher, Akademien und Bibliotheken, die Bäume in den Gärten und das Gras auf den Feldern.

Der Große Chan hat den Einwohnern von Buchara Schonung versprochen, und obwohl sie seiner Meinung nach wegen der Überfälle keine Gnade verdient haben, läßt er dennoch eine größere Anzahl von ihnen am Leben – soweit er sie nämlich brauchen kann. Die aus den Kämpfen übriggebliebenen Jünglinge und Männer werden zu vieren an die Schwänze der Pferde gebunden und als Arbeitssklaven mitgetrieben, die Frauen und Mädchen an die Krieger verteilt. Jammernde Mütter werden von ihren schreienden Kindern gerissen. Wer nicht mehr fähig ist, die bevorstehenden, weiten Märsche zu Fuß zurückzulegen, der wird niedergehauen, der Greis ebenso wie der Säugling, der Kranke wie der Schwache – er würde auf dem schnellen Vormarsch doch nur Ballast und Hemmnis sein! In ihrem Rücken aber lassen die Mongolen nichts Lebendes zurück.

Mancher Mann, empört über das Leid, das Gattin und Kinder erdulden, stürzt sich in letzter Verzweiflung auf die Zerstörer seines Glücks und wird sogleich in Stücke gehauen.

So ziehen sie dahin, ein langer Zug der Trostlosigkeit und des Jammers, unter Weinen und Wehklagen, auf immer der Heimat beraubt, in eine unbekannte, elende Zukunft, und hinter ihnen bleibt nichts als rauchende Trümmer, stiebende Asche und nackthalsige Geier, die sich an den zahllosen Leichen mästen.

Auch Moslicheddin Sádi schreitet im Zuge der Gefangenen dahin an der Seite der leise schluchzenden Fatime, doch werden sie dank der Fürsorge Ye Lius gut behandelt, und Fatime darf sogar reiten.

„Lebewohl, Buchara, du Stadt der Weisheit und Gelehrsamkeit, der Akademien und Bibliotheken", ruft Moslicheddin Sadi als letzten Gruß. „Vollkommenheit und Verfall gehen Hand in Hand! Nur zu wahr hat sich an dir unser Sprichwort erfüllt. – Amedend u kendend u suchtend u kuschtend u burdend u reftend."

„Wir sind in Elend und Not", schluchzt Fatime, „du aber machst einen Vers darauf! Doch du hast recht, und deine Worte werden der Nachwelt unser grambitteres Schicksal künden. Ja: Sie kamen, vernichteten, verbrannten, töteten, plünderten und zogen davon... Sei Allah uns gnädig... Jener aber ist wahrhaft Gottes Geißel."

Der Verfluchte

In Eilmärschen stürmt Tschingis Chan nach Samarkand, der Stadt der Blumengärten und Springbrunnen, den Sultan zu fangen.

Vor der Festung trifft er mit seinen Marschällen Tschepe und Ssubotai zusammen, die die dicken Mauern mit den trotzigen Türmen seit Tagen berennen.

Der Mongolenkaiser befiehlt sogleich den Sturmangriff der vereinigten Armeen. Man hat nun schon Übung im Mauerkampf, und nach drei Tagen fällt Samarkand.

Dreißigtausend türkische und persische Krieger werden niedergemetzelt.

Der Sultan-Schah aber wird nicht gefunden. Er ist vor Tschingis Chans Ankunft, als der Ring um die Stadt noch nicht geschlossen war, mit seinen Frauen, Kindern, Schätzen und Getreuen heimlich entwichen.

Der Chan setzt seine beiden Orkhons mit zwei Tomans auf die Spur des Flüchtlings. „Ihr müßt ihn fangen, und verkröche er sich im äußersten Winkel seines Reiches!"

Und nun hebt eine atemlose Jagd an. Die beiden Marschälle sind wie Bluthunde und lassen nicht ab, bis sie das Wild zu Tode gehetzt haben. Von Stadt geht es zu Stadt, von Ort zu Ort. Der Sultan flieht nach Süden, die Orkhons sind ihm auf den Fersen – er biegt ab nach Westen, sie jagen unermüdlich auf seinen Spuren.

In Nischapur glaubt er, ihnen endlich entronnen zu sein. Auf der Ebene vor der Stadt werden die Zelte aufgeschlagen. Wein wird kredenzt, Musik ertönt. Die neunundzwanzig Frauen versammeln sich um ihren Herrn und trocknen die Tränen angstvoller Flucht. Die zahlreichen Kinder spielen. Nach den trüben Tagen schöpft man wieder Hoffnung. „Nur Aischa fehlt", seufzt der Sultan. „Wo bist du, meine süße, braune Dattel?"

Der Abend sinkt, die Wachtfeuer glühen. Behaglich überläßt sich alles der Ruhe.

Hufgetrappel. Ein Reiter springt vorm Sultanszelt vom Pferde. Mit gedämpfter Stimme bittet er seinen Herrn heraus.

„Hat man denn niemals Frieden?" knurrt der Sultan, unwillig über die Störung. „Deine Botschaft hätte Zeit bis morgen gehabt!"

„Herr, du mußt fort! Die Meute ist hinter dir her. Bei Tagesanbruch können sie hier sein!"

Ein unbeschreibliches Durcheinander entsteht. Die Zelte werden abgebrochen und auf die Kamele verladen. Weinen und Jammern hallt durch die Nacht. Die Tiere werden von der Angst und Unruhe der Menschen angesteckt, sie schnauben und stampfen und verzögern den Aufbruch. Die Säcke mit Gold und Edelsteinen wiegen schwer, es braucht Zeit, sie auf die Kamele zu schnüren und ihr Gewicht zu verteilen.

„Im Osten wird der Himmel schon fahl, und wir sind noch nicht weg!"

„Herr, reite voraus, wir kommen alsbald nach!"

Der Sultan sprengt, von Schrecken gejagt, mit einer kleinen Schar seiner Begleiter davon. Langsamer folgt der Zug der Weiber und Kinder, der Schätze und Lastkamele.

Plötzlich sind die Mongolen da. Des Sultans Krieger stellen sich ihnen entgegen. Sie werden niedergehauen. Die Frauen und Kinder werden samt den Schätzen und Lastkamelen die Beute der Orkhons. Im Triumph werden sie zu Tschingis Chan zurückgeschickt, während Tschepe und Ssubotai weiterjagen, dem Sultan nach.

Mohammed Ala-ed-din erreicht mit einer kleinen Schar das Gebirge. Sie lassen die Pferde laufen, wohin sie wollen, und klettern über unwegsame Bergpfade. Selten treffen die Flüchtlinge einen Menschen. Ein Schafhirt mit seiner Herde begegnet ihnen. Um einen Edelstein tauscht der Sultan von dem erstaunten Mann dessen zerlumptes Oberkleid und den verschwitzten Turban ein. Unkenntlich in der Verkleidung, hastet er mit seinen wenigen Begleitern weiter.

Es geht hinab in die Ebene. Öde, trostlose Salzmoräste dehnen sich meilenweit. Endlich sehen sie eine ungeheure, schimmernde Wasserfläche vor sich. Das Kaspische Meer! Hier wird man den Sultan kaum suchen.

Sie finden ein kleines, armseliges Fischerdorf. In einer erbärmlichen Schilfhütte sinkt Mohammed Ala-ed-din zu Tode müde und erschöpft auf eine zerschlissene, von Schmutz starrende Decke. Nur ruhen, nur schlafen! Nur endlich einmal Frieden! Kaum ist er eingeschlummert, da wecken ihn seine Getreuen.

„Herr, du mußt weiter! Die Hetzhunde sind hier, sie spüren das Ufer ab!"

Sie laufen zum Strand. Ein einzelner Kahn liegt dort. Sie springen hinein und rudern aus Leibeskräften hinaus auf das Meer.

Schon jagen die mongolischen Reiter heran, die Hufe klatschen in den Ufermorast. Als sie das hastig davonfahrende Boot sichten, heulen sie vor Wut. „Da ist er, der Schatten Gottes! Ihm nach!"

Sie sprengen mit ihren kleinen, struppigen Pferden ins Meer, daß das Wasser hoch aufspritzt, und folgen dem Kahn auf ihren Tieren.

Die Flüchtlinge rudern mit letztem Atem. Immer weiter wird der Abstand vom Ufer. Da versagen dem vordersten Pferd die Kräfte, es versackt gurgelnd und zieht den Reiter mit sich in die Tiefe.

Nun endlich geben die übrigen Mongolen die Verfolgung auf und kehren um. Das Boot aber entschwindet ihren Blicken in der dunstigen Weite des Meeres.

Eine einsame Insel hebt sich aus der grauen Flut. Sie halten darauf zu und landen.

Kein Mensch, kein Baum, kein Tier auf diesem toten Eiland.

Gebrochen wankt Mohammed Ala-ed-din ans Ufer und sinkt hier zu Boden.

Seine Begleiter bedecken ihn mit ihren Gewändern, damit er nicht friere. Seine Zähne klappern im Schüttelfrost.

Bald durchtobt den Sultan heftiges Fieber. Stöhnend und pfeifend geht sein Atem, unablässig murmeln seine trockenen Lippen irre Worte:

„Sieh, du bist hier, Medschid? ... Habe ich dich nicht hinrichten lassen, frommer Büßer? ... Ich dachte, du seist tot ... und nun lebst du auf dieser Insel? ... Ah, da steht der abgesetzte Kalif von Bagdad ... Willst du dich rächen? ... Hilf mir, Aischa, hilf mir ... Beiße ihn, beiße ihn ... Ist er fort? ... Dann komm und küsse mich!" ...

Der Sultan fährt aus seinen Fieberträumen hoch und blickt wild um sich. „Wo bin ich?"

„Du bist bei uns, und wir bleiben bei dir", beruhigen ihn seine Begleiter.

„Hört", murmelt der Sultan, „mein Sohn Dschelal-ed-din soll die Herrschaft übernehmen ... Bringt ihm meinen Sultansring ... er soll weiterkämpfen ..."

Plötzlich zeigt er in die Ferne. „Seht! Da ist er! Er hat mich doch gefunden ... der Verfluchte! ... Er kommt auf mich zu! ... Seine blutigen Hände greifen nach mir! ... Er faßt mich an! ... So helft mir doch! ... Der Verfluchte erwürgt mich!" ...

Ein Zucken, und Mohammed Ala-ed-din, der Sultan-Schah des großen Reiches Châresm, sinkt tot zurück.

Seine Getreuen schaufeln mit ihren krummen Säbeln ein Grab.

Dahinein betten sie ihn, den einstmals so mächtigen Kaiser des Westens, ohne Sang und Klang, im schmutzigen, zerschlissenen Gewand eines Berghirten, auf einer wüsten, unbekannten Insel des Kaspischen Meeres.

Dann besteigen sie den Kahn und rudern dem fernen Gestade zu, um Dschelal-ed-din zu suchen, ihm vom jammervollen Ende seines

Vaters zu berichten und ihm mit dem kostbaren Sultansring das bittere Erbe eines gestürzten Thrones zu überbringen.

Unterdessen durchpflügen Tschingis Chan und seine Söhne das Reich im Norden und Süden, im Osten und Westen mit Mord und Brand. Trotz heftiger Gegenwehr fällt eine Stadt nach der andern in ihre erbarmungslosen Hände: Schiras, die Stadt der schönen Frauen, der Rosen und Granatäpfel; Merw, das Juwel, die liebliche Oasenstadt mit ihren saftigen Melonen und fruchtbaren Reisfeldern, mit Bibliotheken und Krankenhäusern; Herat mit den strotzenden Weinbergen und dem malerischen Königsgarten, der Schlüssel zur Straße nach Indien; Balch, die Mutter der Städte, der Geburtsort Zarathustras; Ispahan, die Stadt der Gelehrtenschulen und Moscheen und der weltberühmten Universität des Islams.

Und immer, wenn die Mongolenhorden weiterjagen, lassen sie hinter sich ein rauchendes Trümmerfeld voll Öde und Grauen. Ganz Châresm dampft von Blut und Feuer.

Wie heißt der schreckliche Reiter, der als riesenhaftes Verhängnis mit Fackel und Schwert durchs Land reitet? Wessen schwarzes Roß mit weißer Blesse zerstampft die fruchtbaren Felder und zermalmt die blühenden Städte? Wer zeichnet seine fürchterliche Spur mit Blut und Menschenknochen in das paradiesische Land? – Hört es, ihr Menschen, laßt es euch zuraunen und gebt es heimlich von Ohr zu Ohr: Es ist der Verfluchte! ...

Was der Mongole brauchen kann, schont er: Handwerker zur Arbeit, hübsche Knaben und Mädchen als Mundschenken und Leibsklaven. Junge Frauen zur Viehpflege.

Was sonst lebt und atmet an Männern, Weibern und Kindern, wird in Gruppen geteilt und dann den einzelnen Soldatenhaufen zur Abschlachtung überlassen.

„O Großer Chan, wir sahen ein Wunder! Aus den Feldern der Leichen erhoben sich die Toten und flüchteten davon und entrannen dem Verderben!"

„Was ihr sahet, war nur ein Wunder der Feindeslist! Die Lebenden bargen sich unter den Haufen der Toten, und sobald wir vorüber waren, stahlen sie sich davon. Nun aber befehle ich euch: Schlagt künftig allen die Köpfe ab, und kein Toter wird sich mehr erheben."

Tului hat in Herat die Hälfte der Einwohner geschont. Da flüstert das Gerücht, Prinz Dschelad-ed-din habe ein gewaltiges Heer gesammelt und sei siegreich über die Mongolen. Voll neuer Hoffnung scharen sich die Männer von Herat zusammen und fallen über die Mongolen her. Erst nach blutigen Kämpfen gelingt es Tului, des Aufstandes Herr zu werden.

„Törichter Knabe!" schilt Tschingis Chan. „Besiegte Feinde hassen den Sieger stets und warten Tag um Tag und Jahr um Jahr auf die Gelegenheit zur Vergeltung. Nur durch Blut hält man unterjochte Völker nieder. Ich verbiete hinfort Schonung und befehle, ohne Erbarmen vorzugehen!" –

Ein glühender Sommer sengt das Land. Die Mongolen, an die windreiche Hochebene der Gobi gewöhnt, ertragen die drückende Hitze und ermattende Schwüle schwer.

Da zieht Tschingis zu den kühleren Hängen des Hindukusch hinauf, seinen Kriegern eine kurze Sommerpause zu gönnen.

Von der Höhe schaut er über das weite Land und überdenkt stolz das Erreichte. Châresm ist sein.

„Sage mir", wendet er sich im Triumph des Sieges an Ye Liu, „sage mir, Tsin-schi, was ist das höchste Glück des Menschen?"

Der Vorgerückte Gelehrte antwortet bedächtig: „Das Glück schillert bunt wie die Farben des Regenbogens. Aber nur ein Glück ist das wahre, und nur dieses eine ist beständig."

„So nenne es mir!"

Der Kanzler und Herr der vierundzwanzigtausend Wortzeichen gräbt im unzerstörbaren Schatze seines Wissens: „Das Scharlachbuch lehrt es: – Es ist das Glück durch einen gesammelten Wandel!... Das bedeutet: Es sich selber recht zu machen und nichts von den anderen zu verlangen noch zu erwarten... Nicht nach oben dem Himmel noch nach unten der Erde und den Menschen zu zürnen... Zu streben nach den drei Wurzelkräften des Geistes, die da wirken unausgesetzt: nach Weisheit, Menschlichkeit und Mut... In deinem Hause nichts zu tun, daß du dich deswegen müßtest schämen vor deinen Wänden... Maß und Mitte zu halten... Selbstlos und uneigennützig zu dienen dem Himmel, dem Weg und dem Nächsten..."

Aufmerksam hat Tschingis Chan zugehört. Dann schüttelt er den Kopf. „Nein, Vorgerückter Gelehrter, nein!" sagt er. Seine Augen leuchten wild auf, und es bricht aus ihm frohlockend heraus: „Glück ist erobern, seine Feinde erschlagen, ihre Habe rauben, auf ihren schnellen Pferden über die weite Erde reiten in klarer, frischer Luft, ihre Frauen zum Dienen haben ... Das ist Glück!"

Und er geht mit starken Schritten ins Zelt zu Aischa.

Der weise Ye Liu aus der mehr als anderthalbtausendjährigen Schule des tiefsinnigen Kung-fu-tse schaut ihm lange nach. „Wie ein Raubtier", denkt er. „Es kennt und will nur sich! ... Wann werden einmal Menschen die Lenker der Völker sein?"

Damit die Krieger in der tatenlosen Sommerpause nicht erschlaffen, befiehlt der Große Chan eine gewaltige Treibjagd.

In schier endloser Kette jagen die Krieger alles, was an vierfüßigen Lebewesen weit und breit haust, vor sich her. Durch Dickicht und Dorn, über Klüfte und Schlüfte, durch Sumpf und Sand brechen sich die Jäger Bahn und scheuchen jedwedes Getier vor sich her mit gellendem Lärm und wildem Geschrei. Noch ist der Waffengebrauch verboten, und mancher büßt sein Leben ein, getroffen von der Pranke eines ausbrechenden Tigers oder gespießt von den Hörnern eines rasenden Büffels.

Allmählich zieht sich der Kreis enger und enger, bis er sich endlich schließt. Löwen und Tiger, Büffel und Bären, Panther und Schakale, Wölfe und Füchse, Wildschweine und Wildschafe, Gazellen und Antilopen laufen grimmig brüllend oder angstvoll schnaufend hin und her und versuchen, die Menschenkette zu durchbrechen, zurückgescheucht von tosendem Waffenlärm und rauchenden Fackeln.

Von Hunger und Blutdurst gestachelt, beginnen die Tiere, sich gegenseitig zu zerfleischen. Da eröffnet Tschingis Chan die eigentliche Jagd.

Nicht auf seinem edlen Streitroß Chara, sondern auf einem arabischen Hengst reitet er, das Schwert an der Seite und den Spieß in der Faust, langsam in den Kreis hinein.

Ein mächtiger Büffel rupft friedlich das Gras. Jetzt blickt er auf und bemerkt den Feind. Unbeweglich steht der Bulle mit witternd erhobenem Haupt, nur seine Augen röten sich langsam vor Wut. Plötzlich senkt er die Hörner und stürmt auf den Chan los. Der reißt sein Roß beiseite und jagt dem Büffel den Spieß in die Flanke, doch von der Wucht zerbricht der Schaft. Der Büffel, dem das peinigende Eisen im Fleisch sitzt, ist am Chan vorbeigeschossen. Mit blutunterlaufenen Lichtern äugt er tückisch zurück. Unerwartet wirft er sich herum und stürzt abermals auf den Feind los mit solcher Schnelligkeit, daß seine Hörner das Pferd erfassen und ihm den Leib aufschlitzen. Es bricht zusammen und begräbt den Chan halb unter sich.

Erstaunt mustert der Bulle sein Werk. Dann neigt er böse den mächtigen Kopf, um den Feind zu zerquetschen.

Vor Angst laut schreiend, jagt Tului auf seinem Renner dem Vater zu Hilfe. Doch schon ist der Chan wieder auf den Beinen. Er springt vor dem anstürmenden Büffel zur Seite und haut ihm mit gewaltigem Schwerthieb den Nacken durch.

Während noch die Krieger jubeln, springt ein riesiger Löwe an, gelockt vom Blutgeruch des verendenden Büffels. Nur durch eine geschickte Wendung entgeht der Chan dem Angriff, doch stürzt er dabei zu Boden. Mit klaffendem Rachen fällt das Raubtier über ihn her. Blitzschnell stößt ihm Tschingis das Schwert in den Schlund, daß die Spitze zum Hals wieder hinausfährt.

Der Löwe bricht röchelnd zusammen und reißt in seinen Todeszuckungen dem Chan eine tiefe Wunde in der Hüfte.

Der Kaiser wird unter dem Löwen hervorgezogen und auf ein Pferd gehoben. Unter dem bedrückten Schweigen seiner Krieger führt man ihn aus dem gefährlichen Tierkreise.

Trauer brütet in den Herzen der Mongolen. Was wird mit ihrem Chan geschehen?

Da erscheint er wieder, verbunden und blaß, aber mit zuversichtlichem Lächeln. Ruhig und ohne Hilfe läßt er sich auf das weiße Fell nieder, um zuzuschauen.

Als die Krieger ihren Chan lebendig und gelassen unter sich sehen, schreien sie vor Freude. Wie konnten sie nur zweifeln! Fürwahr, er ist ein Bogdo. Einem Gottgesandten kann nichts geschehen.

Viele Taten voll Mut und Kühnheit werden noch vor den Augen des Herrschers vollbracht. Tului fängt einen Panther mit dem Lasso und schleppt ihn vor den Vater, und Oktai geht gar einen Bären mit dem bloßen Messer an und erlegt ihn. Dann zeigen die Nojane und Wildwasser ihre Jagdkünste, und endlich beteiligen sich auch die Krieger am Tierkampf, bis der Große Chan das Zeichen zum Aufhören gibt.

Die Kette der Treiber öffnet sich.

Die Tiere trauen ihren Augen nicht. Als aber ein Tiger entschlossen durch die Lücke setzt, folgen ihm die anderen Tiere nach, rasen davon und stieben in alle Winde.

Die Jagd ist zu Ende.

Die Orkhons Tschepe und Ssubotai stoßen immer weiter nach Mitternacht vor. Nachdem der Sultan über das Kaspische Meer entschwunden ist, reiten sie um das große Wasser herum, um den Flüchtigen zu finden. Denn sie wissen noch nicht, daß er sich endgültig davongemacht hat.

Alle Länder, die auf ihrem Wege liegen, unterwerfen sie für ihren Chan. Sie übersteigen den Kaukasus und gelangen schließlich in eine breite Ebene. Wolga nennen die Eingeborenen den mächtigen Fluß, der zum Kaspischen Meere strömt. Die Marschälle wenden sich nun nach Sonnenuntergang, treffen auf einen neuen Fluß, den Don. Die Mongolen halten sich an den Schwänzen ihrer Pferde fest oder blasen ihre Wasserschläuche auf und durchschwimmen ihn. Nach Tagen sperrt erneut ein großer Strom ihren Weg. Es ist der Donez. Sie überschreiten ihn und treffen am Flüßchen Kalka auf ein großes Heer. Es wird besiegt.

Da langen Boten von Tschingis Chan an! Unentwegt sind sie den Spuren der Orkhons gefolgt. Endlich haben sie sie eingeholt.

„Kehrt um, ich brauche euch!" befiehlt der Große Kaiser.

Ungern, aber gehorsam halten Tschepe und Ssubotai auf ihrem Siegeszuge inne und wenden sich zurück. Überall setzen sie Statthalter ein zur Verwaltung der eroberten Länder.

„Lebewohl, Rußland!" rufen die Orkhons zum Abschied. „Wir kommen wieder. Und dann wehe dir!"

Was ist mit Marschall Tschepe? Matt und zusammengesunken sitzt er auf seinem Pferd. Das böse Fieber hat ihn gepackt und schüttelt ihn. Bald ist sein Gesicht graugelb, bald färbt es sich dunkelrot.

Mit Ledergürteln läßt er sich festbinden und reitet weiter. Kraftlos hängt er in den Riemen. Ssubotai beschwört die Dämonen, doch es sind unbekannte Geister eines fremden Landes. Man kennt nicht ihren Zauber, und sie weichen nicht von ihrem Opfer. Sie sind stärker als die Zaubersprüche und Tränke des Schamanen, sie töten den Orkhon Tschepe.

Fremde Tiere werden ihn hier fressen.

Doch seine Seele wird mit den Winden nach Sonnenaufgang fliegen in die endlose Steppenheimat.

Kaiser der Welt

Sultan Mohammed Ala-ed-din ist tot. Aber sein Sohn lebt.

Der kleine Prinz ruft alle Gläubigen zum Dschihâd auf. Er erhebt sein Schwert, und seine flammenden Worte erreichen den steilsten

Gipfel und das fernste Tal. Der Heilige Krieg wird Châresm, das Glaubensland des Propheten, erretten vor den mongolischen Giaurs.

„Hier erblüht der Wunderbaum des siebenmal erhabenen Islams. Sein Urgrund wurzelt in Mekka, der heiligen Stadt, aber seine Krone entfaltet sich erst über unserer jetzt blutgetränkten Erde. Schläue treibt den ‚Verfluchten‘, sich weitherzig und duldsam zu gebärden gegen unseren Glauben, und er verbreitet, kein Feind Mohammeds zu sein. Gleichwohl! So ist er doch der grimmigste Todfeind der Mohammedaner. Und das gilt uns gleich!"

Überall, wo es noch Ritter des Islams und waffenfähige Männer gibt, folgen sie dem letzten Appell. Mit einem mächtigen Heere stößt Jemin al Mulk, der Afghanenfürst von Herat, zu ihm, und Seif-ed-din Agrak reitet mit fünfzigtausend todbereiten Kriegern an. Und alle, alle zittern von Begeisterung, die letzte, die große Entscheidungsschlacht mitzukämpfen gegen den erbarmungslosen Feind ihres verwüsteten Landes.

Zweitausend Meter hoch liegt Ghasni, die Wolkenstadt, und auf ihren buntblumigen Berghalden sammelt sich das Heerlager des Prinzen Dschelal-ed-din, der jetzt der Sultan-Schah von Châresm ist.

Noch kränkelt Tschingis Chan an seiner bösen Jagdwunde, als er diese Alarmnachricht erhält.

Mit einem Faustschlag zertrümmert er den goldenen Becher, aus dem er gerade den milden, weißen Wein von Schiras trinkt, an dem er besonderes Wohlgefallen findet, und er knirscht voll rasender Wut zwischen den Zähnen: „Habe ich es euch nicht gesagt! Nur durch Blut hält man unterjochte Völker nieder! Wer den Feind schont, vernichtet sich selbst!"

Sofort bricht er auf und zieht durch das Hindukusch-Gebirge gegen Ghasni. Durch schmale Schluchten windet sich der Reiterzug, eingeengt von tausend Meter hohen, schroffen Felswänden. Kein Sonnenstrahl fällt in diese feucht-kalte, modrige Düsternis.

Endlich öffnet sich das weite Tal von Bamian. Wie Eulen hocken in Tausenden von Höhlen an den steilen Wänden buddhistische Mönche. Ungeheuerliche, verzerrte Götterbilder ragen drohend auf.

Tschingis Chan zügelt seinen scheuenden Rappen. Drei grausame Augen starren ihn an aus einem riesenhaften Haupt. Totenschädel umkränzen einen Hals, ein blutiges Fell hängt um des Gottes Schultern.

Der Chan erkennt ihn. Frohlockend murmeln seine Lippen: „Herr des Anfangs, Herr des Endes, Schiwa ... Sei mir gegrüßt, Zerstörer, du Gnädig-Furchtbarer ... Ich denke, du wirst mit mir zufrieden sein."

In der Ferne erglänzen die Kuppeln von Moscheen, spitze Minarette stechen in die Luft. Dicke Mauern zacken sich ab, viereckige, massige Türme halten Wacht. Die Stadt Galgaleh sperrt den Weg.

Unfreiwilliger, ungeduldiger Aufenthalt! Man kann nicht weiterziehen mit einer uneroberten Festung im Rücken.

Zwei Tomans reiten vorauf gegen Chasni, die Hauptarmee schließt die fast uneinnehmbare Bergfeste Galgaleh ein.

Wie ein gefangenes Raubtier läuft Tschingis Chan vor den Mauern auf und ab. Kostbare Tage muß er hier verlieren, während Dschelal-ed-din Zeit gewinnt, sein Heer zu verstärken.

Kuriere kommen auf schweißtriefenden Gäulen angeprescht. „Großer Kaiser, hilf! Deine Tomans sind geschlagen! Dschelal-ed-din setzt hinter ihnen her. Sie sind auf der Flucht zu dir!"

„Sturm!" schreit der Chan. „Galgaleh muß jetzt genommen werden! Wir rennen Tag und Nacht an, bis sie fällt!"

Die Wurfmaschinen und Steinschleudern heulen, die Brandtöpfe brausen und zischen, das fliegende Feuer prasselt. Die Sturmleitern recken sich hoch.

In wilder Verzweiflung wehren sich die Belagerten gegen die schrecklichen Teufel.

Ein Sohn Oktais, einer der Lieblingsenkel Tschingis Chans, ringt um seinen ersten Ruhm. Allen vorauf klimmt er eine Leiter hinan. Er erreicht den Mauerkranz, seine Hand faßt das Gesims, sich hinüberzuschwingen.

Da stößt ihm ein Islamritter den Speer durchs Auge ins Gehirn, daß er polternd hintenüber die Leiter hinabstürzt.

Jubelgeschrei von der Mauer.

Schweigend tragen die Mongolen den Jüngling vor den Chan.

Der Kaiser wirft einen schmerzlichen Blick auf die Leiche des geliebten Enkels. Aber Kampf ist jetzt wichtiger als Trauer.

„Tragt ihn in mein Zelt! ... Ich verbiete euch, um den Knaben zu trauern! ... Ihr habt nur an die Eroberung zu denken!"

Weiter geht der Sturm, grimmiger als je.

In einer Mauer klafft eine große Lücke, geschlagen von den chinesischen Kriegsmaschinen. Fürchterlich tobt der Kampf um diese Bresche.

„Hinein!" schreit der Chan. „Dort müssen wir hindurch!"

Trotz seiner Wunde stürmt er selbst voran. Der Lederhelm fliegt ihm vom Kopfe. Sein braunrötliches Haar weht im Wind. Ungeschützten Hauptes haut er in maßloser Wut in die Haufen der Feinde, die mit Todesverachtung die Bresche decken.

Die Wilden Wasser stürzen hinterher. Sie müssen den Kaiser schützen. Wie eine Sturmflut brausen sie an. Der Chan mäht vorauf, sie metzeln nach. Schritt für Schritt dringen sie vor, setzen ihren Fuß in die Bresche, drängen sich mit Zähigkeit hindurch. Es ist gelungen! Die Mongolen sind in der Stadt! Wie ein Meer nach einem Deichbruch fluten sie, alles fortreißend, hinein. Galgaleh ist genommen.

Schrecklich ist des Kaisers Wut. Die Stadt hat ihn einen seiner liebsten Enkel gekostet, hat ihm wertvolle Tage geraubt. Das muß gerächt werden!

Kein Stein bleibt auf dem andern, kein Haus, kein Baum, kein Gras bleibt stehen. Ein Vernichtungswahnsinn hat die Mongolen gepackt.

Für den Kommandanten aber befiehlt der Chan den „langsamen Tod".

Glied für Glied wird dem tapferen Türken abgeschnitten. Zuletzt schneidet man ihm erbarmungslos das beinahe erloschene Herz aus der Brust ...

Galgaleh, du Ort der Freuden im Tale Bamian – von nun an wirst du heißen „Ort der Qualen".

„Weiter!" befiehlt Tschingis Chan.

Im Eilgalopp rasseln die blutigen Reiter auf dem Saumpfad gegen Ghasni. Es janken die Sättel, es knarrt das Lederzeug.

Der junge Sultan-Schah Dschelal-ed-din ist trunken vor Glück wegen des Sieges über die beiden mongolischen Tomans. Freude erfüllt die Herzen der Ritter des Islams, als sie endlich ihren teuflischen Feinden das bittere Leid und die schrecklichen Qualen vergelten können, und sie tun es mit tausendfachem Genuß. Als allzu gelehrige Schüler ihrer Feinde erweisen sie sich, und die Rachsucht läßt sie Martern und Foltern ersinnen, die denen der Mongolen an Grausamkeit und Blutdurst nichts nachgeben.

Bei der Verteilung der Beute kommt es zum Streit:

„Der größere Anteil gebührt uns!" fordern die Afghanen. „Wie ein goldener Löwe sprang unser Fürst unter die Feinde und jagte sie in die Flucht."

„Unser ist der Sieg!" rühmen sich die Krieger Seif-ed-dins. „Wie Adler auf Hasen stießen wir auf die Mongolen hinab."

Voll Verachtung schauen die châresmischen Ritter auf diese Händler, die feilschen, wo es doch um die Rettung des Vaterlandes geht.

„Die Beute zu gleichen Teilen!" entscheidet Dschelal-ed-din.

Murrend fügen sich die Afghanen, aber in der Nacht reitet Jemin al Mulk mit seinen Kriegern zurück in die Berge.

Dschelal-ed-din ist doch recht niedergedrückt, aber dann rafft er sich auf und schickt Eilboten an die übrigen Bergfürsten, um sie zum Heiligen Kriege zu rufen.

Umsonst! Schon hat die Vorhut der mongolischen Hauptarmee alle Zugangspässe zum Gebirge gesperrt.

„Zum Indus!" befiehlt der junge Sultan kurz entschlossen. Er wird den Fluß überschreiten und die indischen Maharadschas von Multan, Delhi und Lahore um Hilfe angehen, und sie werden sie ihm sicherlich gewähren, bevor die Geißel Gottes auch über sie herfällt.

Aber das Schicksal wirft ihm auch hier unüberwindliche Hindernisse in den Weg. Breit schäumt der Fluß dahin, und seine reißenden Fluten verbieten jeden Übergang. Und Tschingis Chan ist nur noch einen halben Tag entfernt.

Hier also und jetzt wird Dschelal-ed-din die letzte, die entscheidende Schlacht schlagen. Die Lage ist für ihn sogar günstig. Eine starke Biegung des Indus deckt seine rechte Flanke, ein schroffer, unzugänglicher Gebirgszug seinen linken Flügel.

„Auf denn zum heiligen Kampf!" feuert der junge Sultan-Schah seine Ritter an. „Jeder Rückzug ist uns verwehrt. Nun gibt es nur noch Sieg oder Untergang!"

„Lâ ilâha illâ 'llâhu, wa Muhammadun rasûlu – 'llâhi", braust in hoher Begeisterung der Gesang der Mohammedaner. „Mit Feuer und Schwert für Allah und den Propheten!"

Mit wildem Geschrei jagen sie vor, die Trompeten gellen, die seidenen Fahnen wehen, tosend schlagen die Schwerter gegen die Schilde.

Schweigend galoppieren die Mongolen an. Kein Ruf, kein Kommando – im Lärm der Schlacht würde man doch nichts verstehen. Mit Armbewegungen lenken die Anführer ihre Truppenteile. Hoch flattert das schlichte, weiße Filzbanner mit den neun Yakschwänzen.

Die Heere prallen krachend zusammen. Dumpf knallen die türkischen Krummsäbel auf die gehärteten Lederkoller der Mongolen, klirrend schlagen die mongolischen langen, schweren Schwerter auf die Kettenpanzer und Eisenhelme der Châresmier.

Furchtbar tobt die Entscheidungsschlacht. Selbst die Pferde sind von der allgemeinen Kampfeswut angesteckt. Hell wiehernd, schlagen sie um sich und verbeißen sich in Roß und Mann, Schaum und Blut rinnt ihnen in Strömen von den bleckenden Mäulern.

Dschelal-ed-dins rechter Flügel, nach einheimischer Taktik besonders verstärkt, drückt den linken Flügel der Mongolen zurück. Doch blitzschnell reißen die Ponyreiter ihre Pferde herum, stieben davon, sammeln sich und stürmen von neuem an.

Auch das persisch-türkische Zentrum bohrt sich mehr und mehr in die mongolische Mitte ein, und mit Leichtigkeit erwehrt sich Dschelal-ed-dins linker, an das Gebirge angelehnter Flügel der Feinde, so daß der kleine Sultan ihm noch einige Scharen entnehmen und sie im Zentrum einsetzen kann.

Im Hintergrund hockt Tschingis Chan unbeweglich auf seinem weißnasigen Rappen Chara und beobachtet die Schlacht. Kampfentschlossen und einsatzbereit hält hinter dem Kaiser das Leibregiment der Wilden Wasser.

Die Mitte der Mongolen gerät mehr und mehr ins Wanken und hält sich nur noch mit großer Mühe.

Da richtet Tschingis Chan seinen scharfen Blick auf den schwachen linken Flügel des Feindes, der aber durch den steilen Bergrücken gut gesichert ist.

Der Chan gibt dem Nojan Bela ein Zeichen, und sofort löst sich der Divisionsführer, unbemerkt von den Feinden, vom rechten mongolischen Flügel ab und überklettert unter großen Schwierigkeiten das fast unübersteigbare Gebirge. Am späten Nachmittag ist der Übergang gelungen.

Siegesgeschrei der Châresmier ertönt bereits. „Allah und der Prophet sind mit uns!" jubelt der kühne Dchelal-ed-din. „Die Feinde fliehen! Nun zum letzten Gang!"

Da hört er plötzlich hinter sich Kampfgetümmel. Entsetzt schaut er sich um. Ihm stockt der Herzschlag. Er traut seinen Augen nicht. Die Mongolen sind in seinem Rücken. Wie sind sie dahin gekommen? Haben sie Flügel, daß sie Gebirge zu überfliegen vermögen? Sie packen seine linke Flanke vernichtend von hinten!

In diesem Augenblick wirft sich auch noch Tschingis Chan mit seiner Leibgarde in die Schlacht. Er faßt Dschelal-ed-dins rechten, bisher siegreichen Flügel und schlägt ihn furchtbar zurück. Dann aber schwenkt er mit den Wilden Wassern überraschend nach rechts ein und stößt dem Zentrum des Sultans in die Flanke.

Wie der kühne, vom Schicksal verfolgte Dschelal-ed-din sieht, daß er auf beiden Seiten umklammert ist, da weiß er, daß die Entscheidungsschlacht verloren und Châresm dem Untergang geweiht ist.

Seine Ritter werden aufgerieben. Nur mit wenigen Begleitern gelingt es dem jungen Sultan, sich bis zum Indus durchzuschlagen, verfolgt von den Mongolen, die den Befehl haben, ihn lebendig zu fangen.

Einen Augenblick starrt Dschelal-ed-din vom Steilufer in die reißenden Fluten. Doch ehe er dem Verfluchten in die Hände fällt, will er lieber sterben.

Er spornt seinen sich aufbäumenden arabischen Hengst und setzt

284

mit einem gewaltigen Sprung in den schäumenden und gurgelnden
Strom.

Vom ragenden Uferrand schaut Tschingis Chan hinab auf den
kühnen Schwimmer. Großmütig verbietet er den Mongolen, die dem
tollen Flüchtling nachspringen wollen, die Verfolgung.

„Schade um einen so tapferen Helden", sagt er voll Anerkennung.
„Er hätte verdient, das Glück zum Vater zu haben!"

Erst einen Tag später setzt er den Nojan Bela mit mehreren
Tomans auf Dschelal-ed-dins Spuren. „Jagt ihn, wie ihr seinen Vater
gejagt habt!"

Bela verfolgt den jungen Sultan bis nach Indien. Hier unterwirft
er die Maharadschareiche von Multa und Lahore. Mit fassungsloser,
an Entsetzen grenzender Bewunderung starren die Mongolen auf die
indischen Tempel mit ihrer wuchernden Üppigkeit, ihren unzähligen
kuppeltragenden Säulen und der berauschenden Fülle ihrer Spitzen,
Zacken, Türmchen und Skulpturen, auf die steinernen, kegelförmi-

gen Reliquienhügel der Stupâs und die löwentragenden Siegessäulen. Die phantastischen Götterbilder mit ihrer Häufung an Köpfen, Fratzen und Gliedmaßen erregen das angstvolle Staunen der Eroberer, das sich in wütender Zerstörung der Tempel und Götter befreit. So ziehen sie bis vor Delhi, von wo sie endlich der Befehl des Chans zurückruft.

Dschelal-ed-din aber ist entkommen. Außer seinem Leben hat er nichts gerettet. Land und Herrschaft sind und bleiben verloren.

Tschingis Chan ist Kaiser der Gobi, Kaiser des Ostens und Kaiser des Westens. Nun endlich ist er wirklich Tschingis Chan, der Kaiser der Welt.

Er prahlt nicht, er triumphiert nicht. Weder Stolz noch Übermut schwellen sein Herz. Er hat vollendet, was er sich vorgenommen, eine wohldurchdachte, schwere, harte Arbeit.

Unbeschreiblicher Jubel der Mongolen erschallt, als sie abends bei lohenden Wachtfeuern den entscheidenden Sieg am Indus feiern. Der Große Kaiser dankt allen seinen Kriegern für ihre Tapferkeit und Ausdauer.

„Ihr habt eure Pflicht getan, vom höchsten Orkhon bis zum einfachen Soldaten. Das Reich der Welt ist nun erobert – durch meinen Willen und euern Todesmut." –

Abseits läßt sich der Chan nieder und blickt gedankenversunken in die zuckenden Flammen. Schweigend sitzt neben ihm Ye Liu Chutsai.

„Mein Freund", sagt der Chan endlich, „das Reich der Welt ist mein ... Wie lange, meinst du, wird es dauern?"

Der Kanzler und Vorgerückte Gelehrte nickt viele Male vor sich hin. Oft genug hat er sich Gedanken gemacht über Sinn und Zweck dieser grausamen Eroberung und fürchterlichen Vernichtung.

Sein Baß klingt durch die stille, heiße Nacht, und weit und breit horchen die Mongolen auf und lauschen den Worten des chinesischen Weisen:

„Das Scharlachbuch lehrt: Eine Macht, die durch Güte erlangt und durch Güte gewahrt wird, deren Dauer ist hundert Geschlechter. Wenn sie durch Güte erlangt wird und durch Nichtgüte gewahrt, so ist ihre Dauer zehn Geschlechter. Wenn sie aber durch Nichtgüte erlangt und durch Nichtgüte gewahrt wird, so kommt sie in einem Geschlecht notwendig zu Fall ... Nun aber meine ich, mein Chan, es ist genug des Blutvergießens!"

Betroffen durchpflügt der Chan seinen braunrötlichen Bart...
„Meine Macht ist durch Nichtgüte, wie du es nennst, erlangt... Wenn meine Söhne und Enkel sie durch Güte wahren, so könnte mein Reich zehn Geschlechter dauern...“

Der Chan versinkt wieder in tiefes Sinnen. Liegt es an der Stimmung dieser heißen Nacht am Indus, liegt es daran, daß seine Aufgabe nun vollendet ist: ihm kommen ungewohnte Gedanken, und er ist ihnen aufgeschlossen, wie er es noch nie gewesen ist.

Groteske Nachtfalter schwirren umher. Schlangen rascheln durchs Gras. Im mannshohen Farn schleicht der Panther. Im Bambushain schreien die Affen. Eulen klagen. Große, weiße Blumen leuchten durch die Dunkelheit und senden ihre betäubenden Düfte.

An seine karge Heimat muß Tschingis Chan in dieser Nacht denken. Wie schön ist dieses üppige, herrliche Land hier! Er steht an der Pforte Indiens. Soll er weiterziehen? Weiter kämpfen und erobern? Noch weiter Menschen töten?

Nach einer Weile hebt der Chan wieder an:
„Was denkst du, Ye Liu, was werden die Menschen später einmal, in ferner Zukunft, sagen über mich... über das viele vergossene Blut?... Vielleicht habe ich getötet, ohne darüber nachzudenken, ob es richtig war... Aber wie soll man die Welt erobern ohne Blut?“

„Durch den Geist, mein Chan, ... und, wie ich schon sagte: durch Güte.“

Tschingis Chan schüttelt verständnislos den Kopf.

„Wie sollte das möglich sein?“

Geist und Güte sind ihm fremde Begriffe. Was gelten ihm Menschenleben!

Ye Liu wagt die Frage: „Warum überhaupt erobern?“

Der Chan runzelt die Stirne. Mühsam unterdrückt er seinen aufsteigenden Zorn. Soll er sich vor dem chinesischen Gelehrten rechtfertigen? Erobern ist ihm höchste Lust, der Zweck und Inhalt seines Lebens. Und sein Volk verlangt nach immer fetteren Weiden und größerem Raum.

Tschingis Chan schlägt mit der Hand durch die Luft. Kurz weist er Ye Lius Frage zurück:

„Laß das meine Sorge sein!“

Nach einer Weile fügt er besänftigt hinzu:

„Doch nun ist es genug... Mein Werk ist vollbracht... Morgen ziehen wir heim.“

Den gleichen Weg der alten Karawanenstraße, auf dem er vor zwei Jahren in das Land des Westens eingefallen ist, zieht Tschingis Chan wieder heimwärts.

Sie ist leicht zu finden, diese Straße – dienen doch als Wegweiser Menschenknochen und Tiergebeine und die Trümmerspuren verbrannter Städte und verwüsteter Felder. Hier und da aber finden sich schon Versuche eines tapferen Wiederaufbaues: aus den Schutthaufen wachsen kärgliche Lehmhütten, und die Ruinen füllen sich wieder zu Häusern.

Jetzt, als der Große Chan im Gefühl, seine Aufgabe vollendet zu haben, gelassen und sicher dahinreitet und das eroberte Land betrachtet, kommt ihm erst das furchtbare Ausmaß der Zerstörungen so recht zu Bewußtsein. Nachdenklich schaut er auf diesen endlosen Weg des Grauens.

Doppelt so lang wie beim Einmarsch ist nun der Heerwurm. Zehntausende arabischer Rosse tragen die reiche Beute, in unabsehbarer Reihe schreiten die Gefangenen einher, Handwerker und Waffenschmiede, Teppich- und Seidenwirker, Tischler und Bauleute und die schönsten Frauen des Sultanreiches. Kamele und Kühe, Schafe und Ziegen trotten in riesigen Staubwolken dahin.

Man nähert sich Samarkand. Versprengte Einwohner und heimatlose Flüchtlinge haben sich wieder in der Stadt zusammengefunden. Fleißige Hände haben Tag und Nacht den Schutt weggeräumt und die ärgsten Spuren der Zerstörung beseitigt. Häuschen und Hüttchen sind entstanden, Gebäude erneuert. Schon sind die Felder bestellt und kleine Gärten bepflanzt.

Als Tschingis Chan anrückt, befällt die Einwohner maßloses Entsetzen. Wird der Verfluchte wieder morden und brennen? Wird er sie als Gefangene mitschleppen und sie dann, wie die vielen Tausende ihrer Brüder, unterwegs als unnötigen Ballast töten lassen? Wird man sie foltern und peinigen?

Demütig und zitternd schleichen sie herbei. Aus den Resten ihrer geretteten Habseligkeiten haben sie ihren letzten Schmuck hervorgesucht, versteckte Edelsteinringe und Silbergeräte ausgegraben.

Gesenkten Hauptes bieten sie dem Großen Kaiser ihren letzten Besitz an, werfen sich auf die Knie und berühren mit ihren gramvollen Stirnen die Erde, und ihr armes Herz klopft laut vor Angst.

Tschingis Chan schaut auf die jämmerlichen Überbleibsel eines einst heldenmütigen Volkes. Er ist es, der sie durch „Nichtgüte" so unbeschreiblich erniedrigt hat. Wie hat Ye Liu gesagt? Eine Macht, durch Nichtgüte erlangt und durch Nichtgüte gewahrt, kommt in einem Geschlecht notwendig zu Fall...

Er heißt die Männer aufstehen. Wohlwollend nimmt er ihre Geschenke an, die sie traurigen Herzens ihm darbringen, und redet gnädig mit ihnen:

„Seid gehorsam meinen Statthaltern, die ich euch setze, so wird euch nichts geschehen! Eure Beamten und Ratsherren aber dürft ihr euch selber aus euren eigenen Reihen wählen."

Die armen und gequälten Menschen sind über die Freundlichkeit des Verfluchten fast erschrockener als über seine Grausamkeit. Ist das List und Verstellung, um sie hernach desto schrecklicher zu peinigen? Oder haben Allah und Mohammed sein Gemüt gewandelt, hat Ye Liu seinen Sinn besänftigt? Wahrlich, der Große Chan ist ein furchtbarer und blutiger Eroberer...

Sollte er unter dem Einfluß seines weisen Chinesen diesmal auch ein weitschauender und kluger Herrscher sein?

Als er von dannen zieht, möchten sie ihn fast segnen, so dankbar hat sie seine unerwartete Milde gestimmt.

In der weiten Ebene am Syr sammeln sich die zahllosen Mongolenscharen. Das Heerlager all seiner Getreuen erwartet den Kaiser mit Begeisterung und begrüßt ihn mit nicht endendem Jubel. Seine drei Söhne Tschagatai, Oktai und Tului eilen ihm entgegen, und seine größeren Enkel stürzen freudig zum Großvater. Auch Ssubotai trifft ein mit dem finsteren Dschüdschi, den der Orkhon nur mit Mühe aus dem Lande Kiptschak an der Wolga mitgebracht hat. Selbst die als Regenten daheim gebliebenen Stammesfürsten der Gobivölker haben die weite und beschwerliche Reise nicht gescheut, um dem Kaiser Rechenschaft abzulegen von ihrer Tätigkeit und teilzunehmen am Weltreichstag.

Auf des Sultan-Schahs goldenem Thron, den die Mongolen aus der eroberten Hauptstadt mitgeschleppt haben, sitzt majestätisch der Kaiser der Welt in seinem abgetragenen Terlik aus Wildleder, in der Hand das Zepter aus Menschengebein. Am Zeigefinger seiner rechten Hand prangt der kostbare Sultansring, den der sterbende Mohammed Ala-ed-din seinem ältesten Sohne vermacht, den aber Marschall Ssubotai den unterwegs aufgegriffenen Boten abgenommen und seinem Herrn als Zeichen der Macht überreicht hat. Wohlgefällig betrachtet Tschingis Chan den tiefblauen Türkis mit dem goldenen Löwen und dem krummen Säbelchen aus dem Splitter des heiligen Schwarzen Steines zu Mekka. Wie das Schicksal eines Ringes das Geschick eines ganzen Landes widerzuspiegeln vermag! Wie dieses Kleinod, so ging auch das gewaltige Westreich von Hand zu Hand, bis es nun endlich in Tschingis Chans Besitz ruht. Seine Faust wird es festzuhalten wissen!

Um den Kaiser herum haben die Orkhons, die Tar-Chane und Nojane ihre Plätze eingenommen, jetzt nicht mehr in ihren Lederkollern, sondern in schimmernden Panzern und Brokatgewändern und mit edelsteingezierten Waffen, übersät von funkelndem Schmuck und behängt mit goldenen Ketten. Alle Statthalter, Regenten und Gouverneure des Reiches, das sich nun erstreckt vom Großen Ozean durch ganz Asien bis ans Schwarze Meer, schauen voll Ehrfurcht auf den Gewaltigen. Einen bunten Anblick bieten sie, die Fürsten der Gobi, der Idikut, der Uiguren, chinesische Mandarine, persische und türkische Atabegs und Emire, turkestanische und kaukasische, georgische und turkmenische Kleinkönige, eine noch nie dagewesene Vereinigung fast aller mächtigen und angesehenen Herrscher der Welt.

An langen Tischen geht es laut und hoch her. Stufenförmig sind sie aufgestellt, so daß die Rangoberen höher sitzen als die Rangniederen.

Kumysch und Weine fließen in Strömen aus goldenen Kannen, auf zahllosen goldenen Schüsseln werden in endloser Folge immer neue Speisen aufgetragen. Saftige, noch halb blutige Fleischstücke fliegen über die niedrigen Tische, vom Chan seinen Getreuen und von den Gästen einander zum Zeichen besonderer Ehrung zugeworfen.

Rauschender Lärm erschallt. Halbnackte Krieger tanzen mit gezückten Waffen einen wilden Schwertertanz. Hörner gellen. Indische Gaukler rufen das Staunen der Gäste hervor. Die Augen der Männer ergötzen sich an den lockenden Bewegungen geschmeidiger Tänzerinnen.

Da streckt Tschingis Chan seine Hand aus.

Im gleichen Augenblick bricht der Lärm ab. Totenstille.

Tschingis Chan erhebt seine gewaltige Stimme:

„Was bindet die zahlreichen Völker und Stämme meines Reiches zusammen, auf daß sie sind wie e i n Volk? Die Yâssa! Das Gesetz, das ich euch gegeben, sei die Richtschnur für alle! Wer gegen die Yâssa verstößt, ist des Todes! Denn er rüttelt am Bau der Welt, an meiner Welt!"

Beifallsrufe branden auf.

„Ich bin nun alt... Sechzig Sommer und Winter habe ich erlebt. Hier in diesem fruchtbaren Lande ist es gut sein. Aber ich kann hier nicht leben. Mein Herz verlangt nach der weiten Steppe und den klaren, windigen Tagen. Ach, mein Land der hohen, weißen Berge! Aber meine Söhne und Enkel werden hier leben.

Tretet vor, meine Söhne, kniet nieder und empfangt die Teilung der Welt!

Dschüdschi, mein Ältester! Dich belehne ich mit dem Sultanat von Châresm, dem Lande Kiptschak und dem Lande Ruß, die du selbst mit deiner Goldenen Horde erobert hast.

Du, Tschagatai, mein Zweiter, wirst herrschen vom Dach der Welt über Turkestan, das Land Buchara und Afghanistan.

Tului, mein Jüngster! Dich ernenne ich zum Meister des Krieges und Herrn über Chorassan, Persien und Indien.

Du aber, Oktai, mein Dritter, wirst regieren an Orkhon Muhulis, des Verstorbenen, Statt im Reiche Chin und der Mongolei. Nach meinem Tode aber sollst du sein der Kaiser der Welt! Ye Liu wird dir beistehen mit seiner Weisheit und Stärke. Höre auf ihn, mein Sohn; denn er ist klüger als alle!

Und nun, meine Söhne, zieht hin in eure Länder und herrscht mit Strenge und Gerechtigkeit! Vergeßt aber auch die Güte nicht... auf daß mein Reich dauere wenigstens zehn Geschlechter."

Glanzvolle Wochen verrauschen in Festesfreude.

Dann erfolgt der allgemeine Aufbruch. Jeder zieht seine Straße in sein Land und seine Stadt, und auch Tschingis Chan trennt sich von seinen Söhnen; jedem hat er ein gewaltiges Reich erobert. Nur Oktai geht mit ihm.

Beim Abschied blickt der Kaiser seinen Ältesten lange an. Seine Zuneigung zum „Gast" war immer zwiespältig, aber doch tief. Dschüdschi gefällt ihm nicht, er sieht krank und elend aus, und Tschingis hat das schmerzliche Gefühl, als werde er den Sohn nie wiedersehen. Doch läßt er sich seine Besorgnis nicht anmerken und verschließt sie in seiner Brust.

„Meine Söhne", richtet er ein letztes Wort an sie, „vergeßt nie, daß nur Einigkeit stark macht! Haltet nach meinem Tode Oktai die Treue und vermeidet den Bruderzwist! – Lebt wohl!"

Dann reitet er davon, ohne sich umzuschauen, und der endlose Heerwurm wälzt sich ihm in dichten Staubwolken nach.

An des Kaisers einer Seite reitet Ye Liu, an seiner andern Ssubotai, und der Orkhon muß ihm ausführlich vom Schwarzen und Kaspischen Meere erzählen und dem Lande Ruß am breiten Strom der Wolga, um das schreckliche, aushöhlende Gefühl der Leere zu übertäuben, das im Herzen des rastlos tätigen Großen Chans zu keimen beginnt, kaum daß er sein Werk vollbracht hat und nun kein Ziel mehr vor sich sieht.

Und er sucht bereits nach einer neuen Aufgabe.

Der silberne Springbrunnen

Tschingis Chan weilt endlich wieder in Karakorum, seiner Schwarzen Stadt.

Der endlose Jubel, der bei seinem Einzug getobt hat, ist allmählich verebbt, und die glanzvollen Siegesfeiern sind vorüber.

Doch noch immer schwellt ein Hochgefühl die Herzen der mongolischen Männer und Frauen, und ihr Leben fließt jetzt in Reichtum und Glück dahin. Die schweren Arbeiten besorgen die Kriegsgefangenen: sie melken die Kamel- und Pferdestuten, die Yakkühe und Ziegen, sie bereiten Kumysch, Butter und Käse, sie scheren die Schafe und rollen ächzend den Filz, sie schneiden das Fleisch in lange Streifen und dörren es für den Winter. Sie bestellen die Hirsefelder und bauen Häuser und Magazine. Sie schmieden die Schwerter und schärfen die Waffen.

Wärmer, als es sonst eines Mongolen Art ist, hat der Kaiser seine Gemahlin begrüßt. Sie ist gealtert – die lange Trennung hat ihm die Augen dafür geschärft. Doch scheint sie ihm mit ihrer noch immer schlanken Gestalt, dem klaren Gesicht und den verschleierten, grauen Augen fast schöner als je.

Burtai versucht, in den Zügen ihres Gatten zu lesen. Die Kunde seiner über- und unmenschlichen Taten ist ihm vorausgeeilt, die Staffelpost und die regelmäßig mit reicher Beute eintreffenden Karawanen aus dem Lande des Westens haben sie ständig und eindringlich über seine Erfolge unterrichtet. Er hat sich in den zwei Jahren seiner Abwesenheit sichtlich verändert. Viel, viel Blut hat er vergossen. Seine Züge sind noch härter geworden. Und doch scheint sein Auge menschlicher zu blicken. Seine Befehle sind, wie immer, kurz und scharf, aber er straft Vergehen nicht mehr so hart und erbarmungslos.

Tief atmet der Kaiser die herbe Luft der heimatlichen Hochebene ein. Es hat ihn wieder, sein Land der hohen Schneeberge und der endlosen Steppe. Doch nach der Fruchtbarkeit des Westens erscheint ihm hier alles doppelt so karg. Wie düster und armselig wirkt die Schwarze Stadt nach den blühenden Gärten, den Palästen und Moscheen, den plätschernden Springbrunnen und lieblichen Auen von Châresm. Eintönig schaut ihn die Gobi an. Und doch ist sie in ihrer grenzenlosen Weite von eigenartigem Reiz, und er fühlt sich tief beglückt, wenn der Wüstenwind sein verwittertes Gesicht streichelt oder wütend umstürmt.

Mit freundlicher Gelassenheit heißt Burtai die vielen mohammedanischen Prinzessinnen, die neuen Nebenfrauen des Chans, willkommen. Ihre besondere Aufmerksamkeit aber erweckt Aischa mit ihren funkelnden Augen, den weißen Zähnen und der Anmut ihrer Bewegungen. Sehr bald bemerkt die Kaiserin, daß der Chan von allen seinen Nebenfrauen Aischa am häufigsten besucht.

„Sie war eine der dreißig Gemahlinnen des Sultan-Schahs von Châresm", setzt der Chan bei Aischas Vorstellung erklärend und mit ruhiger Stimme hinzu, als wolle er damit die Vielzahl seiner Frauen entschuldigen.

Aischa fühlt sich in dem fremden, eintönigen Lande todunglücklich. „Nein, es gefällt mir hier ganz und gar nicht!" antwortet sie schnippisch auf Burtais freundliche Frage. „Immer Wind und Sand! Ach, dieser schreckliche, schwarze Staub, der durch die feinsten Fugen meines Pavillons dringt und überall fingerdick liegt! Man wird überhaupt nicht mehr sauber. Soviel Wasser gibt es bei euch gar nicht, um all den Schmutz abzuwaschen! Nun weiß ich auch, woher eure Stadt ihren düsteren Namen hat."

Und sie läßt ihre Dienerinnen tagelang wischen und scheuern und putzen und stampft böse mit dem Fuß auf, wenn sie nicht genug Wasser erhält. Um das mongolische Verbot, die Kleider zu waschen, kümmert sie sich nicht, bis eines Tages der Chan sie darauf aufmerksam macht.

„Ich bin kein Stinktier!" faucht sie wütend. „Dann mußt du eben deine Gesetze ändern!"

Tschingis weiß nicht, soll er über eine so vermessene Forderung lachen oder zornig werden. Er schüttelt den Kopf und sagt ruhig, aber mit Nachdruck: „Die Gesetze sind wohlweislich überlegt! Du wirst dich danach richten!" Es bedeutet bei ihm eine unerwartete Milde, daß er beim Widerspruch gegen die Yâssa nicht gleich zur Peitsche greift.

„Gut", schmollt Aischa, „dann werde ich meine Kleider wegwerfen, sobald sie schmutzig sind, was in deiner Sandstadt nur zu bald der Fall ist, und du wirst mir dafür jedesmal neue schenken!"

„Den Wunsch will ich dir erfüllen", lacht der Chan.

Aischas einziger Trost ist der Umgang mit ihrem Landsmann Moslicheddin Sadi und seiner Gattin Fatime, ihrer früheren Nebenbuhlerin. In dem geräumigen Zelt, das der Kaiser dem persischen Dichter hat errichten lassen, verbringt sie täglich viele Stunden mit Gesprächen und Erinnerungen an die ferne, unvergessene Heimat. Hier arbeitet der große Dichter an seinem Werke, in dem er die traurigen Geschicke seines Vaterlandes in ergreifenden Versen gestaltet, und Fatime ist von allen Gefangenen vielleicht die einzige, die sich beinahe glücklich fühlt, weil sie für immer mit dem Geliebten vereint ist.

Eine besondere Vorliebe empfindet Aischa auch für Ye Liu Chutsai, und wenn der Kanzler beim Kaiser zum Vortrag erscheint, macht sich Aischa gerne im Weißen Zelt des Chans zu schaffen und hört aufmerksam der Unterhaltung zu. Sie bewundert Ye Lius gleichmäßige Ruhe und seine klare und überlegene Art, seine große Gelehrsamkeit und seinen riesigen Wuchs. Gar zu gerne möchte sie einmal über seinen langen, seidigen Bart streichen.

„Dein Chinese gefällt mir", sagt sie eines Tages freimütig zum Chan. „Du bist ein alter Mann. Wenn du stirbst, kannst du mich ihm vermachen."

Der Kaiser schaut den frechen Schakal verblüfft an. Dann greift er zur Peitsche, die ihm am Gürtel hängt, aber Aischa ist schneller als er. Sie hängt sich schmeichelnd an seinen Hals. Da vergeht sein Groll. Mit schlauem Lächeln sagt er: „Wenn ich sterbe, nehme ich dich mit, damit du immer bei mir bist und ich auch nach dem Tode meine Freude an dir habe ... Aber die Prinzessin Silbermond, die soll nach meinem Tode Ye Liu gehören."

Seit diesem Tage ist Aischa um des Chans Gesundheit äußerst be-

sorgt. Gegen die Prinzessin Silbermond aber hegt sie eifersüchtigen
Haß.

Das Weltreich Tschingis Chans ist aufgeblüht. Handel und Wandel
gedeihen. Karawanen ziehen vom Chinreich bis zum Kaspischen
Meer und besorgen die Tauschgeschäfte. Die Erfindungen der Gelehrten des Ostens gelangen so zum Westen, und die Magnetnadel
wie das Pulver, die Buchdruckerkunst wie die Porzellanherstellung,
das Seidenpapier wie der künstliche Erz- und Bronzeguß, die Spielkarten wie das Wei-ki, das der kleine, dicke Mehlkloß so gerne
spielte, bis er dann erwürgt wurde: sie alle wandern nach Persien
und Arabien und schließlich bis ins Abendland. Der Westen Asiens
aber sendet seinerseits mohammedanische Wissenschaft und Kultur,
Mathematik und Sternenkunde, griechische Philosophie und Natur-
wissenschaft in arabischem Gewande, Erdkunde und Geschichte zum
fernen Osten. Die verschiedenen geistigen Ströme vermengen und
vermischen sich und befruchten die Welt.

Ohne auch nur entfernt die Bedeutung seiner Eroberungen für die
Weltkultur zu ahnen, hat doch Tschingis Chan ein starkes, wenn
auch mehr auf ihre Nützlichkeit eingestelltes Interesse an diesen Wissenschaften, und er läßt Ye Liu gern gewähren, als der Vorgerückte
Gelehrte Schulen einrichtet, in denen chinesische Weisheit, uigurische
Schreibkunst und persische und arabische Wissenschaft gelehrt werden. Wenn später die mongolischen Gouverneure und Nojane die
Berichte der Schreiber und Beamten selbst zu lesen verstehen, so
wird das von großem Vorteil sein.

Ungeheure Arbeit und Verantwortung lasten auf dem Kaiser der
Welt. Über die gesamte Verwaltung, die durch seine Söhne und die
Statthalter und Fürsten der unterworfenen Länder ausgeübt wird,
läßt er sich unterrichten. Tag und Nacht galoppieren die dreihundert-
tausend Pferde der Jamnarin, seiner kaiserlichen Schnellpost, von
den Enden des Weltreiches nach Karakorum und melden dem Großen Chan alles, was zwischen Peking und der Wolga geschieht. Oft
genug, wenn ihm ein Geschehnis oder eine Anordnung nicht klar
genug erscheint, bescheidet er die Statthalter zu sich nach Karakorum und läßt sich berichten, worauf er seine Entscheidungen trifft.

Ordnung und Sicherheit herrschen im Weltreiche Tschingis Chans.
Räubereien und Überfälle, die früher die Karawanenstraßen unsicher machten und der Schrecken der Kaufleute und Reisenden waren, gibt es kaum noch. So fest und geschützt ruhen die Länder in

der Hand des Steppenkaisers, daß er mit großer Zufriedenheit zu Ye Liu rühmt: „Ein schwaches Mädchen, mit Goldschmuck und Edelsteinen behängt, kann durch mein Reich ziehen vom Großen Ozean bis zum Schwarzen Meere, ohne daß ihm auch nur ein Haar gekrümmt wird."

Und doch befriedigt ihn das alles nicht. In seinem Herzen fühlt er Leere und sehnt sich nach einer neuen Aufgabe.

Eines Tages läßt der Chan einen kleinen Platz in Karakorum einfrieden und durch hohe Zäune gegen Sicht absperren. Nur Maître Guillaume, ein Goldschmied aus dem sagenhaften Frankenreich, der sich in Buchara befand und mit den Gefangenen hierher geschleppt wurde, sowie einige mohammedanische Handwerker haben Zutritt. Eifriges Hämmern und Schmieden hebt an und ruft in ganz Karakorum neugieriges Raten und Vermuten hervor. Der Chan plant eine Überraschung, und niemand ahnt, was da Geheimnisvolles im verborgenen entsteht.

Nach vielen Wochen werden die Zäune weggeräumt. Eine große Menschenmenge ist auf dem Platz versammelt und sieht staunend auf das enthüllte Wunderwerk.

Ein künstlicher Baum ragt empor, seine Blätter und Zweige sind mit vollendeter Kunst aus Silber getrieben. An seinem Fuße halten sechs silberne Löwen Wacht.

Maître Guillaume verschwindet im Baumstamm, und gleich darauf sprudeln aus den Löwenrachen in weitem Bogen sechs sprühende glitzernde Wasserstrahlen heraus.

Die Überraschung ist gelungen. Die Menschen freuen sich wie Kinder, lassen das Wasser über ihre Hände laufen oder fangen es mit dem Munde auf. Wahrhaftig, es ist richtiges Wasser! Die Frauen necken und spritzen sich und kreischen vor Vergnügen.

Doch Wasser ist eine seltene Gabe in der Gobi, und bald wird der Springbrunnen wieder abgestellt. Silberne Schlangen winden sich um den Stamm. Unversehens läßt Maître Guillaume sie aus ihren geöffneten Mäulern Kumysch und Wein zischend in kleine Silberbecken speien. Dann schöpft er einen Becher voll und reicht ihn dem Kaiser. Der trinkt und ist sprachlos. Wirklicher, edler Wein! Nun kosten auch die Nojane mißtrauisch. Aber rasch verklären sich ihre Gesichter.

Noch wollen Staunen und Entzücken kein Ende nehmen, als Maître Guillaume zum dritten Male im Baum verschwindet. Er klettert die kleine Wendeltreppe empor bis zur schmalen Plattform, auf der eine silberne Frauengestalt eine Trompete an den Mund setzt.

Die Mongolen schauen gespannt empor. Plötzlich fahren sie heftig erschrocken zusammen. Mit Hilfe eines Blasebalgs hat Meister Guillaume die Silberfrau ein langhallendes Signal schmettern lassen.

Nun erreicht der Jubel seinen Höhepunkt, und selbst Tschingis Chan ist freudig überrascht. Er hat solche Wasserkünste in Buchara gesehen, und sie haben in ihm den Wunsch erregt, auch so einen lieblich plätschernden Springbrunnen zu besitzen. Aber was der Goldschmied aus dem sagenhaften Frankenreich hier aufgebaut hat, das übersteigt alle seine Erwartungen, und der Kaiser kann nicht genug die kunstvoll geformten Silberfiguren bewundern. Den Gipfel des Entzückens bildet es, wenn die schöne Silberfrau oben auf dem Baume ihre Trompete bläst und damit zu Wasser, Kumysch und zum Weine ruft.

Ganz Karakorum ist stolz auf dieses Wunderwerk, und nur die Chinmänner betrachten es mit Gelassenheit. Springende Brunnen sind ihnen aus ihrer Heimat bekannt als müßige Tändelei reicher Leute, die den wahren Sinn des Lebens, das Tien und Tao und Te, noch nicht erkannt haben. Mag sich also der Barbarenkaiser daran erfreuen.

Der silberne Springbrunnen wird bald der Lieblingsplatz des Großen Chans. Im Schatten des Baumes rastet er gerne und läßt sich kühlendes Wasser oder den erfrischenden, säuerlichen Kumysch spenden. Hier verbringt er die heißen Sommerabende im Kreise seiner Frauen, Kinder und Enkel, hier versammelt er seine Nojane, Tar-Chane und Orkhons. Ein besonderer Genuß ist es für ihn, wenn sich auf seinen Wunsch die chinesischen, uigurischen und persischen Gelehrten und Dichter einfinden, um vor dem Kaiser ihre Meinung über Himmel und Erde, Sonne und Sterne, über Menschen und Völker, Poesie und Philosophie auszutauschen. Aufmerksam hört der Chan zu. Selten spricht er, aber dann sind seine Bemerkungen oder Fragen jedesmal knapp und treffend. Das Haupt dieser „Kaiserlichen Akademie der Wissenschaften" aber ist Ye Liu Chutsai, der das besondere Wohlgefallen des Chans erregt, wenn er mit seinem wohlklingenden Baß aus dem Goldenen Buche, an dem er rastlos schreibt, vorliest. Dann werden die Taten Tschingis Chans ihm und seinen Orkhons lebendig, und die Augen der Wilden Wasser blitzen vor Lust und Begeisterung, wenn sie sich im Spiegel der Geschichte wiederfinden. Niemand aber hängt so hingegeben am Munde des Kanzlers wie die Prinzessin Silbermond. Ein Seitenblick des Kaisers bemerkt es wohl.

Seit längerer Zeit bewegt den großen Eroberer das Rätsel der Ewigkeit, und er hat sich einen berühmten taoistischen Priester namens Schang-schun aus Schantung nur deshalb kommen lassen, um sich über die Pfade, die zur Unsterblichkeit führen, berichten zu lassen.

Tief und seltsam sind die Antworten, die der Priester gibt, und auch die Frauen lauschen gespannt. Nur die Wildwasser sitzen gleichgültig dabei. Was nicht Krieg und Kriegshandwerk angeht, das kümmert sie nicht.

„Kennst du den Weg?" fragt der Chan.

Der schmalgesichtige Tao-Priester mit dem kahlen, hohen Schädel und den tiefliegenden Augen nickt, und dieses kleine Nicken des Chinesen bedeutet mehr als die heiligste Wahrheitsbeteuerung der Männer des Westens.

Nach einer Weile fügt der Priester hinzu: „Doch unheilvoll irrt man, wenn man andere bessern will anstatt sich selbst."

„Was muß ich tun?" fragt der Kaiser.

„Deine Feinde bekämpfen!"

„Ich tue nichts anderes", erwidert der Chan.

„Du bekämpfst Menschen. Die wahren Feinde aber sind: Geiz, Neid, Anmaßung, Treulosigkeit, Haß, Zorn, Grausamkeit, Ungerechtigkeit und Stolz auf Rang, Reichtum, Schönheit, Jugend oder Wissen. Dein größter Feind aber ist die Macht!"

„Macht ist höchstes Glück! ... Soll ich Beleidigungen und Kränkungen ungestraft hinnehmen?"

Der schmale Mund Schang-schuns lächelt: „Wenn du denkst: dieser hat mich beschimpft, jener mich beleidigt, so wird Wut und Groll in dir geboren. Wirf also deinen Groll von dir und geh in Frieden schlafen."

„Deine Worte sind blaß wie farbloses Kristall."

„Drei Arten von Worten gibt es, erhabener Herrscher: die angenehmen, die wahren, die lügnerischen. Die ersten gleichen bunten Blumen, die zweiten dem farblosen, klaren Kristall, die dritten den farbenprächtigen Giftpilzen."

„Wie also ist der Weg?"

„Vernimm, Großer Chan: unter den Menschen schreiten die einen von Licht zu Licht, die andern von Finsternis zu Finsternis, einige vom Licht zur Finsternis und andere von der Finsternis zum Licht ... Geh du den ersteren Weg – oder wenigstens den letzteren."

„Was muß ich also tun?" fragt der Kaiser ungeduldig.

Und der Tao-Priester antwortet dem Eroberer Tschingis Chan, der nicht leben kann, ohne zu handeln: „Handle nicht! Laß den Sinn des Lebens in dir wirken!

> Wer sein Licht erkennt
> und den Weg sucht in sich,
> so fehlt ihm nicht das ewige Leben.
> Er kann werden wie ein Kindlein,
> kann umkehren zur Einfalt,
> wird wieder zum Ungewordenen."

Schweigen. Nach einer Weile fügt Schang-schun für Tschingis Chan, dessen Leben nichts ist als ein ununterbrochener Krieg, noch hinzu: „Wo Krieger geweilt, da wachsen Dornen und Disteln."

Der Kaiser schüttelt den Kopf. Er wünscht eine einfache und handliche Gebrauchsanweisung zur Unsterblichkeit und keine Tiefsinnigkeiten, die ihn nur verwirren, und er ahnt nicht, daß gerade sie dem Berufenen und Erkennenden den geraden Weg weisen. Die scheinbar leichtverständlichen Erklärungen aber sind Irrwege, die in die Wüste führen.

So der Tao-Priester.

Ein rotgewandeter Lama, der die Unzufriedenheit aus des Chans Gesicht liest, bittet, antworten zu dürfen, und macht sich anheischig, ihm den gewünschten Beweis auf einfache Weise zu erbringen.

„Ich erinnere mich genau an mein früheres Leben", sagt er mit starr versunkenem Blick, als schaue er in sein Inneres. „Da war ich ein reicher, stolzer Mann und verachtete das Tier! Deshalb ward ich nach meiner Wiedergeburt selbst in ein Tier verwandelt."

„In was für ein Tier?" fragt der Kaiser, und der Lama antwortet: „In ein Maultier. Nun mußte ich am eigenen Leibe die bitteren Schmerzen gedankenloser Mißhandlung spüren. Mein Besitzer pflegte, um mich anzuspornen, beim Reiten seine harten Fersen heftig in meine Weichen zu stoßen."

Er öffnet sein Gewand und weist an seinen beiden Hüften zwei große, bläuliche Muttermale vor, die deutlich die Formen menschlicher Fersen tragen.

Selbst die Frauen vergessen ihre Zurückhaltung und drängen näher, um die Male zu betrachten.

Bewegung geht durch die Männer und Weiber. Mit undurchdringlicher Miene streicht der Chan seinen schütteren Bart.

Dann fragt er kurz: „Und was geschah danach?"

„Ich ward ein Kamel, ein armes, durstgeplagtes Wüstentier. Dann aber hatte ich genug gebüßt und ward wieder ein Mensch, und ich quälte hinfort die Tiere nicht mehr. Doch war ich noch nicht ganz frei von Strafe: aus meinem letzten Kamelsdasein hatte ich den schrecklichen Durst dieses Wüstentieres in mein menschliches Dasein übernehmen müssen, und von unersättlicher Trinkgier geplagt, mußte ich täglich viele Dombos voll Reiswein in meine gepeinigte Kehle gießen und verfiel so der Trunksucht. Da erkannte der weise Abt des Klosters Kumbum mein Karma und somit den Grund meiner Trunksucht. Täglich reichte er mir nur Holzschalen voll Buttertee und heilte mich von meinem Laster. Aus Dankbarkeit ward ich Mönch und schließlich ein Lama und lebe nun mäßig. Ich saufe nicht mehr wie ein Kamel, sondern trinke wie ein Mensch."

Die Lehren von der Wiedergeburt sind Aischa fremd. Gar diese seltsame Kamelsgeschichte kommt ihr zu lustig vor, und sie bricht in schallendes Gelächter aus. Vergnügt äußert sie: „Anscheinend sind sehr viele Männer früher einmal Kamele gewesen. Bei manchen liegt dieser Zustand noch gar nicht lange zurück, und sie haben sich die vertrocknete Kamelskehle in ihr neues Dasein hinübergerettet!"

Selbst um die Lippen Tschingis Chans zuckt ein Lächeln, und die reizende Turakina kann sich nicht enthalten, Aischa beizustimmen mit einem spöttischen Seitenblick auf Oktai, ihren allzu trinkseligen Gatten.

Der dicke Oktai rekelt sich und streckt die Hände abwehrend vor: „Nur keinen Buttertee – der wirkt wie Öl ins Feuer! Wein aber ist Gottesgabe! Wein beglückt, er schenkt heitere Gedanken und Fröhlichkeit. Wein bringt Nutzen, ohne Schaden zu stiften." Und vergnügt setzt er hinzu: „Gepriesen sei das Kamel im Manne."

Ye Liu hat Oktais Neigung zum Trunk schon lange bemerkt und sich besorgt gefragt, was werden solle, wenn Oktai nicht mehr die Hand Tschingis Chans über sich spürt und Kaiser der Welt ist. So beschließt er, die günstige Gelegenheit zu nutzen. Rasch läßt er durch einen Diener aus seinem Laboratorium eine Schale voll Wein holen und stellt sie vor Oktai hin.

„Was ist's damit?" fragt der Prinz erstaunt. „Soll ich dieses giftgrüne Zeug trinken?"

„Du trinkst es täglich vielmals", antwortet Ye Liu ernst. „Aber beachte wohl, wie der Wein, den ich bereits vor vielen Tagen in diese Schale gegossen habe, mit seiner Säure das Metall angefressen hat. Wenn schon das harte Metall von der Schärfe des Weines so sehr angenagt wird, um wieviel mehr erst dein weicher Magen!"

Erschrocken blickt Oktai auf die angeätzte Schale und reibt sich mit der Hand die Magengegend. Seine verschmitzten, in Fett eingebetteten Augen irren vorwurfsvoll von der Schale zu Ye Liu und von Ye Liu zu der Schale, als trüge der Tsin-schi die Schuld an dieser unerwarteten Wirkung des geliebten Getränkes. Ein heftiger Kampf malt sich in seinem aufgedunsenen Gesicht, und schließlich gelobt er kleinlaut und betrübt Mäßigung. Statt sechs Dombos werde er sich fortan täglich nur noch mit der Hälfte begnügen. Und ein trauriger Seufzer entfährt seinen dicken Lippen.

Turakina wirft dem Vorgerückten Gelehrten einen dankbaren Blick zu, und Tschingis Chan weiß, daß nach seinem Tode ein kluger und weiser Mann die Geschicke des Weltreiches lenken wird.

Während dieser Vorgänge am silbernen Springbrunnen in Karakorum jagt die kaiserliche Schnellpost durchs weite Land. Wie eine Mumie ist der Depeschenreiter mit festen Binden umwickelt, um die tagelange, heftige Erschütterung seines Körpers zu ertragen. Von weitem verkünden die Schellen an seinem Gürtel sein Kommen. Auf jeder Station erwartet ihn schon ein frisches Pferd.

„Halt! Wer da?" fragt der wachhabende Offizier.

Schweigend weist der Reiter seine Beglaubigungstafel mit dem Chas-bao des Chans vor.

Man hebt ihn vom Gaul, versorgt ihn rasch mit Speise und Trank, reibt ihm die steifen Glieder, und weiter fliegt der Bote Tag und Nacht die Poststraße entlang, von Yamen zu Yamen. Mehr als hunderttausend solcher behaglich eingerichteten Regierungshäuser aus Holz und Lehm hat Ye Liu über das ganze Reich verteilt, und in ihnen sitzen neben den Statthaltern und einheimischen Fürsten gelehrte Chinesen in warm wattierten Röcken und schreib- und rechenkundige Uiguren in ihren hohen Hüten und sind im Auftrage des Chans als Berater und Verwaltungs- und Steuerbeamte tätig.

In unwahrscheinlich kurzer Zeit hat der Schnellreiter die ungeheure Strecke zurückgelegt. Nun zügelt er sein schweißtriefendes Roß vor dem Kaiserpavillon in Karakorum. Der Offizier der Zeltwache meldet ihn, und gleich darauf wird der Kurier vor den Großen Chan geführt.

Kniend überreicht er dem Herrscher die schriftliche Meldung des südlichen Grenzstatthalters am Hoang-ho.

Tschingis Chan läßt sich das Schriftstück von seinem Staatssekretär Tatatunga vorlesen: Der Tangutenkönig von Hsi-Hsia, den der erhabene Kaiser schon vor dem Feldzug gegen das Chinreich unterworfen, dann aber in Gnaden auf seinem Thron als Unterkönig belassen habe, sei ein Rebell! Er habe sich erhoben und mit dem Sung-Kaiser von Südchina verbündet, um das Joch Tschingis Chans abzuschütteln. –

Der Kaiser holt heftig Atem, seine Augenbrauen ziehen sich zusammen. Seine kurze, starke Hand fährt durch die Luft, als wische sie ein Land von der Erde.

Hier ist die neue Aufgabe, nach der er schon über ein halbes Jahr sucht. Südchina – das hat ihm noch zu seinem Weltreich gefehlt.

Ein Hornstoß, und die Orkhons und Nojane, die Wilden Wasser und Generale versammeln sich im Kaiserzelt vorm goldenen Thron, den der Herrscher aus Samarkand mitgebracht hat. Stehend empfangen sie die Befehle des Chans, und ihre Augen blitzen vor Kampfesfreude.

So schlägt die Flamme hoch, die schon lange unter der Asche glomm, angefacht vom Sturm der Rebellion des Tangutenkönigs.

Doch niemand weiß, ob sie nicht auch ohne diesen Sturm ausgebrochen wäre – von selber, durch eigene Kraft.

Denn eine Flamme muß brennen, solange sie lebt, weil die Lohe ihr Element ist ... bis sie verlischt.

Das Jahr der Maus

An den breiten Schlammfluten des Hoang-ho liegt Ning-hia, eine der größten und prächtigsten Städte des Tangutenreiches von Hsi-Hsia.

Vor ihren Toren dehnen sich die fruchtbaren Reisfelder, von zahlreichen Kanälen durchzogen. Nun sind die Fluren unter dem Winterhauch erstarrt. Eis deckt die Flüsse, Schnee liegt auf den Bäumen und der weiten Ebene.

In Pelze gehüllt, jagen die Horden Tschingis Chans über die Eis-
und Schneeflächen. Die Hufe ihrer Pferde sind mit Tierfellen umwickelt, um ein Ausgleiten zu verhindern.

Von den mächtigen Zinnen der rettenden Mauern schaut der Tangutenkönig Schidurgho in ohnmächtigem Grimm auf die Mongolenscharen hinab, die ihn in einer furchtbaren Schlacht geschlagen haben.
Mehr als hunderttausend Tote decken die Walstatt.

Neben dem König steht die alte Ma und reckt ihre dürren Kno-
chenarme empor. Ihre grauen Zotteln fliegen wirr um das toten-
kopfähnliche Gesicht. In den schwarzen Höhlen glühen die Augen
wie feurige Kohlen, und ihr zahnloser Mund schleudert gellend wilde
Flüche auf die Belagerer hinab: Mögen die Dämonen der Leichenstätte mit ihrem Pesthauch die Lungen der Feinde vergiften! Mögen
sie es bald tun!

Scheu berühren die Mongolen ihre Amulette, silberne und goldene
zierliche Tiere, die sie auf der nackten Brust tragen. Denn die alte
Ma steht im Rufe einer mächtigen Zauberin, und sie haben die dro-
henden Gesten der Alten auf der Mauer wohl bemerkt. Manche
glauben sogar, sie sei ein Chubilgan, die Wiederverkörperung einer
Gottheit oder eines machtvollen Dämons.

Hat die alte Ma die bösen Geister herbeigerufen? In tödlichen Eis-
winden fahren sie daher und bohren sich in die Lungen von Mensch
und Tier. Mit giftigen Zähnen zernagen sie die Eingeweide. Seuchen
überfallen Roß und Reiter. Das halbe Heer ist krank, und viele,
viele sterben. Zahllose Leichen und Kadaver verpesten das Land.

Nachtgespenster schleichen umher, wimmern in den Jurten und
schrecken die Krieger im Schlaf.

Unruhig wirft sich Tschingis Chan im Zelt hin und her, lallt und
stöhnt. Ein Dämon hockt auf seiner Brust und droht, ihn zu ersticken.
Mühsam atmet seine Lunge, schwer klopft sein Herz. Er versucht,
den Dämon abzuschütteln. Vergeblich. Er klammert sich fest.

„Wer bist du?" ächzt der Chan.

Aus dem Dunkel hebt sich in fahlem Licht ein gewaltiger Schädel.
Drei furchtbare Augen starren ihn an. Totenköpfe umkränzen den
Hals. Ein blutiges Fell hängt herab.

„Schiwa...", stöhnt der Chan, „bist du es, Herr des Anfangs,
Herr des Endes, du Grausam-Gnädiger? Habe ich dir nicht treu gedient, Zerstörer?"

Der Schädel verschwindet. Finsternis wallt mit dumpfem Brausen... Ein leises Piepen ertönt. Irgendwo nagt es im Zelt. Jetzt raschelt es am Bett, huscht über die Felldecke. Eine Maus? Er kann das Tier nicht erkennen, aber ihm wird unheimlich. Er möchte lachen: dem großen Krieger graut vor einer kleinen Maus. Doch er spürt: dies ist kein gewöhnliches Tier, es hat mit ihm eine besondere Bewandtnis. Aber er weiß nicht, welche. Plötzlich sieht er es: es ist wirklich eine Maus, aber sie ist ganz weiß. Weiß ist die Farbe des Todes...

Er will sie fangen, sie entwischt ihm und schlüpft unter seine Decke. Im nächsten Augenblick fühlt er einen durchdringenden Schmerz: sie hat ihn ins Herz gebissen; grimmig packt er sie und will sie losreißen. Aber sie hat sich so festgebissen, daß er sein Herz mit aus der Brust reißt.

Jäh fährt der Chan hoch und erwacht. Schweißgebadet sitzt er in seinem Bett. Seine Brust geht schwer. Durch die Fugen graut der Morgen. Seine Glieder sind wie Blei. Daß Träume so quälend sein können!

Schon seit längerer Zeit fühlt er sich nicht wohl. Aber das braucht niemand zu wissen. Vielleicht sind es auch nur die Beschwerden des Alters.

Er möchte mit Ssubotai sprechen, aber der Orkhon ist nicht hier, sondern bereits mit Tului, dem Herrn des Krieges, an der Spitze der andern Hälfte des Heeres gegen Südchina vorgestoßen.

Tschingis Chan läßt die chinesischen Astrologen kommen. Sie stellen das Horoskop und befragen die Sterne. Betroffen warnen sie den Kaiser: „Hüte dich vor der Maus!" Genaueres vermögen auch sie nicht zu sagen.

Den Kaiser fröstelt. Schon wieder die Maus! Was kann damit gemeint sein? Etwa Schidurgho, der Tangutenkönig? – Er geht ins Zelt und hüllt sich in Felle.

Das alte Jahr ist um, das neue beginnt. Es ist das Jahr der Maus, das Jahr 1227 der christlichen Zeitrechnung.

Ning-hia steht vor dem Fall.

„Töte mich!" fleht die junge, schöne Königin ihren Mann an, „auf daß nicht der Unerbittliche seine blutigen Hände an mich lege!"

Der Tangutenkönig schlägt ihre Bitte ab: „Gegen schöne Frauen ist er nicht unerbittlich. Wenn du in seine Hände fällst, versuche, ihn mir gnädig zu stimmen."

„Wie mein Herr befiehlt", sagt sie ergeben, aber sie ist entschlossen, sich am Feind zu rächen.

In der folgenden Nacht gelingt es Schidurgho, mit einer Schar auserlesener Krieger sich durchzuschlagen. Sie entkommen nach Süden, wo in der Ferne vereinzelte Bergkegel wie riesige Zuckerhüte aufragen. Einen dieser schroffen Gipfel krönt eine uneinnehmbare Festung. Hier verbarrikadiert sich der König.

Nach der Flucht Schidurghos läßt die Königin die alte Ma kommen.

„Ich brauche Gift!" flüstert sie mit bleichen Lippen.

Die Zauberin versteht sogleich und krächzt vor Schadenfreude: „Ja, Königin, der Verruchte soll getroffen werden, Schlange und Skorpion sollen ihn beißen!"

Um die Stunde der Ratte schleicht die Königin tief verschleiert in die enge, düstere Gasse, wo die alte Ma haust.

Die Zauberin erwartet sie schon und reicht ihr ein Fläschchen mit einer trüben Flüssigkeit. Dabei murmelt sie undeutlich ihren Spruch: „Giftkraut, Schierling, Leichensaft – tödlich das Ende schafft – Gieß es in die Wunden – nie wird er mehr gesunden."

Zwei Tage später wird Ning-hia genommen. Alle Krieger und Waffenfähigen werden niedergemacht, die Frauen in Gefangenschaft geschleppt.

Man bringt die alte Ma vor den Chan. Mit matten Augen mustert er sie. „Du bist eine Zauberin?"

Die Alte grinst voll Hohn: „Das dürftest du an den Seuchen gemerkt haben!"

„Es soll dir heimgezahlt werden!" Und er winkt mit der Hand.

Ein Offizier dringt mit seinem Säbel auf sie ein. Die Alte heftet ihre glühenden Augen auf ihn und raunt mit heiserer Stimme magische Worte. Dem Offizier verschwimmt alles vor seinen Blicken, er stößt mit tastender Hand zu. Das Schwert gleitet ab.

„Sie ist ein Chubilgan und gegen Waffen gefeit", lallt er wie betrunken.

„So hängt sie auf!" befiehlt der Chan gleichmütig.

Als man ihr die Schlinge um den dürren Hals legt, zuckt einer der Krieger zurück. „Sie trägt das Zeichen der Göttin Dordsche-Pagmo in ihrem Nacken", stammelt er furchtsam und deutet auf die kleine Warze in Gestalt eines Schweinerüsselchens. „Sie ist ein Chubilgan der Göttin Diamant-Sau."

„Ja!" schreit die Alte gellend, „und ihr Fluch komme über dich, verruchter Chan, noch ehe die Maus ..."

„Die Maus ... ?" fährt der Chan auf.

Aber schon hat der Krieger die Schlinge zugerissen und schnürt alle weiteren Worte ab.

Die Königin steht im Zelte vor Tschingis Chan. Langsam wirft sie den Schleier ab, der sie bisher verhüllt hat.

Als der Kaiser ihre Schönheit sieht, weicht die Mattigkeit aus seinen Augen.

„Du verdienst, eine meiner Gemahlinnen zu werden", erklärt er. „Noch heute will ich die Hochzeit mit dir begehen."

In der Nacht öffnet die Königin das verborgene Giftfläschchen der alten Ma.

Erst am späten Morgen erwacht Tschingis Chan aus bleiernem Schlummer. Kaum vermag er die Augen zu öffnen.

Als er sich endlich mit großer Anstrengung erhebt, bemerkt er, daß das Lager an seiner Seite leer ist. Die Königin ist verschwunden.

Streifen suchen die Umgegend ab. Endlich findet man ihre Leiche im Gelben Strom. Sie hat sich in der Nacht ertränkt. –

Den Hoang-ho aber nennen die Mongolen von nun an „Katun-müren", Königin-Fluß.

Tschingis Chan braust mit seinen Reiterheeren gegen den Sung-Kaiser in Südchina, um zu Tului und Ssubotai zu stoßen, die schon voraufgerückt sind.

Sieg auf Sieg wird errungen. Stadt auf Stadt fällt in die Hände der Mongolen. Aber der Chan hat keine Freude daran, er ist von tiefer Gleichgültigkeit erfüllt. Teilnahmslos hört er die Berichte seiner Orkhons. Seine Augen sind eingesunken und blicken trübe.

„Der Kaiser ist krank", raunt es im Heer. „Die Tangutenkönigin hat ihn vergiftet."

Als der Chan von diesem Gerücht hört, schüttelt er den Kopf, hat er sich doch schon viel länger nicht mehr gesund gefühlt. Freilich, seit der Hochzeit mit der Königin hat sich sein Zustand verschlechtert, und ihm ist, als sei sein Blut vergiftet.

Auf die dringenden Bitten seiner Nojane läßt er sich untersuchen. Es finden sich rote Flecke auf seiner Brust. Die Organe sind entzündet, die Weichen geschwollen. Schüttelfröste überfallen ihn. Nur mit ungeheurer Willenskraft überwindet er seine Hinfälligkeit.

Eifersüchtig streiten sich die Medizinmänner um die Vorzüge ihrer Heilmittel. Die mongolischen Schamanen beschwören schwitzend die Dämonen, während die chinesischen Ärzte Giseng, das Kraut der Ewigkeit, verordnen. Sie brauen einen heilkräftigen Sud aus den Blättern dieser Wunderpflanze und legen dem Kranken ihre zottige Alraunewurzel auf die nackte Brust.

Nach einigen Tagen fühlt sich der Chan besser. Sein starker Körper und sein eiserner Wille lassen sich nicht so leicht unterkriegen. Ohne sich zu schonen, nimmt er nach wie vor die Strapazen des Feldzuges auf sich und bespricht täglich eingehend mit seinem Kanzler die Regierungsgeschäfte und Anordnungen, die vom Heerlager aus durch Kuriere den Ländern und Provinzen übermittelt werden.

Eines Tages melden die Krieger, sie hätten in den dichten Tannenwäldern ein seltsames Tier gesichtet. Sie konnten es nicht erlegen, aber sie beschreiben es. Es wäre groß wie ein Pferd und hätte ein langes Horn mitten auf der Stirn getragen.

„Was ist das für ein merkwürdiges Tier, und was bedeutet sein Erscheinen?" fragt der Chan den Vorgerückten Gelehrten.

Ye Liu sinnt nach, dann sagt er: „Ja, ich kenne es. Es ist ein Aihao. Es liebt das Gute und zeigt sich, wenn es vor Bösem warnen will. Besonders haßt es unnützes Blutvergießen. Zerstöre also nicht das Sung-Reich! In der Tat, es kann dir und deinen Söhnen hinfort noch großen Nutzen bringen. Denn die Chinmänner sind klug und gelehrt und helfen dir, dein Reich zu verbessern."

„Gut", erwidert der Chan nach langer Weile, „ich werde es nicht zerstören. Aber erobern will ich es ... Dann magst du dort herrschen in meinem und ... später in Oktais Namen."

Eine Gesandtschaft trifft ein vom Tangutenkönig. Sein Reich ist in der Hand Tschingis Chans, wozu soll er sich noch länger auf der Bergfestung verbarrikadieren? So gelobt er Unterwerfung und bittet um Gnade.

Der Kaiser kämmt seinen Bart. Schon einmal hat der Tangutenkönig sich unterworfen, und dann hat er sich doch empört. Der Chan traut den Versprechungen des einmal Treulosen nicht mehr. Doch freundlich lädt er durch die Gesandten den König ein, zu ihm zur Versöhnungsfeier zu kommen. –

Eine traurige Botschaft erreicht den Chan. Seit vielen Wochen schon ist der Depeschenreiter unterwegs. Er kommt von weit her, aus dem Lande der Kiptschak am Kaspischen Meere ... Dschüdschi ist tot.

Der Kaiser ist tief getroffen. Die Ahnung, die ihn damals beim Abschied überfiel, hat ihn nicht betrogen.

Er verbirgt sich einen Tag lang in seinem Zelt. Niemand darf ihn stören. Ungesehen will er sich seinem Gram überlassen. Mit schmerzlicher Liebe hat er seinen Ältesten geliebt, der so finster und mürrisch und doch so tapfer und tüchtig war. Er gedenkt des Tages, da ihm

Burtai geraubt wurde, und jener Stunden, da er sie wiederbekam. Nie wird das Geheimnis von Dschüdschis Geburt gelöst werden. Und doch hat ihn der Chan tief geliebt. Wie unendlich fern erscheint ihm jene Zeit. Und nun ist der „Gast" wieder von ihm gegangen . . .

Am nächsten Tage tritt der Chan gleichmütig unter seine Krieger. Die Trauer hat er im Herzen verschlossen. Das ist seine Sache, und er verbietet, den Tod des Sohnes zu erwähnen. Weiter zieht das Heer gegen die Stadt Tung-kwan am Südknie des Hoang-ho.

Warm und heiter sind die Tage. Aber den Kaiser friert. Neue Schüttelfröste packen ihn. Braunrote Beulen bedecken seinen ganzen Körper. Matt hockt er am Feuer, in seinen Zobelpelz gehüllt, und ihm ist kalt bis ins Mark. Tiefe Furchen schlängeln sich um Mund und Augen. Sein Gesicht ist gelbgrau und verfallen.

Nachts erhebt er sich mühsam vom Lager und taumelt aus dem Zelt.

Draußen hängt weiche Dunkelheit. In der Ferne brennen im Umkreise des Lagers die rötlichen Wachtfeuer.

Lange sieht Tschingis Chan zu den unzähligen, funkelnden Sternen empor. Dann stößt er einen leisen Pfiff aus.

Ein leichtfüßiges Trappen ertönt, dann stupst ein weiches, warmes Pferdemaul gegen ihn. Es ist Chara, sein Leibroß, der Rappe mit der weißen Nase.

„Mein Chara", sagt der Chan leise. „Hab Dank, mein treues Tier!"

Erschöpft läßt er seine von eiskaltem Schweiß bedeckte Stirn auf die warme Nase des Pferdes sinken und atmet den gesunden Tiergeruch.

So steht er lange.

Das Pferd hält still und schnauft leise.

Dann klopft er dem herrlichen Tier noch einmal liebkosend den glatten, schlanken Hals.

„Nun geh, mein Pferd . . . wirst mich nimmer tragen . . ."

Als hätte das Tier ihn verstanden, hebt es langsam seinen schmalen Kopf und legt ihn seinem Herrn auf die Schulter. Mensch und Tier lehnen lange Wange an Wange.

Noch einmal sagt der Chan: „Nun geh, mein Pferd."

Da stapft der Rappe gehorsam davon.

Am nächsten Morgen jagen Eilboten zum Belagerungsheer von Tung-kwan und rufen Tului und Ssubotai herbei.

Im Zelte des Großen Chans versammeln sich die Getreuen: Tului und Ye Liu, Ssubotai und die Nojane, die Orkhons und Tar-Chane. Schweigend umstehen sie das Lager des Kaisers.

Lange sieht sie Tschingis Chan an. Dann hebt er die Hand und sagt mit fester Stimme:

„Es ist soweit. Nun muß ich euch verlassen ... im Jahr der Maus ... Die Maus frißt den Löwen ... Endlich weiß ich, wer die Maus ist ... Es ist die Zeit, deren Zahn alles zernagt ...

Ich danke euch für eure Treue. Die Pflichten eines Mongolen sind: meinen Willen auszuführen. Zu kommen, wenn ich rufe. Zu gehen, wohin ich befehle. Zu töten, den ich nenne ... Ihr habt diese Pflichten immer treu und gehorsam erfüllt ...

Mein Reich ist unter meine Söhne geteilt. An Dschüdschis Stelle tritt sein Sohn Batu. Die Sorge für alle meine Frauen übertrage ich meinem Sohne Oktai. Er ist mein Nachfolger ... er soll hören auf Ye Liu Chutsai! Ihm, meinem weisen Kanzler, gebe ich die Prinzessin Silbermond zur Gemahlin als Dank für seine ehrlichen und selbstlosen Dienste. Aischa schickt in ihre Heimat nach Buchara zurück! Wenn der Tangutenkönig kommt, bereitet ihm die Mahlzeit, die er verdient hat. Haltet meinen Tod geheim, bis dieser Feldzug beendet ist. Mich aber sollt ihr nicht in Karakorum begraben. In meiner Heimat will ich ruhen ... oben am gelben Onon, wo meines Vaters Jurte stand ... wo ich geboren ward ... wo ich Kind war und reiten gelernt habe ... Meine letzten Grüße aber sollt ihr Burtai bringen, der Geliebten meiner Jugend, der Mutter meiner Söhne ...“

Und ganz leise, wie nur für sich selbst, murmelt er sein tiefstes Bekenntnis: „... der Frau, die ich am meisten von allen geliebt habe.“

Die Getreuen können es nicht fassen, daß der Große Chan nicht mehr sein wird, daß er von ihnen gehen will. Wie sollen sie reiten ohne ihn? Die Welt ist leer, wenn er nicht mehr ist. Tief erschüttert knien die Orkhons und Nojane nieder und küssen ihm zum Abschied die Hand. Tränen rollen über die gelben Wangen dieser harten Männer, die ihren Tschingis Chan mit der ganzen Kraft ihrer rauhen Herzen lieben.

Tschingis Chan sagt nichts mehr. Seine Augen sind geschlossen. Aufrecht sitzt er, in Felle und Pelze gelehnt. Keine Klage kommt über seine Lippen. Er stöhnt nicht, er seufzt nicht. Ruhig und gelassen wie ein echter Krieger und Mongole sieht er dem Tod entgegen.

Noch einmal öffnet er seine Augen und umfaßt mit einem letzten Blick die weite Erde, die sein eigen war.

Dann fällt sein Haupt auf die Brust.

Tschingis Chan ist tot.

Das Grab auf dem Yakka Kuruk

Vor dem Zelt des toten Chans weht das weiße Banner mit den neun Yakschwänzen, als ob der Bogdo noch lebte.

Regelmäßig zu den Mahlzeiten tragen die Diener Speisen und Getränke für den Kaiser herbei. Doch ist es ihnen bei Todesstrafe verboten, die Schwelle zu überschreiten. Der Chan will nicht gestört sein und gewährt nur seinen Getreuen Zutritt. Am Eingang nehmen die Nojane die goldenen Schüsseln und Becher in Empfang und tischen sie dem Kaiser auf.

Sprechen und Gelächter schallt dann aus dem Innern der Jurte. Es muß dem Kaiser wohl wieder gut gehen, und die Unpäßlichkeit scheint überwunden. Essen und Trinken schmecken ihm offenbar vorzüglich; denn die für den Chan bereiteten Schüsseln und Becher sind leer, wenn sie wieder hinausgereicht werden.

Die Krieger atmen auf, und die fast unerträgliche Bedrückung, die während der Krankheit des Chans über dem ganzen Heere wie eine schwarze Wolke lagerte, weicht von ihnen und macht der gewohnten Zuversicht Platz. Er ist ein Bogdo – es kann ihm nichts geschehen.

Täglich versammeln sich die Orkhons beim Kaiser zum Kriegsrat. Sie berichten ihm von der Beschießung der dicken Mauern von Tung-kwan, melden ihm die Fortschritte bei der Belagerung und holen seine Befehle für den Angriff ein.

„Großer Chan, befiehlst du, auf Tung-kwan das fliegende Feuer zu werfen und den Sturm zu beginnen?"

Aller Blicke hängen gespannt und mit Ehrerbietung an den eingesunkenen Zügen des Toten, dessen Augen halb geöffnet unter den bleifarbenen Lidern wie in starrem Nachdenken hervorschauen. In Hockstellung zusammengeschnürt, lehnt er aufrecht in den Kissen. Leichter Fäulnisgeruch weht durchs Zelt. Bläulich sind seine Wangen. Stirn und Haare sind verdeckt von der Sturmhaube aus Filz, deren Flügel wie in der Schlacht mit Tüchern unterm Kinn festgebunden sind. Jetzt halten die Sturmbänder die erschlaffte Kinnlade, daß der Mund nicht in schauriger Leblosigkeit nach unten klappt, und seine Lippen bleiben fest geschlossen wie zu Lebzeiten.

Aufmerksam hören die treuen Orkhons zu, nicken, werfen hier und da ein „Jawohl, mein Chan" oder „Wie du befiehlst, erhabener Kaiser" ein und reichen ihm ab und zu eine goldene Schale mit Kumysch zur Erfrischung.

Tschingis Chan dankt jedesmal, und die Erde trinkt den ihr gespendeten Trank.

Am Ende der Beratung bestätigen sie ihm die Befehle, und der Rangälteste wiederholt sie nochmals zum Schluß, damit sich der Kaiser vergewissern kann, ob man ihn richtig verstanden habe – und damit jeder Orkhon über seine Aufgabe auch wirklich Bescheid weiß.

„Wir haben dich gehört, erhabener Tschingis Chan, und es wird geschehen, wie du befiehlst. Wir werden mit dem Sturmangriff und dem fliegenden Feuer warten und die dicken Mauern von Tungkwan noch eine Zeitlang mit den schweren Wurfgeschützen bombardieren, um die Stadt sturmreif zu machen."

Sie erheben sich von den seidenen Kissen, verneigen sich ehrerbietig und verlassen die Jurte, in der nur eine Wache von hohen Offizieren zurückbleibt, die den Eingang Tag und Nacht mit gezogenen Schwertern hütet.

Einige Tage später erscheint der Tangutenkönig Schidurgho mit großem Gefolge zur Versöhnungsfeier, zu der ihn der Große Chan geladen hat.

Höflich und zuvorkommend empfangen ihn die Nojane und geleiten ihn zu dem Gastzelt, das für dieses Fest schon längst instand gesetzt ist.

Beim Eintritt werden den Tanguten die Waffen abverlangt. Mißtrauisch zögert Schidurgho. „Wir aus dem Bergreiche sind gewohnt, gewappnet zu speisen."

Die Nojane bedauern außerordentlich einen so unbequemen, ja lästigen Brauch. Im Weltreich Tschingis Chans herrschen andere Sitten, hier ist das Betreten eines gastlichen Zeltes selbst mit einem harmlosen Stocke, geschweige mit einem Schwerte strengstens verboten.

„Oder habt ihr etwa Furcht?" fragen die Orkhons höhnisch. Dabei öffnen sie ihre Zobelüberwürfe und deuten mit einem unbestimmten Lächeln auf ihre eigene Waffenlosigkeit hin.

Schidurgho wirft seinen Kopf in den Nacken. „Wenn wir Furcht hätten, wären wir nicht hier!"

Er löst sein Schwert aus dem Gehänge und reicht es einem der Orkhons. Seine Begleiter folgen dem Beispiel ihres Königs und entledigen sich gleichfalls ihrer Schwerter.

„Und eure Dolche?" fragt der Orkhon weiter.

Eine scharfe Falte bildet sich zwischen den schwarzen Augenbrauen des Königs. Neues Mißtrauen glimmt in ihm auf.

„Die brauchen wir zum Schneiden!" lehnt er schroff ab. „Sollen wir das Fleisch wie die Wölfe mit den Zähnen zerreißen?"

Die Nojane werfen sich einen kurzen Blick zu, dann geleiten sie die Gäste zu ihren Plätzen. Jeder Tangute wird von zwei Mongolen flankiert.

Die niedrigen Tische sind bereitet, die Speisen werden aufgetragen. Man spendet den ersten Becher den Göttern und Dämonen nach allen vier Windrichtungen, und das Mahl beginnt.

Fragend sieht sich Schidurgho um. Der erhöhte Sitz Tschingis Chans, neben dem man dem König den Ehrenplatz angewiesen hat, ist leer.

Die Orkhons entschuldigen den Kaiser: er sei ein wenig unpäßlich, aber er werde am Ende des Mahles erscheinen und mit Schidurgho den Versöhnungs- und Freundschaftsbecher leeren. Er lasse bitten, nicht zu warten und ohne ihn anzufangen.

Fleißig schenken die Nojane den Tanguten den starken Karawanenwein aus Herat ein und trinken auf Tschingis Chan und sein Weltreich. Feinde aber, Wankelmütige und Abtrünnige möge das Schwert treffen! – Lautes Sprechen und fröhlicher Lärm füllen das Zelt.

Der Argwohn Schidurghos wächst. Das Gehabe der Mongolen kommt ihm sonderbar vor. Die sonst so schweigsamen Orkhons geben sich allzu aufgeräumt, obwohl sie noch längst nicht trunken sind. Dabei werfen sie sich ab und an heimliche Blicke zu, und es blitzt in ihren Augen jäh auf. Auch ist ihm, als höre er manchmal im Zelt ein leises Klirren wie von verborgenen Waffen.

Das Mahl ist beendet, die Speisen sind abgetragen. Doch der Chan ist noch immer nicht erschienen.

Die Zeit verrinnt träge, die Gespräche verebben, der Lärm ist verstummt. Schweigend sitzen die Männer an den Tischen, sehen sich lauernd an und trinken.

Die Spannung wird unerträglich. Schwüle liegt über dem Zelt, erregt wartet der König auf den ersten Blitz.

Und der Chan kommt nicht!

Da weiß Schidurgho plötzlich, daß er in eine Falle gegangen ist.

Mit einem Ruck erhebt er sich und schreitet auf den Zeltausgang zu, als wolle er nur ein wenig frische Luft schöpfen.

Im selben Augenblick versperren ihm die Orkhons den Weg.

Sofort springen alle Tanguten auf und versuchen, sich um den König zu scharen. Aber die Nojane treten dazwischen und hindern sie daran.

„Verrat?" fragt der König kalt und zückt den Dolch.

„Rebellen gegenüber gilt keine Treue!" lächeln die Orkhons. „Tschingis Chan hat befohlen, dir die Mahlzeit zu bereiten, die ein Rebell verdient!"

„Und wo ist der Chan?"

„Er erwartet dich bereits auf deinem Wege."

Die Mongolen werfen ihre Zobelüberwürfe ab und reißen ihre Terliks auf, unter denen Kettenpanzer klirren und Waffen blitzen. Schon wirbeln ihre Schwerter durch die Luft.

Ein kurzes Getümmel.

Dann liegt König Schidurgho mit seinem Gefolge erschlagen am Boden.

Während Tului und Ssubotai den Krieg gegen den Sung-Kaiser weiterführen, wird es Zeit, den toten Tschingis Chan in die Heimat zu geleiten.

Man hüllt den Gewaltigen in weiße Seide und kostbaren Goldbrokat und bettet ihn in eine Kibitka.

Von den Orkhons und Nojanen begleitet, schwankt der weiße Zeltkarren dahin, und ein endloser Zug mongolischer Krieger reitet in düsterem Schweigen hinterher. Wie eine Geisterschar ziehen sie dahin, von Staubwolken eingenebelt, still und stumm, und schauen unverwandt in die Ferne.

Jetzt wissen sie, daß der Bogdo sich auf die lange Fahrt zu Möngka Tängri begeben hat und nur noch seine irdische Hülle in der Kibitka ruht. Aber ihre Lippen sind verschlossen, und kein verräterisches Wort, kein Trauerlaut kommt aus ihrem Munde. Niemand von den

Fremden soll wissen, daß der Herr der Heerscharen nicht mehr ist. So hat es der Große Chan selbst gewollt.

Darum werden alle, die dem lautlosen, gespenstischen Leichenzuge begegnen, sofort niedergemacht als Opfer für den toten Chan, damit keiner zum Verräter und willkommenen Boten seines Hinscheidens werde und neuen Widerstand und Aufruhr in dem eben erst unterworfenen Lande auslöse.

Wenn der Große Chan das Reich der Toten betritt, wer schreitet dort hinter ihm her als Gefolgsmann und dient ihm in allem, dessen der Kaiser der Welt bedarf? Soll er statt mit einer prächtigen Gefolgschaft arm und elend wie ein Knecht seinen Zugang ins Jenseits halten? Unwürdig wäre ein so dürftiger Aufzug. Nun müssen die auf der Leichenfahrt des Chans getöteten Männer ihm als Diener nachfolgen. Auch aus diesem Grunde machen die Mongolen alle, die ihnen begegnen, nieder und sorgen so mit Fleiß dafür, daß dieses Gefolge bald Tausende und Zehntausende zählt, wie es dem Kaiser der Welt gebührt.

Je mehr sie nach Norden kommen und sich den heimatlichen Gefilden nähern, desto länger wird der Zug. Die Völker der Gobi schließen sich an, ein Stamm nach dem andern. Zahlreiche Boten sind abgesandt nach Karakorum und in alle Residenzen der Länder und Provinzen, und alle die Großen des Reiches, die Könige und Prinzen, die Fürsten und Emire, die Statthalter und Häuptlinge machen sich auf und stoßen zu dem Leichenzug, der anschwillt wie ein unermeßlicher Strom.

Als der endlose Zug durch die Gobi flutet, stimmt plötzlich einer der alten Krieger den Totengesang an, andere fallen ein, und schließlich braust aus den Kehlen von Zehntausenden und Hunderttausenden die Totenklage um Tschingis Chan durch die Einsamkeit der Steppe.

Sie singen das Lied des Sängers Argun, das dieser einst zur goldenen Laute dem Kaiser vorgesungen und mit dem er das Herz des Gewaltigen bewegt hat:

„Wie ein Adler stößt herab dein scharfer Flug.
Nie ist die Welt dir weit genug.
O Temudschin Eisenschwert.

Die Welt ist dein Zeltplatz, die Menschen dein Heer.
Brichst du ab dein Zelt, ist die Erde leer.
O mein Bogdo.

Einst wirst du Ordu, Jurte und Steppe meiden.
Was wird von deinem Leben bleiben?
O Tschingis Chan.

Dein Ruhm wird bleiben, dein Mut, deine Kraft
und das Reich der Welt, das du kühn erschafft.
O Kaiser der Welt."

Am Oberlauf des Onon wird die weiße Kaiserjurte zum letzten Male aufgeschlagen, und in ihr nehmen alle die Getreuen, die Söhne und Enkel, die Paladine und Wilden Wasser, die Orkhons und Nojane, die Könige und Fürsten Abschied von Tschingis Chan.

Auch die Frauen des Chans sind erschienen. Burtai aber weilt nicht mehr unter ihnen. Kurz vor dem Tode ihres Gatten ist sie verschieden, so daß die Nachricht den Chan nicht mehr erreicht hat. In Karakorum, der Stadt ihrer Väter, hat man sie auf christliche Weise bestattet. Ihr letzter Gedanke galt ihrem Gemahl, und ihr letzter Kummer war, daß sie ihm auch in der ewigen Seligkeit nie mehr begegnen würde. Denn ihm blieb ja der Himmel der Christen verschlossen.

Lautlos betreten die Getreuen die Jurte. Drei Tage lang flutet Tag und Nacht, im Schein der hellen Sonne und der düster rauchenden Fackeln, der unabsehbare Strom der Abschiednehmenden durch das Zelt.

Trauer und Ehrfurcht liegen auf allen Gesichtern, und jeder sinkt in die Knie und blickt mit andächtigem Schauder auf den Herrn der Welt. Zwischen den weißseidenen Kissen hockt er regungslos in Helm und seinem alten Terlik aus Wildleder und sieht unverwandt vor sich hin. Schaurig und eindrucksvoll ist sein Anblick, und die Hand, die eine Welt umfaßte, hält noch das Zepter aus Menschenknochen.

Sie alle können es nicht fassen, daß der Träger so übermenschlicher Kraft nun kraftlos dahingesunken ist.

Und dann stehen sie wieder draußen vor dem Zelt, stumm, ratlos und sehr verlassen.

Denn er, der ihr Leben regelte und ihren Tatendrang lenkte, ist nicht mehr.

Nun tragen ihn die Wilden Wasser auf den einsamen Berggipfel des Yakka Kuruk und setzen ihn unter einer niedrigen, breitästigen Tanne nieder. Hier mag er, an den Baumstamm gelehnt, nach uralter Mongolensitte seiner Auflösung harren. Wölfe, Geier und Würmer werden ihn verzehren, er wird verwesen und sein Staub sich vermischen mit dem Staub der Erde. Sein Geist aber wird – wie einst der seines Vaters Jesukai – mit den Winden über die Steppe fahren und im Sturme die Welt umbrausen und dann im Himmel ein Gott sein, wie es ihm Ariabalo durch den Mund des Oberlamas verheißen hat.

Vierhundert der vornehmsten und schönsten Jungfrauen werden hier auf dem Yakka Kuruk dem toten Tschingis Chan geopfert, und ihr edles Blut tränkt die geweihte Erde.

Keines Menschen Fuß darf sich der Stätte nähern. Die Wilden Wasser sperren den Zugang zum Gipfel ab und hüten Tag und Nacht den heiligen Berg.

Bald wachsen in rascher Fruchtbarkeit Sträucher und Buschwerk hoch und umspinnen den Platz mit einer undurchdringlichen, grünen Mauer.

Nach wenigen Jahren ist der Kaiser der Welt verschwunden und ein Gott geworden. Nun weiß niemand mehr, wo Tschingis Chan seine letzte Ruhestätte gefunden hat, und allmählich ist die Stelle in Vergessenheit geraten bis auf den heutigen Tag.

Über das Weltreich herrscht nun nach dem Willen des Großen Chans sein dritter Sohn Oktai, und er hat – gehorsam dem Wunsche seines Vaters – als Kanzler und Ratgeber Ye Liu Chutsai übernommen, der den neuen Kaiser zu Milde und Gerechtigkeit lenkt.

Im Lehmpalast zu Karakorum wohnt der Tsin-schi nach wie vor. Arm ist sein Haus an irdischen Gütern, nur Bücher und Aufzeichnungen, Instrumente und Arzneiflaschen, seltene Steine und Pflanzen, Meßgeräte und Karten der einzelnen Länder und Provinzen bilden sein Hab und Gut.

Sein kostbarster Besitz aber ist die Prinzessin Silbermond, nun doch endlich seine Gattin.

Aus seinem Ärmel zieht er den Fächer. Er trägt ihn noch immer bei sich.

„Du hast ihn nicht in die Truhe geworfen", sagt sie innig. „Ach, ein so weiter und schwerer Weg ... Er hat uns getrennt, und er hat uns vereinigt. Menschenleben und Völkerschicksale hat dieser Dämon durcheinandergeschüttelt wie rollende Würfel. Er hat die Welt unterworfen, aber du mußtest sie ordnen. Nie mehr in meinem ganzen Leben werde ich das Grauen loswerden vor der entsetzlichen Gleichgültigkeit, mit der er alle verdarb, die er für schädlich hielt oder mit denen er nichts anzufangen wußte. Nur die schonte er, die ihm nützen konnten."

„Ja", erwidert Ye Liu, „er war ein grausamer Eroberer, ein fürchterlicher Vernichter und watete in Blut. Er begann als der unbedeutende Häuptling eines kleinen, wandernden Hirtenstammes, konnte nicht lesen und schreiben, war ungebildet und roh. In einer engen Jurte ist er herangewachsen, ein unsteter Nomade. Und dann hat er mit brutaler Gewalt eine Welt erobert, ein Weltreich so groß, wie es vorher niemals ein Mensch beherrscht hat."

Silbermond streicht sich hilflos über die Augen.

„Wozu", fragt sie ratlos, „wozu hat er die Welt erobert, die er doch lassen muß? Was bleibt ihm nun von seiner grausamen Macht? Wie lange wird dies Reich der Gewalt dauern?"

Ye Liu fährt sich nachdenklich durch seinen Seidenbart. Dann nickt er viele Male.

„Die Söhne und Enkel werden das Reich noch halten. Aber unter den Urenkeln wird es sich schon lockern, und dann wird es wieder

auseinanderfallen in die Völkerstaaten, aus denen er es mit soviel Blut zusammengeleimt hat. Die verschlossenen Grenzen der Völker hat er aufgebrochen und die Türen der Erde weit aufgemacht und hat eine Brücke geschlagen von Osten weit nach Westen. Doch um den furchtbaren Preis der Vernichtung ganzer Völker, Staaten und Kulturen!"

Silbermond erhebt flehend ihre Hände zur Bronzestatue der Göttin der Barmherzigkeit. „Bitten wir Kuan-yin, daß künftig den Menschen ein so schreckliches Schicksal erspart bleibe!"

Ye Liu schaut auf die Göttin.

Dann schüttelt er den Kopf, daß sein Bart schwingt:

„Die Götter haben all dies Schreckliche geduldet, haben uns nicht geholfen. So müssen wir Menschen uns selber helfen und unsere ganze Kraft dafür einsetzen, daß eine Menschheit werde auf dem friedlichen Wege der Vernunft, Menschenfreundlichkeit und Gerechtigkeit!

Denn das allein, scheint mir, ist der Sinn des Weltgeschehens."

Da die Mongolen keine eigene Schrift besaßen, sind ihre Namen und Wörter in anderen Alphabeten (uigurisch, chinesisch usw.) sehr uneinheitlich und ungleich wiedergegeben. So finden sich z. B. für den dritten Sohn Tschingis Chans die Schreibungen: Oktai, Ogodai, Ugedai, Ögödäi. Derartige Varianten finden sich auch bei den anderen Namen und Wörtern.

Achat, Halbedelstein
Aihao, sagenhaftes Wundertier, ähnlich dem Einhorn
Ambra, Absonderung des Potwals; auf dem Meer schwimmende, graubraune oder hellgraue Substanz von eigentümlich lieblichem Geruch
Amitâbha, Buddha Amitābha ist das himmlische Urbild des irdischen Buddha
Ariabalo, mongolischer Name für den indischen Awalokiteschwara (s. d.)
Asura (Sanskrit), Dämon (Sanskrit: alte heilige Sprache der Hindu)
Atabeg, türkischer Fürstentitel
Atman (Sanskrit), Einzelseele, das Selbst
Awalokiteschwara (Sanskrit), im Mahāyāna-Buddhismus der bedeutendste Bodhisattva, der auch in Not und Unglück als Helfer angerufen wird. Die tibetischen Lamas nennen ihn Tschenresig

Bahadur (Batur), Held, Recke
Belgutai, Halbbruder Tschingis Chans
Benzoë, harziger Ausfluß des indischen Benzoëbaums
Bigi Tokta, Chan des Merkitvolkes
Bodhisattva, ein Mensch, der nach buddhistischer Erleuchtung strebt, um später selbst ein Buddha zu werden
Bogdo, Heiliger, Gottgesandter
Bordschigen, die „Grauäugigen", die Sippe Tschingis Chans
Brahma (Sanskrit), einer der drei großen Götter im Hinduismus, Schöpfer der Welt
Brahman (Sanskrit), unpersönliches Weltgesetz, Weltseele
Buddha (Sanskrit), „der Erleuchtete". Begründer des Buddhismus. Sein eigentlicher Name war Sidhártha Gáutama (Gótama). Geboren um 560 v. Chr. im oberen Gangestal. Stammte aus Adelsgeschlecht. Gestorben um 480. Seine Lehre: Der Mensch schafft sich durch sein Tun sein Karma (sein irdisches Schicksal). Nach dem Tode muß sich der Mensch immer wieder verkörpern, um in jeder neuen Existenz (samsāra) seine Begierden zu überwinden, zur Selbstlosigkeit zu gelangen und die wahre Erkenntnis zu gewinnen. Sein Ziel: Erlösung vom Leben, das ein Leiden ist. Wer die wahre Erkenntnis erlangt hat, bedarf nicht mehr der Wiedergeburt und geht in das Nirwāna (den Zustand ewiger Ruhe ohne Leid) ein. Buddhas Lehre und Weltanschauung heißt Buddhismus. Es gibt unzählige Buddhas, in jeder Weltperiode einen oder mehrere. Buddha Maitreya ist der spätere Nachfolger Buddhas, der von den Buddhisten erhoffte Messias
Burtai, Tschingis Chans Hauptfrau

Chalat, mongolische Frauentracht, eine Art langes Hemd, seitlich bis zu den Knien geschlitzt

Chan, Herrscher (auch türkischer Herrschertitel)

Châresm (Chowaresmien, Choresmien), das Reich des Choresmischen Schahs (1194–1220) dehnte sich vom Syr-darja bis zu den Gebirgspässen zwischen Iran und Tigris aus. 1220 von Tschingis vernichtet

Chas-bao, kostbarer Schmuck aus Jade; Siegel (Tschingis Chans Reichssiegel)

Chassar, Tschingis Chans Bruder

Chatîb, mohammedanischer Geistlicher

Chubilgan, Wiederverkörperung eines Gottes oder Dämons

Dach der Welt, das Gebirge Pamir, zwischen Hindukusch und Tien-schan-Gebirge

Devas (Sanskrit), Götter

Dombo, mongolische Kupferkanne mit kleiner Öffnung

Dordsche-Pagmo (tibet.), „Diamant-Sau", eberköpfige Einweihungsgöttin des Lamaismus

Drachenbartgemüse, chinesische Gemüsepflanze, wohl zur Gattung Lauch gehörend

Dschelal-ed-din, Sohn des Sultan-Schahs von Châresm

Dschihâd, der „Heilige Krieg" des Islams

Dschüdschi, der älteste Sohn Tschingis Chans

Emir, Titel eines hohen islamischen Würdenträgers

Erkenne Kun, ein Gebirge

Galgaleh, Bergfeste im heutigen Afghanistan

Giaur (türk.), Ungläubiger, Nichtmohammedaner

Giseng (Ginseng), „Königin der Kräuter", eine Wurzel des Fernen Ostens, die Glück, Gesundheit und langes Leben spenden soll

Goldtoman, wertvolle persische Goldmünze

Gutul, mongolischer breitschäftiger Filz- oder Lederstiefel, bis an die Knie reichend, an der Fußspitze hochgebogen

Huri, nach mohammedanischem Glauben die Freudenmädchen des Paradieses

Idikut, „Herr des Glücks", Fürst der türkischen Ost-Uiguren

Imâm, Vorsteher einer islamischen Moschee

Islam, „Hingebung, wahrer Glaube", die Lehre Mohammeds

Jade, Handelsname für Nephrit (s. d.)

Jamnarin, die von Tschingis Chan eingerichtete Schnellpost

Jesukai, Tschingis Chans Vater, Chan der Mongolen

Jü der Große, chinesischer Kaiser der ältesten Zeit um 2200 v. Chr.

Jurte, zylinderförmiges, oben kegelförmig abgestumpftes mongolisches Wohnzelt, dessen Holzgestell mit Filz abgedeckt wird

Kaaba, „Würfel", ein hohes, viereckiges Gebäude in Mekka, von Mohammed zum Zentrum des Islams gemacht. In der Kaaba wird der Schwarze Stein aufbewahrt, den nach der Legende ein Engel dem Abraham gebracht hat

Kair-Chan, Kommandant der Grenzfestung Otrar am Syr-darja

Kalif, Titel der Nachfolger Mohammeds, geistliches Oberhaupt aller rechtgläubigen Mohammedaner, dem die geistliche und weltliche Führung der mohammedanischen Kirche obliegt

Kambalik, mongolischer Name für Peking

Kang (chin.), niedriger Aufbau aus Ziegelsteinen, eine Art liegender Ofen, mit Hirsestroh geheizt

Karadscha, Geheimwesir des Sultan-Schahs von Châresm

Karakorum (Charakorum), „Schwarze Sandstadt", Hauptstadt der Kerait am Fluß Orchon, später die Residenz Tschingis Chans

Kerait, großes Volk am Orchon, dessen Fürst der Priesterkönig Togrul mit dem Titel eines Ong Chan war

Kibitka, zweirädriger Zeltkarren

Klingstein, von den Chinesen musikalisch abgestimmte Steine, die beim Anschlagen einen bestimmten harmonischen Klang geben

Kiptschak, Land am Kaspischen Meer

Kismet, nach dem Glauben der Mohammedaner das dem Menschen durch eine überirdische Macht zugeteilte, unentrinnbare Schicksal

Kök Chan, Kommandant von Buchara in Châresm

Koller, eine Art Waffenrock aus Leder

Kotau (chin.), Ehrenbezeugung durch Verneigen mit über der Brust gekreuzten Armen und Berühren des Bodens mit der Stirn

Kruppe, Kreuz des Pferdes bis zum Schweifansatz

Ku, chinesische flache Trommel

Kumbum, Kloster in Tibet

Kumysch, gegorene, säuerliche, berauschende Stutenmilch, Nationalgetränk der Mongolen

Kung-fu-tse, 551–478 v. Chr., Stifter der chinesischen Staatsreligion, einer Lehre der praktischen Moral

Kupfer-Li, geringe chinesische Geldmünze

Kurultai (Kuriltai), oberster Reichstag aller Stämme der Gobi

Kutluk Chan, Statthalter von Dschend

Lama, lamaistischer Mönch aus Tibet

Lamaismus, Abart des Buddhismus in Tibet mit geistlicher Rangordnung, an deren Spitze seit dem 16. Jahrhundert der Dalai Lama steht.

Lao-tse, chinesischer Denker, geboren 604 v. Chr., Verfasser des Tao-te-king (s. Tao)

Li (chin.), s. Kupfer-Li

Li-Gi, Buch der Sitte; gehört zu den fünf kanonischen (d. h. maßgeblichen und anerkannten) Büchern der Chinesen und enthält die Riten, feierlichen Regeln und Gebräuche

Li-Tai-Po, bedeutender chinesischer Lyriker (699–762)

Mandarin, vornehmer chinesischer Beamter
Maître Guillaume, französischer Goldschmied
Maitreya, s. Buddha
Mayuri, chinesische Pfauengöttin mit vier Köpfen und sechs Armen
Merkit, Volk in der Gobi, nordwestlich von den Mongolen, an der mittleren und unteren Selenga
Minarett, Turm einer Moschee, von dem abends die Gläubigen durch den Muëzzin (Gebetrufer) zum Gebet aufgerufen werden
Mohammed Ala-ed-din, Sultan-Schah des Reiches Châresm (1194–1220)
Molla (Mullah), Titel für islamische Gelehrte, Fromme, Richter
Möngka Tängri, der mongolische Himmelsgott
Moslem (Muselman, Muslim), Anhänger der mohammedanischen Religion
Moslicheddin Sadi, berühmter persischer Dichter, Verfasser des „Gulistân" (Rosengarten), einer gereimten Erzählung
Moschus, Sekret des Bisam- oder Moschusstieres von eigentümlichem Geruch; dient als Parfüm und Belebungsmittel
Muëzzin, s. Minarett
Muhuli Orkhon, einer der Marschälle Tschingis Chans

Natigai, auch Itoga genannt, schieläugiger, hauerzähniger mongolischer Gott, Schützer der irdischen Angelegenheiten
Nephrit, auch Jade genannt, „Strahlstein", lauchgrünes bis gelblichgraues, hartes Mineral, wird zu Schmuckstücken verarbeitet
Nestorianisches Christentum, Sekte, benannt nach Nestorius, dem Patriarchen von Konstantinopel (428–431), der lehrte, in Christus seien eine menschliche und eine göttliche Natur
Nojan (Nojon), Befehlshaber einer Toman (Tuman) (s. d.), einer Division; auch Gebieter, Fürst

Odaliske, Haremsdienerin, Haremstänzerin
Oktai, der dritte Sohn und Nachfolger Tschingis Chans
Ong Chan (Wang Chan), Titel des Priesterkönigs der Kerait
Onon, Fluß in der Mongolei
Orchon, Fluß im Gebiet der Kerait, an dem Karakorum liegt
Ordu, Zeltlager der Mongolen
Organa, s. Tschagatai
Orkhon, Marschall, Feldherr, Armeegeneral über 10 Tomans (s. d.)
Otrar, Grenzfestung im Reich Châresm am Syr-darja

Pagode, die, Tempel in Indien und China; der P., kleine Figur mit beweglichem Kopf
Paladin, ritterliches Gefolge des Herrschers, auch tapferer Held
Palisade, Schanzpfahl, Pfahlwerk
Pamir, Gebirge zwischen Hindukusch- und Tien-schan-Gebirge, das „Dach der Welt"
Pi-pa, chinesisches Saiteninstrument

Samsâra (Sanskrit), Kreislauf der Wiedergeburten (s. Buddha)
Schabracke, Pferdedecke
Schamane, Zauberpriester und Heilkundiger
Schang-schu des Ping-pu, chinesischer Kriegsminister und Präsident des
Kriegsrates
Schiwa (Sanskrit), einer der drei großen Götter im Hinduismus, der Zer-
störer, Vernichter
Schokun, Sohn des Togrul
Schu-king, eins der fünf chinesischen kanonischen Bücher; enthält Reden
und Taten der Herrscher der drei ersten Dynastien
Sze-king, chinesisches Buch, enthält geschichtliche Denkwürdigkeiten von
der Urzeit bis etwa 122 v. Chr.
Serefschan (Serafschan), Fluß in Châresm, an dem Buchara liegt
Ssubotai (Subudai, Subetai) Bahadur, mongolischer Feldherr mit dem Mar-
schallstitel eines Orkhon (nach einem Bericht ehemaliger Schamane)
Stalaktit, von der Höhlendecke herunterwachsender Tropfstein
Stalaktitengewölbe, in der islamischen Baukunst ein Gewölbe von übereinander aufsteigenden Einzelkörpern, das damit der Decke einer Tropf-
steinhöhle ähnelt

Taburett, niedriger Stuhl ohne Lehne
Tao, in der Lehre des Lao-tse soviel wie Weg, Himmel, Vernunft, Wort,
Sinn. Das Tao ist der Urgrund alles Seins, das All-Eine, die Ursache aller
Veränderungen, die Wurzel des Alls, der Urstoff (s. Lao-tse)
taoistisch, dem Tao (s. d.) entsprechend
Taidschiguten, Volk nördlich der Mongolen
Tataren, Volk östlich von den Mongolen
Tanguten, ein den Tibetanern verwandtes Volk südlich von den Mongolen
Tar-Chan, hoher mongolischer Würdenträger
Tatatunga, ein Uigure, Sekretär Tschingis Chans
Temudschin, „scharfer Stahl", der eigentliche Name Tschingis Chans
Terlik, langer Kittelrock, Tracht der mongolischen Männer
Tien (chin.), Himmel; Tien-tse, Sohn des Himmels, Titel des chinesischen
Kaisers
Timur Melik, Heerführer des Schahs von Châresm
Togrul, s. Kerait
Toman (Tuman), eine Division, etwa 10 000 Mann
Topen (oder Stupas), steinerne, kegelförmige Reliquienhügel
Tricktrack, Brettspiel, ähnlich dem Schach- oder Damespiel
Trimurti (Sanskrit), die Dreiheit der Götter: Brahma, der Schöpfer,
Wischnu, der Erhalter, und Schiwa, der Zerstörer
Trombe, durch Wirbelsturm haushoch aufgewirbelte Wasser- oder Wind-
hose
Tschagatai, der zweite Sohn Tschingis Chans
Tschagdor, lamaistischer Schutzgott mit gezacktem Kopfputz
Tschenresig, lamaistischer Name für Buddha Awalokiteschwara (s. d.)
Tschepe Nojan, einer der Heerführer Tschingis Chans

Tsamba, mongolische Nationalspeise aus geröstetem Mehl, Butter, Käse und saurer Milch
Tschingis Chan, „höchster, mächtigster Herrscher" (1161–1227); 1206 Kaiser der Gobi, 1215 Eroberung Pekings, 1220 Eroberung von Châresm, 1221 Kaiser der Welt, Mai 1223 Schlacht an der Kalka, Niederlage der Fürsten der Polovzer und ihrer Helfer, der Fürsten von Kiew und Tschernigow, 1224 teilt Tschingis Chan sein Reich unter seine Söhne auf
Tsin-schi, höchster chinesischer akademischer Grad, „Vorgerückter Gelehrter"
Tuk, militärischer Rang
Tului, Tschingis Chans vierter Sohn
Turakina, s. Oktai

Uiguren, türkischer Volksstamm Innerasiens

Wai-Schao-Wang, „Sohn des Himmels", chinesischer Kaiser
Wei-ki, chinesisches Brettspiel
Wesir, Minister eines islamischen Staates
Wischnu (Sanskrit), einer der drei großen Götter im Hinduismus, der Erhalter (s. Trimurti)

Yak, mongolischer langhaariger Grunzochse, gehörnte Büffelart, das typische Haustier der Mongolen
Yamen, Regierungs- und Verwaltungshaus aus Holz und Lehm, Sitz der Statthalter Tschingis Chans
Yâssa, das von Tschingis Chan 1206 für alle Völker seines Reiches erlassene Gesetz
Ye Liu Chutsai, Kanzler des chinesischen Kaisers und später Kanzler Tschingis Chans, „Vorgerückter Gelehrter"
Yogi (Sanskrit), Bezeichnung für einen Asketen, der den Yoga, ein altindisches System zur Beherrschung der körperlichen und geistigen Kräfte, ausübt, Anhänger der Yoga-Philosophie
Yülun, Tschingis Chans Mutter

Bildnachweis

Abb. 1: Musée Guimet, Paris
Abb. 2, 3, 4: Aus Percheron, „Gengis Khan" (Editions du seuil), Bibliothèque Nationale, Paris

Der Verlag dankt auch an dieser Stelle für die freundliche Überlassung des Bildmaterials.

Elisabeth Hartenstein
Kaiser Wu-di kauft Pferde

Hier wird uns eine dramatische Epoche aus Chinas Vergangenheit vermittelt. Kaiser Wu-di (140 bis 87 v. Chr.) gelingt es,
mehrere tausend Pferde aus Mittelasien herbeizuschaffen und
die Pferdezucht in China heimisch zu machen. Dieser Zug über
den halben Kontinent weitete den Blick der Chinesen und
leitete eine Zeit bedeutender Veränderungen in fast allen
Lebensbereichen ein.

Horst Wenzel
Die große Fahrt des Christoph Kolumbus

Die abenteuerliche Fahrt der Santa Maria wird mit großer
Eindringlichkeit geschildert. Ein bedeutendes Ereignis in der
Geschichte der Entdeckungen wird lebendig und weckt das
Interesse an historischen Geschehnissen.

Horst Wenzel
Karavellen für Magellan

Im Jahre 1519 sticht Ferdinand Magellans kleine Armada in
See. Magellan will eine Durchfahrt durch den amerikanischen
Kontinent finden und beweisen, daß die Erde rund ist. Der
Leser erlebt die faszinierende erste Weltumsegelung mit.

BOJE-VERLAG 7 STUTTGART 1 POSTFACH 1278

MACHTBEREICH

KIEW

Dnepr

Donez

1223

BULGAR

Wolga

Ural

Schwarzes Meer

1223

1224

Kaspisches Meer

Aral-See

Syr-Darja

Amu-Darja

Jrtysch

Balkasch-See

OTRAR

1219

MERW

BUCHARA

TASCHKENT

CHODSCHEND

1220

SAMARKAND

1218

KASCHGAR

ISPAHAN

HERAT

KABUL

SCHIRAS

1221

GHASNI

Indus

N